Gemeinde-pädagogik

Herausgegeben von
Peter Bubmann, Götz Doyé,
Hildrun Keßler, Dirk Oesselmann,
Nicole Piroth, Martin Steinhäuser

DE GRUYTER

ISBN 978-3-11-022108-4
e-ISBN 978-3-11-022109-1

Library of Congress Cataloging-in-Publication Data
A CIP catalog record for this book has been applied for at the Library of Congress.

Bibliografische Information der Deutschen Nationalbibliothek
Die Deutsche Nationalbibliothek verzeichnet diese Publikation in der Deutschen
Nationalbibliografie; detaillierte bibliografische Daten sind im Internet
über http://dnb.d-nb.de abrufbar.

© 2012 Walter de Gruyter GmbH & Co. KG, Berlin/Boston
Umschlag: Kirchenfenster © Chris Sadowski/istockphoto
Druck und Bindung: Hubert & Co. GmbH & Co. KG, Göttingen
∞ Printed on acid-free paper
Printed in Germany

www.degruyter.com

Vorwort

Das vorliegende Studienbuch versteht sich als ein Schritt zur weiteren Profilierung der Gemeindepädagogik in Forschung, Lehre und beruflicher Aus-, Fortund Weiterbildung. Gemäß dem Selbstverständnis der Gemeindepädagogik ist es Ergebnis intensiver kommunikativer Arbeitsprozesse innerhalb des Herausgeberkreises. Bei aller Einzelverantwortung der Autoren und Autorinnen der zwölf Kapitel stellt das Buch daher ein sorgfältig bedachtes Gesamtkonzept der Gemeindepädagogik dar. Die Konzeption dieses Studienbuches wurde im Wesentlichen bei einer Tagung der „Moritzburger Gespräche zur Didaktik der Gemeindepädagogik" erarbeitet und im Auftrag des „Arbeitskreises Gemeindepädagogik e. V.", Forum für die fachwissenschaftlichen und berufstheoretischen Entwicklungen im Bereich der Gemeindepädagogik, durch die Herausgeber und Herausgeberinnen zu dem vorliegenden Werk weiter entwickelt. Durch einen vergleichbaren Aufbau der Kapitel bis hin zu Vertiefungsaufgaben ist das Studienbuch besonders geeignet für Lehre und Studium, aber auch für jegliche Aus-, Fort- und Weiterbildung.

Die Erarbeitung und Drucklegung wäre nicht möglich gewesen ohne die finanzielle Förderung durch die Evangelische Kirche in Deutschland (EKD) und elf ihrer Gliedkirchen, die darin ihrem Interesse an einer Profilierung der Gemeindepädagogik zugunsten zeitgemäßer Wahrnahme kirchlicher Bildungsverantwortung Ausdruck gegeben haben. Unser Dank gilt den Verantwortlichen in den Kirchen:

Ev. Landeskirche in Baden / Ev.-Luth. Kirche in Bayern / Ev. Kirche Berlin-Brandenburg-schlesische Oberlausitz / Ev. Kirche in Mitteldeutschland / Ev.-luth. Landeskirche Hannovers / Ev. Kirche in Hessen und Nassau / Ev. Kirche von Kurhessen-Waldeck / Nordelbische Ev.-Luth. Kirche / Ev. Kirche im Rheinland / Ev.-Luth. Landeskirche Sachsens / Ev. Kirche von Westfalen und Ev. Kirche in Deutschland.

Frau Pfr. Tatjana Schnütgen gilt unser Dank für die Mitarbeit in der letzten Phase der Herausgeber-Redaktion wie auch dem Verlag De Gruyter und seinem Cheflektor Dr. Albrecht Döhnert für die gute Zusammenarbeit.

Die produktiven Diskussionen im Herausgeberkreis um das Selbstverständnis der Gemeindepädagogik mögen sich fortsetzen im vielfachen Gebrauch dieses Studienbuches.

Die Herausgeber und Herausgeberinnen

Inhalt

Peter Bubmann

Peter Bubmann

Götz Doyé

Dirk Oesselmann
8   Gesellschaftliche Entwicklungen als Herausforderung an eine weltverantwortende Gemeindepädagogik —— 209

Nicole Piroth/Matthias Spenn

Einleitung

Das gemeindepädagogische Handeln der Kirche stellt sich als ausgesprochen vielfältig und wandelbar dar. Der Versuch, alle theoretischen und konzeptionellen Fragestellungen sowie gemeindepädagogischen Handlungsfelder und Zielgruppen in einem Studienbuch umfassend behandeln zu wollen, kann daher nur misslingen. So verzichtet das vorliegende Studienbuch auch auf den Versuch einer umfassenden Gesamtdarstellung gemeindepädagogischer Handlungsfelder (bspw. entlang der Lebensalter ihrer Zielgruppen: Elementarerziehung, Arbeit mit Kindern, Jugendarbeit, junge Erwachsene usw. oder auch entlang ihrer Handlungsformen: Kirchlicher Unterricht, Seelsorge, Verkündigung usw.). Das Anliegen des Studienbuches ist es vielmehr, gemeindepädagogisch relevante Grundfragen zu behandeln, wobei diese jeweils an einem Handlungsfeld beispielhaft expliziert werden. Das Studienbuch ist nach einer Matrix (s. S. 4) aufgebaut, die es ermöglicht, verschiedene Beiträge unter jeweils einer bestimmten thematischen Fokussierung oder inhaltlichen Perspektive gezielt auszuwählen und zu studieren.

1 Inhaltsmatrix des Studienbuches

Eine erste inhaltliche Perspektive stellen die „Historischen Entwicklungslinien" dar. Das Anliegen dieser Perspektive ist es, ausgehend von heute noch aktuellen Fragestellungen rückwärts in die Geschichte zu blicken, um die Genese von gemeindepädagogisch relevanten Problemstellungen auf dem Hintergrund der jeweiligen gesellschaftlichen und kirchlichen Entwicklungen bis in die heutige Zeit hinein nachvollziehen zu können.

Die zweite inhaltliche Perspektive beschäftigt sich mit „Grundfragen der Gegenwart". In den Beiträgen dieser Perspektive geht es um die Wahrnehmung gesellschaftlich und kirchlich relevanter Gegenwartsfragen und deren Auswirkungen auf gemeindepädagogische Handlungskontexte.

Die dritte inhaltliche Perspektive beschäftigt sich hingegen mit den produktiven wie herausfordernden „Spannungsfeldern und Widersprüchlichkeiten", in denen gemeindepädagogisches Handeln situiert ist.

Neben die drei inhaltlichen Perspektiven tritt eine vierteilige Gliederung des Buchaufbaus nach Themenfeldern, wobei sich in jedem Buchteil jeweils die drei oben beschriebenen inhaltlichen Perspektiven wiederfinden.

Teil A behandelt die „Gemeinde", als den zentralen Ort gemeindepädagogischen Handelns. In Kap. 1 geht Uta Pohl-Patalong der historischen Entwicklung von Gemeinde als Lernort nach und fragt dabei auch nach der Zukunft der Parochialgemeinde im Vergleich mit anderen kirchlichen Orten. In Kap. 2 behandelt Martin Steinhäuser die Frage, unter welchen Bedingungen sich in der Gegenwart Gemeinde als Sozial- und Bildungsraum konstituiert, beispielhaft dient ihm die Kirchenraumpädagogik der Veranschaulichung. Peter Bubmann schließt mit Kap. 3 diesen Buchteil ab mit der spannungsreichen Frage nach der „Zeit der Gemeinde" als ein kirchlicher Bildungsort auf Dauer und Kirche bei Gelegenheit und skizziert exemplarisch den Kirchentag als einen gemeindepädagogischen Lernort auf Zeit.

Teil B „Pädagogik" akzentuiert die genuin pädagogischen Fragestellungen der Gemeindepädagogik. Historisch wird in Kap. 4 der Weg von der Katechetik zur Gemeindepädagogik von Götz Doyé nachgezeichnet, wobei er diesen am Beispiel der Taufkatechese veranschaulicht. In Kap. 5 erörtert Michael Domsgen die Frage nach der Funktion von Bildung, Erziehung und Sozialisation als gemeindepädagogischer Aufgabe in einer Zeit des lebenslangen Lernens und behandelt diese Frage beispielhaft anhand der religiösen Erziehung in der Familie. In Kap. 6 werden von Nicole Piroth grundlegende spannungsvolle Ansprüche an das gemeindepädagogische Handeln skizziert, exemplarisch wird hier nach dem möglichen Beitrag einer gemeindepädagogisch verantworteten Projektarbeit gefragt.

Teil C beschäftigt sich mit heutigen „Lebenswelten". Hier wird aus der Perspektive individueller und gesellschaftlicher Lebenswelten danach gefragt, welche Aufmerksamkeitsrichtungen für gemeindepädagogisches Handeln sich daraus ergeben. In Kap. 7 geht Friedrich Schweitzer am Beispiel der Konfirmandenarbeit der Frage nach, wie sich individuelle Bildungsbedürfnisse und kirchliche Bildungsangebote im Laufe der Zeit gewandelt haben. Dirk Oesselmann fragt in Kap. 8 nach einer weltverantwortenden Gemeindepädagogik und akzentuiert dabei globales und ökumenisches Lernen. In Kap. 9 geht Claudia Schulz ausgehend von empirisch beschreibbaren Milieus und Lebensstilen evangelischer Kirchenmitglieder der Frage nach, wie eine gemeindepädagogische Bildungsarbeit angesichts der Vielfalt heutiger Lebensverhältnisse konzipiert werden kann – exemplarisch bedacht für die Arbeit mit Seniorinnen und Senioren.

Zu guter Letzt behandelt Teil D Fragen einer gemeindepädagogischen „Berufstheorie". In Kap. 10 zeichnet Hildrun Keßler die historische Entwicklung des gemeindepädagogischen Berufes zwischen Sozialarbeit und Pfarramt nach und spitzt dieses anhand des Arbeitsfeldes Gemeinwesendiakonie zu. Nicole Piroth und Matthias Spenn fragen in Kap. 11 nach den Merkmalen einer gemeindepädagogischen Professionalität und skizzieren exemplarisch die erforderlichen Kompetenzen am Beispiel der Arbeit mit Kindern und Jugendlichen. Abschließend fragt Beate Hofmann in Kap. 12 nach dem Zusammenspiel von professioneller gemeindepädagogischer Arbeit und ehrenamtlichem Engagement und fokussiert die Bildung ehrenamtlich Mitarbeitender als hauptberufliches Aufgabenfeld.

Die dem Studienbuch zugrundeliegende Matrix erlaubt es so den Lesenden, je nach Wunsch entweder die Beiträge eines Buchteiles zu einer inhaltlich interessierenden Fragestellung – etwa die nach der Berufstheorie – gemeinsam zu studieren. Ebenso ist eine Lektüre entlang einer der drei eingenommenen Perspektiven – etwa die der historischen Entwicklungslinien – möglich. Es ist aber auch möglich, die einzelnen Beiträge für sich alleine zu lesen.

Das Anliegen des Studienbuches ist es insgesamt, die Lesenden zu eigener Urteilsbildung in wesentlichen gemeindepädagogischen Grundfragen anzuregen und sie im Nebeneffekt gleichzeitig über wichtige Sachverhalte zu informieren bzw. mögliche unterschiedliche konzeptionelle und fachliche Perspektiven und Interpretationen aufzuzeigen. Dabei sollen Hintergrundinformationen und Kurzdefinitionen zentraler Fachbegriffe zu einem besseren Verständnis beitragen, Literatur zur Vertiefung und Übungsfragen am Ende jeden Kapitels dienen einer weiterführenden Bearbeitung der jeweils verfolgten Fragestellung.

Das Studienbuch möchte in seinem Aufbau und der Struktur der Kapitel (bis hin zu Impulsen zur Weiterarbeit) der Frage nachgehen: „Wie studiere ich gemeindepädagogisch Gemeindepädagogik?" Die Wahl der Lernformen und die Gestaltung der Studienkultur betreffen die Konzeption des Faches. Gemeindepädagogik hat, wie alle pädagogischen Ausbildungen und Studiengänge, ein besonderes Merkmal: Der Gegenstand des Studiums ist selbst didaktisch verfasst. Es gilt zu lernen, wie Menschen sich bilden. Daraus folgt: Wenn es in der Gemeindepädagogik konzeptionell um *Kommunikation des Evangeliums* geht, dann wird das gemeindepädagogische Studieren an Nachhaltigkeit gewinnen, wenn es besonders auf seine Kommunikationsformen und die spirituelle Praxis im Studium achtet. Wenn man hierzu noch die Eigenart der Gemeindepädagogik als „Praxistheorie" bedenkt (vgl. unten 2.1), spricht vieles dafür, Praxiswahrnehmungen und -reflexionen im Studium der Gemeindepädagogik einen relativ hohen Stellenwert beizumessen – in aller Offenheit gegenüber dem klärungsbedürftigen wissenschaftstheoretischen Verhältnis von Theorie und Praxis. Daraus folgt, auf dem Weg gemeindepädagogischer Urteilsbildung der *Wahrnehmung* von Menschen und Prozessen besondere Aufmerksamkeit zu widmen. An die Stelle rascher Handlungsorientierung, die man in didaktischem Interesse von pädagogischen Studiengängen vielleicht erwartet, tritt das Plädoyer, sich mit größeren Freiräumen und in bewusster Distanzierung von normativen Vor-Einstellungen den Lebenswelten von Menschen und ihrer Alltagsreligiosität anzunähern und überhaupt erst

Drei inhaltliche Perspektiven

Vier Themen	Perspektive I: Historische Entwicklungs- linien	Perspektive II: Grundfragen der Gegenwart	Perspektive III: Spannungsfelder und Antinomien
Teil A: **Gemeinde**	Kapitel 1: Gemeinde in historischer Perspektive *(Uta Pohl-Patalong)*	Kapitel 2: Gemeinde im Raum, Gemeinde als Raum *(Martin* *Steinhäuser)*	Kapitel 3: Die Zeit der Ge- meinde – zwischen Kontinuität und Kirche bei Gelegenheit *(Peter Bubmann)*
Teil B: **Pädagogik**	Kapitel 4: Von der Katechetik zur Gemeinde- pädagogik *(Götz Doyé)*	Kapitel 5: Bildung, Erziehung und Sozialisation im Lebenslauf *(Michael Domsgen)*	Kapitel 6: Ambivalenzen und Antinomien gemein- depädagogischen Handelns *(Nicole Piroth)*
Teil C: **Lebenswelten**	Kapitel 7: Individuelle Bildungsbedürfnisse und kirchliche Bildungsangebote im Wandel der Zeit *(Friedrich* *Schweitzer)*	Kapitel 8: Gesellschaftliche Entwicklungen als Herausforderung an eine weltverant- wortende Gemeinde- pädagogik *(Dirk Oesselmann)*	Kapitel 9: Kirchliche und gemeindliche Bildungsarbeit zwischen Milieu- orientierung und „Einheitsbildung" *(Claudia Schulz)*
Teil D: **Berufstheorie**	Kapitel 10: Gemeindepädago- gische Berufs- tätigkeit zwischen Sozialarbeit und Pfarramt *(Hildrun Keßler)*	Kapitel 11: Gemeindepädago- gische Professio- nalität – berufliche Kompetenzen und Aufgaben *(Nicole Piroth /* *Matthias Spenn)*	Kapitel 12: Gemeindepädago- gische Arbeit zwischen Engage- ment und Profession *(Beate Hofmann)*

einmal nach den Bedingungen zu fragen, unter denen die Phänomene der Wirklichkeit ansichtig werden (phänomenologischer Zugang[1]). Denn es liegt ja auf der Hand, dass es *unvoreingenommenes*, gleichsam *neutrales* Wahrnehmen

---

1 Vgl. Wolf-Eckart Failing / Hans-Günter Heimbrock, Gelebte Religion wahrnehmen. Lebenswelt – Alltagskultur – Religionspraxis, Stuttgart 1998, 275 ff.

nicht gibt. Es gilt also im Studium herauszufinden, was die eigene und die fremde Wahrnehmung dieser oder jener Situation bedingt und wie die Beteiligten aus ihren Wahrnehmungen Koordinaten entwickeln, um die Wirklichkeit vermessen und in ihr handeln zu können.

Drei Schritte legen sich hierfür nahe:

–   Es gilt die individuellen, mitgebrachten *Erfahrungen* zu sichten.
–   In solche divergierenden Erfahrungen sind *Kriterien* und *Kategorien* eingebettet, um diese Erfahrungen und Wahrnehmungen beurteilen zu können. Auch sie liegen dem Studium voraus.
–   Das dritte zentrale Hilfsmittel, um Wahrnehmungen miteinander vergleichen und analytisch vertiefen zu können, ist die *Konfrontation mit Ergebnissen aus den empirischen Wissenschaften*. Im Studium der Gemeindepädagogik sind dies z. B. soziologisch fundierte Untersuchungen und Analysen, aber auch religions- und entwicklungspsychologische Ergebnisse.

Von solcher Wahrnehmung und ihrer Reflexion hängt es mit ab, welche Grundfragen man im Blick auf die Gegenwart stellt und welche eben nicht („blinde Flecken"), das heißt, wie man „Erkenntnis gewinnt". Daher stehen im Studienbuch als leitende Perspektiven neben den „historischen Entwicklungslinien" „Grundfragen der Gegenwart" und „Spannungsfelder und Antinomien".

Wenn man Gemeindepädagogik nicht als eine „Anwendungslehre" theologischer oder pädagogischer Richtigkeiten versteht, sondern die vieldeutige Lebenswelt mit ihren Alltagserfahrungen erfassen und konzeptionell vermitteln möchte, dann legen sich weder allein deduktive Verfahren nahe, die aus vorgegebenen Prämissen schlussfolgern, noch induktive, die aus einzelnen Beobachtungen umfassende Schlüsse ziehen. Die „rasterförmige Erkundung", die dieses Studienbuch vorschlägt, ist dem Studium der Gemeindepädagogik angemessener. Das bringt es mit sich, „Grundfragen" im Sinne von echten, großen, offenen Fragen erst im Laufe der Auseinandersetzung zu *entwickeln* bzw. sie immer wieder zu *verändern*. Man könnte also Gemeindepädagogik durchaus als „Frageperspektive" bezeichnen, die sich kritisch hält gegenüber historischen, institutionellen oder auch praktischen Verengungen.[2] Es gilt herauszufinden, was die Menschen wirklich beschäftigt, welche Rückfragen da-

---

2 Vgl. Roland Degen, Gemeindepädagogik als Frageperspektive. Thesen und Kommentierungen zu gegenwärtigen Entwicklungen, in: CRP 55 (2002), H.2, 14–23. Aus religionsdidaktischer Sicht verfolgt einen ähnlichen Ansatz Rainer Oberthür, Kinder und die großen Fragen. Ein Praxisbuch für den Religionsunterricht, München 1995.

raus für Theologie und Pädagogik entstehen und wie eine Praxis aussehen könnte, die mit den jungen und älter werdenden Menschen an solchen Fragen gemeinsam arbeitet.

2 Gemeindepädagogik als Wissenschaft

Aufgrund ihrer spezifischen Entstehungsgeschichte ab den 1970er Jahren [→ Kap. 4, 2.4] sind bis heute wesentliche wissenschaftstheoretische und enzyklopädische Grundfragen dieser Disziplin strittig und wenig geklärt. Vier Spannungsfelder sollen hier kurz beschrieben werden.

2.1 Das Theorie-Praxis-Verhältnis

Bei der wissenschaftlichen Einordnung der Gemeindepädagogik wird sie häufig als „Praxistheorie" bezeichnet. Das soll ihre – seit ihrer Entstehung – enge Verbindung mit der Entwicklung der pädagogischen *Praxis* in Kirchengemeinden (und der Entfaltung des *Berufsbildes* von Gemeindepädagoginnen und Gemeindepädagogen [→ Kap. 10]) andeuten. Doch wie sind „Theorie" und „Praxis" aufeinander bezogen?

Auf der einen Seite findet man ein Verständnis von dem, was Gemeindepädagogik sei, in den Köpfen derer, die in Gemeinden oder in anderen Sektoren kirchlichen Bildungshandelns tätig sind. Sie haben, ob nun als Teilnehmende in Gruppen oder als Mitarbeitende, bestimmte Vorstellungen davon, was Gemeindepädagogik sei, also z. B. woran sie thematisch arbeitet, welche Ziele verfolgt werden, welche Methoden typisch sind und ob man die Ergebnisse auswerten kann. Diese Vorstellungen sind oft kaum reflektiert und bewegen sich auf einem vor-theoretischen Niveau, weil sie keine Rechenschaft über die Voraussetzungen des eigenen Handelns ablegen. Es wäre falsch, die Explikation dieser „impliziten Theorien" lediglich als eine Herausforderung an „studierte Hauptamtliche" einzustufen. Gewiss sind von diesen solche reflexiven Kompetenzen am ehesten zu erwarten. Doch auch weniger umfassend Ausgebildete und vor allem eben auch die „Klientel" gemeindepädagogischer Arbeit zeigen, wenn man sie denn dazu befragt und ihnen die Möglichkeiten der Mitgestaltung tatsächlich einräumt, oft überraschend genaue Auffassungen und Begründungen für gemeindepädagogische Praxis – ob nun Kinder oder Eltern, Konfirmandinnen oder Senioren. In solchen kommunikativen Prozessen beginnt die Theoriebildung in der Praxis.

Hinsichtlich dieser „impliziten" Theorien geht es der Gemeindepädagogik nicht wesentlich schlechter oder besser als anderen Teildisziplinen der Praktischen Theologie oder Pädagogik: Der Druck aus der unmittelbar anschaulichen, zu bewältigenden (und verbesserbaren) Praxis ist so groß, dass er bisweilen jede Theorie zu verdrängen scheint oder diese auf eine „Rezeptologie" reduziert. Praktische Theologie und Pädagogik erscheinen dann bestenfalls noch als „Anwendungswissenschaften", als „Methodik". Was „die Sache" sei, ihre Richtigkeit und Wichtigkeit, werde von den jeweiligen Fachwissenschaften entschieden. Das Problem hieran ist, dass mit einem derartigen wissenschaftstheoretischen Verständnis die Erfahrung, der Alltag, die Lebenswelt, die Biografie keine theoriegenerierende Funktion mehr ausüben können. Doch Gemeindepädagogik ist – als Praxistheorie – kein Privileg derer, die auf wissenschaftlicher Ebene über Gemeindepädagogik nachdenken (und den zugehörigen Jargon beherrschen). Gemeindepädagogik entsteht und vergeht, so lässt sich argumentieren, im jeweils konkreten gemeindepädagogischen Prozess, im subjektiven Erleben der Beteiligten.

Auf der anderen Seite finden wir ein Verständnis dessen, was Gemeindepädagogik sei, auf der Ebene der theoretischen Diskussion. Auf dieser Ebene bewegt sich das vorliegende Studienbuch zum überwiegenden Teil. An dieser Ebene haben Studierende, auch wenn sie später unter den Druck der Praxis geraten, zumindest für die Zeit ihres Studiums Anteil. Bezogen auf die Frage des Verhältnisses von Theorie und Praxis wäre es falsch, die Zeit des Studiums als „Zeit der Theorie" aufzufassen, der „das Eigentliche" erst noch folge. Vielmehr geht es im Studium darum, die von der Theorie der Gemeindepädagogik angebotenen Kriterien, Fragestellungen und Denkwege so in das berufliche Ethos zu integrieren, dass sie in der Praxis nicht als „interessant, aber praxisfern, daher irrelevant" beiseite gelegt werden, sondern in ihrem Begründungswert zugänglich bleiben.

Was damit gemeint ist, sei kurz an einem Beispiel vorgeführt. Wir wählen dafür die simple und naheliegende Frage, auf wessen Praxis sich Gemeindepädagogik überhaupt bezieht. Gemeinden setzen sich aus *Individuen* zusammen, mit ihren jeweiligen Glaubensvorstellungen und ihrer Frömmigkeitspraxis. Sie werden der Gemeindepädagogik als Einzelne ansichtig. Als *Gruppen* füllen sie nach wie vor einen Großteil des beruflichen Alltags von Gemeindepädagoginnen und -pädagogen aus. Die Praxis von Ortsgemeinden (*Parochien*) ist nicht unbedingt deckungsgleich mit Gruppen, insofern diese oft quer zur territorialen Logik von Ortsgemeinden agieren [→ Kap. 1, 1.1]. Doch darüber hinaus befasst sich Gemeindepädagogik querschnittsartig mit allen pädagogisch relevanten Vorgängen in der *Kirche*. Wir sprechen hier von *dimensionaler* [→ Kap. 2, 2.4] und *systemischer Gemeindepädagogik*. In ihr geht es nicht mehr nur um eine vorfindliche, umrissene Altersgruppe, sondern um die Praxis in kirchlichen Regionen oder bezogen auf das institutionelle Lernen der Kirche. Wiederum darüber hinaus hat es Gemeindepädagogik mit *gesellschaftlich vermittelter religiöser Praxis* zu tun. Sie nimmt die religiösen Phänomene ihrer jeweils umgebenden Kultur wahr und bezieht diese auf die Praxis von Kirchengemeinden. Diese Phänomene sind teilweise schwer (nämlich in ihrer Form als *private Religion*), teilweise aber auch leicht zugänglich (etwa in den *Medien* oder bei kollektiven Grenz- und Schicksalserfahrungen wie katastrophenhaften Ereignissen). Um eine solche Differenzierung von „Praxis" zu durchdenken, lässt sich eine „Theorie des neuzeitlichen Christentums" heranziehen, vertreten für die Praktische Theologie etwa von Dietrich Rössler.[3] Gemeindepädagogik als Wissenschaft trägt nun dazu bei, vor diesem Hintergrund die verschiedenen Praxen in ihren Reichweiten und Eigenlogiken unterscheidend wahrzunehmen, zu analysieren und miteinander auf begründete Weise in eine handlungsorientierende Beziehung zu setzen.

2.2 Die fachwissenschaftliche Zuordnung

Umstritten ist seit ihrer Entstehung das Verhältnis der Gemeindepädagogik als Wissenschaft zur Religionspädagogik und zur Praktischen Theologie. Ist sie als ein Teilbereich einer *Religionspädagogik* anzusehen, die von der Schule her konzipiert ist (und deshalb besonders deutlich vor Binnenkirchlichkeit warnt)? Oder wäre sie doch stärker von der *Praktischen Theologie* her zu denken und könnte deshalb die (Schul)Religionspädagogik besonders deutlich auf die Kirche als Thema und Bezugsgröße aufmerksam machen? Oder gibt es eine übergreifende Allgemeine Religionspädagogik bzw. Theorie religiöser Bildungsarbeit, unter die gleichberechtigt schulische Religionspädagogik und Gemeindepädagogik zu rechnen sind?[4] Während in den universitär und in der Theologenausbildung verankerten Theoriebildungen die Gemeindepädagogik häufig umstandslos als Subdisziplin der Praktischen Theologie eingeordnet wird (wobei dann sofort das Verhältnis zur Diakonik und zur Theorie des Gemeindeaufbaus zu diskutieren ist), ist an den (Fach-)Hochschulen die Gemeindepädagogik stärker auch im Bezug auf die (Sozial-)Pädagogik verortet. In jedem Fall aber ist deutlich, dass Gemeindepädagogik als Fachwissenschaft sich im Schnittfeld von *Theologie* und *Pädagogik* befindet. Beide müssen als

---

3 Dietrich Rössler, Grundriss der Praktischen Theologie, Berlin/New York 2. erw. Aufl. 1994, 89–94, der zwischen dem privaten, dem kirchlichen und dem öffentlichen Christentum in der Neuzeit unterscheidet.
4 So der Vorschlag bei Gottfried Adam / Rainer Lachmann, Was ist Gemeindepädagogik?, in: dies. (Hg.), Neues Gemeindepädagogisches Kompendium (Arbeiten zur Religionspädagogik; 40), Göttingen 2008, 15–39, hier 16–19.

selbständige Wissenschaftsbereiche mit jeweils eigener Logik angesehen werden, weisen jedoch eine gemeinsame *Schnittfläche* auf, die sie aus ihrem jeweiligen historischen und wissenschaftlichen Selbstverständnis heraus füllen können: Die Theologie hinsichtlich des engen Zusammenhangs von „Lernen und Glauben", speziell im Generationenverhältnis, die Pädagogik hinsichtlich von Religion als einer Grunddimension menschlichen Lebens. Diese Schnittfläche wird in der Religionspädagogik allgemein mithilfe des *Bildungsbegriffs* bearbeitet. In dieser Schnittfläche begegnen sich auch wechselseitige *kritische* Anfragen. So befragt etwa Karl Ernst Nipkow die Theologie aus *pädagogischer* Sicht kritisch nach der Wahrnehmung der Möglichkeit subjektiver *Selbstbestimmung*; aus *theologischer* Sicht dagegen fragt er die Pädagogik kritisch nach der Wahrnehmung der Möglichkeit des *Scheiterns der Selbstbestimmung*.[5]

Wie immer auch im Einzelnen das Verhältnis der Gemeindepädagogik zu Religionspädagogik, Praktischer Theologie und (Sozial-)Pädagogik bestimmt wird, es wird meist unterstrichen, dass Gemeindepädagogik eine *interdisziplinär* ausgerichtete Disziplin sein solle, die theologische, pädagogische und weitere human- und kulturwissenschaftliche Bezüge zu pflegen habe.

> „Da Gemeindepädagogik sich nicht lediglich auf religionsdidaktische Prozesse im Kontext kirchlich-gemeindlicher Praxis, sondern auf den Gesamtzusammenhang von Glauben, Leben und Lernen bezieht und, ausgehend vom Lebenslauf, alle Generationen und die gesamten Lebenszusammenhänge von Menschen hinsichtlich der Frage nach der ‚Kommunikation des Evangeliums' in den Blick nimmt, ergibt sich daraus eine multidisziplinäre Herangehensweise, die neben Theologie und Religionspädagogik auch allgemeine Erziehungswissenschaft, Erwachsenenbildung, Sozialwissenschaften und Sozialpädagogik mit einbezieht. Vertreter/-innen der gemeindepädagogischen Forschung und Lehre bezeichnen Gemeindepädagogik deshalb als ‚Verbund- und Integrationswissenschaft'."[6]

2.3 Handlungsfeldorientierung oder/und dimensionale Sicht

Vor allem in der ersten Phase der Gemeindepädagogik bis in die Mitte der 1980er Jahre dominierte eine Sicht, die von den Herausforderungen der Beruf-

---

5 Vgl. Karl Ernst Nipkow, Die Bildungsfrage der Kirche nach innen und außen im Spiegel der bildungstheoretischen Reflexionen Peter Biehls, in: ders. / Peter Biehl, Bildung und Bildungspolitik in theologischer Perspektive, Münster 2003, 103–110, bes. 108.
6 Matthias Spenn / Michael Haspel / Hildrun Keßler / Dorothee Land, Lernwelten und Bildungsorte der Gemeindepädagogik. Bedingungen, Bezüge und Perspektiven, Münster 2008, 13. Das Zitat stammt von: Götz Doyé, Gemeindepädagogik – fachwissenschaftliche und berufspraktische Perspektiven, in: ders. / Hildrun Keßler (Hg.), Konfessionslos und religiös. Gemeindepädagogische Perspektiven, Leipzig 2002, 93–114, hier 100 u. 101.

lichkeit aus (etwa in der Arbeit mit Kindern und Jugendlichen) auf bestimmte Handlungsfelder blickte (insbesondere die Konfirmandenarbeit). Auch in den Fortbildungsinstituten der Landeskirchen und der EKD sind häufig zunächst diese Handlungsfelder im Fokus der Aufmerksamkeit.

> „Der Begriff Gemeindepädagogik hat sich für eine Vielzahl kirchlicher Handlungsfelder und Arbeitsformen mit sozial- und/oder religionspädagogischen, diakonischen und teilweise auch missionarischen Intentionen wie für nichtformelle Bildungsarbeit mit Kindern, Jugendlichen, Erwachsenen und älteren Menschen im kirchlich-gemeindlichen und verbandlichen Kontext durchgesetzt. Zu gemeindepädagogischen Handlungsfeldern zählen neben klassischen pädagogisch-theologischen Feldern kirchlich-gemeindlicher Arbeit wie Christenlehre, Kinderkirche und Kindergottesdienst, Konfirmanden- und Jugendarbeit auch Arbeit mit Familien, Erwachsenen und Seniorinnen/Senioren, Offene Arbeit, Kulturarbeit und andere Formen gemeinde- und gemeinwesenbezogener Bildungsarbeit."[7]

Im Kontext der Diskurse des Arbeitskreises Gemeindepädagogik e.V. entwickelte sich daneben bald ein *dimensionales* Verständnis von Gemeindepädagogik. Es verdankt sich der Einsicht, dass die formellen Formen des Lernens häufig weniger nachhaltig wirken als die informellen Formen [→ Kap. 5] und dass sich in allen Dimensionen der kirchlichen Arbeit bzw. der Kommunikation des Evangeliums auch immer Lernprozesse abspielen, die zu reflektieren sind, und deren Gestaltung zu verantworten ist.

> „Gemeindepädagogik darf deshalb nicht sektoral begrenzt bleiben und sich auf institutionelle und formelle Angebote beschränken. Sie muss Gemeinde als Raum des Lernens wahrnehmen und darauf aufmerksam machen, dass alles gemeindliche und kirchliche Handeln auch eine gemeindepädagogische Dimension hat. Sie richtet ihre Aufmerksamkeit auch auf Handlungsfelder, die nach sektoralem Verständnis nicht zum gemeindepädagogischen Arbeitsfeld zählen."[8]

Eine solche dimensionale Sicht der Gemeindepädagogik weitet sich rasch aus zu einer pädagogischen Gemeinde- und Kirchen(reform)theorie bzw. zu einer praktisch-pädagogischen Theologie des Christseins überhaupt und reibt sich dann unter Umständen an der weiterhin primär sektoral organisierten kirchlichen Praxis.

In diesem Studienbuch ist eine von Problemperspektiven ausgehende dimensionale Sicht der Gemeindepädagogik verbunden mit der exemplarischen Darstellung einiger Handlungsfelder. So soll deutlich werden, dass beide Sichtweisen notwendig sind und einander ergänzen können.

---

7 Spenn / Haspel / Keßler / Land, (s. o. Anm. 6), 10.
8 Karl Foitzik, Gemeindepädagogik ein „Container-Begriff", in: ders. (Hg.), Gemeindepädagogik. Prämissen und Perspektiven, Darmstadt 2002, 11–46, 28.

2.4 Vermittlung oder/und Verständigung

Die Gemeindepädagogik hat sich aus der früheren Katechetik heraus entwickelt, die vorrangig an der Weitergabe von Glaubenswissen und der kirchlichen Sozialisation interessiert war. Mit dem Neuansatz der Gemeindepädagogik ergab sich hier (allerdings keineswegs bei allen Vertreterinnen und Vertretern in Praxis und Theorie) eine deutliche Akzentverschiebung hin zu einer „Hermeneutik der Verständigung".[9] Nun steht nicht mehr von vornherein und für alle Zeiten fest, welche „Wahrheiten" an die nächste Generation weiterzugeben sind. Vielmehr verschreibt sich die Gemeindepädagogik einem Bildungsdenken, das Räume für je eigenes und gemeinsames Suchen der Wahrheit in der Begegnung mit der Tradition im jeweiligen Kontext des Lebens öffnet.

> „Gemeindepädagogik will Menschen anregen, im Gespräch mit anderen dem nachzugehen, was ihnen wichtig ist, und anregen, dies mit der biblischen Botschaft in Beziehung zu setzen. Diese Hermeneutik der Verständigung führt nicht zu eindeutigen Einsichten, die verallgemeinert werden können, beteiligt aber an dem Prozess des konziliaren Lernens, der mit Jesus von Nazareth begonnen hat." [...]
> „Dies führt zu offenen Lernprozessen, die pädagogisch und theologisch begründet werden. Pädagogisch wird darauf geachtet, dass die jeweiligen Gegenüber als Subjekte ernst genommen, in Gespräche einbezogen und zum Handeln angeregt werden, ohne ihnen etwas vorschreiben zu wollen. Theologisch ist bedeutsam, dass das Evangelium nur dort relevant wird, wo es ‚inkarniert', wo es Gestalt gewinnt, indem es in konkrete Situationen ein- und in ihnen aufgeht."[10]

Während ein solcher Fokus auf Verständigung gut mit den inzwischen in der Religionspädagogik ins Zentrum der Theoriediskurse gerückten Bildungstheorien harmoniert, bleiben Spannungen zu den Erwartungen von Kirchen(leitungen) bestehen, die sich von der Gemeindepädagogik eine verstärkte Aufmerksamkeit für die primäre kirchliche Sozialisation und die Vermittlung von religiösem Grundwissen erhoffen und auf den ‚missionarischen Mehrwert' gemeindepädagogischer Praxis insistieren.

3 Gemeindepädagogische Konzeptionen

Die deutschsprachige evangelische Gemeindepädagogik hat in den wenigen Jahrzehnten ihres Bestehens bereits eine Fülle von Konzeptionen hervorge-

---

9 Foitzik, (s. o. Anm. 8), 37.
10 Foitzik, (s. o. Anm. 8), 37 u. 38.

bracht. Regionale Unterschiede und verschiedene theologische wie pädagogische Prägungen führten zu unterschiedlichen Akzentsetzungen. In ihnen kommt die Weite und Offenheit der Disziplin sowie die spannungsreiche Polarität ihrer Zielsetzung zwischen Gemeindeorientierung und Bildungsauftrag zum Ausdruck. Unser Studienbuch lässt sich nicht einfach auf eine dieser Konzeptionen festlegen, sondern versucht mit der Beschreibung von Problemperspektiven der Gemeindepädagogik einen eigenständigen integrativen Ansatz. Dabei sollen wichtige Anliegen der im Folgenden kurz charakterisierten Konzeptionen integriert werden, weshalb grundlegende Themen der Gemeindepädagogik hier bereits angerissen und später in den einzelnen Kapiteln breiter diskutiert werden. Bei der Darstellung kann es nicht um Vollständigkeit gehen, sondern um exemplarische und vielfach rezipierte Ansätze. Ausgeblendet bleiben konzeptionelle Studien, die nicht explizit mit dem Leitbegriff der Gemeindepädagogik arbeiten.[11]

3.1 Berufs-/professionstheoretische und kirchenreformerische Ansätze

Im Kontext der Debatten um die Einrichtung „dritter", nämlich (religions- und gemeinde-)pädagogischer Fachbereiche an den neu errichteten Fachhochschulen Anfang der 1970er Jahre, entstand eine professionstheoretische Konzeptionslinie, die bis heute existiert. Hier wurde zunächst die Krise der Berufstätigkeit der Gemeindemitarbeitenden (also Gemeindehelferinnen und -helfer, Diakone, Jugendsekretäre etc.) beschrieben und eine neue Konzeption für diese Berufe gefordert.[12] Festgehalten wurde, „dass die Kirche in Zukunft ein koordiniertes, konzentriertes und zugleich differenziertes Mitarbeiterausbildungssystem benötigt, wenn sie weiterhin vielfältige Aufgaben in und an der

---

11 Hier wären etwa Theoriebeiträge zur Kirchlichen Erwachsenenbildung zu erwähnen (etwa die Beiträge von Gottfried Orth, Wolfgang Lück / Friedrich Schweitzer) oder die Diskurse, die sich an Leitkategorien wie „ökumenisches Lernen" (Ulrich Becker, Ralf Koerrenz, Klaus A. Baier), „globales Lernen" (Annette Scheunpflug) oder „diakonisches Lernen" (Heinz Schmidt, Hans-Günter Heimbrock) orientieren, oder Theoriebeiträge zur „Kommunikativen Gemeindepraxis" (Christoph Bäumler / Norbert Mette), „Gemeindeentwicklung" (Herbert Lindner) oder „Gemeindeleitung" (Günter Breitenbach), die sachliche Übereinstimmungen mit Anliegen der Gemeindepädagogik-Theorie aufweisen.
12 Vgl. Dieter Aschenbrenner / Gottfried Buttler, Die Kirche braucht andere Mitarbeiter. Vom Universaldilettanten zum Spezialisten. Analysen, Thesen und Materialien zum Berufsbild und zur Ausbildung des kirchlichen Mitarbeiters im Gemeindedienst, Stuttgart 1970.

Gesellschaft wahrnehmen will".[13] Die Forderung einer klaren Profilierung der Beruflichkeit der kirchlichen Mitarbeitenden verband sich mit kirchenreformerischen Ideen: Nötig sei „ein neues Verständnis von Gemeinde und Pfarramt und ihres Auftrags in unserer Gesellschaft".[14] Falsche, weil dysfunktionale Hierarchien zwischen den Berufen in der Kirche seien aufzulösen. Ein solches Plädoyer für eine veränderte Berufstheorie kirchlicher Arbeit (wie es im Bund der Evangelischen Kirchen in der DDR Mitte der 1970er Jahre auch kirchenpolitisch wirksam wurde [→ Kap. 10, 2.3/2.4]) wurde 1981 angesichts rascher Erfolge in der Implementierung von gemeindepädagogischen Fachhochschulstudiengängen und ersten Ernüchterungen angesichts reformresistenter kirchlicher Praxis programmatisch wiederholt.[15] *Ferdinand H. Barth* versteht Gemeindepädagogik in diesem Zusammenhang nicht als Bezeichnung eines abgegrenzten Handlungsfeldes, sondern als „einen Aspekt des gesamten Gemeindelebens, der gerade von der Interdependenz und Interaktion der verschiedenen Arbeitsformen und -bereiche ausgeht und Integration zum Ziel hat".[16] Mit *Gottfried Buttler* wird die Entwicklung der Evangelischen Kirchen zu Pastorenkirchen kritisiert und eine konsistentere evangelische Amtstheologie eingefordert, die sich nicht länger von einer impliziten „Unterscheidung zwischen Priester und Laie"[17] leiten lasse, um der Pfarrerschaft alle anderen Berufe gegenüberzustellen. Vielmehr solle von einem vierfach gegliederten Amt ausgegangen werden, das Pfarrer, gemeindepädagogische Mitarbeiter, weitere Mitarbeiter und alle anderen Gemeindeglieder kenne.[18] Gemeindepädagogik erscheint so einerseits als spezifische Form von Kirchentheorie, andererseits als Berufstheorie einer bestimmten Gruppe von Mitarbeitenden in der

---

13 A. a. O., 7.

14 A. a. O., 50.

15 Vgl. Dieter Aschenbrenner / Karl Foitzik (Hg.), Plädoyer für theologisch-pädagogische Mitarbeiter in der Kirche. Ausbildung und Praxis in den Kirchen der Bundesrepublik und der DDR, München 1981.

16 Ferdinand H. Barth, Gemeindepädagogik und Amtsverständnis, in: Aschenbrenner / Foitzik, Plädoyer (s. o. Anm. 15), 130–143, hier 131.

17 A. a. O., 138 f.

18 Vgl. a. a. O., 140 f. Mit ähnlicher Intention entstand ein Vorschlag eines viergliedrigen Amtes im Kontext der Synode des Bundes der Evangelischen Kirchen in der DDR 1975: der/die Gemeindetheologe/-in, der/die Gemeindepädagoge/-in, der/die Gemeindefürsorger/-in und der/die Gemeindemusiker/-in [→ Kap. 10, 2.3]. Vgl. dazu Karl Foitzik, Gemeindepädagogik. Problemgeschichte eines umstrittenen Begriffs (Eine Veröffentlichung des Comenius-Instituts, Münster), Gütersloh 1992, 253 f. Vgl. Peter Schicketanz, Der Weg zur Ausbildung evangelischer Gemeindepädagogen in der Deutschen Demokratischen Republik, in: Aschenbrenner / Foitzik, Plädoyer (s. o. Anm. 15), 147–224, hier 177–179.

Kirche. Gemeindepädagogik ziele auf das Mündigwerden von Christinnen und Christen (aller Generationen) in ihrer jeweiligen gesellschaftlichen Situation[19] und also auf die Vollendung der Reformation (und damit die Überwindung der Pastorenkirche). Gemeindepädagogik gewinnt so zugleich den Charakter einer theologischen Gemeindetheorie überhaupt.

> „Das Hauptziel gemeindepädagogischen Handelns ist die Begründung, Vertiefung, Stabilisierung und Ausbreitung der christlichen Gemeinde in allen ihren Sozialformen und in allen Lebensbezügen. Alle Getauften sind befähigt, ihren Beitrag auf dem Weg zu diesem Ziel zu leisten. Die Berufsaufgabe des Gemeindepädagogen, des Diplom-Religionspädagogen, besteht darin, möglichst Vielen dazu zu verhelfen, dass sie ihre Befähigung realisieren."[20]

Ferdinand Barth hob in diesem Zusammenhang auch die Bedeutung der Arbeit gemeindepädagogischer Fachkräfte mit Ehrenamtlichen hervor [→ Kap. 12].[21] Diesem Fokus widmete *Karl Foitzik*, der zunächst die Begriffsgeschichte der Gemeindepädagogik erhellte,[22] ein eigenes programmatisches Buch zur Mitarbeit in Kirche und Gemeinde.[23] Auch er verbindet den Gemeindepädagogik-Begriff mit dem Engagement für ein partnerschaftliches Miteinander verschiedener Berufsgruppen in der Kirche.[24]

In jüngerer Zeit nimmt *Nicole Piroth* „die Qualität gemeindlicher Bildungs-Räume und professioneller Unterstützung und Begleitung durch hauptberufliche Gemeindepädagoginnen und -pädagogen aus Sicht der beteiligten Individuen in den Blick"[25].

---

19 Ferdinand Barth, Unvollendete Reformation, in: ders. (Hg.): Unvollendete Reformation. Wege zur Gemeindepädagogik, Darmstadt 1995, 11–36, 26 (im Anschluss an Thesen von Christoph Keienburg).
20 Ferdinand Barth, Kirche und Gemeindepädagogik. Oder: Die gemeindepädagogische Frage nach der strukturellen Häresie der Pastorenkirche, Darmstadt 1998, 25.
21 Vgl. Barth, Kirche und Gemeindepädagogik (s. o. Anm. 20), 26.
22 Foitzik, Gemeindepädagogik. Problemgeschichte (s. o. Anm. 18).
23 Karl Foitzik, Mitarbeit in Kirche und Gemeinde. Grundlagen, Didaktik, Arbeitsfelder. Unter Mitarbeit von Hagen Fried, Barbara Kittelberger und Jörg Knoll, Stuttgart/Berlin/Köln 1998.
24 Vgl. schon: Karl Foitzik / Elsbe Goßmann, Gemeinde 2000. Wenn Vielfalt Gestalt gewinnt. Prozesse, Provokationen, Prioritäten (Gemeindepädagogik; 9), Gütersloh 1995.
25 Nicole Piroth, Gemeindepädagogische Möglichkeitsräume biographischen Lernens. Eine empirische Studie zur Rolle der Gemeindepädagogik im Lebenslauf (Schriften aus dem Comenius-Institut; 11), Münster 2004, 13.

„Aufgabe der Gemeindepädagogik ist die sensible *Wahrnehmung* der alltäglichen Lebensgeschichten und der darin liegenden (religiösen) Grundfragen des Lebens sowie die *Gestaltung* und Begleitung von Lern- und Bildungsprozessen im kirchlichen Umfeld. Wesentlich ist dabei eine neue Aufmerksamkeit für die Zugänglichkeit und Qualität von Gemeinde als ein *Möglichkeitsraum* biographischen und religiösen Lernens.“[26]

Um solche Bildungsräume zu eröffnen, bedürfe es eines eigenen gemeindepädagogischen Berufs innerhalb der Gruppe kirchlicher Berufe. Die diese Berufstätigkeit profilierenden Kompetenzen und Aspekte von Professionalität lassen sich nach Piroth benennen und empirisch bezüglich der Erwartungen von Gemeindegliedern überprüfen.[27] Mit dieser Frage nach (überprüfbaren) Kompetenzen der pädagogischen Berufe in der Kirche wird ein Diskurs aufgenommen, der in der Allgemein- und Schulpädagogik inzwischen zu weitgehenden Restrukturierungen der Ausbildung und Lehrpläne geführt hat [→ Kap. 11].

3.2 Kommunikativ-gesellschaftskritische und freiheitstheologische Ansätze

Ernst Lange, der nicht nur als Kirchenreform-Vordenker der EKD bedeutsam war, sondern auch Paulo Freires „Pädagogik der Unterdrückten“[28] in Deutschland bekannt machte, gilt manchen als (Groß-)Vater der Gemeindepädagogik, ohne allerdings schon den Begriff benutzt zu haben.[29] Er verknüpft den kritischen Blick auf nicht mehr zeitgemäße Sozialisationsbemühungen der Kirchen mit dem Plädoyer für Bildungsprozesse, die von der Autonomie der Lernenden ausgehen und auf ihre Befreiung zielen – gesellschaftlich wie innerkirchlich [→ Kap. 8].

„Die Kirche soll sich selbst und ihre Überlieferung in der Weise ins Bildungsgeschehen der Gesellschaft einbringen, daß Bildung kein Instrument der Domestikation, sondern der Emanzipation ist, nicht der Abrichtung für ökonomische und gesellschaftliche Nützlichkeit allein, sondern der Verwirklichung der Menschenrechte für alle. Und dies soll nicht nur verbal geschehen, sondern praktisch ...“[30].

---

26 A. a. O., 41.
27 Vgl. a. a. O., vor allem 94–96 und 301–306.
28 Paulo Freire, Pädagogik der Unterdrückten [mit einer Einleitung von Ernst Lange], Stuttgart 2. Aufl. 1972 (zuerst 1970, dt. 1971).
29 Vgl. etwa die Rezeption bei Götz Doyé, Gemeindepädagogik – fachwissenschaftliche und berufspraktische Perspektiven, in: ders. / Keßler, Konfessionslos und religiös (s. o. Anm. 6), 93–114, hier 106 f.
30 Ernst Lange, Sprachschule für die Freiheit. Bildung als Problem und Funktion der Kirche, hg. u. eingel. von Rüdiger Schloz, München/Gelnhausen 1980, 176.

Ein solcher Anspruch aber lasse nach den Wirkungen innerkirchlicher Sozialisation kritisch zurückfragen. Und ein wirklicher Beitrag zu einer Bildungsreform, die im Sinne der Kirche ist, erfordere eine innere Reform der Kirche selbst. Lange hält es dabei für eine dringliche pädagogische Aufgabe, „den Lebenszyklus als eine religiöse Aufgabe, als *eine* zusammenhängende religiöse Aufgabe"[31] ernst zu nehmen und schlägt eine stärker an Lebensphasen und Lebenskrisen orientierte kirchliche Bildungsarbeit vor.[32]

Auch *Godwin Lämmermann* und *Klaus Wegenast* fordern in ihrem Lehrbuch der Gemeindepädagogik,[33] „zu einem neuen Verständnis von Gemeinde zu gelangen, das offen ist für eine Praxis der Gemeindepädagogik als ‚Sprachschule für die Freiheit' (Lange), als Diskurs im und über den Glauben, als Quellort diakonischen Handelns an einzelnen und an der Welt. ‚Offene Volkskirche' ist der Begriff, der diesem Gemeindeverständnis entspricht. Die Botschaft von der Rechtfertigung ist der Grund für ihre Möglichkeit; das trinitarische Bekenntnis der wegleitende *theologische Grundsatz für Freiheit und Bindung*."[34] Mit Trutz Rendtorff wird Kirche als Institution der Freiheit verstanden. Ihr Zweck sei die Realisierung von Freiheit, weshalb gemeindepädagogische Praxis auf „einen Gewinn an Subjektivität und Freiheit" und damit auf die Ermöglichung der *„Expressivität einer ureigensten Persönlichkeit"*[35] abzielen solle. Ihr Lehrbuch folgt dann einer traditionellen, an zielgruppenorientierten Handlungsfeldern ausgerichteten Systematik.[36]

Auch *Karl Ernst Nipkow* kommt von einer emanzipatorischen Zielbestimmung der Pädagogik her. Ziel christlicher pädagogischer Praxis sind für ihn Befreiung und Gemeinschaft: „Christliche Erziehung lebt von der bereits eröffneten und dient der noch zu eröffnenden Freiheit."[37] Die vier von ihm benannten Grundaufgaben einer befreienden Erziehung zielen auf a) das Angebot einer lebensbegleitenden, erfahrungsnahen Identitätshilfe, b) die gesellschaftsdiakonische politische Verantwortung, c) das Wagnis kritischer Religio-

---

31 A. a. O., 190.

32 Vgl. a. a. O., 192.

33 Klaus Wegenast / Godwin Lämmermann, Gemeindepädagogik. Kirchliche Bildungsarbeit als Herausforderung (PTh 18), Stuttgart/Berlin/Köln 1994.

34 A. a. O., 37.

35 Beide Zitate, a. a. O., 28.

36 Die Kapitelüberschriften lauten: „Evangelischer Kindergarten – Bedingungen und Aufgaben"; „Der Kirchliche Unterricht" [= Konfirmandenunterricht]; „Jugendarbeit als ‚offenes Angebot'"; „Kirchliche Erwachsenenbildung in Gemeinde und Gesellschaft"; „Kirchliche Bildungsarbeit mit alten Menschen".

37 Karl Ernst Nipkow, Grundfragen der Religionspädagogik, Bd. II: Das pädagogische Handeln der Kirche, Gütersloh 1975, 12.

sität und damit einer selbstkritischen Kirche und d) auf den ökumenischen Weg für die Kirche als das ganze Gottesvolk, d. h. auf die gleichberechtigte Beteiligung aller (Partizipation) und die gemeinsame Suche nach Wahrheit (Konziliarität).[38] Seit den 1980er Jahren hat Nipkow stärker auch das intergenerationelle Lernen in der christlichen Gemeinde in den Blick genommen.[39] Er lässt sich dabei leiten von einem Verständnis von Kirche als Lern-, Lebens- und Glaubensgemeinschaft, die gleichzeitig diakonisch für andere da ist und sich im ökumenischen Lernen öffnet für die ökumenisch-theologischen, interkulturellen, politischen und ökologischen Herausforderungen.

Sein Gemeindeverständnis ist dabei primär parochial geprägt, und die Wahrnehmung gemeindepädagogischer Aufgaben entsprechend sektoral auf bestimmte gemeindliche Handlungsfelder konzentriert. Gemeindepädagogik sei innerhalb des Gesamtbereichs der Religionspädagogik bezogen „auf einen der ‚Lehr- und Lernorte‘, eben auf die Gemeinde neben den Lernorten Schule, Heim, Familie, kirchliche Ausbildungsstätten am sog. ‚Dritten Ort‘ (z. B. Ev. Akademien) u. a."[40] Für diesen Lernort werden die vier religionspädagogischen Grundaufgaben nun umformuliert als a) *Wege zum persönlichen Glauben* – Sinnerschließung im Lebenslauf und Lebensalltag, b) *Wege zum gelebten Glauben* – ethische Erziehung im Generationenkonflikt und Wertwandel, c) *Wege zum biblischen Glauben* – Verheißungen des Lebens angesichts der bedrohten Welt und d) *Wege zum gemeinsamen Glauben*.[41] In den 1990er Jahren baut Nipkow diesen Ansatz zu einer Theorie kirchlicher Bildungsverantwortung in Gemeinde, Schule und Gesellschaft aus.[42] Im Kapitel über „Bildungsverantwortung und Gemeinde"[43] will er gegen lediglich äußerlich-strukturelle Kirchenreformprozesse den Fokus auf die „Glaubensbildung"[44] legen und von einer Pädagogik des Glaubens reden, die beim Glauben als Vertrauensakt ansetzt und diesen Glauben sofort mit dem Verstehen verbindet. Katechetische Glaubenserschließung wird demnach bei ihm mit bildungstheoretischen Überlegungen zum selbstbestimmten Lernen in lebensweltlichen Kontexten verknüpft.

---

38 Vgl. a. a. O., 93 f. (Übersicht) u. 101–228 (ausführliche Darstellung der vier Grundaufgaben).
39 Vgl. Karl Ernst Nipkow, Grundfragen der Religionspädagogik, Bd. III: Gemeinsam leben und glauben lernen, Gütersloh 1982.
40 A. a. O., 236.
41 Vgl. a. a. O., 45 (Übersicht) und 45–261 (ausführliche Darstellung).
42 Vgl. Karl Ernst Nipkow, Bildung als Lebensbegleitung und Erneuerung. Kirchliche Bildungsverantwortung in Gemeinde, Schule und Gesellschaft, 2. durchges. Aufl. Gütersloh 1992 (zuerst 1990).
43 A. a. O., 2. Kap., 62–141.
44 A. a. O., 103 f.

„Die *Gemeindepädagogik* tritt in gewisser Weise heute das Erbe der Katechetik an, hebt aber hierbei ähnlich wie die behandelten Konzepte des Gemeindeaufbaus vor allem auf den Erfahrungs-, Lebens-, Gemeinschafts- und Handlungsbezug des Glaubenlernens ab [...]. Der Zugang wird primär aus pädagogischer Perspektive im Sinne eines weiten Lernbegriffs gewählt: Glauben lernen in Lebens- und Erfahrungszusammenhängen; zustimmen durch Einstimmen."[45]

3.3 Verbindungen von lern- und kirchen- bzw. gemeindetheoretischen Überlegungen

a) Integrative Theorien der Religionspädagogik

Schon die ersten programmatisch den Gemeindepädagogikbegriff benutzenden konzeptionellen Überlegungen von *Eva Heßler* und *Enno Rosenboom* zielten auf die Erhellung der pädagogischen Dimension gemeindlich-kommunikativen Handelns.[46] Enno Rosenboom versteht unter Gemeindepädagogik eine Pädagogik, „die sich als kritisch-wissenschaftliche Reflexion auf die erzieherischen Phänomene und Vorgänge einläßt und bezieht, die sich in der Gemeinde ereignen, deren Subjekt die Gemeinde selbst ist, deren Ziele durch die Gemeinde fixiert werden und deren innere und äußere Normen sich vom Leben der Gemeinde bestimmen lassen".[47] Es gehe um ein „Gesamtkonzept gemeindlicher Bildungsarbeit, nach dem sich die Gemeinde selbst als ein Bildungsprozeß versteht und sich die Gemeindeglieder ihrerseits als Mitarbeiter der Gemeinde bewähren lernen".[48] Gemeinde kommt so als „Feld pädagogischer Phänomene und Vorgänge"[49] in den Blick.

„Ihr Selbstverständnis kann die Gemeindepädagogik nur aus der *Pädagogik* als der auf erzieherische Interaktion bezogenen Handlungswissenschaft einerseits gewinnen, wie andererseits aus dem *theologischen Verständnis von Kirche und Gemeinde*. [...] Die Zuordnung der beiden die Gemeindepädagogik konstituierenden Wissenschaften kann dabei nicht anders erfolgen als unter dem Gesichtspunkt des Auftrags der Gemeinde, Menschen zum Glauben an Gott einzuladen."[50]

---

45 A. a. O., 109.
46 Vgl. Eva Heßler, Zeitgemäße Gedanken über das Verhältnis von Theologie und Pädagogik. Festvortrag zum 25-jährigen Bestehen des Oberseminars in Naumburg 1974, in: Aufbrüche o. J. (1994), H. 2, 15–22; Enno Rosenboom, Gemeindepädagogik, in: EvErz 26 (1974), 25–40; ders., Gemeindepädagogik – eine Herausforderung an die Kirche, in: Hans Kratzert u. a. (Redaktion), Leben und Erziehen durch Glauben. Perspektiven bildungspolitischer Mitverantwortung der evangelischen Kirche, Gütersloh 1978, 55–71.
47 Rosenboom, Gemeindepädagogik 1974 (s. o. Anm. 46), 30.
48 Rosenboom, Gemeindepädagogik 1978 (s. o. Anm. 46), 56.
49 Rosenboom, Gemeindepädagogik 1974 (s. o. Anm. 46), 29.
50 Rosenboom, Gemeindepädagogik 1978 (s. o. Anm. 46), 58.

Ähnlich setzen *Gottfried Adam* und *Rainer Lachmann* in ihrem „Gemeindepädagogischen Kompendium"[51] ein. Sie identifizieren als „integrierende Grundaufgabe der Kirche für alle Handlungsfelder [...] die ‚Kommunikation des Evangeliums'[52], an der die einzelnen Handlungsfelder gemäß der sie je spezifisch prägenden Auftragsdimension partizipieren. Das religionspädagogische Handeln in Schule und Gemeinde erfährt dabei sein profilierendes Gepräge durch die *religionspädagogische Aufgaben- und Handlungsdimension,* die in den Tätigkeiten Erziehen, Unterrichten und Bilden, bzw. im Lernen ihren besonderen Ausdruck findet."[53] Lernen wird dabei als (Selbst)Bildungsprozess im Zusammenhang der jeweiligen Lebensgeschichte in sozialer Einbindung verstanden. Entsprechend müsse es eine entsprechende Vielgestaltigkeit gemeindlichen Lernens geben (differenziert nach Altersphasen). „Dabei greifen im Geschehen der Kommunikation des Evangeliums verschiedene Momente beim Lehren und Lernen ineinander (Momente der Einübung, der Erziehung, des Unterrichts, der Bildung)."[54] Gemeinde wird hier zunächst als konkrete Ortsgemeinde verstanden, als Parochie wie Personalgemeinde. Abgelehnt wird Gemeinde als Lern-Gegenstand oder Lern-Ziel, es gehe nicht primär um Gemeindeaufbau oder Gemeindewerdung. Vielmehr sei Gemeinde Subjekt des Lernens und didaktischer wie sozialer Ort (also Lernort); wobei nicht allein die „vorfindliche Sozialgestalt der Gemeinde" in den Blick genommen werden solle, sondern „zugleich der mit christlicher Gemeinde normativ gesetzte kommunikative, soziale und sozialpädagogische Anspruch"[55]. Der besondere Akzent dieser Konzeption liegt – worin sich ihre besondere Nähe zur Schuldidaktik zeigt – auf der Beschreibung einer gemeindepädagogischen Didaktik, die den Kriterien *„agapegemäßer Kommunikation"*[56] zu genügen hat.[57]

> „Gemeindedidaktik, die gemeindepädagogisch verortetes Unterrichten, Erziehen und Bilden nach Grund, Maß und Ziel so verstandener Kommunikation zu bedenken hat, bedarf dazu wie die Vorbereitung schulischen Religionsunterrichts eines

---

51 Gottfried Adam / Rainer Lachmann, Gemeindepädagogisches Kompendium, Göttingen 1987; zitiert nach 2. Aufl. 1994.
52 Zum Leitbegriff der „Kommunikation des Evangeliums", den Ernst Lange geprägt hat, vgl. u. Kap. 4, 1.
53 Adam / Lachmann, (s. o. Anm. 51), 20.
54 A. a. O., 38.
55 A. a. O., 19.
56 A. a. O., 50 Anm. 61.
57 Vgl. a. a. O., 47–45. Das ist nicht ohne Widerspruch geblieben. Götz Doyé hält knapp fest: „Gemeindepädagogik ist nicht eine unterrichtliche Fachdidaktik [...]." Doyé, Gemeindepädagogik (s. o. Anm. 29), 101.

didaktischen Rasters, anhand dessen die jeweilige gemeindepädagogische ‚Aktion' vorbereitet werden kann."[58]

Auch die 2008 erschienene völlige Neubearbeitung dieses Gemeindepädagogischen Kompendiums[59] bleibt dem beschriebenen Grundansatz verpflichtet. Gemeindetheoretisch wird allerdings gesehen, „dass nicht mehr nur die Parochie der gemeindepädagogische Lernort ist, sondern auch die überparochialen Dienste und christlichen Gruppen und Netzwerke bis hin zum Kirchentag als Treffpunkt für Gemeinden, ‚Individualchristen' oder gesellschaftspolitisch engagierte Initiativgruppen"[60]. Und der allgemeinen Renaissance des Bildungsbegriffs entspricht es, wenn hier nun explizit „Bildung als pädagogische Leitkategorie der Gemeindepädagogik"[61] propagiert wird. Gegenüber den früher bevorzugten Leitkategorien des Lernens und der Erziehung sei dem Bildungsbegriff der Vorzug zu geben. Denn darin sei programmatisch enthalten:

> „Das Individuum bildet sich selber. [...] (1) Bildung zielt auf die Personwerdung, die Menschwerdung des Menschen, sein Leben in Freiheit; (2) Bildung ist etwas Allgemeines; (3) Bildung kann jede Person nur für sich selbst erwerben; (4) Bildung vollzieht sich in Gemeinschaft."[62]

Die „Nähe eines solchen Bildungsverständnisses zu zentralen Grundaussagen des christlichen Glaubens"[63] sei – so Adam / Lachmann – offensichtlich. Und die „Verwirklichung des Glaubens im Leben" bedürfe „der kommunikativen Bildungs- und Lernprozesse."[64]

Deutlich andere Akzente setzt *Christian Grethlein* in seinen Veröffentlichungen zur Gemeindepädagogik.[65] Er nimmt einerseits die katechetische Tra-

---

58 Adam / Lachmann (s. o. Anm. 51), 50.

59 Gottfried Adam / Rainer Lachmann (Hg.), Neues Gemeindepädagogisches Kompendium (Arbeiten zur Religionspädagogik; 40), Göttingen 2008.

60 Adam / Lachmann, Kompendium 2008 (s. o. Anm., 59), 30. Aus diesem Grund sind dort in der Darstellung der Gemeindepädagogischen Handlungsfelder (Teil II, 151–462) neben traditionellen Handlungsfeldern (wie Konfirmandenarbeit) auch Kapitel über „Kirchenpädagogik" (Robert Schelander), „Der Kirchentag als Bildungsangebot" (Peter Bubmann) oder „Lernort Internet" (Roland Rosenstock) enthalten.

61 So die Überschrift zum 5. Abschnitt im 1. Kapitel, a. a. O., 31.

62 A. a. O., 33.

63 A. a. O., 33.

64 A. a. O., 35.

65 Christian Grethlein, Gemeindepädagogik (De Gruyter Studienbuch), Berlin/New York 1994; ders., Religionspädagogik (De Gruyter Lehrbuch), Berlin/New York 1998; ders., Gemeindepädagogik im Kontext Praktischer Theologie, in: Foitzik, Gemeindepädagogik. Prämissen (s. o. Anm. 8), 113–121.

dition des Taufbezugs explizit auf in seine Konzeption von Gemeindepädagogik und rekurriert zugleich auf neuzeitliches Bildungsdenken (dessen Ziel christlich gedacht in der Subjektwerdung des Menschen in Individualität, Sozialität und Mitkreatürlichkeit liege). Sein Gemeindeverständnis bezieht sich auf CA VII und damit auf ein auf Wort und Sakrament fundiertes Kirchenverständnis zurück. Diesen beiden klassischen Zeichen der Kirche sei allerdings auch noch das ethische Verhalten hinzuzufügen.

> „Gemeinde ist der Zusammenschluß der Getauften und am Tisch des Herrn Kommunizierenden, die entsprechend dem in Taufe und Herrenmahl Geschenkten, den hieraus folgenden ethischen Konsequenzen und dem in der Heiligen Schrift bezeugten Zu- und Anspruch Gottes zu leben versuchen."[66]

Aus diesem Gemeinde- und Pädagogikverständnis entwickelt Grethlein gemeindepädagogische Kriterien, die dann in den materialen Teilen zu den gemeindepädagogischen Handlungsfeldern[67] immer wieder auftauchen: Die Spannung zwischen (im Glauben immer schon vorausgesetzten) Personsein und der Subjektwerdung im Bildungsprozess solle berücksichtigt werden, ebenso der Adressatenbezug und die Elementarisierung um der Zielgruppe willen. Die Gemeinde erweise sich als Sozialraum vor allem im Gottesdienst, weshalb gelte:

> „Der Gottesdienst kann als konzentrierteste Form solcher Gemeindepädagogik gelten. Er ist der rituelle Vollzug der von Christus eröffneten Kommunikation, zu der alle Menschen eingeladen sind."[68]

Deshalb sollten Taufe und Herrenmahl die leitenden Orientierungspunkte in der gemeindepädagogischen Praxis sein. Diese wiederum habe zugleich örtliche, regionale und ökumenische Dimensionen zu beachten. Auch das Verhältnis der Mitarbeitenden zueinander sei zu klären sowie die Fragen der Finanzierbarkeit.

In jüngeren Publikationen warnt Grethlein davor, den Gegenstandsbereich der Gemeindepädagogik zu weit auszudehnen.[69] Gemeindepädagogik solle sich auch nicht als eigene wissenschaftliche Disziplin verstehen, sondern als

---

66 Grethlein, Gemeindepädagogik 1994 (s. o. Anm. 65), 27 (im Original kursiv).
67 Grethlein behandelt: Bildung im Umfeld der Taufe; Evangelischer Kindergarten; Kindergottesdienst; Gemeindliche Bildung im Umfeld der Schule; Konfirmandenzeit; Religiöse Bildung in der kirchlichen bzw. christlichen Jugendarbeit; (Evangelische) Erwachsenenbildung; (Evangelische) Altenbildung.
68 A. a. O., 40.
69 Vgl. Grethlein, Gemeindepädagogik im Kontext, (s. o. Anm. 65) 119.

Reflexionsperspektive zwischen Religionspädagogik und Kybernetik (Theorie der Kirchenleitung) bzw. Gemeindeaufbautheorie.[70]

b) Integrative Ansätze kirchlicher Bildungsarbeit

Schon in den Vorläufer-Konzepten der Gemeindepädagogik, den Entwürfen einer kirchlichen Katechetik bzw. eines (Gesamt-)Katechemunats [→ Kap. 4] finden sich Ansätze, die die verschiedenen Handlungsfelder, Altersstufen und Lernorte innerhalb der kirchlichen Erziehung und Bildung konzeptionell zusammenbinden wollen. Dabei wird in der Regel von einem umfassenden kirchlichen Erziehungs- und Bildungsauftrag her gedacht, der sich in der Forderung eines alle Lebensbereiche und -alter übergreifenden „Gesamtkatechumenats" verdichtet.[71]

Innerhalb der Gemeindepädagogik-Theoriediskussion hat insbesondere *Jürgen Henkys,* der die gemeindepädagogischen Diskussionen in der DDR stark mitbestimmte, diesen Theoriestrang aufgegriffen. Die Katechumenatsidee sei für die kirchlich-pädagogische Reflexion in der DDR anziehend gewesen wegen der Betonung der „Kirchlichkeit des katechetischen Handelns (Beziehung zur Taufe, Beziehung zur Gemeinde, Abgrenzung gegen eine Pädagogisierung des Evangeliums im früheren Religionsunterricht der Schule)", sowie wegen der „Ganzheitlichkeit des katechetischen Handelns (Verbindung von Unterweisung und Verkündigung, Unterricht und Erziehung, Erziehung und Seelsorge)" und wegen der „gegliederte(n) Einheit des katechetischen Handelns (Unterweisung in Haus und Gemeinde, Sammlung von Kinder-, Jugend- und Erwachsenengruppen)".[72]

> „In ihrem Katechumenat ordnet die Gemeinde diejenigen erzieherischen und unterrichtlichen Vorgänge, die sich notwendigerweise mit der Wahrnehmung ihres Auftrags verbinden, das Heilswort Gottes in Christus verständlich und verbindlich weiterzugeben – und das nach dem jeweiligen Maß ihrer Einsicht, Beweglichkeit und Gestaltungskraft."[73]

Ausdrücklich will er an das Taufkatechumenat anknüpfen und dies aber mit situationsbezogener Lebenshilfe zusammendenken.[74] Zwar geht auch Henkys

---

70 Vgl. a. a. O., 120 f.
71 So etwa noch beim Nestor der Katechetik in Bayern, Kurt Frör, vgl. zusammenfassend zu seiner Konzeption des Gesamtkatechumenats: Jürgen Belz, Teilhabe und Mündigkeit. Eine religionspädagogische Untersuchung zu Leben und Werk Kurt Frörs (1905–1980), Jena 2011, 269–293 u. 381 (zu den Verbindungen zur Gemeindepädagogik heute).
72 Jürgen Henkys, Katechumenat und Gesellschaft, in: Gerhard Kulicke (Hg.), Bericht von der Theologie. Resultate, Probleme, Konzepte, Berlin 1971, 282–301, 287.
73 A. a. O., 293 (im Original kursiv).
74 Vgl. Jürgen Henkys, Gemeindepädagogik in der DDR, in: Adam / Lachmann, (s. o. Anm. 51), 55–86, hier 57–59.

zur Terminologie der „Gemeindepädagogik" über, hält aber daran fest, die Gemeindepädagogik sei Ausdruck einer „umfassend und unter Umständen auch besser als früher verstandenen katechetischen Verantwortung".[75]

Ein Hauptanliegen einer so verstandenen Gemeindepädagogik war, die „Versäulung",[76] also das unverbundene Neben- und Gegeneinander verschiedener pädagogischer Arbeitsfelder in der Kirche, zu überwinden. Entsprechend zielt die Gemeindepädagogik als Theorie auf eine „Gesamtschau"[77] dieser Arbeitsfelder. Henkys nennt als Hauptziele der gemeindepädagogischen Praxis:

> „– Erschließung der christlichen Glaubensüberlieferung für einen selbständigen Glauben;
> – Hilfen zur Gemeinschaftserfahrung und Selbstfindung,
> – Einübung in christliche Weltverantwortung."[78]

In verschiedenen Anläufen hat *Roland Degen* die Aufgaben der Gemeindepädagogik zu formulieren versucht, und dabei aus ostdeutscher Tradition herkommend auch wichtige Impulse der neueren westdeutschen theologisch-pädagogischen Debatten aufgenommen (etwa ästhetische Fragestellungen im Blick auf die Bedeutung der Kirchenpädagogik [→ Kap. 2, 3.]).[79] Degen benennt sechs leitende Betrachtungsperspektiven für die Gemeindepädagogik:[80] a) Gemeindepädagogik ermögliche neue Sichtweisen von Kirche am Ort. Dazu setze sie auch empirisch an.[81] b) Sie verschränke Theologie und Pädagogik.

---

75 Jürgen Henkys, Was ist Gemeindepädagogik?, in: Dieter Reiher (Hg.): Kirchlicher Unterricht in der DDR von 1949 bis 1990. Dokumentation eines Weges, Göttingen 1992, 168–176, 170 (zuerst erschienen in: Kirche im Sozialismus Nr. 5/1979, 15–24, auch in: ChL 33 (1980), H. 8/9, 285–293).

76 Henkys, Gemeindepädagogik in der DDR, (s. o. Anm. 74), 59.

77 A. a. O., 68.

78 Henkys, Was ist Gemeindepädagogik, (s. o. Anm. 75), 176.

79 Vgl. vor allem: Roland Degen, Gemeindeerneuerung als gemeindepädagogische Aufgabe. Entwicklungen in den evangelischen Kirchen Ostdeutschlands, Münster/ Berlin 1992; ders.; im leben glauben lernen: Beiträge zur Gemeinde- und Religionspädagogik, hg. von Martin Steinhäuser u. a., Münster/u. a., 2000; ders., Gemeindepädagogik als Frageperspektive. Thesen und Kommentare zu gegenwärtigen Entwicklungen, in: Foitzik (Hg.), Gemeindepädagogik. Prämissen (s. o. Anm. 8), 123–153.

80 Vgl. Degen, Gemeindeerneuerung (s. o. Anm. 79), 95 ff.

81 Diesen Aspekt unterstreicht Degen in späteren Publikationen, wenn er etwa festhält: „Die Gemeindepädagogik versteht sich primär als *Wahrnehmungskunst* und Sichthilfe für real Geschehendes und kaum als (methodisierte) Durchsetzungsstrategie lediglich vorgegebener Programme, die das Individuum zum bloßen ‚Adressaten' degradieren." (Degen, Gemeindepädagogik als Frageperspektive (s. o. Anm. 79), 131 f.)

Dabei sei sie keine Technik oder Methode der Weitergabe der Botschaft, „sondern Entdeckungsinstrument, Reflexion und Anstiftung zu befreiender Begegnung",[82] und daher nicht auf unterrichtliche Verfahren einzuengen. Sie trete c) für den Öffentlichkeitsbezug von Religion ein, und diene d) der Kommunikation des Evangeliums als wechselseitiger Erschließung von christlicher Tradition und heutiger Gemeindesituation. Sie integriere e) verschiedene kirchliche Handlungsfelder und schaffe „einen Zusammenhang, der sich als Begleitungsaufgabe durch unterschiedliche biographische und soziale Situationen und Lebensepochen versteht".[83] In alledem stehe sie f) in der Nachfolge der lernenden Jüngerschaft Jesu.

Degen betont, dass

> „bei aller Bedeutung von geplantem Lernen durch Unterricht, Gemeindeplanung und Tagungsdidaktik das Unmittelbare, Unplanbare und Unstetige für gemeindliches Lernen zentrale Bedeutung hat. Was unmittelbare Verstrickungen, Begegnungen und ‚fruchtbare Momente' in der Kommunikation auslösen, was Einzelnen im Zufall zufällt, läßt sich nur bedingt vorstrukturieren, planen und in keinem Fall erzwingen."[84]

Als Grundaufgaben bzw. Kriterien und Perspektiven gemeindepädagogischer Praxis nennt Degen:
1. Lebensgeschichte begleiten: gegen alte und neue Fremdbestimmungen sei Menschen zur eigenen Lebensführung und zum eigenen Glauben zu verhelfen.
2. Teilnehmen lassen: Es gehe um wechselseitige Teilnahme und Teilgabe der Menschen und dabei um Beziehungen und um Inhalte.
3. Bibeltradition erschließen: Die Relevanz biblischer Texte „zur Erneuerung der Gesellschaft, zur Lebensbegleitung des Einzelnen, zur Gestaltung von Gemeinde und zur Formulierung von Sinn- und Zukunftsperspektiven in einer neuen Grund- oder Allgemeinbildung"[85] sei auszuweisen.
4. Gottesdienst ermöglichen: Nötig sei eine neue Gottesdienstdidaktik.
5. Ökumenisch lernen: Es gehe um grenzüberschreitendes, handlungsorientiertes, soziales, interkulturelles und ganzheitliches (d. h. soziales und religiöse Lernen verbindendes) Lernen.[86]

In besonderer Weise hat *Karl Foitzik* immer wieder darauf insistiert, dass neben den berufstheoretischen Aspekten und der Thematisierung von ausgewie-

---

82 Degen, Gemeindeerneuerung (s. o. Anm. 79), 98.
83 A. a. O., 103.
84 A. a. O., 107.
85 A. a. O., 146.
86 Vgl. a. a. O., 170.

senen pädagogischen Handlungsfeldern die dimensionale Sicht der Gemeindepädagogik zu beachten sei (s. o. 2.3).[87] Dabei hat Foitzik auch die Klärung des Gemeindebegriffs vorangetrieben. Ort und Zeitcharakter von Gemeinde werden genauer in den Blick genommen [→ Kap. 2 und 3].

> „Lernen braucht Räume, die eine Adresse haben. Gemeindepädagogik ist auf identifizierbare ‚didaktische Orte‘, auf ‚Lern- und Lebensräume‘ angewiesen. Die Ortsgemeinden gehören dazu, haben aber ihr Monopol verloren."[88]

Auch nicht-parochiale Gemeinden seien wahrzunehmen. Gemeinde sei „ein Geflecht vieler kleiner und großer Lernorte ‚mitten im Alltag‘ und in ‚sakralen‘ Räumen"[89]. Für solche vernetzte Lernorte bringt Foitzik das „Bild einer Karawanserei"[90] ins Spiel, wie er es schon zusammen mit Elsbe Goßmann früher genauer beschrieben hatte:[91] Gemeinde sei charakterisiert als buntes Treiben, offener Ort, Ziel vieler Wüstenstraßen, Ort des Auftankens mit Marktplatz und Erzählplätzen sowie Kapellen; sie sei nicht Selbstzweck, sondern „Salz der Erde".[92]

Die kirchenreformerische Wurzel der Gemeindepädagogik wird deutlich, wenn Foitzik / Goßmann ein Plädoyer abgeben für Gemeinden, in denen die Mitglieder ihre Kontakte zur Gemeinde eigenverantwortlich gestalten, die Türen weit offen stehen, Vielfalt als produktiver Reichtum verstanden wird, Partizipation aller möglich ist, das allgemeine Priestertum realisiert wird, Verantwortung ermöglicht und eingeübt wird, die sich auch auf die Weltorientierung und Gesellschaft bezieht, und viele runde Tische existieren [→ Kap. 2, 2.2].[93]

> „Gemeindepädagogik, wie wir sie verstehen, will dazu beitragen, daß Menschen fähig werden, in der eigenen Lebenswelt nach dem zu fragen, was ihnen wichtig ist, darüber zu sprechen und – wo möglich – gemeinsam mit anderen Beziehungen zur biblischen Botschaft herzustellen. Dadurch sind sie an dem Prozeß beteiligt, der mit Jesus von Nazareth begonnen hat und heute insbesondere im ‚konziliaren Lernen‘ Gestalt gewinnt."[94]

---

87 Vgl. Foitzik, Gemeindepädagogik ein „Container-Begriff" (s. o. Anm. 8), 11–46; Karl Foitzik, Orte religiösen Lernens. Anmerkungen zur gegenwärtigen Diskussion und gemeindepädagogische Impulse, in: PrTh 39 (2004), 86–96.
88 Foitzik, Gemeindepädagogik ein „Container-Begriff" (s. o. Anm. 8), 32.
89 Foitzik, Orte religiösen Lernens (s. o. Anm. 87), 95.
90 Ebd.
91 Vgl. Foitzik / Goßmann (s. o. Anm. 24), 103–111.
92 A. a. O., 106.
93 Vgl. a. a. O., 106–111.
94 A. a. O., 144. Die kirchenreformerische Tradition von Gemeindepädagogik begegnet jüngst wieder in partizipatorischen Konzepten von „Gemeindebildung", vgl. etwa Martin Steinhäuser, Was heißt „Gemeindebildung"? Eine grundlegende Fragestellung im Kontext gemeindepädagogischer Ausbildung, in: Hildrun Keßler / Götz Doyé (Hg.),

4 Gemeindepädagogische Perspektiven auf aktuelle Themen

Seit dem Ende der 1990er Jahre und dem Generationenwechsel bei den Lehrenden (von der Gründergeneration zur zweiten Generation) sind keine monographischen, gemeindepädagogischen Gesamtdarstellungen mehr erschienen. Dafür existiert eine Vielzahl von Studien zu verschiedenen aktuellen Aspekten gemeindepädagogischer Praxis und Theorie.[95] Sie beziehen sich häufig auf einen Hauptaspekt der dargestellten gemeindepädagogischen Theorien (Fragen des Gemeindeverständnisses [→ Kap. 1, 2 und 3], pädagogisch-didaktische Fragen [→ Kap. 4 + 5], Analysen veränderter Lebenswelten [→ Kap. 8] oder Diskussionen um Profil und Qualifikation der gemeindepädagogischen Beruflichkeit im Kontext der kirchlichen Debatten um Ämter und Dienste [→ Kap. 10 + 11]). Die Hauptteile unseres Studienbuchs nehmen diese Schwerpunktsetzungen auf. Dabei lassen sich Berührungspunkte mit aktuellen und zukünftig Relevanz gewinnenden Diskursen feststellen, die innerhalb der Praktischen Theologie und Pädagogik geführt werden.

Zahlreiche Themen der gegenwärtigen Diskurse in Kirche und Theologie berühren Anliegen der Gemeindepädagogik als Praxis wie Wissenschaft: Die *Kirchentheorie* hat sich zu einem wesentlichen Arbeitsfeld der Praktischen Theologie entwickelt. Sowohl die stärker empirisch-soziologisch orientierten Studien zur Kirchenmitgliedschaft[96] als auch programmatische Vorschläge zum Neuverständnis von Gemeinde und ihren Orten[97] erfordern auch von der Gemeindepädagogik, ihren Begriff von Gemeinde zu schärfen und auf das empirisch vorfindliche Kirchenmitgliedschaftsverhalten und die unterschiedlichen Formen von Vergemeinschaftung zu beziehen. Einige Beiträge in diesem Band [→ Kap. 2 + 3 + 9] greifen diese Diskurslinien auf und bedenken sie in ihren Konsequenzen für die Gemeindepädagogik. Die von der EKD initiierte Kirchenreformdebatte (ausgelöst durch das Positionspapier „Kirche der Frei-

---

Den Glauben denken, feiern und erproben. Erfolgreiche Wege der Gemeindepädagogik. Evangelische Verlagsanstalt, Leipzig 2010, 53–75.

95 Exemplarisch können dafür zwei Sammelbände stehen: Doyé / Keßler, Konfessionslos und religiös (s. o. Anm. 6); Keßler / Doyé, Den Glauben denken (s. o. Anm. 94). Zu weiteren Veröffentlichungen von Mitgliedern des Arbeitskreises Gemeindepädagogik e.V. vgl. www.ak-gemeindepaedagogik.de.

96 Vgl. exemplarisch Jan Hermelink, Kirchliche Organisation und das Jenseits des Glaubens, Gütersloh 2011; Georg Kretschmar, Kirchenbindung. Praktische Theologie der mediatisierten Kommunikation, Göttingen 2007.

97 Vgl. Uta Pohl-Patalong, Von der Ortskirche zu kirchlichen Orten. Ein Zukunftsmodell, Göttingen (2004) 2. Aufl. 2005.

heit"[98]) hat – in Zeiten schwindender Finanzressourcen – im übrigen heftige Diskussionen über vorrangige Arbeitsfelder und Aufgaben von Kirche ausgelöst, die unmittelbar auch die Gemeindepädagogik betreffen. Auch wenn Bildung weithin als wesentliche Aufgabe von evangelischer Kirche gilt, bleibt umstritten, welche Aufgaben und Handlungsfelder vorrangig in den Blick kommen sollten: die für die kirchliche Sozialisation hochbedeutsamen Arbeitsformen mit Kleinkindern bis hin zur Konfirmandenarbeit [→ Kap. 7] und damit auch die religionspädagogische Arbeit in Familien [→ Kap. 5] oder – demographisch nahe liegend – die Arbeit mit älter werdenden Erwachsenen [→ Kap. 9]?[99] Zugleich muss geklärt werden, wer für die als wesentlich erkannte Bildung der Kirchenmitglieder zu sorgen habe: Pfarrerinnen und Pfarrer, Gemeindepädagoginnen und Lehrer, oder primär Eltern und Ehrenamtliche? Deutlich ist in jedem Fall, dass in einer finanziell ärmer werdenden Kirche der Gewinnung, Begleitung, Aus- und Fortbildung von Ehrenamtlichen eine besondere Rolle zukommen wird [→ Kap. 12].

Auch das *Verhältnis der kirchlichen Berufsgruppen zueinander* ist – verbunden mit der Debatte um die Ordination/Berufung/Beauftragung kirchlicher Mitarbeiterinnen und Mitarbeiter – zu einem Zukunftsthema in Kirche und Praktischer Theologie (hier der Pastoraltheologie im engeren Sinn) geworden.[100] Vorstellungen eines gleichberechtigten Miteinanders verschiedener Berufsgruppen, wie sie die Gemeindepädagogik von Anfang formuliert hat [→ Kap. 10], werden in einigen evangelischen Kirchen (Rheinland; Mitteldeutschland) ansatzweise realisiert und anderenorts bewusst zugunsten des „Leitberufs" des Pfarrers zurückgedrängt, wie es etwa im Impulspapier der EKD „Kirche der Freiheit" schien.[101] Klärungsbedürftig ist insbesondere auch das Verhältnis der gemeindepädagogischen Berufe zum diakonischen Beruf bzw. zum „Diakonat" als eigenem Amt der Kirche.[102]

---

98 Kirchenamt der EKD (Hg.), Kirche der Freiheit. Perspektiven für die Kirche im 21. Jahrhundert. Ein Impulspapier des Rates der EKD, Hannover, o. J. (2006).

99 Vgl. zu diesem Arbeitsfeld jetzt neu: Christian Mulia, Kirchliche Altenbildung, Stuttgart 2011.

100 Vgl. Peter Bubmann, Der gemeinsame Dienst und die Vielfalt der Ämter. Am Beispiel des Verhältnisses von PfarrerInnen und KirchenmusikerInnen, in: Deutsches Pfarrerblatt, 106 (2006), 59–62. Peter Scherle, Kirchliche Berufe. Plädoyer für eine erneuerte evangelische Ämterlehre, in: PrTh, 44. Jg. (2009), H. 1, 6–15.

101 Vgl. hierzu: „Kirche der Freiheit" – ohne Gemeindepädagogik? Stellungnahme des Verstandes des AK Gemeindepädagogik e.V., in: PGP 60 (2007), H. 1, 57–58.

102 Vgl. zu dieser Diskussion Peter Bubmann, Der Dienst am Evangelium und die Vielfalt der Ämter. Zum Diakonat im Kontext kirchlicher Berufe, in: Rainer Merz / Ulrich Schindler / Heinz Schmidt (Hg.), Dienst und Profession. Diakoninnen und Diakone zwischen Anspruch und Wirklichkeit (Veröffentlichungen des

Die *Kirchliche Erwachsenenbildung* befindet sich spätestens seit Ende der 1990er Jahre in einer Umbruchphase und muss ihr Profil und ihre Identität neu bestimmen. In Zeiten wegbrechender finanzieller Ressourcen (bei Kirche wie Staat) wird neu nach dem „Gewinn" dieser Arbeit für die Kirche gefragt und im Gegenzug zu schlichten gemeindlichen Rekrutierungsabsichten der umfassende Bildungsanspruch dieser Arbeitsform entfaltet.[103] Die Forderung und Förderung von Glaubenskursen für Erwachsene führt zu einer Grundsatzdebatte über den „missionarischen" Charakter solcher Arbeit.[104] Der Gefahr einer Rückkehr zu überwundenen Vorstellungen von Katechetik steht die Notwendigkeit elementarer religiöser Sozialisation auch noch im Erwachsenenalter gegenüber und bedarf neuer gemeindepädagogischer Reflexion.[105]

Innerhalb der Religionspädagogik wird verstärkt nach der Vielfalt und dem jeweiligen Profil von religiösen *Lernorten* gefragt [→ Kap. 2, 1.3].[106] Das Verhältnis von Schule und Gemeinde wird angesichts der Herausforderungen der Schulentwicklung (Ganztagsschule) [→ Kap. 11], getrennter Entwicklungen in Ost- und Westdeutschland [→ Kap. 4] und neuerer konzeptioneller Ansätze performativer Religionsdidaktik theoretisch erneut in den Blick genommen.[107] Die Familie erhält wie die religiöse Früherziehung mehr Aufmerksamkeit [→ Kap. 5]. Auch mediale Lernorte sind dabei intensiver zu bedenken und die Forderung einer „medienerfahrungsorientierten Religionspädagogik"[108] auch

Diakoniewissenschaftlichen Instituts an der Universität Heidelberg; 34), Heidelberg 2008, 70–83, sowie weitere Beiträge dieses Bandes.

103 Vgl. als Zwischenbilanz der Debatten: Andreas Seiverth/Deutsche Evangelische Arbeitsgemeinschaft für Erwachsenenbildung DEAE (Hg.), Re-Visionen Evangelischer Erwachsenenbildung. Am Menschen orientiert, Bielefeld 2002.

104 Vgl. Johannes Zimmermann, Missionarische Bildung? Überlegungen zum Verhältnis von Bildung und Mission, in: PTh 99 (2010), 84–101.

105 Vgl. Beate Hofmann, Mission und Bildung, in: PGP 64 (2011), H. 2, 34–37 (und die anderen Beiträge in diesem Themenheft „Mission bildet – Bildung missioniert").

106 Vgl. das Themenheft „Orte religiösen Lernens" der Zeitschrift Praktische Theologie (PrTh 39 [2004], 83–128).

107 Vgl. Bernhard Dressler, Schule und Gemeinde: Religionsdidaktische Optionen, in: ders., Blickwechsel. Religionspädagogische Einwürfe, Leipzig 2007, 191–211; Michael Domsgen, Schulische Religionspädagogik und Gemeindepädagogik – ein Spannungsfeld? Von der Notwendigkeit zur Vernetzung, in: Keßler / Doyé, Den Glauben denken (s. o. Anm. 94), 91–104; Peter Bubmann, Gemeindepädagogik und schulische Religionspädagogik. Plädoyer für eine neue Partnerschaft, in: theo-web. Zeitschrift für Religionspädagogik 9 (2010), 23–41.

108 Manfred Pirner, Fernsehmythen und religiöse Bildung. Grundlegung einer medienerfahrungsorientierten Religionspädagogik am Beispiel fiktionaler Fernsehunterhaltung, Frankfurt am Main 2001.

gemeindepädagogisch weiterzudenken[109], wie überhaupt informelle, alltags-
nahe und punktuell-projektorientierte Formen des Lernens stärkerer Berücksichtigung bedürfen [→ Kap. 6].

In der Praktischen Theologie und Religionspädagogik hat sich seit den
1990er Jahren eine *„ästhetische Wende"* vollzogen.[110] Die Fragen nach ästhetischer Erfahrung und kirchlicher Kultur(arbeit) wurden breit diskutiert, bedürfen aber im Sinne einer „Gemeindekulturpädagogik" weiterer gemeindepäda-
gogisch-theoretischer Durchdringung.[111] Einzelne Konzepte ästhetisch-reform-
pädagogischer Arbeit mit der Bibel sind gemeindepädagogisch bereits gründ-
lich erschlossen worden.[112]

Im Anschluss an philosophische Wiederbelebungen der *„Lebenskunst"*
sind praktisch-theologische und gemeindepädagogische Anregungen entstanden, Gemeinde und ihre Pädagogik als Raum der umfassenden Entwicklung
und Entfaltung christlicher Lebenskunst zu verstehen.[113] Hier ergibt sich die
Aufgabe, die Übergangsbereiche zur Alltagsethik und zu theologischen Theorien des Glücks und des gelingenden Lebens neu zu bedenken.

Die Herausgeber und Herausgeberinnen

---

109 Vgl. Roland Rosenstock, Lernort Internet, in: Adam / Lachmann, Neues
Gemeindepädagogisches Kompendium (s. o. Anm. 59), 451–462.
110 Vgl. Klaus Raschzok, Modeerscheinung oder Wahrnehmungszugewinn? Diskurse
praktische Theologie, in: VuF 54 (2009), 75–87; Stefan Altmeyer, Ästhetische Wende der
Religionspädagogik?, in: Trierer theologische Zeitschrift (118) 2009, 356–366.
111 Vgl. Gotthard Fermor, Der Sound des Lernens. Systematisch- und praktisch-
theologische Überlegungen zur Gemeindekulturpädagogik am Beispiel der Musik, in:
ZPT 59 (2007), 120–135; sowie: Gotthard Fermor / Günter Ruddat / Harald Schroeter-
Wittke (Hg.), Gemeindekulturpädagogik (Hermeneutika; 11), Rheinbach 2001.
112 Vgl. exemplarisch Martin Steinhäuser, Auf dem Weg zum eigenen Glauben. Der
reformpädagogische Beitrag von Godly Play zu einem Konzept liturgischer Bildung,
in: Johannes Block / Irene Mildenberger (Hg.), Herausforderung missionarischer
Gottesdienst. Liturgie kommt zur Welt (Beiträge zu Liturgie und Spiritualität; 19),
Leipzig 2007, 113–144.
113 Vgl. Peter Bubmann, Gemeindepädagogik als Anstiftung zur Lebenskunst, in: PTh
93 (2004), 99–114; Wilfried Engemann, Die Lebenskunst und das Evangelium. Über eine
zentrale Aufgabe kirchlichen Handelns und deren Herausforderung für die Praktische
Theologie, in: ThLZ 129 (2004) 875–896; ders., Gemeinde als Ort der Lebenskunst.
Glaubenskultur und Spiritualität in volkskirchlichem Kontext, in: Isolde Karle (Hg.),
Kirchenreform. Interdisziplinäre Perspektiven (Arbeiten zur Praktischen Theologie;
41), Leipzig 2009, 269–291.

Teil A: **Gemeinde**

Martin Steinhäuser
Einleitung zum Teil A: Gemeinde

Zweifellos braucht, wer Gemeindepädagogik studieren will, ein geklärtes Verständnis davon, was der Teilbegriff „Gemeinde" beinhaltet. Doch dies ist, wie Roland Degen und andere Nestoren der Gemeindepädagogik diagnostizieren, nicht ganz einfach.

> „Das eigentliche Problem der Gemeindepädagogik scheint mir im Begriff von Gemeinde zu liegen. Hierbei geht es nicht nur um die Frage, wie Gemeinde als soziale Realität zu beschreiben ist, und welche Lernleistungen in ihr als Kommunikation und Institution erkennbar sind, sondern um die zentrale Rückfrage nach ihrem Selbstverständnis."[1]

Ist diese „zentrale Rückfrage" primär theologisch oder eher erfahrungswissenschaftlich zu beantworten?

> „Die Theologie ist natürlich in der Versuchung, zu hoch von der Gemeinde zu denken. ... Der empirische und zugleich theologische Zugang zum Gemeindebegriff ist das Grundproblem der Gemeindepädagogik. Ein Dilemma gemeindepädagogischer Darstellungen liegt darin, dass man die konkrete Gemeinde theologisch argumentierend leicht überfordert, empirisch konstatierend leicht abwertet. ... Ich sehe es als eine Grundschwierigkeit an, theologisches Urteilen über die Gemeinde auch dann durchzuhalten, wenn man sich ihr empirisch nähert."[2]

Deutet Degens eingangs zitierter Hinweis auf die spezifischen „Lernleistungen als Kommunikation und Institution" eventuell bereits einen pädagogischen Ausweg aus dem „Dilemma" an, das Jürgen Henkys beschreibt? Es hat jedenfalls den Anschein, als ob der Begriff „Gemeinde" nicht so sehr das *Ergebnis* einer definitorischen Anstrengung benennt, sondern eine *Vorlage* dafür liefert, theologische, pädagogische, soziologische und psychologische Kriterien miteinander ins Gespräch zu ziehen sowie sich über die Art und Weise des Gesprächs zu verständigen. [→ Einleitung, S. 5] Jeder Versuch einer einseitigen Bestimmung wäre hier zum Scheitern verurteilt! Natürlich sind verschiedene *Ansätze* denkbar. (1) Sehr leicht fassbar ist die *soziologische* Perspektive. Dann erscheint „Gemeinde" als „Parochie", eine christliche Gesellungsform der

---

1 Roland Degen, Zur Funktion von Gemeindepädagogik angesichts gegenwärtiger Herausforderungen – am Beispiel des Umgangs mit Menschen ohne kirchliche Tradition, in: ders., im leben glauben lernen. Beiträge zur Gemeinde- und Religionspädagogik, Münster 2000, 152–166, Zitat 165 [orig. 1988].
2 Jürgen Henkys, Die Gemeinde als Ort pädagogischer Verantwortung. Ein Rückblick, in: CRP 49 (1996), H. 1, 5–11, Zitat 5.

Gläubigen im traditionellen Pfarrbezirk mit bestimmten Organisations- und statistischen Merkmalen. Doch damit wäre noch nicht viel über ihre inhaltlichen Kennzeichen gesagt. (2) Degen zieht *pädagogische* Kriterien hinzu, indem er Gemeinde als „biographische Begleitung", als „Sprachschule" und als „Exodus und Landnahme" (d. h. Aufbruch und Beheimatung)[3] beschreibt – allesamt Kriterien, die keineswegs an eine parochiale Erscheinungsweise gebunden sind. (3) Einen dezidiert *bekenntnistheologischen* Ansatz wählt Christian Grethlein: „Gemeinde ist der Zusammenschluss der Getauften und am Tisch des Herrn Kommunizierenden, die entsprechend dem in Taufe und Herrenmahl Geschenkten, den hieraus folgenden ethischen Konsequenzen und dem in der Heiligen Schrift bezeugten Zu- und Anspruch Gottes zu leben versuchen."[4] Klaus Wegenast und Godwin Lämmermann wiederum schlagen vor, von der *Trinität* als „Grundmodell für gottentsprechende Beziehungsmodi von Personen" auszugehen. Sie verwenden also die systematisch-theologische Denkfigur der „Dreifaltigkeit", um ein dynamisches, relationales Verständnis von Gemeinde zu gewinnen, von dem her sich die empirisch vorfindlichen Lebensäußerungen konkreter Gemeinden beurteilen lassen.[5]

Was könnte also „Gemeinde" heißen, und wie ließe sich ermitteln, wen und was der Begriff in heutiger gemeindepädagogischer Perspektive beschreibt? Diese zentralen Fragen in der jungen Geschichte der Gemeindepädagogik als Fachwissenschaft werden in den folgenden drei Kapiteln bearbeitet. Der Weg besteht allerdings nicht darin, bei einzelnen *Autoren* anzusetzen, um ihre Positionen miteinander zu vergleichen, sondern verschiedene *thematische Perspektiven* zu suchen und Autorenpositionen dahinein einzuordnen. Unser Studienbuch bietet für jeden der Teile A–D jeweils drei Perspektiven an. [→ Einleitung, Inhaltsmatrix] Die Seitenzahl-Begrenzung jedes Teilbeitrages erfordert eine weitere Fokussierung. Daraus ergibt sich für Teil A: „Gemeinde":

In Kapitel 1 (*historische* Perspektive) setzt *Uta Pohl-Patalong* einen Fokus auf die *Organisationsform* von „Gemeinde", gemessen an ihren *Funktionen*, bezogen auf das Praxisthema *Gemeindehaus*.

In Kapitel 2 nimmt *Martin Steinhäuser* die Perspektive *Wahrnehmungskoordinaten und Grundfragen der Gegenwart* ein, fokussiert auf die *Gemeinde als Raum*, praktisch verdeutlicht am Handlungsfeld *Kirchenraumpädagogik*.

---

3 A. a. O., 156–163.
4 Christian Grethlein, Gemeindepädagogik, Münster 1994, 27.
5 Klaus Wegenast / Godwin Lämmermann, Gemeindepädagogik. Kirchliche Bildungsarbeit als Herausforderung, Stuttgart 1994 (Praktische Theologie heute, 18), 24–31.

In Kapitel 3 untersucht *Peter Bubmann Spannungsfelder und Antinomien* im Gemeindebegriff, die man anhand ihrer *Zeitlichkeit* verdeutlichen kann und fragt konkret nach *Kirchentag* und *Kasualien*.

Am Ende dieser drei Kapitel wird keine neue, nun endlich allumfassende Definition davon, was „Gemeinde" sei, stehen! Denn das vorliegende Buch ist, typisch gemeindepädagogisch, ein Studier-Buch, kein Lehr-Buch. „Der Begriff ‚Gemeinde' als solcher ist nicht eindeutig. Aber das macht ihn, wie man weiß, gerade stark."[6]

---

6 Jürgen Henkys, Pädagogische Aufgaben der Gemeinde aus ostdeutscher Sicht. Bemerkungen zur Gemeindepädagogik in einer Situation unbestimmten Übergangs, in: Friedrich Schweitzer (Hg.), Der Bildungsauftrag des Protestantismus, Gütersloh 2001, 248–262 (Veröffentlichungen der Wissenschaftlichen Gesellschaft für Theologie, Bd. 20), 250.

Uta Pohl-Patalong

1 Gemeinde in historischer Perspektive

1.1 Aktuelle Ausgangsfragen: Die Gestalt der Kirche heute

1.1.1 Zwei Logiken der Parochie

In der heutigen Gestalt der Kirche gibt es eine dominante Form kirchlicher Organisation: Die „Ortsgemeinde" oder „Parochie". Für viele Kirchenmitglieder ist dieser Organisationstyp so selbstverständlich und vertraut, dass er gleichbedeutend mit „Gemeinde", manchmal sogar mit „Kirche" verwendet werden kann. Sieht man jedoch näher hin, wird deutlich, dass der heute so normale Gemeindetypus der „Ortsgemeinde" ein eigentümliches Mischgebilde ist. Er vereint zwei sehr unterschiedliche Logiken in sich und setzt im Grunde zwei unterschiedliche Ausrichtungen der Aufgaben von Kirche voraus. Zum einem folgt die Ortsgemeinde einer *territorialen* Logik, d. h. sie stellt abgrenzbare räumliche Bezirke nebeneinander. Dies verbindet sich mit einem Zuweisungsprinzip – lässt man sich nicht aktiv umgemeinden, wird man der Gemeinde zugewiesen, wo man seinen Wohnsitz hat. Dem entspricht ein Bild von Kirche, das von der Notwendigkeit einer religiösen Versorgung für die gesamte Bevölkerung ausgeht und diese dafür erfassen und erreichen muss. Gleichzeitig umfassen die Ortsgemeinden jedoch – einer zweiten Logik folgend – Gemeinden von *Menschen, die sich dafür entscheiden, aktiv* am Gemeindeleben teilzunehmen. Dies entspricht einem Bild von Kirche, die dazu einlädt, seinen christlichen Glauben gemeinsam mit anderen in bestimmten Gruppen und Kreisen, entlang bestimmter Inhalte, zu leben.[1] Die Grafik auf Seite 40 dient einer raschen Übersicht und wird in den nächsten Abschnitten erläutert.

Der Begriff der Parochie ist abgeleitet von „paroikia" (griech.) und bezeichnet das Wohnen von Fremden in einem Land für mehr oder weniger lange Zeit ohne Bürgerrecht. Die Septuaginta als griechische Übersetzung des Alten Testaments benutzt das Wort z. B. für den Status Abrahams (Gen 12,10; 15,13; 17,8; 19,9; 20,1; 21,23; 23.4) oder Moses in Ägypten (Ex 2,22; 18,3). Ps 39,13 nennt diesen Zustand als Grundbefindlichkeit des

---

1 Vgl. zur gegenwärtigen Gestalt der Kirche Uta Pohl-Patalong, Von der Ortskirche zu kirchlichen Orten. Ein Zukunftsmodell, Göttingen (2004) ²2005 15 ff.

Beters gegenüber JHWH: „Ein paroikos bin ich bei Dir und ein parepidemos wie alle meine Väter." Lk 24,18 benutzt paroikeo in der Bedeutung von ‚sich als Fremder aufhalten'. ‚Paroikos' steht in Apg 7,6.29; Eph 2,19; 1 Petr 2,11 für einen Eingewanderten. Mit diesem Wort drückten die erste Christinnen und Christen ihr Gefühl von Fremdheit gegenüber der römischen Gesellschaft aus.

Seit dem Ende des 1. Jahrhunderts tritt paroikia in Verbindung mit ekklesia, der Bezeichnung für die christliche Einzelgemeinde, auf und ergänzt diese. Während ekklesia in der Folgezeit immer mehr zur Bezeichnung für die Gesamtkirche wurde, übernahm paroikia zunehmend die Bedeutung der einzelnen Gemeinde. Seit dem 4. Jahrhundert wird der Ausdruck auch in offiziellen Dokumenten als Bestandteil der amtlichen Kirchensprache benutzt. Definitiv festgelegt ist der Begriff aber erst seit dem Konzil von Trient (1545–1563, „Tridentinum").[2] Deutlich ist mit diesem Bedeutungswandel die Veränderung im christlichen Bewusstsein: „An Stelle der Heimatlosigkeit und Fremdlingschaft hier auf Erden sind das Heimischsein in einem Gebiet und die feste Institution getreten."[3]

Diese beiden Logiken werden anschaulich in den typischen Gebäuden einer Ortsgemeinde: einer Kirche und einem Gemeindehaus. Die *Kirche* steht für die religiöse Zuständigkeit in einem Bezirk. Dorthin geht man zum Gottesdienst oder um sich taufen, konfirmieren oder trauen zu lassen (umgangssprachlich erkennbar in der Formulierung: „Wir gehören zur Christuskirche"). Das *Gemeindehaus* hingegen ist der Ort, wo sich die Menschen versammeln, die in ihrer Freizeit die kirchlichen Angebote an Veranstaltungen, Gruppen und Kreisen wahrnehmen. Hier treffen sich vorrangig ehrenamtliche Engagierte, aktive Gemeindeglieder und Menschen, die sich der „Kerngemeinde" zugehörig fühlen. Innerhalb der Ortsgemeinden ist das Gemeindehaus manchmal der primäre (nicht der ausschließliche) Ort der Gemeindepädagogik: Gemeindepädagoginnen und -pädagogen leiten Gruppen, begleiten Ehrenamtliche und sind Ansprechpartnerinnen und -partner für die Anliegen von Gemeindegliedern.

! Das Gemeindehaus entstand im Rahmen der Gemeindebewegung Ende des 19. Jahrhunderts. Es ist dem *Vereinshaus* nachgebildet und diente zunächst dem Zusammenkommen von Gemeindegliedern bei den „geselligen Abenden". Religiöse Themen wurden mit kulturellen Darbietungen und sozialen Kontakten kombiniert. Architektonisch entspricht es „den Erfordernissen eines mitgliedsnahen Vereins- und Dienstleitungschristentums".[4] Typischerweise besteht das Gemeindehaus aus einem großen Saal für Ge-

---

2 Vgl. Edwin Hatch, Die Gesellschaftsverfassung der christlichen Kirchen im Altertum. Acht Vorlesungen gehalten an der Universität Oxford im Jahre 1880, hg. und übersetzt von Adolf Harnack, Gießen 1883 (Reprint Berlin o. J.), 202, Anm. 5.

3 Gottfried Holtz, Parochie. Geschichte und Problematik (Handbücherei für Gemeindearbeit; H. 40), Gütersloh 1967, 43.

4 Rudolf Roosen, Gemeindehaus vor dem ‚Aus'? Die Milieugesellschaft und die Reform der evangelischen Gemeindearbeit. DtPfrbl 97 (1997), 63–66, 63 ff.

meindeversammlungen und kleineren Räumen für die einzelnen Gruppen, einem Übungsraum für die Chöre, einem Bibliotheksraum, einer Diakoniestation und oft auch einem Kindergarten. Das Gemeindehaus symbolisiert die Funktion der Ortsgemeinde, neben der „religiösen Versorgung" ihrer Mitglieder zum „christlichen Leben in Gemeinschaft" einzuladen. Das Gemeindehaus war ursprünglich ein Ort ehrenamtlicher Arbeit sowie für die im Rahmen der Gemeindebewegung neu entstehenden kirchlichen Berufe der Gemeindehelferin, der Gemeindeschwester, der Diakone und Pfarrgehilfen, die für die Organisation des Vereinslebens sorgten.

Gegenwärtig nehmen etwa 10 % der evangelischen Kirchenmitglieder mehr oder weniger regelmäßig an Veranstaltungen im Gemeindehaus teil. Im Bewusstsein vieler aktiver Gemeindeglieder bildet die Frage, ob jemand regelmäßig im Gemeindehaus auftaucht und dieses als „zweite Heimat" erlebt, den Maßstab für die Gemeindezugehörigkeit, gelegentlich wird dieses sogar mit „richtigem" Christsein identifiziert. Übersehen wird dabei, dass das „Gemeindehauschristentum" eine bestimmte Sozialform darstellt, deren Akzeptanz hochgradig milieuabhängig ist. Die in den letzten Jahren durchgeführten Studien bestätigen die Alltagserfahrung, dass sich im Gemeindehaus bestimmte Milieus wohl fühlen und andere gerade abgeschreckt werden. Dies zeigt sich u. a. in der Ästhetik der Gemeindehäuser, die gleich beim Betreten einen Eindruck hinterlassen, sich hier wohl fühlen oder gerade nicht wohl fühlen zu können. Zudem erleben Menschen es immer wieder als schwierig, neu zum Gemeindehausleben hinzuzukommen, weil dieses als „Heimat" der dort Ansässigen, nach außen abgeschottet erscheint – auch wenn dies nicht aktiv beabsichtigt ist.[5]

Heute ist über die Zukunft des Gemeindehauses konzeptionell neu nachzudenken. Eine Möglichkeit könnte sein, das Gemeindehaus als „ressourcenstarke(n) Ort" neu zu entwickeln, „nicht mehr als einen alles integrierenden Ort der Parochie, wohl aber als einen kirchlich identifizierbaren Ort, einen Ort vielfältigster gemeindepädagogischer Gelegenheiten"[6].

---

5 Zur kontroversen Diskussion vgl. auch den Absatz „Das Gemeindezentrum – ein bedenkenswerter Fehlschlag mit langer Vorgeschichte" in: Wolf-Eckart Failing, Die eingeräumte Welt und die Transzendenzen Gottes, in: ders. / Hans-Günter Heimbrock, Gelebte Religion wahrnehmen. Lebenswelt – Alltagskultur – Religionspraxis, Stuttgart 1998, 91–122.
6 Götz Doyé, Das Gemeindehaus. Beispiel einer lernort- und biographiebezogenen gemeindepädagogischen Praxis im Miteinander der Generationen, in: Hildrun Keßler / Götz Doyé (Hg.), Den Glauben denken, feiern und erproben. Erfolgreiche Wege der Gemeindepädagogik, Leipzig 2010, 39–51, 43.

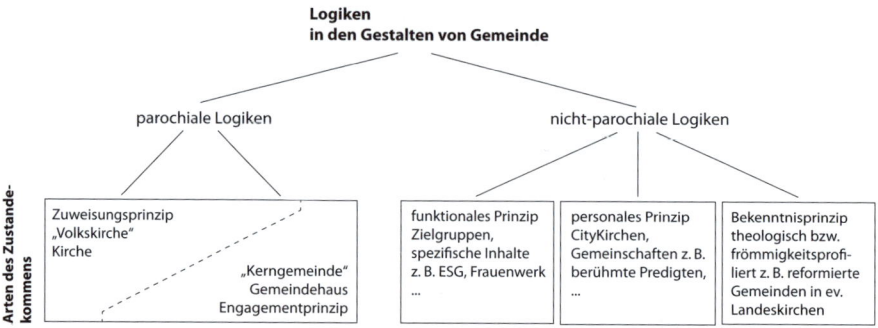

Abb. 1: Logiken der Parochie (unter Absehung von ihren historischen Entwicklungsschritten)

1.1.2 Gemeinde in anderen Logiken

Neben den Parochien mit ihren eingangs skizzierten Binnenlogiken gibt es aber auch Gemeinden, die nach anderen Prinzipien zustande kommen.[7] Kirchenrechtlich werden diese in der Regel nicht als „Gemeinden" bezeichnet, tragen jedoch wesentlich zur Erfüllung der kirchlichen Aufgaben in der Gegenwart bei. Dem *funktionalen Prinzip* folgen Gemeinden, die sich an bestimmten *Zielgruppen* orientieren (Studierendengemeinden, Krankenhaus- oder Gefängnisgemeinden etc.) oder bestimmten *inhaltlichen Interessen.* Andere Gemeinden orientieren sich an bestimmten *Ausrichtungen* der Gemeinde oder an ihren *Personen* (beispielsweise eine Citykirche). Wieder andere folgen einer *theologischen Orientierung* (beispielsweise eine charismatisch orientierte Gemeinde in der Landeskirche) oder an einem *Bekenntnis* (beispielsweise eine reformierte Gemeinde in einer mehrheitlich lutherischen Kirche). Diese Prinzipien lassen sich unter dem Stichwort „nichtparochial" zusammenfassen.

Doch trotz solcher Vielfalt dominiert die Ortsgemeinde: in den Zahlenverhältnissen, von den finanziellen und personellen Ressourcen her und besonders in ihrem Symbolwert für Kirchenmitglieder und auch Nichtkirchenmitglieder. Auch die Kirchensteuern werden über die Ortsgemeinden abgerechnet, indem die „Seelenzahl" jeder Gemeinde erhoben wird. Vergisst man, dass

---

7 Vgl. zu den vier Prinzipien des Zustandekommens von Gemeinden Frank W. Löwe, Das Problem der Citykirchen unter dem Aspekt der urbanen Gemeindestruktur. Eine praktisch-theologische Analyse unter besonderer Berücksichtigung von Berlin, Münster 1999 (Ästhetik – Theologie – Liturgik Bd. 10), 306 ff.

dies nur eine rechnerische Verwaltungseinheit darstellt, kann gelegentlich der Eindruck entstehen, die Kirchensteuer „gehöre" eigentlich den Ortsgemeinden und sie würden einen Teil des eingenommenen Geldes anderen kirchlichen Einrichtungen „abgeben". Eine solche Argumentation zeigt bereits, dass das Verhältnis der unterschiedlichen Gemeindeformen gegenwärtig – zumindest teilweise – von Konkurrenz geprägt ist.

Von beiden Sorten von Gemeinde darf erwartet werden, dass sie zur Zukunft der Kirche beitragen – die Parochie wie die funktionale, personale oder Bekenntnisgemeinde. Doch wie ihr Verhältnis zueinander zu bestimmen sei, ist eine derzeit kontrovers diskutierte Frage.

1.1.3 Zwischenbilanz

Die Frage, welche Gemeindeformen zukünftig die Kirche prägen sollen, betrifft zentral die anstehenden Entscheidungen, welchen Charakter die Kirche hat und welche Aufgaben sie erfüllen kann und soll. Der Typus „Ortsgemeinde" stellt *eine* mögliche Form von Gemeinde unter vielen anderen dar, die historisch bedingt in bestimmten gesellschaftlichen Konstellationen entstanden ist und ebenso hinterfragt und begründet werden muss wie jede andere Gemeindeform auch.

Denn die Formen, in denen Kirche lebt, in denen Christinnen und Christen sich gemeinschaftlich organisieren, sind nicht göttlich gegeben, sondern menschliche Gestaltungsaufgabe – zwischen dem göttlichen Grund der Kirche und ihren organisatorischen Ausprägungen ist sauber zu unterscheiden. Für die lutherischen Kirchen wird diese Freiheit und Verpflichtung zur Gestaltung im Augsburgischen Bekenntnis grundgelegt.

Die Confessio Augustana ist die wichtigste Bekenntnisschrift des Protestantismus. Sie **!** wurde maßgeblich von Melanchthon mitverfasst, auf dem Reichstag zu Augsburg 1530 Kaiser und Reich vorgetragen und von einer Reihe wichtiger Fürsten, Herzögen, Grafen und Städten unterzeichnet. Das Herzstück der 28 Artikel ist die Rechtfertigungslehre (4–6 und 20). Sie normiert das Kirchenverständnis in Art. 7: „Es wird auch gelehrt, dass allezeit eine heilige, christliche Kirche sein und bleiben muss, die die Versammlung aller Gläubigen ist, bei denen das Evangelium rein gepredigt und die heiligen Sakramente laut dem Evangelium gereicht werden."

Mit diesem Satz benennt die CA, was unverzichtbar ist an Kirche, also nicht menschlicher Entscheidung unterliegt – und unterscheidet damit zu dem, was Menschen gestalten können und müssen. Zu letzterem gehört die *Gestalt* der Kirche. Dies bedeutet zwar nicht, dass die kirchlichen Organisationsformen theologisch betrachtet beliebig seien. Aber da sich der Auftrag, das Evangelium zu kommunizieren, an „die Welt" bzw. „alle Welt" richtet, schließt dies eine soziologisch fundierte Prüfung ein, ob die jeweiligen Organisationsformen in der jeweiligen Gesellschaft die Chance beinhalten, möglichst viele Menschen zu erreichen.

Um die heutige Diskussion besser zu verstehen, ist ein Blick in die Geschichte der Gemeinde hilfreich. Er zeigt, dass der heutige Konflikt zwischen Ortsgemeinde und übergemeindlichen Formen nicht neu ist, sondern sich durch die ganze Geschichte der Kirche hindurch zieht. Die historische Bedingtheit jeder Form von Gemeinde und ihre Verflechtung mit den jeweiligen gesellschaftlichen und kirchlichen Verhältnissen und Interessen ihrer Zeit wird auf diese Weise deutlich.

1.2 Die historische Entwicklung zur heutigen Gestalt von Gemeinde[8]

1.2.1 Frühes Christentum

Die Überlieferungen des Neuen Testaments geben kein einheitliches Bild von ‚Gemeinde' zu erkennen, sondern eine Vielfalt von Versuchen, den christlichen Glauben in sozialen Formen zu leben.

In der Nachfolgegemeinschaft der Jüngerinnen und Jünger um Jesus hatten sich Menschen aufgrund eigener Entscheidung – meist auf seine Aufforderung hin – gesammelt und lebten mit ihm. Daneben gab es vermutlich ‚Sympathisanten' und ‚Sympathisantinnen', die in ihren Orten in Galiläa wohnen blieben und die Nachfolgegemeinschaft unterstützten. Die Bücher des Neuen Testaments zeigen unterschiedliche Vorstellungen. Während beispielsweise die Kirche, die Matthäus vor Augen hat, von einer wandernden Lebensform in radikaler Nachfolge Jesu geprägt ist, führt die lukanische Version der Jerusalemer Urgemeinde das Bild einer von Einmütigkeit, Gemeinschaft und Gütergemeinschaft geprägten Organisation vor. Die paulinischen Gemeinden hingegen bestehen aus einer Gemeinschaft von Gläubigen in einer Stadt, die sich als Hausgemeinde versammeln. Der Epheserbrief wiederum geht von einer universalen Kirche aus. Die Pastoralbriefe betrachten die Kirche in erster Linie als geordnetes Gefüge mit konkreten Lebensordnungen, während der Johanneische Kreis eher die exklusive Gemeinschaft voraussetzt. Der Begriff ekklesia

---

8 Vgl. zur historischen Entwicklung der Gemeindeformen ausführlich Pohl-Patalong (s. o. Anm. 1), 36 ff.

wurde dabei keineswegs in einheitlicher Bedeutung verwendet (in den Synoptikern findet er sich nur bei Matthäus, im Johannes-Evangelium fehlt er ganz). Der Gedanke einer umfassenden Kirche mit entsprechender Organisation setzt sich erst allmählich durch.

Als sich das Christentum aufgrund seiner Missionserfolge ausbreitete, entstanden vor allem in den Städten Gruppierungen, die einer minderheitlichen Sekte ähnelten. Viele Gemeinden organisierten sich als Hausgemeinschaften, andere nach dem Vorbild von Synagogen, manche aber auch nach dem Vorbild von Philosophenschulen oder Mysterienvereinen. Die Christenheit eines Ortes war also in den ersten beiden Jahrhunderten nicht systematisch und schon gar nicht territorial organisiert. Eine christlich verbindliche Sozialform ist nicht zu beobachten.

Mit der Entwicklung einer stärker strukturierten Organisation der Kirche wurden vom Bischof Presbyter für die Leitung von neu entstehenden Gemeinden eingesetzt, die nach und nach einen festen Wohnsitz an dem jeweiligen Ort erhielten. Hier zeichnet sich bereits ein erstes territoriales Denken ab. Zu diesem gibt es jedoch rasch auch Gegentendenzen. Eine solche bildet beispielsweise das Mönchtum, das sich im 4. Jahrhundert zunehmend ausbreitete. Mit seiner gemeinschaftlichen Lebensform, die auf persönlicher Wahl beruhte, bildete es einen Gegensatz zur territorial organisierten Kirche und verursachte dementsprechend Spannungen zwischen Klerikern und Mönchen.

Als das Christentum zunächst zur erlaubten (313 n. Chr.) und dann zur alleinberechtigten (380 n. Chr.) Religion im Römischen Reich wurde, konnte sich die Kirche mit ihrem Anspruch auf das umfassende Gebiet nun vollständig territorial orientieren. Im Laufe des 4. und 5. Jahrhunderts wurde das einer Stadt zugehörige und von ihr verwaltete Gebiet nun endgültig prinzipiell dem städtischen Bischof zugewiesen. Die territoriale Größe der Parochien war allerdings sehr verschieden, und ihre Abgrenzungen boten häufig Anlass zu Streitigkeiten. In dieser Periode entstand auf dem Lande mit der Ausbreitung des Christentums ein Netz von Kirchengebäuden. Im 6. Jahrhundert erhielten die einzelnen Kirchen das Recht zur Taufe, dann kam das Recht zur Predigt und zu den kirchlichen Segenshandlungen hinzu.

1.2.2 Eigenkirchenwesen und Pfarrzwang auf dem Land

Ein weiterer wichtiger Schritt hin zur Entwicklung der Parochie war das aus heutiger Sicht merkwürdige Eigenkirchenwesen im ländlichen germanischen Bereich des 6. bis 9. Jahrhunderts. Zentral für dieses ist die Möglichkeit, dass

Privatpersonen Kirchen besitzen und die volle Verfügungsgewalt über diese haben. Eine privat errichtete Kirche sammelte eine eigene Gemeinde um sich, die zunächst aus den Bewohnerinnen und Bewohnern des Hofes, dann auch des weiteren Umkreises entstand. Die geistliche Leitung einer Eigenkirche lag in den Händen des Eigentümers, der einen Priester – häufig einen Unfreien – bestellte. Für dessen Unterhalt war der Eigentümer zuständig, so dass viele Priester unabhängig von der Gesamtkirche wurden. Dem Eigentümer standen aber auch die Einkünfte aus dieser Kirche zu. Der Besitz einer Eigenkirche war finanziell durchaus attraktiv.

Noch lukrativer wurde der Besitz einer Eigenkirche dann durch das Zehntrecht – die Pflicht zur Abgabe des zehnten Teils aller Einkünfte an die Kirche, für die ein Überblick über die Bewohner nötig war. Vollendet wurde das Parochialsystem aber erst durch den Pfarrzwang, der an die wirtschaftliche Logik anknüpfte, aber sich nicht mit ihr erschöpfte. Der Pfarrzwang bedeutete, dass alle Gemeindeglieder ausschließlich an den für sie zuständigen Geistlichen gewiesen waren. Ihm allein flossen auch die ‚Stolgebühren‘, mit denen Amtshandlungen entlohnt wurden zu. Er konnte entsprechend seine Gemeindeglieder geistlich leiten und kontrollieren. Der Zwang zur Kindertaufe wurde mit dem Pfarrzwang ebenso überprüfbar wie die Pflicht zur Sonntagsmesse. Wirtschaftliche Gründe und die Kontrolle über die Gläubigen trugen also in dieser Epoche bedeutend zur Stärkung des parochialen Organisationsprinzips bei.

1.2.3 Parochiale Durchgliederung der Städte und die Orden

In den Städten hingegen führte die Entwicklung zunächst nicht zur klar umgrenzten Parochie, hier war das nichtparochiale Element wesentlich stärker. Die gesamte Stadt wurde nach wie vor dem Bischof zugeordnet; die verschiedenen Kirchen besaßen keine abgegrenzten Bezirke, entsprechend konnte sich kein Pfarrzwang ausbilden. Der abgegrenzten und selbständigen Parochie stand unter anderem auch das gemeinsame Leben der Kleriker entgegen, die unter der Leitung des Bischofs nach monastischem Ideal im ‚Kapitel‘ zusammenlebten.

Im 10./11. Jahrhundert verfiel jedoch das gemeinsame Leben des Pfarrklerus, seine Verweltlichung setzt ein, und die bischöfliche Einheit zerbröckelte. Dies führte nach und nach auch in der Stadt zur Durchbildung des Parochialsystems. Dies blieb jedoch lange unvollständig und wurde in den verschiedenen Städten erst nach und nach durchgesetzt. Die Abgrenzung der Sprengel wurde in vielen Städten auch nicht streng durchgeführt, was zu Unsicherheiten und Streitigkeiten führte. Einer strikten territorialen Parochialgliederung der Städte stand auch die städtische Sozialstruktur entgegen, so besaßen beispielsweise Kaufleute Sonderrechte und konnten sich ihre Parochie frei wählen.

Im 12. und 13. Jahrhundert „störte" ein weiterer Faktor die parochiale Durchgliederung: die städtischen Orden, besonders die Franziskaner und Dominikaner. Um die Orden bildeten sich quasi ‚Personalgemeinden‘, die die Pfarrgrenzen überstiegen und relativierten. Mit dem päpstlichen Auftrag, gegenüber der Verweltlichung des Klerus die Kirche zu reformieren und das mönchische Ideal wieder zu beleben, erhielten sie die Privilegien der Predigt und der Seelsorge. Sie wirkten unabhängig von parochialen Strukturen und damit faktisch gegen sie, da diese auf eindeutiger Zuordnung und Alternativlosigkeit beruhten. In ihrem Wirken gingen die Orden auf die städtische Mentalität ein und konnten durch ihre hohe Mobilität und Flexibilität auf die Herausforderungen der mittelalterlichen Städte reagieren. Da die Orden zudem keine festgesetzten Gebühren, sondern nur freiwillige Spenden für ihre Amtshandlungen nahmen, erfuhren die Bischöfe und der Gemeindeklerus mit dem Wirken der Orden eine ernsthafte Schwächung ihres Einflusses und ihrer Einkünfte.

1.2.4 Die Reformation

Die Reformation wirkte sich hinsichtlich der kirchlichen Organisationsstrukturen ambivalent aus. Da es lutherischem Verständnis widerspricht, bestimmte kirchliche Sozialformen als verbindlich zu erklären oder gar theologisch zu sanktionieren, lag eine Orientierung am Vorgefundenen – und damit an der Parochie – nahe. Das entstehende Luthertum verstand die kirchliche Organisation weniger als theologische Frage als im Rahmen irdischer Zweckmäßigkeit. Zudem schätzte Luther die einzelne Gemeinde gegenüber der kirchlichen Institution hoch, da seine reformatorischen Gedanken nicht in der Zentralkirche Roms, wohl aber in einzelnen Gemeinden Gehör fanden. Gegenüber der kirchlichen Hierarchie stärkte Luther entsprechend die Ortsgemeinden und ermutigte sie, ihre inneren Angelegenheiten selbständig und nur von der Schrift her legitimiert zu regeln. Auch das Recht zur Pfarrwahl wurde ihnen zugestanden.[9]

---

9 Bekanntestes Zeugnis hierfür ist seine Schrift „Daß eine christliche Versammlung oder Gemeine Recht oder Macht habe, alle Lehre zu urteilen und Lehrer zu berufen, ein- und abzusetzen; Grund und Ursach aus der Schrift" von 1523 (WA XI, 408–16.). Zur Analyse der Konkurrenz zwischen parochialen und nichtparochialen Formen in der Kirchengeschichte mit der Tendenz zum Zwangscharakter der Parochie und der

Darüber hinaus verstärkte sich die Bedeutung der Parochie auch durch das Bewusstsein des religiösen und moralischen Umbruchs und die empfundene Notwendigkeit verstärkter Hirten-Tätigkeit, vor allem aber durch die von der Reformation betonte Bedeutung religiöser Bildung des Volkes. Hier bot das territoriale Prinzip gute Einfluss- und Kontrollmöglichkeiten. Dies legte dann wieder einen Parochialzwang nahe, der durch die Möglichkeit zur Kirchenzucht verstärkt wurde. Auch hier diente die Kontrolle über die Gläubigen der Stärkung des parochialen Prinzips.

1.2.5 Pietismus, Aufklärung und Urbanisierung

In der Aufklärung kam dann zunächst das nichtparochiale Element wieder stärker zum Tragen. Die Betonung der Subjektivität des Glaubens und seine Zuordnung zur privaten Sphäre legten es nahe, sich einen den persönlichen Neigungen entsprechenden Prediger zu suchen, statt selbstverständlich in den parochialen Gottesdienst zu gehen. Der Parochialzwang wurde damit faktisch unterlaufen.

Diese Tendenz zur subjektiven Wahl und zur Betonung der gewählten Gemeinschaft traf sich mit dem pietistischen Konzept der Konventikel. Philipp Jakob Spener (1635–1705) hatte in seiner Gemeinde in Frankfurt ein ‚Collegium pietatis‘ gegründet als innersten Kreis der Gemeinde, der sich um die Bibel versammelte. Er sollte der Erbauung seiner Mitglieder dienen und sie für den Dienst an der Menschheit zurüsten. So nahm insgesamt das personale Element der Gemeindebildung zu. Voraussetzung dafür waren nicht zuletzt die beginnende Industrialisierung und in ihrem Zusammenhang die gewachsene Mobilität mit der verbesserten Verkehrs-Infrastruktur. Bestimmte Prediger wurden berühmt, und Menschen kamen in Scharen zu ihnen in den Gottesdienst.

Der wichtigste Faktor für die Entwicklung der kirchlichen Organisation aber waren das Wachsen und die Verschiebung der Bevölkerung im Zusammenhang mit der Industrialisierung. Die großen Städte wuchsen rasch.[10] Neben der Bevölkerungsverschiebung brachte die industrielle Arbeits- und Lebensweise erhebliche Veränderungen im Leben von Menschen mit sich, die die kirchliche Arbeit vor neue Aufgaben stellten. Zunächst reagierte die Kirche

---

Ambivalenz der Anknüpfung Luthers an dieses System vgl. Christian Möller, Lehre vom Gemeindeaufbau, Göttingen 1990, Bd. 2, 147 ff.

10 Zwischen 1816/19 und 1910 wuchs die Bevölkerung Berlins von 198.000 auf 2.071.000, Hamburgs von 128.000 auf 931.000, Leipzigs von 35.000 auf 679.000, Essens von 4.000 auf 295.000.

strukturell kaum auf die neuen Entwicklungen und versuchte, die in die Städte strömenden Menschen in ihre bisherigen Strukturen einzugliedern. Die Parochialgrenzen umfassten auf diese Weise beispielsweise in Hamburg bis zu 70.000 Gemeindeglieder. Die in die Stadt strömende Landbevölkerung fand unter diesen Umständen und aufgrund der bürgerlichen Orientierung der Kirche kaum Anschluss an die kirchliche Organisation. Der Gottesdienstbesuch sank stark – in manchen Gegenden bis auf 1,5 % der Gemeindemitglieder – ab.

Diese Situation erforderte eine Veränderung kirchlicher Strukturen. Ein erster Versuch, die Situation zu bewältigen, erfolgte mit nichtparochialen Strukturen, nämlich mit der Institution christlich-religiöser Vereine. Die Vereine folgten einerseits dem Trend der Zeit, dass persönliches Engagement gefragt war. Zum anderen trugen sie der veränderten gesellschaftlichen Gliederung Rechnung und reagierten auf dringende Erfordernisse der Zeit. Zum Teil konnten sie der Bevölkerung, die die sozialen und moralischen Bindungen ihrer ländlichen Heimat hinter sich gelassen hatten, neue Orientierungen vermitteln. Im Vereinswesen verbanden sich religiöse und soziale Anliegen mit dem Bedürfnis nach Gemeinschaft und Geselligkeit. Unter anderem füllten die Vereine als eine der ersten Institutionen soziale und ethische Lücken, die mit der Industrialisierung entstanden. Nach der Gründung der Bibel- und Missionsgesellschaften und den Vereinen der Inneren Mission bildeten sich die helfenden Vereine, die sich meist einer bestimmten Bevölkerungsgruppe zuwandten. In der zweiten Hälfte des 19. Jahrhunderts entstanden dann Vereine mit kirchenpolitischer, sozialpolitischer oder ökumenischer Zweckbestimmung.

Zwischen den Vereinen und dem verfassten Christentum bestand ein gewisser Gegensatz, da letzteres als schwerfällig und für das persönliche Engagement als hinderlich empfunden wurde. Nach anfänglichem Misstrauen sowohl von staatlicher wie auch von kirchlicher Seite organisierten sich die Vereine aber nicht strikt getrennt von der Kirche, denn viele Geistliche waren in Vereinen tätig, und bald wurden auch kirchliche Vereine gegründet. Zudem füllten die Vereine kirchenorganisatorische Lücken. Dennoch bleibt eine Spannung zwischen Parochie und Verein zu beobachten. Theoretisch verstanden sich die Vereine in der Regel als eine Ergänzung zur Parochie und gaben sich mit einer geringeren ekklesiologischen Bedeutung zufrieden. Viele Mitglieder fanden jedoch subjektiv ihre kirchliche Heimat im Verein statt in der Parochie, so dass sich faktisch durchaus ein Konkurrenzverhältnis herausbildete.

1.2.6 Die Gemeindereformbewegung

Nicht nur deshalb wurde von vielen kirchlichen Vertretern immer stärker nach Möglichkeiten gefragt, diese Aufgaben in die parochialen Gemeinden zu integrieren. Dies führte zu einer grundlegenden Reform der Gemeinde am Ende des 19. Jahrhunderts, die die Wurzel der heutigen Gestalt der Ortsgemeinden bildet. Die zentrale Gestalt dafür war Emil Sulze (1832–1914), der bis in die Gegenwart als „Vater" der heutigen Ortsgemeinde bezeichnet wird.

! Karl Emil Benjamin Sulze (1832–1914) entwickelte wesentlich das Konzept der Gemeindebewegung. Sulze stand in der Spannung einer biografischen Prägung durch das Herrnhuter Gemeinschaftsideal mit überschaubaren Verhältnissen fragloser Kirchlichkeit einerseits und das Erleben der Industrialisierung in den Großstädten als Krise des kirchlichen Lebens andererseits. Als Sulze 1872 in die Johannes-Parochie Chemnitz kam, gehörten dieser 47.000 Gemeindeglieder an, für die mehrere Pfarrer zuständig waren. Nach den Idealen Sulzes war in dieser Situation keine sinnvolle gemeindliche Arbeit zu leisten, daher legte Sulze der Kircheninspektion ein Reformprogramm mit Bitte um Teilung dieser Gemeinde vor, so dass er eine eigene Gemeinde betreuen konnte. Nach Vollzug der Teilung begann Sulze in dieser Gemeinde mit seinen reformerischen Ansätzen, die wegweisend für die Bemühungen um Gemeindereformen wurden. Sein wichtigstes Werk trägt den Titel „Die evangelische Gemeinde" (1. Aufl. 1891).

Sulze strebte eine „überschaubare Gemeinde" an, die von gegenseitiger Seelsorge- und Liebestätigkeit geprägt ist. Organisatorisch bedeutete dies eine weitere Unterteilung seiner Gemeinde in drei Seelsorgebezirke mit einer Richtzahl von 3000–5000 Menschen pro Bezirk – denn zum einen sollte jedes Mitglied erfasst, gekannt und betreut werden, zum anderen strebte Sulze eine auf persönlicher Kenntnis beruhende Gemeinschaft der Gemeindeglieder untereinander und mit dem Pfarrer an.

Für eine Gemeinde sollte jeweils nur ein Pfarrer zuständig sein. Ihm standen aber von der Gemeinde gewählte Presbyter zur Seite, die für jeweils 200 Personen zuständig sein sollen. Zusätzlich setzte Sulze ‚Hausväter' entsprechend der Wohngemeinschaft eines Mehrfamilienhauses ein und auch deren Frauen. Sowohl die Presbyter als auch die Hausväter waren für die seelsorgliche und soziale Betreuung der ihnen zugewiesenen Gemeindeglieder zuständig. Seelsorge und diakonisches Wirken waren damit für Sulze programmatisch eng verknüpft – entsprechend seiner Auffassung eines engen Zusammenhanges von sittlicher Verfehlung und sozialer Not. Entsprechend wird die kirchliche Hilfe an die Bedingung gebunden, dass die christlichen Ermahnungen auf fruchtbaren Boden fallen. Ziel dieser organisatorischen Maßnahmen war eine Gemeinde, in der „eine Arbeit aller an allen geschieht, und ... namentlich die Vertreter der Gemeinde mit aller Kraft mitarbeiten."[11] Jedes Gemeindeglied sollte durch ein eng geknüpftes Netz aufgefangen werden.

---

11 Emil Sulze, Die evangelische Gemeinde, (Gotha 1891) Leipzig ²1912, 49.

Kenntnis und Liebe der Gemeindeglieder untereinander sollen daher auch durch gemeinsame Freizeit in der Gemeinde gefördert werden. Religiöse Gehalte kombinierte Sulze mit kulturellen Angeboten und der Gelegenheit zum Austausch von Sorgen und Nöten. Zudem sah er in „geselligen Abenden" eine Möglichkeit, Kirchenzucht auszuüben, da man Gemeindeglieder bei Fehlverhalten von ihnen ausschließen könne, ohne sie vom Abendmahl fernhalten zu müssen. Hierfür entstanden die ersten Gemeindehäuser (vgl. Kasten oben). Im Grunde verstand Sulze die Ortsgemeinde als Verein, für den in seiner Zeit persönliches Engagement, Geselligkeit und Hilfe in Notlagen konstitutiv war. Gegenüber der modernen Welt, die Sulze als von Konkurrenz und Disharmonie geprägt wahrnahm, versuchte er auf diesem Wege eine kirchliche Gegenwelt zu etablieren und dies als Aufgabe von Kirche zu bestimmen. Ein wichtiger Leitbegriff dieser Konzeption ist ‚Gemeinschaft'. Dieser wird inhaltlich von romantischen Traditionen her gefüllt: Gegenüber der modernen Welt, die von Konkurrenz und Disharmonie geprägt ist, soll Kirche die harmonische Gemeinschaft gewährleisten.

Dagegen erhob sich damals jedoch auch Kritik. So wurde der Gemeinschaftsgedanke grundlegend kritisiert: Sulze verwechsele die im Glauben erlebte Gemeinschaft mit allen Christen mit der Gemeinschaft einer zufällig zusammengesetzten Parochie. Die geselligen Abende stießen nicht auf allgemeine Zustimmung, weil sie den Aufgaben der Kirche nicht entsprechen würden.

> Eine prägnante (und für die heutigen Fragen nicht uninteressante) Kritik am Konzept der Gemeindebewegung von 1926 lautet: „Kaffee- und Teegesellschaften, Deklamationen und Gesangsvorträge, Lichtbildervorträge, turnerische Darbietungen, Reigen, Theateraufführungen, und wer weiß, was alles, zu veranstalten, dazu ist die Kirchengemeinde nicht da."[12]

Der Ansatz Sulzes berge die Gefahr, dass das Leben einer Kirchengemeinde nach der Zahl seiner Veranstaltungen beurteilt werde und sich die Aufgaben des Geistlichen immer stärker der Unterhaltung und Geselligkeit annäherten, so dass er zum „Manager eines großen Fürsorge-, Bildungs-, und Vergnügungsvereins, der einen beträchtlichen Teil seiner Zeit Vorstandssitzungen und Proben widmen muß",[13] werde.

---

12 Walter Bülck, Die evangelische Gemeinde. Ihr Wesen und ihre Organisation, Tübingen 1926, 36.
13 Ebd.

1.2.7 Ausstrahlung ins 20. Jahrhundert

Setzte sich auch die gegenseitige Seelsorge und Betreuung nicht im Sinne Sulzes durch, so wandelten sich die kirchlichen Strukturen auf dem Hintergrund der Gemeindebewegung jedoch in charakteristischer Weise. Der Vereinsgedanke prägte zunehmend das Verständnis von „Gemeinde". Jetzt entstand das „Gemeindeleben" im heutigen Sinne des Wortes als eine Kombination von Territorialität und Gemeinschaftsanspruch. Erst jetzt wurde die territoriale Gemeinde ein Ort des geselligen Miteinanders. Gleichzeitig wurde die aktive Beteiligung an diesen vereinsähnlichen Aktivitäten zum Maßstab für wahre kirchliche Mitgliedschaft. Wer sich nicht aktiv am geselligen Gemeindeleben beteiligte, konnte von nun an als defizitär betrachtet werden. Die heutige ‚Kerngemeinde' entstand. Da diese Form der Mitgliedschaft jedoch nicht von allen praktiziert wurde, entstand die bis heute bestehende Spannung von „Kerngemeinde" und formaler (manchmal als „volkskirchlich" bezeichneter) Mitgliedschaft.

Im 20. Jahrhundert wandelte sich die Gemeindestruktur trotz der tief greifenden gesellschaftlichen und politischen Veränderungen erstaunlich wenig. Allerdings führten die nationalsozialistischen Eingriffe in die kirchliche Organisation mit ihren Bemühungen um Vereinheitlichungen und politische Kontrolle zu einer kritischen, christologisch fundierten Neubesinnung auf den Auftrag der „Bekennenden Kirche".

! In Opposition zu den „Deutschen Christen" und den von diesen beherrschten Kirchenregierungen trafen sich 1934 in Wuppertal-Barmen knapp 140 Synodale der „Bekenntnisgemeinschaft". Die von ihnen verabschiedete, maßgeblich von Karl Barth mitverfasste „Theologische Erklärung zur gegenwärtigen Lage der Deutschen Evangelischen Kirche" (kurz: „Barmer Theologische Erklärung") formuliert das zentrale Programm der Bekennenden Kirche und wurde zu einem der wichtigsten evangelischen Bekenntnistexte im 20. Jahrhundert.[14] In der Gemeindepädagogik werden besonders die III. und IV. These mit ihren hierarchiekritischen Akzenten auf der Geschwisterlichkeit im Leib Christi rezipiert [zur IV. These vgl. Kapitel 10, 2.4] Die III. These lautet unter Bezug auf Eph. 4, 15 f.: „Die christliche Kirche ist die Gemeinde von Brüdern, in der Jesus Christus in Wort und Sakrament durch den Heiligen Geist als der Herr gegenwärtig handelt. Sie hat mit ihrem Glauben wie mit ihrem Gehorsam, mit ihrer Botschaft wie mit ihrer Ordnung mitten in der Welt der Sünde als die Kirche der begnadigten Sünder zu bezeugen, dass sie allein sein Eigentum ist, allein von seinem Trost und von seiner Weisung in Erwartung seiner Erscheinung lebt und leben möchte. Wir verwerfen die falsche Lehre, als dürfe die Kirche die Gestalt ihrer Botschaft und ihrer Ordnung ihrem Belieben oder dem Wechsel der jeweils herrschenden weltanschaulichen oder politischen Überzeugungen überlassen."

---

14 Vgl. Eberhard Busch, Die Barmer Thesen 1934–2004, Göttingen 2004.

In der praktischen Konsequenz kam es im Kirchenkampf zu einer erneuten Stärkung der einzelnen Gemeinden, die zum Hoffnungsträger in der Bedrohung wurden. Es erfolgte eine Konzentration auf das kleine Häuflein, das sich in kleinen Gemeindekirchen und Häusern versammelte und sich nicht auf die Amtsträger konzentrierte, sofern diese der Ideologie der „Deutschen Christen" folgten.

Eine wichtige Veränderung für die kirchliche Organisation ergab sich auch durch die nationalsozialistischen Versuche zur ‚Gleichschaltung' der Vereine. Sie wurden in ihrem Wirken erheblich eingeschränkt und nach und nach weitgehend aufgelöst. Um dieser Gefahr zu entgehen, suchten manche Vereine eine engere Anbindung an die Landeskirchen und Kirchengemeinden. Ihren eigenständigen rechtlichen Status gaben sie dabei weitgehend auf.

1.2.8 Nach 1945

Nach dem Zusammenbruch des Dritten Reiches verblieben die ehemaligen Vereine in der Regel unter dem Dach der Kirche als kirchliche Einrichtungen. Die Verbände wurden auf diese Weise zu kirchlichen ‚Werken' und organisatorisch an die Kirche angebunden. Da sie kaum eigene Räumlichkeiten besaßen, waren sie weithin auf die Gemeindehäuser angewiesen und unterstanden damit der Kontrolle des Kirchenvorstandes und der Pfarrer. Faktisch wurden sie häufig zu Gemeindekreisen umgewandelt. Damit bereicherten sie das Gemeindeleben, verloren aber ihre Eigenständigkeit und ihre überparochiale Ausrichtung. Auf landeskirchlicher Ebene wurden in paralleler Weise Vereine als Verbände, Dienste oder Werke in die Landeskirchen eingegliedert oder eng an sie angeschlossen.

Die Erfahrungen in der Bekennenden Kirche und die Bedeutung ihrer Gemeinden wirkten im Bewusstsein der Kirchenmenschen nach. Mit dem Ziel, die Barmer Theologische Erklärung wertzuschätzen und aus den kirchlichen Fehlern der Vergangenheit für die Zukunft zu lernen, sollte die Gemeinde gestärkt werden. Ein unzureichendes Gemeindeprinzip wurde als verantwortlich dafür angesehen, dass die Kirche nicht stärker Widerstand geleistet hat und entsprechende Hoffnungen an die Gemeinden für eine Kirche der Zukunft geknüpft. Dennoch fiel die Entscheidung über die Organisation der Kirche in Deutschland nicht zugunsten einer reinen Gemeindekirche. Faktisch wurde das bisherige Gemeindeleben im volkskirchlichen Rahmen weitgehend fortgesetzt. Da die beiden Großkirchen zwei der wenigen Gesprächspartner der Besatzungsmächte waren, wuchsen ihnen gesamtgesellschaftliche Aufgaben – wie z. B. der Beitrag zur demokratischen Bildung – zu, die einer reinen Ge-

meindekirche widersprachen. So kreuzten und kreuzen sich bis heute be-
kenntniskirchliche, gemeindebezogene Strukturen mit den volkskirchlichen.

Vor allem in den ersten Jahren nach dem Krieg bewährten sich die auf
gegenseitige Liebestätigkeit und Linderung von Not gerichteten Strukturen der
Gemeindepflege. Dies stärkte die Gemeinden und ihre Akzeptanz. Sie wurden
als stabile Institutionen in der unsicheren und notvollen Situation erlebt, die
nicht nur praktische Hilfe bot, sondern auch erfolgreich Werte vermittelte. An
sie knüpften sich die Hoffnungen auf eine neue Blüte der Rolle von Christentum und Kirche in der Gesellschaft.

Als sich jedoch die Situation wirtschaftlich und politisch konsolidierte,
wurde die gemeindliche Hilfe weniger in Anspruch genommen. In den Gemeinden kehrte der Alltag ein. Die Hoffnung auf eine Rechristianisierung der
Gesellschaft erfüllte sich nicht. Auch die Kirchenmitglieder nahmen das volkskirchliche Mitgliedschaftsverhalten wieder auf.

1.2.9 Kirchenreform im Kontext der ökumenischen Bewegung

Diese für viele in der Kirche unbefriedigende und auch enttäuschende Situation ließ Impulse aus der Ökumene in den 1950er Jahren auf fruchtbaren Boden fallen. Ziel war eine stärkere Verchristlichung des Lebens durch eine engere Bindung an Bibel und Bekenntnis und eine Eingliederung in die Gemeinden, wobei besonders kirchenferne Gemeindeglieder im Blick waren. Im gleichen Zeitraum erhoben sich allerdings auch Stimmen, die die faktisch gegebenen Parochialstrukturen kritisch beleuchten und auf eine Veränderung der
kirchlichen Organisationsformen drängten. [→ Kap. 8, 1.3 Ladenkirche].

Gemeinsam war den Anliegen und Ansätzen der Kirchenreform in den
1960er und 1970er Jahren das Bewusstsein der raschen gesellschaftlichen Veränderungen und die bislang unzureichende Verarbeitung dieser Veränderungen seitens der Kirche. Selbstkritisch wird ein Realitätsdefizit der Kirche festgestellt: „Ganze Bereiche des öffentlichen Lebens sind für sie unerforschtes
Gebiet und ein weißer Fleck auf der Landkarte unserer Gemeinden."[15] Die
Kirche müsse ihre eigenen Grenzen überwinden und sich in die moderne Gesellschaft hineinbegeben, für die sie einen Auftrag besitzt, den sie bisher nicht
erfüllt hat.

Die Kirchenreform wurde besonders in den ersten Jahren von einer Auf-
bruchstimmung getragen, die bereit war, traditionelle Strukturen hinter sich zu

---

15 Ernst zur Nieden, Die Gemeinde nach dem Gottesdienst, Stuttgart 1955, 12.

lassen und mit neuen zu experimentieren. Der Wert der Sozialgestalten der Kirche wurde – gegenüber ihrem bleibenden Auftrag – als relativ bewertet. Sie wurden daran gemessen, inwieweit sie sich in der jeweiligen Situation und Zeit als geeignet zeigen, den Auftrag an der Welt zu erfüllen. Mit diesem Kriterium wurde die traditionelle Parochie kritisch bewertet. Ihr wurde vorgeworfen, dass sie ihren „missionarischen Auftrag vergessen hat und, sehr selbstzufrieden, sich in erster Linie darum kümmert, wie sie sich weiterhin erfolgreich am Leben erhalten kann"[16]. Die Sozialstruktur der Ortsgemeinde sei also zumindest ergänzungsbedürftig und könne keine absolute Geltung für sich beanspruchen.

Im Kontext der „Kirchenreformbewegung" wurden neue kirchliche Organisationsformen wie „Para-Gemeinden" diskutiert. Das nahm die die biblische Tradition der „Hausgemeinde" auf und meinte kleine Gruppen von Christinnen und Christen, die sich unabhängig vom Wohnort am Arbeitsplatz (oder auch im Freizeitbereich) bewusst als Gemeinde – in einer als nichtchristlich verstandenen Umwelt – zusammenfinden. Diese Gemeinden sollten besonders für die „werbende" Dimension der Kirche verantwortlich sein und auf die nichtchristliche Umwelt ausstrahlen.

Schon seit Beginn der Diskussion war daneben über eine zweite Veränderung kirchlicher Organisationsstrukturen nachgedacht worden, die in den späteren Jahren dann gegenüber den Paragemeinden wichtiger wurde: die Orientierung am Raum bzw. an der Region. Dieser Gedanke hebt nicht die territoriale Struktur insgesamt auf, vergrößert aber ihren Bereich erheblich und ermöglicht innerhalb des größeren Raumes eine stärkere funktionale Orientierung in Bezug auf Wohn-, Arbeits- und Freizeitwelt. Stattdessen sollte eine stärkere Spezialisierung innerhalb „zonaler Strukturen" möglich sein. Voraussetzung dafür ist die Arbeit im Team, das den Einzelnen Schwerpunkte oder eine Konzentration auf einen bestimmten Bereich ermöglicht. Eine Gemeinde sollte mehrere Pfarrstellen (Teampfarramt) oder auch ein Team von Hauptamtlichen unterschiedlicher Berufsgruppen aufweisen. Eine wichtige Rolle spielte dabei auch der Wunsch nach einer Demokratisierung kirchlicher Strukturen und die Beteiligung von Laien, aber auch die Erkenntnis der Überlastungen des Pfarrberufes in der modernen Gesellschaft. Die Würdigung unterschiedlicher Berufsgruppen und das Selbstverständnis als „lernende Kirche" wirkten sich produktiv auf die entstehende Gemeindepädagogik aus. [→ Kap. 10, 2.3]

Mit der regionalen Orientierung wurde auch eine Veränderung der Arbeitsformen empfohlen. Neben der Förderung haupt- und ehrenamtlicher Mitarbeit

---

16 Gerhard Brennecke (Hg.), Jesus Christus, das Licht der Welt. Bericht über die Dritte Vollversammlung des Ökumenischen Rates der Kirchen Neu Delhi 1961, Berlin 1963, 89.

von Laiinnen und Laien wurde hier vor allem der „Mut zu längeren und tieferen Atemzügen im gemeindlichen Veranstaltungskalender" und weniger feste Kreise, dafür „mehr Aktionsgruppen auf Zeit" empfohlen. Unterschiedliche Grade von Offenheit und Verbindlichkeit sollten möglich sein. Aufgrund einer besseren personellen und finanziellen Ausstattung für eine Organisationseinheit könne die Arbeit außerdem flexibler und differenzierter gestaltet werden und damit den unterschiedlichen Bedürfnissen von Menschen gerechter werden.

Daneben wurde ein „Geflecht differenzierter gesellschaftsbezogener Dienste entwickelt, um mit bestimmten weltlichen Gruppen und Institutionen ins Gespräch zu kommen: mit Betrieben, Arbeitgebern und Gewerkschaften, Ärzten, Lehrern, Sportvereinen u. a."[17]. Ziel dieser Dienste war es, der Lebenswirklichkeit von Menschen besser gerecht zu werden und stärker in der gesellschaftlichen Öffentlichkeit präsent zu sein. Die Gemeinschaft der dort Zusammenkommenden wurde als „Gemeinde auf Zeit" verstanden, die ekklesiologisch der Ortsgemeinde nicht nachgeordnet werden dürfe.

In welchem Maße Veränderungsprozesse durch die kirchenreformerischen Überlegungen im Ergebnis tatsächlich ausgelöst wurden, wird unterschiedlich beurteilt. Die parochiale Struktur und ihre Dominanz für die kirchlichen Sozialformen haben sie jedenfalls nicht grundlegend geändert. Die herkömmlichen Strukturen erwiesen sich als beständiger, als viele vermutet und gehofft hatten. Die funktionalen Ergänzungen zu ihr sind jedoch wesentlich erweitert worden und haben faktisch ein paralleles Organisationsprinzip etabliert, dessen ekklesiologische Qualität jedoch nach wie vor ungeklärt ist. Der Konflikt wurde damit verlagert, jedoch nicht geklärt.

Nachdem in den 1980er Jahren wieder stärker die Ortsgemeinde unter dem Stichwort „Gemeindeaufbau" in den Vordergrund getreten war, wird die Debatte seit den 1990er Jahren von *finanziellen* Zwängen bestimmt. Diese treffen alle deutschen Landeskirchen, die östlichen jedoch noch einmal deutlich stärker als die westlichen.

1.3 Aktuelle Debatte und Aufgaben für die Zukunft

Natürlich ist die heutige Debatte um zukunftsfähige Formen von Gemeinde nicht auf die Vergangenheit fixiert. Der historische Rückblick hat aber gezeigt, dass das parochiale und das nichtparochiale Prinzip kirchlicher Organisation

---

17 Rüdiger Schloz, Art. ‚Kirchenreform', TRE Bd. 19, 51–58,53.

seit 2000 Jahren miteinander im Konflikt liegen. Damit werden heutige Probleme und Konflikte als Ergebnis komplexer historischer Prozesse erkennbar. Vor diesem Hintergrund soll jetzt danach gefragt werden, welche Argumente aus heutiger Sicht für die Parochie und welche für nichtparochiale kirchliche Organisationsformen sprechen.[18] Beide Seiten argumentieren sowohl soziologisch (3.1.) als auch theologisch (3.2.), wobei auffällig ist, dass die soziologische Ebene ausgearbeiteter ist und die größeren Differenzen aufweist. Daraus ergeben sich Aufgaben für die Zukunft (3.3.).

1.3.1 Soziologische Argumente

Beide Positionen argumentieren mit der modernen Gesellschaft. Sie unterscheiden sich jedoch in der Annahme, wie stark diese Entwicklungen das Leben von Menschen heute prägen, vor allem aber in ihrer Bewertung.

Für die Ortsgemeinde wird vorrangig auf der Basis von Kritik oder Ablehnung der gegenwärtigen Gesellschaft argumentiert. Die Ortsgemeinde soll den gesellschaftlichen Entwicklungen entgegentreten und versuchen, sie zu kompensieren. So wird betont, dass es in der unübersichtlichen Pluralität gerade sinnvoll sei, sich auf eine einheitliche Organisationsform zu konzentrieren, wie sie die Ortsgemeinde darstelle. Während die Menschen gesellschaftlich häufig unter dem ständigen Zwang zur Wahl litten, böte die Ortsgemeinde festere Strukturen und eine selbstverständliche Gegebenheit. Hier könnten Menschen Gemeinschaft finden und Beziehungen knüpfen, die sie in der individualisierten Gesellschaft vermissen. Die Ortsgemeinde biete zudem die Möglichkeit einer unbürokratischen Betreuung bedürftiger Personen und nachbarschaftlicher Hilfe. Sie könne als Heimat in der unbehausten Welt erfahrbar werden. Dies wird besonders betont gegenüber der Tendenz zur Mobilität in der gegenwärtigen Gesellschaft, die Menschen schade und sie überfordere. Die parochiale Position führt aus, dass der Wohnort wesentliche Funktionen behalten habe, vor allem für bestimmte Bevölkerungsgruppen wie ältere Menschen, Kleinkinder und die sie betreuenden Personen. Aber auch für berufstätige Erwachsene wachse die Sehnsucht nach Heimat, Geborgenheit und Verwurzelung wieder.

Implizit wird dabei deutlich: Die Vertreterinnen und Vertreter der Ortsgemeinde haben vor allem die „Modernisierungsverlierer" im Blick, die unter den Bedingungen und Anforderungen der modernen Gesellschaft eher leiden. Der Mensch wird hier – nicht einlinig, aber in der Tendenz – als *Objekt* kirchli-

---

18 Vgl. dazu ausführlich Pohl-Patalong (s. o. Anm.1), 132 ff.

chen Handelns wahrgenommen und thematisiert. Es wird stärker von der klassischen kirchlichen Klientel ausgegangen; das Bemühen, den Kreis der kirchlich Interessierten zu erweitern, ist nur bedingt erkennbar.

Auf der anderen Seite wird vor dem Hintergrund der genannten gesellschaftlichen Entwicklungen die Ortsgemeinde bzw. ihre Dominanz gerade *kritisiert*. Die Ortsgemeinde entstamme einem sozialen Kontext, der von einer einheitlichen Lebenswelt geprägt sei und die wesentlichen Lebensvollzüge am gleichen Ort versammle. Mit der gewachsenen Mobilität habe der Wohnort jedoch wesentliche Funktionen verloren, und auch emotional habe die geografische Dimension einen Bedeutungsverlust erfahren. Eine einseitige kirchliche Orientierung am Wohnort ignoriere daher die gesellschaftlichen Entwicklungen und fördere die Entfernung der Kirche von der Realität vieler ihrer Mitglieder.

Die vielfältigen kirchlichen Aufgaben, die sich aus der gesellschaftlichen Pluralität ergäben, könnten nicht von einer einzigen Sozialgestalt erfüllt werden. Die diakonischen Aufgaben gegenüber gesellschaftlich marginalisierten Menschen beispielsweise brauchten Kompetenzen, die die Ortsgemeinde nicht leisten könne. Auch insgesamt sei eine Vielfalt kirchlicher Sozialformen in einer pluralisierten Gesellschaft gefordert, um Kirche für die unterschiedlichen Menschen und Gruppierungen zu sein, während die Angebote der Parochialgemeinde faktisch nur auf bestimmte Zielgruppen ausgerichtet seien. Die Milieustudien [→ Kap. 9, 1] wiesen darauf hin, dass nur bestimmte Milieus sich zum Gemeindeleben hingezogen fühlten. Häufig sei die Kerngemeinde so dominant, dass Menschen, die ihren Glauben anders leben, die Parochialgemeinde leicht als „geschlossenes System" empfänden. Der Gottesdienst spräche zudem nur Menschen mit einer bestimmten Spiritualität an. Faktisch habe sich das Territorialprinzip längst relativiert. Immer mehr Menschen schlössen sich auch längerfristig einer Gemeinde der eigenen Wahl an.

Implizit wird dabei das Anliegen deutlich, den Anschluss an die gesellschaftlichen Strukturen mit ihren Veränderungen zu halten und diesen mit den kirchlichen Organisationsformen gerecht zu werden. Es besteht die Sorge, Kirche könnte sich ins gesellschaftliche Abseits begeben und an Bedeutung verlieren. Kirchliche Arbeit zielt hier vorrangig auf eine Begleitung und Förderung von Menschen in der gegenwärtigen Gesellschaft. Dabei sieht die ortsgemeindekritische Argumentation den Menschen in erster Linie als *Subjekt*, das seine sozialen und religiösen Bezüge selbst gestaltet. Diese Position möchte dezidiert über die klassische kirchliche Klientel hinauskommen und Kirche in ihrer Bedeutung für die unterschiedlichen Gruppen und Individuen akzentuieren.

1.3.2 Theologische Argumente

Von ortsgemeindekritischer Seite wird darauf hingewiesen, dass Gemeinde im theologischen Sinne *funktional* zu verstehen sei: Eine christliche Gemeinde werde nicht durch räumliche Grenzen definiert, sondern durch das, was in ihr geschehe. Dass die Ortsgemeinde territorial abgegrenzt ist, sei keine theologische Frage, sondern eine kirchenrechtliche. Theologisch sei dieses Gemeindeverständnis nicht zwingend. Entscheidend für Gemeinde sei die Versammlung und das Zusammenkommen. Gemeinde sei dort, wo sich Menschen versammeln und nicht umgekehrt – unabhängig davon, ob sie einmal oder regelmäßig da sind.

Sowohl zugunsten der Ortsgemeinde als auch zugunsten anderer Gemeindeformen wird ferner mit dem kirchlichen Zeugnisauftrag argumentiert. *Für* die Ortsgemeinde sprächen ihre Chancen, die Botschaft des Evangeliums weiterzutragen. Die ortsgemeindliche Struktur sei in besonderer Weise dazu geeignet, die christliche Botschaft in der primären Lebenswelt von Menschen zu verankern. Auf *nichtparochialer* Seite wird jedoch eingewendet, dass eine rein parochial ausgerichtete Kirche – vor allem in der Großstadt – faktisch viele Menschen nicht erreiche, so dass mit ihr der missionarische Auftrag der Kirche unzulässig eingeschränkt werde. Damit das Evangelium in den vielfältigen Lebenswelten heimisch werde, müsse wiederum eine Pluralität der kirchlichen Sozialformen gewährleistet sein.

Die Zusammenschau zeigt, dass beide Seiten gute Argumente auf ihrer Seite haben, so dass es offensichtlich nicht sinnvoll ist, das eine oder das andere Organisationsprinzip völlig aufzugeben. Zudem wird aber deutlich, dass sich sowohl in der Konzentration auf die Ortsgemeinde als auch in der Bevorzugung pluraler Gemeindeformen jeweils unterschiedliche Kirchenbilder manifestieren. Welche Gemeindeformen favorisiert werden, steht damit in enger Beziehung zur theologischen Orientierung der Kirche.

1.3.3 Aufgaben für die Zukunft

Die Aufgaben der Zukunft ergeben sich unmittelbar aus dieser Analyse. Es braucht Modelle kirchlicher Strukturen, die sowohl die Stärken der parochialen Gemeindeform als auch die Stärken der nichtparochialen Formen aufnehmen und in die künftige Gestalt der Kirche integrieren.

a) Modell der „Kirchlichen Orte"[19]

Dieses Modell nimmt Abstand von dem Gegenüber von Ortsgemeinde und nichtparochialen Formen und orientiert sich an den kirchlichen Orten jenseits

---

19 Vgl. dazu ausführlich Pohl-Patalong (s. o. Anm.1), 128 ff.

ihrer bisherigen Ausformung. An jedem Ort gibt es zwei Linien kirchlicher Arbeit: Das vereinsähnliche Leben – mit dem Kristallisationspunkt des Gemeindehauses – ermöglicht Gruppen und Kreise, die die Themen und Anliegen von Kirchenmitgliedern aufnehmen und dafür Raum bieten. Dieser Bereich wird ehrenamtlich gestaltet und geleitet. Die Hauptamtlichen konzipieren keine Angebote, sondern bringen Menschen mit ähnlichen Interessenlagen zusammen, motivieren zur Leitung, begleiten die Ehrenamtlichen und stehen als Ansprechpersonen zur Verfügung. Diese Aufgaben bieten sich besonders für Gemeindepädagoginnen und -pädagogen an. Kirche bleibt mit diesem Bereich am Wohnort präsent und hat weiterhin die Chance, ihre Kompetenz für den Nahbereich zu entfalten.

Ein zweiter Bereich an jedem kirchlichen Ort gestaltet bestimmte inhaltliche Arbeitsbereiche wie beispielsweise Kinder- und Jugendarbeit, Spiritualität, Obdachlosenarbeit, Kirchenmusik, Alleinerziehendenarbeit oder interreligiöser Dialog. Diese Schwerpunkte denken in einem größeren Radius. Sie werden von Hauptamtlichen unterschiedlicher Berufsgruppen sowie Ehrenamtlichen – je nach geforderten Kompetenzen – gestaltet. Die Kirche kann so ihre spezifischen Kompetenzen für bestimmte Themen gesellschaftlich entfalten, indem bestimmte Schwerpunkte kompetent und konzentriert wahrgenommen werden, statt sich in einer Fülle von Angeboten zu verzetteln.

b) Ort und Region

Eine andere Variante kirchlicher Zukunftsüberlegungen strebt an, eine „Basisversorgung" vor Ort zu belassen und darüber hinaus gehende kirchliche Handlungsfelder für eine größere Region zu gestalten.[20] Diese Überlegungen sind nicht auf bestimmte Berufsgruppen festgelegt. Es wäre jedoch nahe liegend, dass die Gemeindepädagogik stärker regional agiert – beispielsweise in regionalen Handlungsfeldern wie Kinder- und Jugendarbeit, Erwachsenenbildung, Seniorinnenarbeit sowie für bestimmte inhaltliche kirchliche Themen, wie es bislang ja teilweise auch schon geschieht. Hier wie im Modell der „kirchlichen Orte" werden bereits berufstheoretische Fragen berührt. [→ Kap. 10–12]

Kriterium für alle künftigen Formen von Gemeinde muss immer die theologische Frage sein, welche Gestalt den Auftrag der Kirche bestmöglich erfüllt. Der Grundsatz „form follows function" gilt nicht nur im Design, sondern auch für die Frage nach der Gemeinde. Der Auftrag der Kirche dürfte mit der von

---

20 Zur Regionalisierung vgl. beispielsweise Stefan Bölts / Wolfgang Nethöfel (Hg.), Aufbruch in die Region. Kirchenreform zwischen Zwangsfusion und profilierter Nachbarschaft, Hamburg 2008 (Netzwerk Kirche Bd. 3).

Ernst Lange geprägten Formulierung von der „Kommunikation des Evangeliums" [→ Kap. 4, 1] nach wie vor gut umschrieben sein. Gegenüber diesem Auftrag hat jedwede Gemeindeform eine dienende Funktion – und ist niemals Selbstzweck. Daher ist keine Form sakrosankt, sondern alle sind stets auf ihre Funktionalität zu hinterfragen.

Literatur zur Vertiefung

Bölts, Stefan / Nethöfel, Wolfgang (Hg.), Aufbruch in die Region. Kirchenreform zwischen Zwangsfusion und profilierter Nachbarschaft, Hamburg 2008 (Netzwerk Kirche Bd.3).

Doyé, Götz, Das Gemeindehaus. Beispiel einer lernort- und biographiebezogenen gemeindepädagogischen Praxis im Miteinander der Generationen, in: Keßler, Hildrun / Doyé, Götz (Hg.), Den Glauben denken, feiern und erproben. Erfolgreiche Wege der Gemeindepädagogik, Leipzig 2010, 39–51.

Ev. Kirche in Deutschland, Kirche der Freiheit. Perspektiven für die evangelische Kirche im 21. Jahrhundert. Ein Impulspapier des Rates der EKD, Hannover 2006.

Löwe, Frank W., Das Problem der Citykirchen unter dem Aspekt der urbanen Gemeindestruktur. Eine praktisch-theologische Analyse unter besonderer Berücksichtigung von Berlin, Münster 1999 (Ästhetik – Theologie – Liturgik Bd. 10).

Pohl-Patalong, Uta, „Gemeinde". Kritische Blicke und konstruktive Perspektiven, PTh 94 (2005), 242–257.

Dies., Von der Ortskirche zu kirchlichen Orten. Ein Zukunftsmodell, Göttingen (2004) ²2005.

Dies. (Hg.), Kirchliche Strukturen im Plural. Visionen und Modelle, Hamburg 2004.

Roosen, Rudolf, Gemeindehaus vor dem ‚Aus'? Die Milieugesellschaft und die Reform der evangelischen Gemeindearbeit. DtPfrBl 97 (1997), 63–66.

Impulse zur Weiterarbeit

a) „Wahre Gemeinde *wird* immer, sie *ist* nie die wahre Gemeinde." Beziehen Sie dieses (leicht abgewandelte) Diktum von Karl Barth auf die Geschichtlichkeit von Gemeinde und reflektieren Sie die damit gegebene Problemstellung theologisch.

b) Beschreiben Sie Chancen und Grenzen der Ortsgemeinde sowie nichtparochialer Formen in eigenen Worten.

c) Entwerfen Sie Modelle künftiger kirchlicher Organisation (über die „kirchlichen Orte" und die Regionalisierung hinaus) und begründen Sie diese. Gehen Sie dabei sowohl auf die inhaltlichen Herausforderungen für die

Kirche heute als auch auf die finanziellen Fragen ein. Benennen Sie dabei jeweils den Ort der Gemeindepädagogik.

d) „Gemeindehäuser stehen zeitlich und sachlich für einen Versuch, ‚theologische Redlichkeit‘ mit städtebaulichen Umbruchssituationen zusammenzudenken."[21] Finden Sie weitere Spannungsfelder, die mit „Gemeindehäusern" verbunden sein könnten, und reflektieren Sie diese gemeindepädagogisch.

---

21 Failing (s. o. Anm. 5), 94.

Martin Steinhäuser

2 Gemeinde im Raum, Gemeinde als Raum

Topologische Wahrnehmungen

Was macht die „Gemeinde der Gemeindepädagogik" aus? In der Bearbeitung der Leitfrage für Teil A dieses Studienbuches hatte die *räumliche* Dimension bereits im voranstehenden Kapitel eine Rolle gespielt – in *historischer* Perspektive und zugespitzt auf die Fragen der *territorialen Organisationsweisen*. Im folgenden Kapitel wird nun die räumliche Dimension näher beleuchtet. Vier Zugängen (2.1) folgt eine gemeindepädagogische Systematisierung (2.2). Vor diesen Hintergrund tritt dann das Handlungsfeld „Kirchenraumpädagogik" (2.3).

2.1 Zugänge

2.1.1 Eine protestantische Verlegenheit

Zunächst mutet es wie eine simple Übung an, „Gemeinde" über die Kategorie „Raum" näher zu bestimmen, einfach deshalb, weil Gemeinde „Räume hat". Sie verfügt über Kirchgebäude, Gemeindezentren und andere Orte, an denen sich Menschen zum Zweck gemeinschaftlicher religiöser Praxis treffen. Besonders die Kirchtürme signalisieren von alters her: Hier lebt Gemeinde. Doch ein Zitat von Peter Beier, dem ehemaligen Präses der Landessynode der Evangelischen Kirche im Rheinland, zeigt, dass diese simple Übung auf Vorbehalte trifft:

> „Das Wortereignis muss Platz haben, bedarf aber nicht unbedingt eines Raumes. Nicht Raum ist die Vorbedingung für das an die Gemeinde ergehende Wort, sondern das Wort selbst schafft Raum im Ereignis des Hörens. In der reformierten Tradition unserer Kirche sind diese Überlegungen noch radikalisiert worden. Sie haben dann in der schwierigen Geschichte zahlreicher rheinischer Gemeinden Entsprechungen gefunden. Die Gemeinden unter dem Kreuz versammelten sich im Abseits. Jede Art Raum war gut genug. Die Fleischhalle oder das Wohnzimmer genügten dem Anspruch. Es ist deshalb verständlich, dass wir nach langer historischer Prägung im Rheinland immer noch leicht linkisch in Kathedralen herumstehen. [...] Kirchbau ist Zweckbau. Kirche ist nicht Sakralbau, nicht gebaute Liturgie und nicht umbautes Mysterium. Da der Ort der versammelten Gemeinde die Welt ist, wird die Unterscheidung zwischen Sakral- und Profanbau hinfällig."[1]

---

[1] Peter Beier, Über die Schwierigkeit der Protestanten, mit Räumen umzugehen, in: Rainer Bürgel (Hg.), Raum und Ritual. Kirchbau in theologischer und ästhetischer Sicht, Göttingen 1995, 39 ff.

Natürlich bleibt Beier bei dieser Zuspitzung nicht stehen. Es geht beim Thema „Raum und Gemeinde" auch nicht nur um *Kirchbauten*. Aber das Zitat wirft die Frage auf, welche *Bedeutung* die Gemeinde ihren Räumen beimisst und welche theologischen und pädagogischen Kriterien sie dafür verwendet. Diese Frage muss man noch weiter ausziehen. Gemeinde „hat" nicht nur Räume, sie „ist" auch selbst Raum, lebt ihre eigentümliche Praxis in Räumen und „bildet" wiederum neue Räume. Wo *Gemeinde* anfängt und aufhört, scheint dann nicht festzustehen, sondern ein Resultat von Erkundung, Verständigung und Praxis zu sein.

2.1.2 Biblische Selbstverständlichkeiten

Treten wir einen Schritt hinter die Ansichtigkeit von „Gemeinde" zurück und fragen nach dem Verhältnis von Welt-Raum und Gottesvorstellung in der *Bibel*. Einige Beispiele sollen die Vielfalt der biblischen Raum-Bilder andeuten.

– Zu nennen ist etwa die Erzählung vom *Zelt*, das das Volk Israel auf dem beschwerlichen Weg durch die Wüste verwendet, um der Bundeslade einen Ort zu geben. Im *leeren Raum* zwischen den Flügeln der Cherubim auf der Lade konnte Gottes Heimstätte auf Erden, die Schechina, geglaubt werden (Ex 25).

– Da ist die Tempeltheologie, die einerseits eine besondere Wertschätzung der Gegenwart Gottes am *festen Kultort* ausdrückte, und andererseits schon im Weihgebet Salomos fragte: „Aber sollte Gott wirklich auf Erden wohnen? Siehe, der Himmel und aller Himmel Himmel können dich nicht fassen – wie sollte es dann dies Haus tun, das ich gebaut habe?" (1Kön 8,27).

– Zu erwähnen ist der *Berg* als vielfach gewählter Frei-Raum, um Gott besonders nahe zu kommen (z. B. Mose, Elia, bes. auch im Matthäus-Evangelium).

– Die ersten christlichen Gemeinden entfalteten die Rede von *Gottes Haus* (Jesus-Tradition: der Tempel als „meines Vaters Haus" [Joh 2,16]) im Blick auf die Gemeinden (Eph 2,19–22 „ihr seid nun ... Gottes Hausgenossen"; Hebr 3,1–6: „sein Haus sind wir").

– AT wie NT sprechen auch davon, dass Gott selbst *Wohnung nimmt* unter den Menschen (1Kor 3,16; 2Kor 6,16 mit Bezug auf Lev 26,11 f. und Hes 37,27; Off 21,3) und vom *Herz* als Ort, in dem sich Gott an den Menschen wendet: „Weil ihr nun Kinder seid, hat Gott den Geist seines Sohnes gesandt in unsere Herzen, der da ruft: Abba, lieber Vater!" (Gal 4,6).

Solchen Bildern ist – mit Respekt gegenüber der Unterschiedlichkeit der damit verbundenen Überlieferungsstränge – gemeinsam, dass in ihnen der Bezug Gottes auf die konkret-räumlichen Dimensionen der Welt ganz außer Frage steht, selbst im Paradoxon ihrer eigenen Relativierung (Hebr 13,14: „Denn wir haben hier keine bleibende Stadt...“). Daher muss es auch heute für eine Sozialgestalt wie „Gemeinde", die sich im Namen dieses Gottes versammelt, konstitutive Bedeutung haben, ihre Räumlichkeit zu reflektieren. In der jungen Geschichte der gemeindepädagogischen Theoriebildung geschah dies in zwei Richtungen: als „Lernort" (2.1.3) sowie im „lebensweltlichen Kontext" (2.1.4).

2.1.3 Gemeinde als „Lernort"

In den 1970er und 1980er Jahren wurde Gemeinde häufig als konkreter „Lernort" angesehen und reflektiert. Dabei geht es um die Frage, welche Räume die Gemeinde anhand der ihr eigentümlichen Lebensäußerungen und anhand konkreter Lerngegenstände für die wechselseitige Erschließung von Tradition und Situation für Einzelne und Gruppen, Jüngere und Ältere bietet und wie die Gemeinde an ihren jeweiligen Orten selbst zum Subjekt des Lernens werden könne. Diese Fokussierung auf die *Didaktik des Verhältnisses von Gemeinde und Raum* war und ist plausibel. Sie spiegelt sich in zahlreichen Veröffentlichungen bis hin zum Titel einer neu entwickelten Fachzeitschrift „Lernort Gemeinde".[2] Man kann Räume als „erste Erzieher" verstehen, „weil sie auch da sind, wenn Menschen nicht da sind".[3]

Als Beispiel für ein neueres Praxiskonzept, das dem Raum eine religionsdidaktische Hochschätzung zukommen lässt, sei auf „Godly Play" verwiesen. Dort wird zum einen ein Lernraum inhaltlich-konkret nach den Prinzipien der Montessori-Pädagogik gestaltet. Zum anderen wird der Raum-Begriff metaphorisch gebraucht, nämlich in der Zielstellung, dass insgesamt ein „safe space" entsteht – ein geschützter Raum, in dem Kinder mithilfe von Raumgestaltung, Materialien, Geschichten, Beziehungen und Zeitstruktur an ihren eigenen, existentiellen Fragen arbeiten können.[4]

---

2 Vgl. die erste Auflage des Gemeindepädagogischen Kompendiums, hg. v. Gottfried Adam/Rainer Lachmann, Göttingen 1987, 43 f.; Lernort Gemeinde (LOG) 1 (1983)–24 (2006).

3 Gerd E. Schäfer, Der Raum als erster Erzieher, in: PGP 59 (2006), H. 3, 8–10.

4 Jerome Berryman, Godly Play. Ein Konzept zum spielerischen Entdecken von Bibel und Glauben. Bd. 1: Einführung in Theorie und Praxis, hg. v. Martin Steinhäuser, Leipzig 2006, bes. 77 ff.; Martin Steinhäuser / Evamaria Simon, „Ich frage mich, ob Gott am Ende glücklich war …". Glück und Heil als heuristische Aspekte in Godly Play, in: Jahrbuch für Kindertheologie, Bd.9, Stuttgart 2011, 60–80, bes. 65 ff.

2.1.4 Gemeinde im Kontext von Lebenswelt

Über den „Lernort" hinaus wurde in den 1990er Jahren deutlicher, dass die „Gemeinde als Raum" nicht kirchenräumlich-isoliert verstanden werden darf, sondern als „Teil von Lebenswelt" der Beteiligten [→ Teil C, Einleitung] aufzufassen ist. Das verstärkte die *Wahrnehmung*saufgabe hinsichtlich der konkreten Bedingungen alltäglichen Lebens der Menschen, auf die sich Gemeindepädagogik konzeptionell bezieht. Zu diesen Bedingungen gehört die Dimension des „Raumes" als grundlegendes Merkmal menschlichen Agierens und Kommunizierens. In den Blick kommen dann sowohl solche Räume, in denen Menschen leben oder wo etwas „stattfindet", als auch solche Räume, die erst dadurch entstehen, dass sich Subjekte ihrer selbst gewahr werden. Räume erscheinen dann als Ergebnisse von Bildungsprozessen. Räume gewinnen *Bedeutung* dadurch, dass Menschen nicht nur passiv in ihnen leben, sondern sie aktiv gestalten. Agnes Wuckelt fasst diese Perspektive so zusammen:

> „‚Raum' besitzt die Qualität eines aktiven Wirkungsfeldes, er schließt die Leiblichkeit der handelnden Menschen, ihre Ausdrucks- und Kommunikationsformen ein. In diesem Sinn ist ‚Raum' das Resultat von Aneignung."[5]

Gemeindepädagogisch gesehen, bezieht sich diese Verhältnisbestimmung von Raum und Mensch sowohl auf die Lebenswelt im weiteren Sinn einer „Umwelt von Gemeinde", als auch im engeren Sinn auf die „Gemeinde als Lebenswelt sui generis". Wichtige, bis heute anregende Beiträge zu dieser Diskussion leisteten z. B. Volker Drehsen und im Anschluss daran Wolf-Eckart Failing.

Volker Drehsen geht von den Thesen der Sozialanthropologie des „gelebten Raums"[6] aus und verbindet sie mit der Identitätsgewinnung. „Orte sind niemals nur Orte; … sie sind [identitätsverbürgende] Landschaften meiner Lebensorientierung. … Sie bleiben uns noch in der Erinnerung gegenwärtig, wenn wir sie längst verlassen haben."[7] Ihnen komme deshalb eine *symbolische* Funktion zu. Die Überlegungen Drehsens sind für die Gemeindepädagogik besonders interessant, da diese selber in der Kommunikation des Evangeliums auf symbolische Interaktion angewiesen ist. Genau genommen, muss

---

5 Agnes Wuckelt, Wie viel Raum braucht der Mensch? Geschlechtsspezifische Raumaneignung, in: PGP 59 (2006), H. 2, 27–30, Zitat 27.
6 Vgl. Bernhard Waldenfels, In den Netzen der Lebenswelt, Frankfurt 1985. Vgl. dazu auch schon den Klassiker von Otto-Friedrich Bollnow, Mensch und Raum, Stuttgart [11]2010 ([1]1963).
7 Volker Drehsen, Die Gemeinde der Gemeindepädagogik, in: Roland Degen u. a. (Hg.), Mitten in der Lebenswelt. Lehrstücke und Lernprozesse zur zweiten Phase der Gemeindepädagogik, Münster: Comenius Institut 1992, 92–125, Zitat 106.

man sogar von einer *doppelt* aufgeladenen symbolischen Ortsbezogenheit für „Gemeinde" ausgehen: als *Raum* und im *Glauben*.

> „‚Gemeinde' [kann] als Chiffre für die jeweils konkretisierte Orts- und Raumbezogenheit gemeinsamer und individueller Glaubenspraxis gelten. … Eine Gemeindetheorie der Gemeindepädagogik kann sich nicht im Verständnis eines flexiblen und hinreichenden Eingehens auf eine immer schon sozial und kulturell domizilierte christliche Glaubenspraxis in räumlichen Lebenswelten erschöpfen, sondern muss [theologisch] zur Reflexion der Genese und Gestalt dieses Domizilierungsprozesses selbst vordringen."[8]

Diese Perspektive auf „Gemeinde" leuchtet auch im Hintergrund von Drehsens Definition der Gemeindepädagogik auf:

„Gemeindepädagogik meint den pädagogisch-methodisch reflektierten Prozess der Verständigung von Christen über die dauerhaft vergemeinschaftungsfähigen und individualisierungsnötigen Möglichkeiten einer symbolisch ortsbezogenen Realisation christlicher Glaubenspraxis im lebensweltlichen und lebensgeschichtlichen Erfahrungshorizont moderner, v. a. urban bestimmter Kultur."[9] **!**

Wolf-Eckart Failing schließt eng an Drehsen an, geht aber in zwei wichtigen Aspekten über ihn hinaus.

– Zum einen integriert Failing die anthropologische Ortsbezogenheit in die neuere Diskussion um „Netzwerke". Einerseits sei eine „Auflösung naturwüchsiger Lokalität" festzustellen, andererseits eine „Neugewinnung sozialräumlicher Lokalität". Netzwerke könnten beide Entwicklungen in Balance halten. „Soziale wie personale Identitäten leben nicht nur, vielleicht nicht einmal vorrangig von linearen oder flächigen Erfahrungsmomenten, sondern erschließen sich über Verknüpfungen."[10] Die Perspektive auf Gemeinde als Teil sozialräumlicher Netzwerke ist zu einem wichtigen Thema in der gemeindepädagogischen Diskussion geworden.[11]

---

8 A. a. o., 109.
9 A. a. o., 100.
10 Wolf-Eckart Failing, Gemeinde als symbolischer Raum. Die Gemeindepädagogik in der Phase der Systematisierung, in: JRP 1995, 37–55, bes. 46. Vgl. grundsätzlicher auch ders., Die eingeräumte Welt und die Transzendenzen Gottes, in: ders. / Hans-Günter Heimbrock, Gelebte Religion wahrnehmen. Lebenswelt – Alltagskultur – Religionspraxis, Stuttgart 1998, 91–122.
11 Vgl. Matthias Spenn u. a., Lernwelten und Bildungsorte der Gemeindepädagogik. Bedingungen, Bezüge und Perspektiven, Münster: Comenius-Institut 2008, 16 – dort mit der Perspektive auf strukturelle Netzwerkarbeit im Gemeinwesen. Vgl. auch schon Henning Schröer, Gemeindepädagogik wohin? Bilanz einer realen Utopie, in: JPR 1995, 161–177 – mit Ausblick auf Kirchentage als Schnittpunkt von Netzwerken.

- Zum anderen betont Failing die „Dialektik von Thematischem und Räumlichem".[12] Eine jeweilige räumliche Situation könne Bezüge zu einem religiösen Thema oder einer symbolischen Verdichtung herstellen, dies aber auch verhindern. Diese Dialektik ist deshalb wichtig, weil sie einen Bogen zurückschlägt zur didaktischen Perspektive, die bei der „Gemeinde als Lernort" bestimmend war. Einerseits tritt die Gemeinde in ihrer räumlichen Verfasstheit dem Einzelnen *entgegen*, gleichsam objektiv und gegebenenfalls in Widerständigkeit didaktisch wertvoll. Andererseits liegt die *Bedeutungszuweisung* bezüglich eines Raumes beim Einzelnen, vielleicht in einer Gruppe, ist also ein Teil subjektiver Aneignung.

Drehsens und Failings Überlegungen sind im Rahmen dieses Studienbuches auch deshalb reizvoll, weil sie einen Dialog pädagogischer, theologischer und anderweitiger wissenschaftlicher Theoriebildung vorführen, und dadurch die Gemeindepädagogik als „Integrationswissenschaft" ausweisen.[13] Das ließe sich am Thema „Raum" problemlos ausweiten. Einzubeziehen wären hier nicht nur Martina Löws „Raumsoziologie" (2001) und die von Doris Bachmann-Medick ausgelöste Diskussion um einen „spatial turn" als Teil vielfacher „cultural turns" in kulturwissenschaftlicher Perspektive (2006).[14] Von hoher Relevanz erscheint auch das Konzept der *Heterotopie,* zu dem Michel Foucault 1998 schreibt:

„Es gibt gleichfalls – und das wohl in jeder Kultur, in jeder Zivilisation – wirkliche Orte, wirksame Orte, die in die Einrichtung der Gesellschaft hineingezeichnet sind, sozusagen Gegenplazierungen oder Widerlager, tatsächlich realisierte Utopien, in denen die wirklichen Plätze innerhalb der Kultur gleichzeitig präsentiert, bestritten und gewendet sind, gewissermaßen Orte außerhalb aller Orte, wiewohl sie tatsächlich geortet werden können. Weil diese Orte ganz andere sind als alle Plätze, die sie reflektie-

---

12 Vgl. Failing, Gemeinde als symbolischer Raum (s. o. Anm. 10).
13 Vgl. Götz Doyé, Gemeindepädagogik – fachwissenschaftliche und berufspraktische Perspektiven, in: ders. / Hildrun Keßler (Hg.), Konfessionslos und religiös. Gemeindepädagogische Perspektiven, Leipzig 2002, 93–114, speziell Kap. 3 (98 ff.).
14 Vgl. Martina Löw, Raumsoziologie, Frankfurt/M. 2001 (mit einem Akzent auf „Raum als Körper" in gender-Perspektive); Markus Schroer, Räume, Orte, Grenzen. Auf dem Weg zu einer Soziologie des Raumes, Frankfurt/M. 2007 (mit konzept-historischem Akzent und auf den Gegensatz „öffentlicher-privater Raum in der Urbanität" zulaufend); Doris Bachmann-Medick, Cultural Turns. Neuorientierungen in den Kulturwissenschaften, Reinbek bei Hamburg 2006, zur kritischen Diskussion dazu vgl. den Review-Essay von Lars Allolio-Näcke „Turn turn turn around – bis die Konturen verschwimmen" (2008) unter http://www.qualitative-research.net/index.php/fqs/article/viewArticle/353/773 (Abrufdatum 01. 07. 2011).

ren oder von denen sie sprechen, nenne ich sie im Gegensatz zu den Utopien die Heterotopien."[15]

In gemeindepädagogischer Reflexion erhebt sich folgende Frage, die auch die anderen, oben skizzierten Zugänge 2.1.1–2.1.3 verdichtet und weiterführt: Inwiefern könnten Kirchengemeinden mit den ihnen eigentümlichen Inhalten und Handlungsweisen als ‚ander-Orte' im Gemeinwesen angesehen werden, deren Präsenz und kommunikative Realisierungen für vergemeinschaftungsfähige und zugängliche Orte der kritisch-symbolischen Erfahrbarkeit der Realutopie Gottes sorgen? Und umgekehrt: Kommt nicht gerade darin die ortskritische Funktion im Begriff „paroikia" [→ Kap. 1, 1.1] neu zur Geltung, dass Glaubende aus einengend-festlegenden Ortsgemeindemilieus auswandern und als Fremdlinge und Pilger den Glauben ‚anderenorts' zur Sprache bringen?

2.2 Gemeindepädagogische Systematisierung

Um die vier skizzierten Zugänge aufzunehmen und das Verhältnis von „Gemeinde" und „Raum" pädagogisch und theologisch zu systematisieren, werden im nächsten Abschnitt jeweils zwei Gegensatzpaare verwendet.

Das erste Paar (2.2.1 und 2.2.2) setzt dabei an, dass ein „Raum" durch seine *Begrenzung* näher bestimmbar wird. Das pädagogisch wie theologisch Spannendste spielt sich vermutlich nicht „innen oder außen" ab, sondern „dazwischen", „bezogen auf" eine Grenze. Die verwendeten Präsenz-Partizipien halten offen, dass die Definition von Grenzen ein dynamischer Prozess ist: Gemeinde als *begrenzender* und *entgrenzender* Raum. Dabei steht nicht von vornherein fest, wer denn die Be- bzw. Entgrenzung wahrnehme oder vornehme – sind es Gemeindeglieder? Bürgermeister? Religiöse Vagabunden? Kirchenleitungen? Wissenschaftler?

Im zweiten Paar (2.2.3 und 2.2.4) werden weitere Wahrnehmungen ergänzt, aber didaktisch zugespitzt, indem nach der *Organisierbarkeit* gefragt wird: Gemeinde als *nicht organisierbarer* und *organisierbarer* Raum. Das Verb „organisieren" wird gegenüber dem didaktisch üblicheren „planen" bevorzugt, um einen gewissen Abstand zur „Didaktik als Theorie des Unterrichts" einzunehmen. Vielmehr geht es hier um die Erkundung der dem Phänomen Gemeinde

---

15 Michel Foucault, Andere Räume, in: Karlheinz Barck / Peter Gente / Heidi Paris / Stefan Richter (Hg.), Aisthesis. Wahrnehmung heute oder Perspektiven einer anderen Ästhetik, Leipzig 1998, 34–46, Zitat 39.

eigentümlichen Art und Weise, Prozesse zu steuern und dies hinsichtlich ihrer Voraussetzungen, Möglichkeiten und Grenzen zu reflektieren.

Die Grafik zeigt die verwendeten Kriterien in der nachfolgenden Systematisierung.

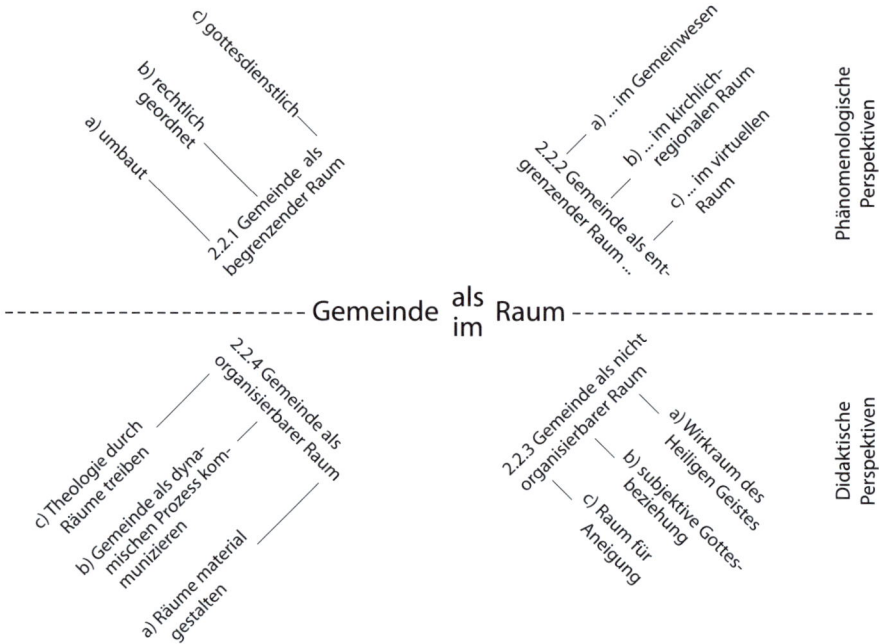

Abb. 2: Gemeindepädagogische Systematisierung von „Gemeinde" und „Raum"

2.2.1 Gemeinde als *begrenzender* Raum

a) der umbaute Raum

Ganz vordergründig gesehen, begegnen Menschen Gemeinde zunächst angesichts „umbauter" Räume. Kirchen orientieren von alters her das Erscheinungsbild von Dörfern und Städten. Jede konkrete Gemeinde, ob sie das will oder nicht, kommuniziert ein Selbstverständnis durch die äußere und innere Erscheinungsweise ihrer Gemäuer. Der Bau ist Ausdruck eines Gemeindeverständnisses (z. B. in Gemeindezentren). Schon jenseits bestimmter Begegnungen und Veranstaltungen gewinnen Menschen aus den *Gebäuden* Eindrücke zu dem, was dem Anschein nach an diesem Ort gilt. Oft sind es über architektonische Besonderheiten hinaus Ausstattungsdetails, Gerüche, Farben, Lichtverhältnisse etc., die Menschen an Kirchen, Gemeindezentren oder Gruppenräumen wahrnehmen – und manchmal lebenslang erinnern. Solche Eindrücke lösen spezifische, nicht zu unterschätzende Lernvorgänge aus.

Natürlich ist ein gemeindepädagogischer Begriff von Gemeinde nicht auf „Gemauertes" reduziert. Aber die Zugänglichkeit von Gemeinde hängt für Menschen *auch* mit den Gebäuden zusammen. Darauf weist eine Redewendung hin, die auf eine heute kaum noch bekannte Bedeutung von *Gemeinde* zurückgeht: In manchen Gegenden Deutschlands sagt man „auf die Gemeinde gehen" und meint damit das kommunale Verwaltungsgebäude, in dem man z. B. einen Reisepass beantragt.

Das Wort *Gemeinde* (althochdeutsch *gimeinida*) ist vom Adjektiv *gemein* (althochdeutsch *gimein(i)*) mit der Bedeutung „allgemein" abgeleitet und vermutlich von lateinisch *communio* beeinflusst. *Gemeinde* bezeichnet im Mittelalter neben der „Gemeinschaft" auch etwas Sächliches, die „Allmende"[16], „den gemeinen Grund", also etwa „die Gemeinwiesen eines Dorfes, die allen rechtsfähigen Dorfbewohnern gemeinsam gehören" (einen Platz, wo sie sich treffen, den lebendigen Mittelpunkt des Gemeindelebens).[17]

Die kommunale Verwaltungsfunktion von „Gemeinde" lenkt den Blick auf einen zweiten Bereich.

b) der rechtlich geordnete Raum

Aus gemeindepädagogischer Sicht mag es ungewöhnlich erscheinen, Gemeinde hinsichtlich des Regelwerks wahrzunehmen, das in ihr gilt. Doch auch staatliche und kirchliche Gesetze, Ordnungen und verbindliche Verfahrensweisen begrenzen einen „institutionellen Raum" und sind wirksam nach innen und außen. Gerade weil dieser Raum mit seinen unterschiedlichen Hierarchie-Ebenen, Verhältnisbestimmungen und Zuständigkeiten in der Kirche oft

---

16 Vgl. Friedrich Kluge, Etymologisches Wörterbuch der deutschen Sprache, bearbeitet von Elmar Seebold, 24., durchgesehene und erweiterte Auflage, Berlin/New York 2002, 343; Deutsches Rechtswörterbuch hrsg. von der Preußischen Akademie der Wissenschaften, Bd. 4, Weimar 1939–1951, Spalte 126 s. v. Gemeinde; Althochdeutsches Wörterbuch. Auf Grund der von Elias von Steinmeyer hinterlassenen Sammlungen im Auftrag der Sächsischen Akademie der Wissenschaften zu Leipzig begründet von E. Karg-Gasterstädt und Th. Frings. Bd. 6: M–N hrsg. von H. U. Schmid, Berlin 2010 ff., s. v. gi-meinida (i. E.).
17 Vgl. Deutsches Wörterbuch von Jacob Grimm und Wilhelm Grimm. Band IV, 1,2, Leipzig 1897, Spalte 3224 s. v. Gemeinde.

schwer durchschaubar erscheint, muss er als gemeindepädagogische Herausforderung begriffen werden. Dies gilt bezüglich
– der Sachgehalte der geltenden Ordnungen,
– ihrer Kommunikation,
– der partizipativen Aspekte im Zustandekommen dieser Ordnungen und
– dem darin erkennbaren Grundverständnis von Gemeinde zwischen geistgewirkter Gemeinschaft und menschlicher Einrichtung.

Welche konkreten Normen der Kommunikation des Evangeliums dienen, wie sie durchgesetzt werden und welcher Spielraum dabei für kreative Aufbrüche bleibt, kann sich unterscheiden – zwischen katholischen und protestantischen Traditionen, aber auch innerhalb der reformatorischen Konfessionsfamilie. Im Gemeindealltag hat es oft den Anschein, als ob der Sinn rechtlicher Ordnungen, „verlässliches Handeln [zu] ermöglichen",[18] geringgeschätzt wird, gerade dadurch aber hochgeschätzte Werte wie „Partizipation" schwerer zum Zug kommen.

Einige Beispiele können die gemeindepädagogische Wahrnehmung schärfen: Auf landeskirchlicher Ebene verdienen Zuständigkeits- und Zusammensetzungsregelungen im Verhältnis von Synoden und Konsistorien, die Kirchgemeindeordnungen sowie die Gesetze zur gemeindepädagogischen Mitarbeit im Verkündigungsdienst besonderes Augenmerk. Auf kreiskirchlicher und gemeindlicher Ebene sind es Regeln bzgl. Zuständigkeiten im Verhältnis von Haupt- und Ehrenamtlichen, Fragen der Finanzverteilung, des Mitarbeiterrechts und die Wahrnehmung der Leitungsaufgabe durch Kirchenvorstände und ihre Ausschüsse, die den Raum Gemeinde rechtlich umgrenzen.

c) der gottesdienstliche Raum

Ein „Recht anderer Art" wird sichtbar, wenn wir Gemeinde als „gottesdienstlichen Raum" betrachten. Die Pfarrerin auf der Kanzel, die Gemeinschaft der Gläubigen, die im Altarraum einen Kreis formen, um das Abendmahl miteinander zu teilen, ein Mensch, der getauft wird – mit diesen und vielen anderen Handlungen macht sich Gemeinde nicht nur für Christenmenschen als Kirche verlässlich wahrnehmbar, sondern auch für die gesellschaftliche Öffentlichkeit insgesamt. Gebet und Gesang, Bibellese und tätige Nächstenliebe – dies alles umgrenzt einen *Raum geistlicher Praxis*. Die Confessio Augustana hält in Art. VII fest, dass die reine Predigt des Evangeliums und die evangeliumsge-

---

18 Karl-Fritz Daiber, Ordnungen, in: HPTh(G), Bd. 3, Gütersloh 1985, 571–580, Zitat 574. Vgl. auch Martin Richter, Kirchenrecht, in: Wilhelm Gräb / Birgit Weyel (Hg.), Handbuch Praktische Theologie, Gütersloh 2007, 113–125.

mäße Reichung der Sakramente den Kern von „Kirche" darstellen [→ Kap. 1, 1.4]. Daraus lässt sich die Position ableiten, auch Gemeindepädagogik habe ihre „Ortsmitte" besonders im gottesdienstlichen Geschehen. Als ein Beispiel hierfür lässt sich Christian Grethleins Entwurf studieren: „Der Gottesdienst kann als konzentrierteste Form solcher Gemeindepädagogik gelten".[19] Dieser Raum kennt ein „drinnen" und „draußen", eine „heilige" und eine davon abgesetzte „profane", wenn nicht gar „antiheilige" Zone.[20]

Aber diese gottesdienstliche *Bedingung der Möglichkeit, Gemeinde zu sein*, ist nicht die einzige Bedingung. Was *eingrenzend* erscheinen mag, wirkt sich *entgrenzend* aus, denn das Gottesdienstverständnis weitet sich hin zum „Lebensgottesdienst" (vgl. Röm 12,1) und zur globalisierten, ökumenischen Gemeinschaft der Feiernden. Aus gemeindepädagogischer Sicht liegt hier der springende Punkt: Worum es im Glauben und in Gemeinde als „Sozialgestalt des Glaubens" im Kern geht, ist nicht als eine Art „Substanz" gleichsam „feststellbar", sondern gewinnt erst durch *kommunikative Prozesse* Realität, und zwar unter den Bedingungen des Alltags.

2.2.2 Gemeinde als *entgrenzender* Raum ...

a) ... im Gemeinwesen

Wenn das Evangelium als „Wort für alle" (vgl. Mt 28,19) gelten soll, kann die Gottesdienst feiernde Gemeinde unmöglich unter sich bleiben. Zu klären ist aber, wie sie ihr Verhältnis zum Gemeinwesen versteht und dementsprechend ihre Kommunikation gestaltet [→ Kap. 10, 3]. Ein klassisches Feld, um dies zu studieren, ist das Verständnis von „Mission". Aus gemeindepädagogischer Sicht wäre es kritisch zu hinterfragen, wenn man Gemeinde als eine Art „Container" verstünde, in welchem ihre Glieder „den Glauben" zu „distanzierten Volkskirchlern" oder „Nichtchristen" tragen. Diese Kritik ist theologisch darin begründet, dass Gott mit der Menschwerdung Jesu Christi den Raum bereits *entgrenzt hat*. Deshalb erwächst der Gemeinde die Aufgabe, ihre Binnenkom-

---

19 Christian Grethlein, Gemeindepädagogik, Berlin 1994, 40.
20 Vgl. Rudolf Roosen, Die Kirchengemeinde – Sozialsystem im Wandel. Analysen und Anregungen für die Reform der evangelischen Gemeindearbeit, Berlin 1997, 261. Für Roosen spielt der „Raum" auch in der Unterscheidung von ecclesia visibilis et invisibilis eine wichtige Rolle: „Wie stark Paulus in Raumkategorien denkt, wenn er die Gemeinde beschreibt, bestätigen auch die Raummetaphern ‚drinnen' und ‚draußen' in diesem Zusammenhang: ‚Wie soll ich die, welche draußen sind, richten? Habt ihr nicht die, die drinnen sind, zu richten? Die, welche draußen sind, wird Gott richten. Schafft [ihr] den Bösen aus eurer Mitte weg!' (1Kor 5,12 f.)" (285).

munikation zu entgrenzen und zu lernen, auf wie vielfältige Weise das Evangelium in der alltäglichen Lebenswelt Gestalt und Relevanz gewinnt. Im Dialog mit den „gemeinen" Menschen gilt es, die Lebensfragen zu identifizieren, die diese wirklich bewegen und mit ihnen gemeinsam tragfähige Antworten zu suchen.

Diese Position kann die gemeindepädagogische Wahrnehmung für die Verflechtung der Gemeinde mit dem kommunalen Raum leiten. Solche Verflechtungen können – bei aller rechtlichen Selbständigkeit – vielschichtig sein:
- institutionell (z. B. diakonische Einrichtungen; Denkmalspflege),
- politisch-thematisch (z. B. konziliarer Prozess für Gerechtigkeit, Frieden und Bewahrung der Schöpfung [→ Kap. 8, 1.1]; Gemeinden kooperieren mit anderen öffentlichen Einrichtungen bei zahllosen Kulturprojekten; der schulische Religionsunterricht entspringt dem Verständnis einer geteilten gesellschaftlichen Bildungsverantwortung) und
- spirituell. Besonders bei dramatisch zugespitzten gesellschaftlichen Ereignissen kann die Gemeine die Gemeinde als einen Raum in Anspruch nehmen, wo bedrängende Klagen und Fragen artikuliert und miteinander ausgehalten werden können und Hoffnung entstehen kann. Die Friedensgebete in den ostdeutschen Landeskirchen (speziell am Ende der 1980er Jahre) sind ein Beispiel dafür, wie diese Inanspruchnahme zu neuen Perspektiven und neuem Handeln beiträgt.

„Gemeinde als entgrenzender Raum" spiegelt also – missionstheologisch und gemeindepädagogisch reflektiert – vor allem *Wahrnehmungen hinsichtlich konkreter Schnittflächen* zwischen den Lebenswelten Einzelner oder Gruppen und gemeindlichen Äußerungsformen.

b) ... im kirchlich-regionalen Raum

Parochialgemeinden sind auch insofern keine in sich abgeschlossenen Räume, als sie zu Kirchenkreisen und Landeskirchen gehören. Darüber hinaus verdienen zwei Vernetzungsprozesse gemeindepädagogische Aufmerksamkeit:
- Besonders in städtischen Räumen bieten Funktions-, Personal- und Bekenntnisgemeinden [→ Kap. 1, 1.2] den Menschen Möglichkeiten, sich Gemeinden als Räume selbst zu wählen.
- Der zunehmende Regionalisierungsprozess führt zu Zusammenschlüssen ehemals selbstständiger Parochien mit unterschiedlichen Verbindlichkeitsstufen, oft aus ökonomischen Anlässen.

Für einige gemeindepädagogische Handlungsfelder – etwa in der Arbeit mit Jugendlichen – ist es eine keineswegs neue Herausforderung, bestimmte Handlungsfelder mit parochial durchlässigen Grenzen zu organisieren. Man kann sie deshalb durchaus als konzeptionelle Vorreiter regionalisierter Gemeindearbeit ansehen. In jüngster Zeit finden – etwa in der regionalisierten Arbeit mit Senioren – auch milieuspezifische Argumente Berücksichtigung.[21] [→ Kap. 9, 3]

c) ... im virtuellen Raum

Kann man auch in Bezug auf das Internet von „Gemeinde als entgrenzendem Raum" sprechen? Im Sinne ihrer begrenzenden Merkmale (2.2.1. a–c) wäre die Frage wohl eher zu verneinen. „Cyberchurches" oder „online-communities" können die räumlich-unmittelbare Teilhabe an und Begegnung in der Gemeinde nicht ersetzen. Doch aus gemeindepädagogischer Sicht sind die medialen Möglichkeiten nicht zu unterschätzen, speziell in ihrer Bildungswirksamkeit, ihren Möglichkeiten zur Anbahnung von Teilhabe, ihrer vernetzenden Funktion bis hin zu seelsorgerlich relevanter Kommunikation.[22]

Manche Autoren entfalten weitergehende, visionär anmutende Perspektiven: „Es wird eine Doppelmitgliedschaft ... eines jeden Netzgemeinde-Mitglieds in seiner Ortsgemeinde geben und eine Aufteilung der Mitgliedsbeiträge und der Kirchensteuer. ... Die Entscheidung für oder gegen Internetgemeinden hat eine Dimension, die über Kirchenpolitik und Kirchenrecht hinaus das Selbstverständnis der großen Konfessionsgemeinden als Volkskirchen berühren muss ... Eine neue EKD wird denkbar, ökumenische Vernetzungen nehmen in ganz anderer Weise als bisher von unten nach oben kirchliche Gestalt an."[23]

So verweist vielleicht gerade das, was *communities* im „super-entgrenzten Raum" ausmacht, zurück auf die Bedeutung und Weiterentwicklung des begrenzenden Raumes für Gemeinde.

2.2.3 Gemeinde als *nicht organisierbarer* Raum

a) Wirkraum des Heiligen Geistes

In der ekklesiologischen Wahrnehmung (s. o. 2.2.1.c) blieb ein theologisch zentraler Aspekt unerwähnt: Als „congregatio sanctorum" (CA VII) verdankt

---

21 Vgl. Karl Foitzik, Gemeindepädagogik: Alte Menschen in Kirche und Gemeinde, in: Thomas Klie u. a. (Hg.), Praktische Theologie des Alterns, Berlin/New York 2009, 519–542.

22 Vgl. Bernd-Michael Haese, Internet, in: Wilhelm Gräb / Birgit Weyel, Handbuch Praktische Theologie, Gütersloh 2007, 310–321; Roland Rosenstock, Lernort Internet, in: Gottfried Adam / Rainer Lachmann (Hg.), Neues Gemeindepädagogisches Kompendium, Göttingen 2008, 451–462.

23 Wolfgang Nethöfel, Menschenfischer im Netz. Sind Internetgemeinden die Zukunft der Kirche? In: EvKomm 33 (2000), H. 2, 16 f.

sich die Gemeinde *Gottes* Wirken (fremdkonstituierter Charakter). Menschen können also Gemeinde nicht „machen". Sie können darstellen, was der Glaube sei, eine religiöse Praxis inszenieren und Gemeinden leiten. Aber wenn sie das, was Gemeinde letztlich mit Leben erfüllt, in Worte fassen sollen, greifen sie oft zu Metaphern: „ein Brausen vom Himmel, wie von einem gewaltigen Wind und erfüllte das ganze Haus" (Apg 2,2; vgl. Joh 3,8). Wenn die Jünger daraufhin das Haus verlassen, ihre Grenzen überschreiten und öffentlich predigen, dann wird das im Glauben verstanden, als Wirken des Heiligen Geistes (Apg 2,4 ff.). Man könnte dies einen „pneumatologischen Vorbehalt" nennen: Gemeindepädagogik übernimmt sich, wenn sie versucht, das Nichtorganisierbare in Lehr-Lern-Prozessen zu organisieren.

b) Raum subjektiver Gottesbeziehung

Eng mit dem soeben benannten Vorbehalt zusammenhängend und gemeindepädagogisch nicht weniger bedeutsam ist der reformatorische Akzent auf der *subjektiven Unvertretbarkeit des Glaubens:* Der Einzelne wird in einem unmittelbaren Verhältnis zu Gott stehend gesehen, keine Kirche kann ihn darin vertreten. Ebenso kann niemand aus eigenen Werken, sondern nur aus Gottes Gnade im Christusglauben Rechtfertigung erlangen (sola fide, sola gratia, solus Christus unter Bezug auf Röm 3,28). Diese theologischen Einsichten Martin Luthers zwingen zu Differenzierungen im Verständnis von „Glauben", die aus gemeindepädagogischer Sicht höchst bedeutsam sind: Der „fiducia"-Glaube hat „Geschenk"-Charakter und ist Lehr-Lernprozessen entzogen [→ Kap. 4, 1]. Der Gemeindepädagogik entsteht hier eine anspruchsvolle didaktische Herausforderung. Sie findet innerhalb des „Raumes Gemeinde" eine Vielzahl „individueller Räume subjektiver Gottesbeziehungen" vor, in denen man „niemanden zwingen kann noch soll"[24]. Gleichwohl heißt dieser Einwand gegen eine organisierbare Lehrbarkeit des Glaubens nicht, dass nichts am Glauben lernbar sei.

c) Raum für Aneignung

Fragt man Menschen nach ihren Lernwegen im Glauben, wird schnell deutlich, dass dabei *formal geplante Veranstaltungen*, in denen es nach klaren Regeln um eine bestimmte Sache geht, nur eine begrenzte Rolle spielen. Entscheidender sind offenbar ungeplante, unabsichtliche Bildungsprozesse im Alltag von Familie, Nachbarschaft, Arbeit und Freizeit (informelles Lernen [→

---

24 Martin Luther, Vorrede zum Kleinen Katechismus, in: BSLK, Göttingen 1982 (1930), 504.

Kap. 5, 1.2]).[25] Welche *Bedeutung* Glauben für die Einzelnen gewinnt, hängt in hohem Maße von ihrer Selbstwahrnehmung in Beziehungen zu konkreten Menschen und Umgebungen ab. All diese Faktoren lenken die gemeindepädagogische Aufmerksamkeit von bestimmten *Vermittlungsabsichten* hin zu den *Bedingungen von Aneignungsvorgängen in informellen Lernprozessen.* Räume – im materialen wie im metaphorischen Sinn – sind ein klassisches Beispiel dafür.

In den Blick kommen dabei zum einen die konkreten Kinder, Jugendlichen und Erwachsenen in ihrer gesamten Lebenswelt – in welchen Beziehungsräumen leben sie? Stehen ihnen anregungshaltige Räume offen? Wo halten sie sich gern auf? Zum anderen entsteht aber auch die Frage nach dem „hidden curriculum" der Gemeinde. Inhalte „heimlicher Lehrpläne" sind denen, die in der Rolle von Lehrenden sind (auch strukturell), meist nicht bewusst. Eine Gemeinde mag verbal mitteilen, dass alle eingeladen seien, obgleich die Räume in der Kirche oder im Gemeindehaus muffig riechen und als kalt und dunkel empfunden werden. Solche „Inhalte" werden seitens der Lernenden zuerst über das Gefühl wahrgenommen und im Zusammenspiel von personalen und strukturellen Relationen subjektiv gedeutet. Sie steuern das informelle Lernen im Raum der Aneignung.

2.2.4 Gemeinde als *organisierbarer* Raum

a) Räume material gestalten

Was Menschen an Gemeinde wahrnehmen können, so hatten wir eingangs gesagt, hängt auch von deren umbauten Räumen ab (s. o. 2.2.1.a). Jeder, der sich ein wenig in unterschiedlichen Gemeinderäumen umgesehen hat, kennt den dringlichen Reflexions- und Handlungsbedarf. Anzutreffen sind leider nicht nur lernfreundliche, entgegenkommende Räume, sondern auch multifunktional-kühl-neutrale oder gar lieblos zugerümpelte, schlecht belüftete Räume, wo die Farbe von den Wänden blättert. Oft nehmen Gemeinden ihre Immobilien als „Last" wahr, die unverhältnismäßig viel Geld, Zeit und Kraft verschlingen. Doch dieser – durchaus berechtigten – Wahrnehmung sind die enormen *Potentiale* gegenüber zu stellen, die Gemeinden in ihren Gebäuden und Grundstücken haben.

- Baustile, Gegenstände, Bilder und vieles mehr lassen sich in formalen Lernprozessen erschließen. Gemeinde hat anhand ihrer konkret vorfindli-

---

25 Vgl. Hans Mendl, Religionsdidaktik kompakt. Für Studium, Prüfung und Beruf, München 2011, 229, vgl. auch Spenn u. a. (s. o. Anm. 11), 22.

chen Räume unzählige Lerngegenstände zum „notitia-Glauben" anzu-
bieten.
-   Räume steuern informelles Lernen. Sie senden Botschaften darüber aus,
    ob sie tatsächlich für diejenigen Menschen erreichbar, angenehm und
    funktional passend sind, für die sie da sein sollen.
-   Dies gilt besonders hinsichtlich der Chancen, den Räumen *eigene* Räume
    hinzuzufügen, also selbst errichtend oder ausgestaltend aktiv werden zu
    können. Ob es junge oder alte Menschen, als Einzelne oder als Gruppe
    tatsächlich als *lohnend* empfinden, sich Gemeinde als Raum anzueignen,
    liegt zwar wieder jenseits von Organisierbarkeit. Theologisch gesehen, be-
    wegen wir uns im Bereich des „assensus-Glaubens", der subjektive „Zu-
    stimmung" ausdrückt. Aber zugespitzt formuliert, kann die Gemeinde im
    Umgang mit ihren Räumen *notwendige, wenngleich nicht hinreichende* Be-
    dingungen des Glauben Lernens schaffen.

b) Gemeinde als dynamischen Prozess kommunizieren

Gruppen, Veranstaltungen und Entwicklungen formen in Gemeinden metapho-
rische „Räume". Deren *Vielfalt* stellt aus gemeindepädagogischer Sicht kein hin-
zunehmendes Übel dar (etwa gegenüber einem Ideal allgemeiner Homogenität,
womöglich Harmonie), sondern entspricht der Pluralität von Situationen und
Bedürfnissen. Allerdings existieren diese Räume oft gleichsam beziehungslos
nebeneinander her, wie in getrennten „Sektoren", gleichsam „versäult". Weder
intern noch extern ist dann erkennbar, worin das Verbindende bestehen könnte.
Dies zu thematisieren und Vernetzung zu befördern, gehört zu den „dimensionalen" Aufgaben der Gemeindepädagogik. [→ Einleitung 2.3]

Dazu ist es freilich nötig, dass sich Gemeinde nicht nur als „Versammlung
von Subjekten", sondern selbst als Organismus, als kommunikatives System,
quasi als *kollektives Subjekt* versteht, als einen *dynamischen Raum mit Prozess-
charakter.* Die hierfür nötige Kommunikation ist organisierbar. Beispielsweise
bietet ein „open space" ein methodisch organisiertes Verfahren für große
Gruppen, um ein Leitbild zu entwickeln oder Vorhaben abgestimmt in Gang
zu bringen.[26] In so einem „offenen Raum" tritt sich die Gemeinde kritisch
selbst gegenüber.[27] Das bedeutet auch, dass sie mit ihren Unzulänglichkeiten

---

26 Vgl. Michael M. Pannwitz in Zusammenarb. m. Georg Bischoff, Meine open space
Praxis, Bad Münstereifel, Berlin, Bonn 2010.
27 Vgl. Martin Steinhäuser, Was heißt „Gemeindebildung"? Eine grundlegende
Fragestellung im Kontext gemeindepädagogischer Ausbildung, in: Hildrun Keßler /
Götz Doyé (Hg.), Den Glauben denken, feiern und erproben. Erfolgreiche Wege der
Gemeindepädagogik, Leipzig 2010, 53–75.

und Grenzen umzugehen lernt. Die Ergebnisse sind gut darstellbar; Kommunikationsmedien dafür sind vorhanden, ob nun der klassische Schaukasten, Printmedien, websites oder anderes.

Solche Prozesse haben nicht nur interne Bedeutung, zur Verständigung von Gemeindegliedern, -mitarbeitenden und -leitung untereinander. Sie sind – als Prozess wie im Ergebnis – auch ein wesentliches Instrument, damit Gemeinde im Gemeinwesen erkennbar wird, um letztlich allen Menschen oder Systemen Gelegenheit zu geben, mögliche lebensweltliche Schnittflächen zu identifizieren und zu entscheiden, ob *Gemeinde selbst als Lebenswelt* annehmbar erscheint.

c) Theologie durch Räume treiben

> Theologie ist „eine – um des Menschen willen – notwendige spezifische Weise, die Wirklichkeit wahrzunehmen und sich auf sie einzulassen. Sie bietet Deutemuster und Orientierungshilfen. Glaube, der sich im biografischen und gesellschaftlichen Kontext entdeckt, macht in diesen Gegebenheiten Erfahrungen und wird so zu lernendem Glauben."[28]

Roland Degens Verständnis von Theologie ist insofern typisch gemeindepädagogisch, als es die Angebote zur Orientierung (Tradition) eng an lebensweltliche Erfahrungen (Situation) bindet. Erst in der organisierbaren Verschränkung beider, im wechselseitigen Diskurs, im „Theologisieren", entsteht Theologie – auch bezüglich der Perspektive „Gemeinde als Raum".

Das eingangs umrissene, biblisch-positive Verhältnis zwischen Gotteserfahrung und Welt-Raum (s. o. 1.2) lässt sich systematisch-theologisch vertiefen und zuspitzen. Die Lehre von der Inkarnation (Menschwerdung) und der Kondeszendenz (dem Herabsteigen) Gottes in Jesus Christus bedeutet, dass die Räumlichkeit dieser Welt kein Adiaphoron (Nebensächlichkeit) ist, welches man theologisch auch weglassen könnte, sondern eine fundamentale Notwendigkeit. Gott bleibt weder transzendent, der Welt unerreichbar gegenüber, noch verliert er seine Souveränität in der Immanenz, unter den Gestalten der Welt. Sondern: *In Jesus Christus tritt Gott der Welt in ihr gegenüber.* Dieses Mit-Sein Gottes unter den Bedingungen von Menschlichkeit äußert sich als Liebe. Sie erst macht es dem Menschen möglich, seine eigene Versöhnungsbedürftigkeit zu erkennen und anzunehmen.

Auf unsere Frage nach der „Gemeinde als Raum" bezogen heißt das: Der christliche Glaube „vermenschlicht" Räume so, dass er ihnen die Gegenwart Gottes zutraut und ihnen gerade dadurch eine neue Perspektive konkreter

---

28 Roland Degen, Gemeindeerneuerung als gemeindepädagogische Aufgabe, Berlin/Münster (Comenius-Institut) 1992, 98.

Mitmenschlichkeit eröffnet. Weder beteiligt er sich daran, „Konsumtempel" zu glorifizieren noch ignoriert er, wenn Menschen die Welt (zeitweise) als unwirtlich empfinden und sich in ihr unbehaust fühlen. Aus gemeindepädagogischer Sicht legt sich daraus die Schlussfolgerung nahe, theologisch achtsam mit gegebenen Räumen umzugehen bzw. *besondere* Räume in der Welt zu organisieren, für Rückzug und Ritus, für sinnstiftende Kommunikation und praktizierte Barmherzigkeit.

2.2.5 Fazit

Unter der Perspektive ihrer Räumlichkeit erscheint die Gemeinde der Gemeindepädagogik als eine soziale Praxis christlichen Glaubens, die eine intensive, pädagogisch wie theologisch geleitete Wahrnehmung und Auseinandersetzung mit den Lebenswelten der Menschen, deren Räumlichkeit sie teilt und selbst mit realisiert, in ihr Selbstverständnis integriert. Deshalb kann sie Menschen konkrete und symbolische Räume zur thematischen Gestaltung und Aneignung anbieten, die räumlich-didaktisch die Kommunikation des Evangeliums von der Menschenfreundlichkeit Gottes zu spiegeln vermögen.

2.3 Kirchenraumpädagogik

Der folgende Abschnitt nimmt nicht alle in 2.1 und 2.2 diskutierten Aspekte auf, denn er konzentriert sich auf einen *Ausschnitt* im Verhältnis von „Gemeinde im Raum, Gemeinde als Raum". Auch in der anderen Richtung ist Bescheidenheit angesagt, denn die „Kirchenraumpädagogik" hat sich in der jüngsten Vergangenheit zu einem weitverzweigten, vielschichtigen Bereich in der Praktischen Theologie und Religionspädagogik entwickelt. Ihre Hochkonjunktur, v. a. seit Beginn der 1990er Jahre,[29] dokumentiert allerdings viele Schnittflächen zur sozial- und kulturwissenschaftlichen, theologischen und religionspädagogischen Aufmerksamkeit für die räumliche Dimension menschlichen Lebens und Glaubens. Gemeindepädagogische Theorie und Pra-

---

29 Aus der kaum noch überschaubaren Vielzahl an Veröffentlichungen seien hier nur einige Beispiele angeführt: Roland Degen / Inge Hansen (Hg.), Lernort Kirchenraum. Erfahrungen, Einsichten, Anregungen, Münster 1998; Thomas Klie (Hg.), Der Religion Raum geben. Kirchenpädagogik und religiöses Lernen, Münster 2000; Birgit Neumann / Antje Rösner, Kirchenpädagogik. Kirchen öffnen, entdecken und verstehen. Ein Arbeitsbuch, Gütersloh 2003; Hartmut Rupp (Hg.), Handbuch der Kirchenpädagogik. Kirchenräume wahrnehmen, deuten und erschließen, Stuttgart ²2008 (¹2006).

xis haben sich für die Kirchenraumpädagogik als fruchtbarer Katalysator erwiesen, sowohl für Fragen der didaktisch-methodischen Gestaltung als auch für die damit verbundenen grundsätzlichen Überlegungen. Sie sind dabei längst über die herkömmliche Praxis von „Kirchenführungen" hinausgegangen, soweit sich diese auf die Vermittlung baugeschichtlicher und architektonischer Informationen im Vortragsstil beschränkten.

Für das Handlungsfeld hat sich bislang keine einheitliche Bezeichnung etabliert. „Kirchenpädagogik", wiewohl derzeit am häufigsten verwendet, irritiert durch seine Mehrdeutigkeit im Begriff „Kirche". Darauf muss die Gemeindepädagogik hinweisen, denn dieselbe Mehrdeutigkeit hatte sie selbst zum Festhalten an „Gemeinde" in ihrem Begriff bewogen, weil damit die konkrete soziale „Kirche von unten" betont werde.[30] So empfiehlt es sich wohl auch im hier zu bedenkenden Bereich eher, von „Pädagogik des Kirchenraums", oder „Kirchenraumpädagogik" zu sprechen.

2.3.1 Einstieg: Praxismaterialien

Einen guten Einstieg in das Studium der Kirchenraumpädagogik bietet ein Vergleich ausgewählter praktischer Arbeitsmaterialien, insofern diese verschiedene Konzepte erkennen lassen. Drei Beispiele seien genannt, um die Diversität anzudeuten:

– Marie Luise Goecke-Seischab und Frieder Harz[31] verfolgen das Konzept eines „mit allen Sinnen erkundenden Kennenlernens" der Ortskirche durch Kinder. Zehn Kapitel gliedern nach dem, was am und im Gebäude ansichtig wird. Das Buch hilft Erzieherinnen, Lehrern und Eltern, Wahrnehmungen der Kinder herauszufordern, Grundinformationen zu Geschichte, Funktion und Hintergründen einzelner Elemente zu geben und spielerische Vertiefungen anzuleiten.

– Ganz anders geht das Heftchen von Christoph Bizer und Hartmut Rupp vor.[32] Der jeweilige Kirchenraum soll als *gottesdienstbezogener* Raum wahrgenommen werden. Die (jugendlichen und erwachsenen) Leserinnen und Leser werden deshalb zu einer „biblisch-spirituellen Reise" eingeladen. Jede der 17 Stationen wird kurz hinsichtlich ihres Beitrags zur religiösen

---

30 Vgl. Schröer, (s. o. Anm. 11), 171.

31 Margarete Luise Goecke-Seischab / Frieder Harz, Komm, wir entdecken eine Kirche. Räume erspüren, Bilder verstehen, Symbole erleben. Tipps für Kindergarten, Grundschule, Familie, München 2001.

32 Christoph Bizer / Hartmut Rupp, Kleiner Kirchenführer. Mit der Bibel durch das Haus Gottes, Stuttgart 2009.

Kommunikation erläutert und durch zwei Übungen in eine Praxis über-
führt, die auf zustimmende Einübung abzielt. Stets sind dabei Abschnitte
aus den Psalmen oder anderen biblischen Texten zum „In-Gebrauch-Neh-
men" beigeordnet.
–   Für die Hände von Kindern sind eine Vielzahl von Heften gedacht; Irmfried
    Garbe hat einige ausgewählt und hinsichtlich ihrer pädagogischen Eigen-
    art systematisiert.[33] Besonders hebt er darunter ein Heft (aus Demmin)
    hervor, das Kinder für Kinder selbst erdacht und gestaltet haben. Zwar
    leuchtet hie und da die absichtsvolle Einflussnahme Erwachsener hervor.
    Dennoch imponiert dieses Heftchen als Beispiel, die „Nutzerperspektive"
    in der raumerschließenden Interaktion in den Vordergrund zu stellen.

2.3.2 Vertiefung: Konzeptionelle Ansätze und Ordnungsversuche

Zum tieferen Durchdringen der Praxismaterialien lassen sich die in ihnen erkennbaren Konzepte studieren. Zur Ordnung dieser Konzepte sind verschiedene Klassifizierungsversuche unternommen worden, die ihrerseits auf Ange-
messenheit geprüft werden können. Dazu drei Beispiele aus der kirchenraum-
pädagogischen Theoriebildung:
–   Robert Schelander erkennt zwei Grundansätze: einen „liturgischen" und
    einen „pädagogisch-didaktischen". „Während der eine den Schwerpunkt
    auf die Funktion des Raumes legt und damit auf das Erleben des Raumes
    gemäß seinem liturgischen Gebrauch, erschließt der andere Aussagege-
    halte des Raumes, der Architektur und der Gegenstände." Dieser Zweitei-
    lung fügt Schelander hinzu, „auch mit unmittelbaren anthropologischen
    Wirkungen von Räumen zu rechnen", sodass sich insgesamt ein didakti-
    sches Dreieck von „Funktion des Gebäudes, der Botschaft der Architektur
    und den Erfahrungen der Teilnehmer" ergebe.[34]
–   Roland Degen unterscheidet fünf „Typen von Kirchenerkundungen": (a)
    ein Baukunde-Typ, (b) ein katechetischer, d. h. vom Glauben erzählender
    Typ, (c) ein handlungsorientierter, auf praktisches Begreifen orientierter
    Typ, (d) ein symboldidaktischer Typ, in dem sich in Begehungen Emotion

---

33 Irmfried Garbe, „Gott liest auf krummen Linien gerade". Die Qualität des
Imperfekten. Beobachtungen an sieben Kirchenführerheften für Kinder, in: CRP 56
(2003), H. 2, 22–27.
34 Robert Schelander, Kirchenpädagogik: Lernen im und am Lernort Kirche, in: Adam /
Lachmann, Neues gemeindepädagogisches Kompendium (s. o. Anm. 22), 305–317,
Zitat 313.

und Aktion, Information und Reflexion wechselseitig ergänzen und (e) ein Neues gestaltender, Spielräume absichtsvoll zulassender Typ.[35]
- Noch differenzierter und stärker theoriebezogen gliedert Hartmut Rupp. Er unterscheidet neun „Auslegungsansätze": (a) stadtgeschichtliche, (b) kunstgeschichtliche, (c) semiotische, (d) liturgische, (e) verkündigende, (f) biografische, (g) frömmigkeitsgeschichtliche, (h) phänomenologische und (i) mystagogische.[36]

2.3.3 Gemeinde als Raum und ihr Kirchenraum

a) Die Gemeinde hat mit ihren Kirchgebäuden Räume, die sie nicht hat

Wem gehört das Kirchengebäude? Aus einer Vielzahl denkbarer, Sozialität organisierenden Gründen ist die Antwort klar: Der Kirchgemeinde. Im Kontext des kirchlichen Regelwerks und mit Unterstützung öffentlicher Gelder ist es letztlich sie, die über die bauliche Erhaltung oder nachmittägliche Öffnung, die Nutzung für Veranstaltungen oder über Angebote pädagogischer Erschließung bestimmt. Daraus erwächst eine Verantwortung, die nicht in ihr Belieben gestellt, sondern ihr zur Gestaltung aufgetragen ist.

Allerdings hat sie das Gebäude nicht selbstzwecklich, sondern als ein Element der *missio Dei*, an der sie selber teilhat. Die Voraussetzungen der Gemeinde, Gemeinde zu sein, stellen ihre Kirchgebäude in den Dienst Gottes an der Welt. Weder ist ihr Gottes Wort wirksam zuhanden, noch verfügt sie über die religiösen Bedürfnisse der Menschen hinsichtlich des lokalen Kirchturms im Dorf, im Stadtteil. Der Gemeinde kommt also der Status eines *Gastes im eigenen Haus* zu – vielleicht ein Gast, der sich selbst für privilegiert hält, aber doch nicht mehr als ein *zur Freiheit befreiter Verwalter* ist.

b) Die Gemeinde begegnet sich im Kirchgebäude selber als Prozess

Wer sie als Gemeinde ist, kann die Gemeinde nicht in substanzartigen Manifestationen des Wortes Gottes im Raum erfassen, sondern im steten Übergang. So wie das Kirchgebäude außen und innen von *Stationen, die beschritten sein wollen*, geprägt ist, von einem Wechselspiel von Inventarien und Aufführungsorten, die erst in diesem Wechselspiel Sinn entfalten können, so ist auch der Gemeinde ihre fortwährende Selbstentdeckung und -vergewisserung aufgegeben. Dies muss als Bildungsprozess verstanden werden, wie ihn Peter Biehl – wenngleich dort auf den einzelnen Menschen bezogen – als „ein ständiges

35 Roland Degen, „Echt stark hier!" Kirchenräume erschließen. Aufgaben, Typen, Kriterien, in: Degen / Hansen (s. o. Anm. 28), 5–19.
36 Rupp, Handbuch (s. o. Anm. 29), 17.

Freilegen seiner ihm gewährten Möglichkeiten" beschreibt.[37] In der dem Kirchengebäude innewohnenden szenischen Praxis wird die Pluriformität und Dynamik der Gemeinde ins Recht und in Bewegung gesetzt. Solche Bildungsprozesse in Gang zu setzen, sie zu moderieren und zu evaluieren, ist ein „Alleinstellungsmerkmal" gemeindepädagogischer Aktion und Reflexion.

c) Wort und Symbol spielen zum Tanz auf, in dem der Kirchenraum neu entsteht

Menschen bringen innere Räume mit, wenn sie eine Kirche betreten. Diese Räume können gar nicht anders als geschlechts-, alters- und milieuspezifisch verschieden sein. In sie hinein „tönt" das Wort, das gehört sein will, in vielerlei Gestalt, damit Glaube wächst. Aus ihnen heraus kommen die Erfahrungen bisherigen Lebens und der dazu gehörigen „Ortskundigkeit". Diese Erfahrungen gewinnen Raum, wenn die Gemeinde sie nur lässt. Kirchenraumpädagogische Modelle zeichnen sich durch eine faszinierende Vielfalt leiblicher, sinnesbezogener Erkundungsformen aus. Ganzheitliche Methoden fördern „ein offenes Wechselspiel gegenseitiger Einbildungen und Einräumungen".[38] Nicht zufälligerweise nehmen dabei Gebärden, Körperhaltungen bis hin zu Tänzen eine wichtige Stellung ein. Der objektiv gegebene Raum mit seiner Atmosphäre, seinen Spuren gelebter Glaubenspraxis korreliert mit dem subjektiv-leiblichen Erleben und erzeugt auf symbolische Weise mannigfaltige neue, bedeutungsvolle Räume, die wiederum sozial und Gegenstand der Reflexion werden können. Gemeindepädagogisch in diesem Feld tätig zu sein, verlangt nicht nur Kenntnisse und Fertigkeiten hinsichtlich von Geschichte, Geschichten und Realien, sondern zuallererst die Begegnung mit dem je eigenen, persönlichen religiösen Raum im Kirchenraum, um frei zu werden, die neu entstehenden Räume bei Individuen und Gruppen wahrnehmen und begleiten zu können.

Literatur zur Vertiefung

Beyrich, Tilman, Theosphären. Raum als Thema der Theologie, Leipzig 2011.
Degen, Roland / Hansen, Inge (Hg.), Lernort Kirchenraum. Erfahrungen, Einsichten, Anregungen, Münster 1998.
Drehsen, Volker, Die Gemeinde der Gemeindepädagogik, in: Degen, Roland u. a. (Hg.), Mitten in der Lebenswelt. Lehrstücke und Lernprozesse zur zweiten Phase der Gemeindepädagogik, Münster: Comenius Institut 1992, 92–125.

---

37 Vgl. Peter Biehl, Die Gottebenbildlichkeit des Menschen und das Problem der Bildung. Zur Neufassung des Bildungsbegriffs in religionspädagogischer Perspektive, in: ders. / Karl Ernst Nipkow, Bildung und Bildungspolitik in theologischer Perspektive, Münster 2003, 9–102, Zitat 40.

38 Failing, Die eingeräumte Welt (s. o. Anm. 10), 98.

Failing, Wolf Eckart, Gemeinde als symbolischer Raum. Die Gemeindepädagogik in
  der Phase ihrer Systematisierung, in: JRP 11 (1994), Neukirchen-Vluyn 1995,
  37–55. (download des Textes unter http://www.ak-gemeindepaedagogik.de/
  konzeptionen.html möglich, Abrufdatum 01. 07. 2011)
Praxis Gemeindepädagogik 59 (2006), H. 2 und 3, Themenhefte „Raum und Räume".
Rupp, Hartmut (Hg.), Handbuch der Kirchenpädagogik. Kirchenräume
  wahrnehmen, deuten und erschließen, Stuttgart ²2008 (¹2006).

Impulse zur Weiterarbeit

a) Verschaffen Sie sich durch autobiografische Reflexion Klarheit über Ihre persönlichen Wahrnehmungsfilter zur räumlichen Dimension von Gemeinde. Finden Sie im Kleingruppengespräch weitere Filter heraus und nutzen Sie diese, um Ihre eigenen Sichtweisen zu erweitern, zu schärfen und eventuelle Blockaden zu hinterfragen.

b) Vergleichen Sie selbst erlebte „Räume von Gemeinde" mit jeweils kontrastierenden Raum-Erfahrungen (z. B. eine barocke Dorfkirche mit einem Raum unter Tage, in dem Bergleute beten). Gewinnen Sie Kategorien dafür, wie Gemeinde als Raum entsteht.

c) Reflektieren Sie die am Ende des Abschnittes 2.1.4 aufgeworfenen Fragen kritisch. Ermitteln Sie Wege, sie zu bearbeiten und entwerfen Sie Perspektiven möglicher Antworten.

d) Reflektieren Sie auf dem Hintergrund des Abschnitts 2.2.2 selbständig die landläufig beliebte Rede von „Gemeinde als Heimat" und „Beheimatung" als gemeindepädagogischem Handlungsziel.

e) Entwickeln Sie fünf Leitsätze für den gemeindepädagogischen Umgang mit Kirchenräumen. Prüfen Sie die Durchdringungstiefe Ihrer Argumente in Diskussion mit jemandem, der vermutlich eine konträre Position vertritt.

Peter Bubmann

3 Die Zeit der Gemeinde
Kirchliche Bildungsorte zwischen Kirche auf Dauer und Kirche bei Gelegenheit

3.1 Die „Zeit der Gemeinde" und ihr Verhältnis zum persönlichen Lebensrhythmus

„denn es weiß gottlob ein Kind von 7 Jahren, was die Kirche sei, nämlich die heiligen Gläubigen und die ‚Schäflin, die ihres Hirten Stimme hören'".[1]

Solche Evidenz hat sich in der spätmodernen Gesellschaft weithin verloren, und nicht wenige Kinder mögen bei „Kirche" zunächst an die alten Männer denken, die im Fernsehen eine ferne römische Institution vertreten, oder an den Kirchenbau, der im Urlaub aus touristischen Gründen inspiziert wird.

Die sehr unterschiedlichen Vorverständnisse von „Kirche" auch unter Kirchenmitgliedern sind gesteuert durch verschiedene Wahrnehmungskategorien. Diese können etwa primär *räumlicher* Art sein [→ Kap. 2]. Dann stellen sich rasch Fragen nach Grenzen von (heiligen) Räumen, von drinnen und draußen. Und es kann geschehen, dass bestimmte Bildungsträger in Konkurrenz zueinander geraten (etwa Schule und Gemeinde), weil sie sich im gleichen Raum begegnen.

Anders werden Kirche und Gemeinde unter der Kategorie der *Zeit* wahrgenommen. Es gibt Festzeiten und dürre Alltagszeiten, verdichtete Hoch-Zeiten und Fasten-Zeiten als Zeiten der Vorbereitung – individuell wie gemeindlich.

Achtet man auf die zeitliche Dimension, so ergeben sich bei der Analyse des Verhältnisses der Kirchenmitglieder zur Kirche wie zu ihren Bildungsangeboten zunächst Fragen der Rhythmisierung wie der zeitlichen Passung.

Die Zeitrhythmen der persönlichen Lebenswelt und diejenigen gemeindlicher Angebote können sich überschneiden, überlagern, überkreuzen und widersprechen. Kirchenjahr, Schuljahr, Geschäftsjahr, Ferienjahr, Gedenkjahre rhythmisieren das Leben sehr unterschiedlich – je nach Orientierung und Geschmackspräferenzen.

---

[1] Martin Luther, Schmalkaldische Artikel, Art. X, in: Die Bekenntnisschriften der evangelisch-lutherischen Kirche, Göttingen [12]1998, 459.

3.1.1 Milieubedingte Pluralität des Teilnahmeverhaltens

Die Muster der Teilnahme am kirchlichen Leben sind einerseits biographisch geprägt, andererseits durch milieuspezifische Zugangsweisen beeinflusst [→ Kap. 9]. Ob die dauerhafte Bindung an Gemeindegruppen gesucht wird oder die Kirchenmitgliedschaft nur von Fall zu Fall realisiert wird, ist auch durch Herkunft, Bildungsgrad und kulturelle Vorlieben mitbestimmt.

Dabei werden häufig die individuellen Zeitrhythmen des Lebens normativ als Maßstab auch an die kirchlichen Vollzüge angelegt: Die Gottesdienstzeiten sollen sich ins Freizeitverhalten einfügen (oder man unterlässt eben den Gottesdienstbesuch). Wer kontinuierliche Nachbarschaftskontakte benötigt, wird auch den sonntäglichen Gottesdienst positiv als Chance regelmäßiger Begegnung würdigen. Wer hingegen gewohnt ist, das Leben nach kulturellen Highlights zu rhythmisieren, wird diese Eventisierung des Lebens auf die Erwartungen an die Kirche übertragen. Dann interessieren primär kurzfristige Formen von „Kirche auf Zeit" (wie der Kirchentag).

Im musikalischen Bild gesprochen: Es macht einen Unterschied, ob Kirche und Gemeinde den regelmäßigen Grundbeat des Lebens darstellen sollen oder nur gelegentliche Einstreuungen, also z. B. Paukenschläge zu hervorgehobenen Stellen, ob die Angebote der Kirchengemeinde als Teil der ewigen Lebensmelodie empfunden werden oder als die Generalpause, die den Lebensklang unterbricht und ihn danach neu wahrnehmen lässt.

3.1.2 Zur rhythmischen „Passung" der Bildungsangebote

Wie „Kirche" und „Gemeinde" in ihrer Zeitstruktur wahr- und in Anspruch genommen werden, bestimmt auch mit über das Verständnis religiöser Bildungsprozesse im Kontext von Kirche. Ob diese dauerhaft, ja vielleicht lebenslang den Takt angeben sollen, oder nur gelegentlich Akzente setzen, spielt für die gemeindepädagogische Praxis vor Ort eine erhebliche Rolle.

Stimmen die normativen Erwartungen an Takt und Rhythmus seitens der kirchlich-pädagogischen Kräfte nicht mit denjenigen der Teilnehmenden kirchlicher Bildungsangebote überein, kommt es in der Praxis rasch zu Enttäuschungen der Anbieter über das Verhalten der Kirchenmitglieder (konkret: über ihr Fernbleiben von Bildungsveranstaltungen oder ihre nur konventionell motivierte Teilnahme).

Dem ist zu begegnen, indem leitende Vorstellungen von Kirche und Gemeinde bewusst gemacht werden und die mögliche Passung in den gegenseitigen Erwartungen überprüft wird.

3.1.3 Kasualisierung des Kirchenbezugs

Zunächst ist daher zu klären, welche Faktoren dazu führen, dass bei einem Teil der Kirchenmitglieder der Kontakt zur Kirche nur an bestimmten Punkten und Schwellen im Lebenslauf gesucht wird. Meist sind das die klassischen Kasualien. Ausgehend von diesem auf Kasualien beschränkten Kirchenbezug lässt sich das Teilnahmeverhalten und die Erwartungshaltung einer Mehrheit der Kirchenmitglieder mit dem Begriff der „Kasualisierung" des Kirchenbezugs beschreiben.

Der Begriff der „Kasualisierung" bezieht sich zunächst auf die „Kasualien" der Kirche. Vom lateinischen Wort casus (der bestimmte Fall) abgeleitet, werden mit „Kasualien" die gottesdienstlichen Feiern der Taufe, der Konfirmation, der Trauung und des Begräbnisses bezeichnet, also Gottesdienste, die aus einem im Lebenslauf der Menschen wichtigen Anlass begangen werden. Sie werden auch „Amtshandlungen" genannt, weil dabei die kirchlichen Amtsträger eine besondere Rolle spielen. Auch Amtseinführungen, Ordinationen, Krankenabendmahl oder Einweihungshandlungen, teils auch die Beichte, werden unter die Kasualien gerechnet. Mancherorts etablieren sich „neue Kasualien" wie Einschulungsgottesdienste, Familiengottesdienste zur erstmaligen Feier des Abendmahls oder Scheidungsgottesdienste. Bei den meisten Kasualien (bis auf Begräbnis und Beichte) stehen Segenshandlungen im Zentrum der jeweiligen Liturgie. Die Kausalgottesdienste unterscheiden sich charakteristisch vom sonntäglichen „Normalgottesdienst" und sind auf den je spezifischen Lebens-Fall bezogen. Andererseits werden immer mehr Sonntagsgottesdienste kasuell überformt. Der Begriff „Kasualisierung"[2] soll zum Ausdruck bringen, dass sich die Kirchenmitglieder ganz grundsätzlich in ihrem Verhältnis zum gottesdienstlichen Angebot biographisch-lebensfallbezogen orientieren. Über den liturgiewissenschaftlichen Begriffsgebrauch hinaus wird im Folgenden auch abseits der klassischen Kasualien etwa im Bildungsbereich von kasueller Inanspruchnahme von Kirche gesprochen.

---

2 Vgl. zusammenfassend Kristian Fechtner, Kirche von Fall zu Fall. Kasualpraxis in der Gegenwart – eine Orientierung, Gütersloh 2003, 12–29, besonders 27; unter dem Stichwort „Kasualkirchlichkeit" vgl. ders., Kirche von Fall zu Fall. Kasualien wahrnehmen und gestalten, Gütersloh 2. überarb. und erw. Aufl. 2011, 16.

3.1.4 Gründe für die kasualisierte Realisierung der Kirchenmitgliedschaft

Dass die Kirchenmitglieder mehrheitlich nur mehr den gelegentlichen, lebensfallbezogenen Kontakt zu ihrer kirchlichen Ortsgemeinde und deren Angeboten suchen, hat verschiedene Gründe:

- Einerseits hat die Explosion der Freizeitangebote und die Medialisierung des Alltags zu einer enormen Konkurrenz der kulturellen Events um Aufmerksamkeit und Beteiligung der Bürger geführt. Zwar stellen etwa kirchliche Chöre immer noch einen beachtlichen Beitrag zur Gesamtkultur dar, doch sind die Kirchenmitglieder mehrheitlich auch in anderen, nichtkirchlichen Vereinen und Tätigkeitsfeldern aktiv. Die Vervielfältigung der kulturellen Optionen hat häufig auch zu einer Konsum-Mentalität geführt: Man sucht sich die „Rosinen" aus dem kulturellen Angebot heraus und scheut darüber die Verbindlichkeit dauerhafter Kreise und Gruppen, deren Sozialdruck rasch als lästig empfunden wird. Der fluide Kultur- und Unterhaltungsmarkt führt zu einer Eventkultur, die auf rasche Abwechslung von Highlights setzt.
- Dem entspricht die Nötigung zu Flexibilität und Mobilität auf dem Arbeitsmarkt. Wer ständig den Lebensort wechselt, um Arbeitsstellen zu be- oder erhalten, wird schwerer Zugang zu verbindlichen, längerfristigen Glaubensgemeinschaften finden (oder aber gerade solche Formen sozialer Heimat als Kompensation für den Berufsalltag suchen).
- Die Kasualisierung des Kirchenkontakts kann aber auch im Verständnis dessen wurzeln, was Glaube und Religion heißen sollen. Wenn christlicher Glaube nicht als das Leben durchdringende und steuernde Gewissheit verstanden wird, sondern als im Lebenshintergrund abgelegte Reserve-Versicherung für Not- und Unfälle des Lebens, um im Ernstfall Hilfe zur Kontingenzbewältigung zu erhalten, liegt es auf der Hand, dass der Kontakt zu den Angeboten der Kirchengemeinde nur punktuell sein kann. Oder wenn Religion primär als spezifische Interpretation der eigenen Lebensgeschichte gilt, bedarf es nur gelegentlicher Knotenpunkte in der eigenen Biographie, um Anlass zur kirchlich begleiteten Konstruktion und zur Erzählung der je eigenen Lebensgeschichte zu erhalten.

3.1.5 Beteiligungskirche?

Die großen Volkskirchen Mitteleuropas haben auf die beschriebene Entwicklung zu einer nur gelegentlich und punktuell aktualisierten Kirchenmitgliedschaft mit einer entsprechenden Verschiebung des kirchlichen Angebots reagiert. Einerseits wird den lange Zeit unbeliebten klassischen Kasualien inzwischen deutlich mehr Aufmerksamkeit und Wertschätzung im pastoralen Handeln zuteil. „Zweite Gottesdienstprogramme" wurden als Angebote mit periodisch wiederkehrenden, aber nicht wöchentlichen Gottesdiensten entwickelt. Der Weihnachtsgottesdienst als für viele einziger Begegnungspunkt mit Kirche im Jahreslauf genießt erhöhte Aufmerksamkeit. Projektchöre, Ausstellungen, touristische Angebote (Pilgerreisen) bieten Möglichkeiten punktueller Teilnahme. Einkehrtage, Kirchentage, Pfarrfeste eröffnen Chancen zu gelegentlicher Begegnung mit christlicher Religion.

Häufig entsprechen solcher Praxis allerdings wenig die Zielvorstellungen von Ehren- oder Hauptamtlichen: Sie hoffen (oft vergeblich), auch mit solchen kasuellen Angebotsformen Menschen zu kontinuierlicher Aktivierung ihrer Kirchenmitgliedschaft bewegen zu können. Utopische Ideale von einer kontinuierlich realisierten *Beteiligungskirche* aller Kirchenmitglieder schwingen mit, genährt aus der (zu) unmittelbaren Übertragung urchristlich-biblischer Formen von Gemeinde auf die Gegenwart.

Der Begriff der „Beteiligungskirche" wird gerne einer „Betreuungskirche" oder „Versorgungskirche" entgegengesetzt.[3] Die EKD hat 1998 in einer Schrift zur kirchlichen Arbeit in Ostdeutschland den schon länger in verschiedenen Reformgruppen der evangelischen wie katholischen Kirchen existierenden Begriff programmatisch aufgenommen: „Für die überschaubare Zeit müßte die Handlungsperspektive kirchlicher Arbeit nach unserer Überzeugung vorrangig auf eine ‚Beteiligungskirche' ausgerichtet sein. Das gilt nicht erst heute, aber heute besonders, und für die Zukunft ist es unausweichlich. Unter ‚Beteiligungskirche' verstehen wir, daß Kirche zunehmend daran erkennbar wird, daß nicht einige wenige, sondern möglichst viele zu ihrer Arbeit beitragen."[4]

Aus kirchensoziologischer Perspektive wird eingewendet, auch die „Lust auf Beteiligung und die Art und Weise der Beteiligung" seien „eine Frage des Milieus".[5] Es sei daher unrealistisch, von einer Beteiligung aller Kirchenmitglieder auszugehen.

Demgegenüber wird wiederum argumentiert, die faktische Pluralität der Aktivierungsgrade von Kirchenmitgliedschaft sei noch kein Anlass, den Begriff

---

3 Vgl. Wolfgang J. Bittner, Kirche das sind wir! Von der Betreuungs- zur Beteiligungskirche, Neukirchen-Vluyn 3. Aufl. 2006.
4 Helmut Zeddis (Hg. im Auftrag des Kirchenamts der EKD), Kirche mit Hoffnung. Leitlinien künftiger kirchlicher Arbeit in Ostdeutschland, 1998, Punkt 4.1.2. download: http://www.ekd.de/international/hoffnung_1998_hoffnung4.html (Abruf: 31. 08. 2011).
5 Claudia Schulz / Eberhard Hauschild / Eike Kohler, Milieu praktisch. Analyse und Planungshilfen für Kirche und Gemeinde, Göttingen 2. Aufl. 2009, 28.

der „Beteiligungskirche" grundsätzlich in Frage zu stellen sei. Schließlich könne die – für evangelisches Kirchenverständnis notwendige Beteiligung der Kirchenglieder – auch eine nur gelegentliche sein. Gegen ein maximalistisches Verständnis des Leitbegriffs „Beteiligungskirche" sei auf die Unterschiedlichkeit von Begabungen und Rollen in der Gemeinde zu verweisen.[6]

Sein Recht behält dieser Begriff also dann, wenn er gegen eine hierarchische Betreuungs- oder Pastorenkirche in Stellung gebracht wird und auf die Partizipationsrechte der „Laien" verweist. Darin hat er ursprünglich seine emanzipatorische und kirchenreformerische Spitze. Seine Grenze findet diese normative Konzeption hingegen dort, wo Kirchenglieder „Beteiligung" in diesem Sinne gar nicht wollen und Kirche primär als religiösen Dienstleister bei bestimmten biographisch relevanten Anlässen verstehen.

3.1.6 Kirche bei Gelegenheit?

! „Der Begriff ‚Kirche bei Gelegenheit' ist doppeldeutig. Er meint einerseits ein bestimmtes Phänomen: Menschen nutzen die Kirche nicht stetig, sondern von Zeit zu Zeit aus bestimmten Anlässen. Diese Anlässe sind in der Regel lebensgeschichtlich bedingt; sie können auch durch die Erschütterung bei Katastrophen, nationale Gedenktage oder Feste unterschiedlicher Art bedingt sein. Im Verlauf des Jahres und der Biografie gibt es sozusagen wechselnde Impulse, in die Kirche zu gehen.

Andererseits ist ‚Kirche bei Gelegenheit' aber auch ein Programm: Der Begriff enthält den Imperativ an die kirchliche Organisation, sich auf dieses Teilnahmeverhalten der Mitglieder bewusst einzustellen, Anlässe und Gelegenheiten sorgfältig und liebevoll zu gestalten. Nach Möglichkeit soll über die bekannten Gelegenheiten – Taufe, Konfirmation, Hochzeit – hinaus nach weiteren Gelegenheiten für Kirche gesucht werden."[7]

„Mit der Wortfolge ‚Kirche bei Gelegenheit' sollen Konstellationen zu denken gegeben werden, wo sich kirchliches Handeln mit bestimmten thematischen oder biographischen Anlässen treffen kann."[8]

Einen Kontrapunkt zur Sehnsucht nach einer überschaubaren Gemeinde der hochaktiv Beteiligten setzen gemeindepädagogische und praktisch-theolo-

---

6 Vgl. Wolfgang Ratzmann, Beteiligungskirche zwischen Ideal und Realität, in: Hartmut Bärend (Hg.), Dein ist die Kraft – für eine wachsende Kirche. Grundlagen – Perspektiven – Ideen; Dokumentation zum 4. Theologenkongress der Arbeitsgemeinschaft Missionarische Dienste (AMD) in Leipzig, Leipzig 2007, 181–183.
7 Michael Nüchtern, Kirche evangelisch gestalten (Heidelberger Studien zur Praktischen Theologie 13), Berlin 2008, 117.
8 Michael Nüchtern, Kirche bei Gelegenheit. Kasualien – Akademiearbeit – Erwachsenenbildung, Stuttgart/Berlin/Köln 1991, 10.

gische Konzeptionen, die bewusst Kirche als „Kirche bei Gelegenheit" (Michael Nüchtern) oder „Karawanserei" (Karl Foitzik) entfalten und also auch von unstetem und punktuellem Beteiligungsverhalten der Kirchenmitglieder ausgehen.

Solche Leitbilder von Gemeinde und Kirche können einerseits deskriptiv tatsächlich bestehende und empirisch zu erhebende Vorstellungen von Kirche beschreiben, andererseits auch normativ-theologisch die Zielvorstellungen und Aufgaben von Kirche auf den Punkt bringen.

Die Forderung an alle, sich aktiv ins Gemeindeleben einzubringen, wird also aufgegeben zugunsten einer Pluralität an Formen der Realisierung von Kirchenmitgliedschaft, die auch „passivere" Formen der Mitgliedschaft beinhaltet.

Elsbe Goßmann und Karl Foitzik bringen das Bild von der Gemeinde als große Karawanserei ins Spiel.[9] Solche Gemeinden sind gekennzeichnet durch ein buntes Treiben, als offener Ort, als Oase und Ziel vieler Wüstenstraßen, als Ort des Auftankens mit Marktplatz und Erzählplätzen sowie Kapellen, alles in allem nicht als Selbstzweck, sondern als „Salz der Erde". In einer Karawanserei muss man sich nicht immer aufhalten, man stärkt sich dort und kann weiterziehen. Darin eingeschlossen ist die Einsicht, dass die Beteiligungsformen der Mitglieder vielfältig sein dürfen.

> „Wir plädieren für Gemeinden, in denen es möglich ist, dass die einzelnen Christinnen und Christen *ihre Beziehung und ihre Kontakte zur Gemeinde eigenverantwortlich gestalten.* Da das Leben der Menschen sehr verschieden ist, soll auch ihr Kontakt zur Gemeinde unterschiedlich sein dürfen. Sie selbst entscheiden darüber, wie oft und wie lange sie sich in der Karawanserei aufhalten."[10]

Dass eine solche Sicht von Gemeinde Konsequenzen für die Bildungsarbeit hat, unterstreicht Michael Meyer-Blanck:

> „Auf jeden Fall darf die Gemeinde nicht mehr das Idealbild haben, möglichst viele auf Dauer ,einzubinden', sondern sie muß konsequenter die Bildungsmöglichkeiten nutzen, die sie als ,Kirche bei Gelegenheit hat."[11]

---

9 Karl Foitzik / Elsbe Goßmann, Gemeinde 2000. Wenn Vielfalt Gestalt gewinnt. Prozesse, Provokationen, Prioritäten (Gemeindepädagogik; 9), Gütersloh 1995, 103–111.
10 A. a. O., 106 f.
11 Michael Meyer-Blanck, Gemeinde und Bildung. Die künftige Arbeit einer ,qualifizierten Kirche' zwischen Gemeindepädagogik und Gemeindeaufbau, in: Glauben und Lernen 10 (1995), 156–169, 166.

3.2 Die „Zeit der Gemeinde" zwischen Ereignis und Institution, zwischen „Kirche bei Gelegenheit" und lebensbegleitender Kontinuität

3.2.1 Kirche zwischen den Zeiten

In der Kirche wird Zeit differenziert erfahren, denn in ihr verbinden sich die Zeiten (Vergangenheit, Gegenwart, Zukunft) in Erinnerung, präsentischer Erfahrung des göttlichen Heilshandelns und der Erwartung Gottes.

Die Einschätzung von Kirche und Gemeinde (auch in ihrer Bildungsbedeutung) hängt stark mit den Akzentuierungen dieses zeitlichen Charakters von Kirche zusammen:

Sind nur und vorrangig „ewige" Wahrheiten im Blick, dann muss es auch in der Bildungsarbeit primär um die Einweisung in diese tradierten Wahrheiten gehen: Die Erschließung des in der Vergangenheit angesammelten Heils- und Weisheitswissens steht dann im Vordergrund.

Gilt Kirche hingegen primär als Zeit-Raum und Ereignis der Vergegenwärtigung des Heiligen im Jetzt, so spielen die Schulung des Wahrnehmungssinns, kommunikative und symbolisch-liturgische Lernprozesse eine größere Rolle.

Soll Kirche sich als zeichenhafte Vorwegnahme des zukünftigen Reiches Gottes erweisen, dann sind zukunftsbezogene Formen des Lernens und Handelns prioritär, etwa ethische Reflexionen und gesellschaftsbezogene Erwägungen.

Idealiter verbinden sich natürlich in Kirche und Gemeinden, die sich als Ausdruck des trinitarischen Handelns Gottes verstehen, diese Zeitwahrnehmungen in ihren Liturgien wie in ihren Bildungsbemühungen. Erinnerung, Vergegenwärtigung und Verheißung des Heils (und des Gerichts) Gottes zeichnen inhaltlich den Auftrag von Kirche aus. Damit dieser Auftrag der Evangeliumsverkündigung erfüllt werden kann, muss es zum *Ereignis* der Verbindung der Zeiten in gottesdienstlicher Feier, in allen Lebensäußerungen der Kirche wie im Alltagshandeln kommen. Damit sich diese Ereignisse immer wieder ereignen können, bedarf es der Kirche als Institution, die dauerhaft, regelmäßig und verlässlich für das Ereignis der Evangeliumsverkündigung sorgt.

So sind die Dauerhaftigkeit der kirchlichen Institution und ihre Ereignishaftigkeit gerade funktional aufeinander bezogen.

Gemäß dem grundlegenden lutherischen Bekenntnis ist von der Kirche zu lehren, dass **[!]** „allezeit eine heilige, christliche Kirche sein und bleiben muß, die die Versammlung aller Gläubigen ist, bei denen das Evangelium rein gepredigt und die heiligen Sakramente laut dem Evangelium gereicht werden" (Art. VII der Augsburger Konfession 1530)[12].

Nach Frage 54 des Heidelberger Katechismus ist für die Reformierten zu glauben, dass der Sohn Gottes „aus dem ganzen Menschengeschlecht sich eine auserwählte Gemeinde zum ewigen Leben durch seinen Geist und Wort in Einigkeit des wahren Glaubens von Anbeginn der Welt bis ans Ende versammelt, schützt und erhält" (Frage 54 des Heidelberger Katechismus)[13].

Kirche erscheint in diesen Bekenntnistexten als die Zeiten überdauernde Institution der von Gott Auserwählten bzw. der versammelten Gläubigen. Diese befinden sich „zwischen den Zeiten", sind also weder allein der Gegenwart, noch der Vergangenheit oder Zukunft zugehörig. Sie sind „jetzt schon" ergriffen vom Reich Gottes, aber „noch nicht" im Zustand der vollendeten Erlösung. Aber genau in dieser Situation „zwischen den Zeiten" kann sich auch der erfüllte Moment der Gottesgegenwart einstellen, der „Kairos", der den „Chronos" der Weltzeit produktiv überschreitet, so dass anfanghaft erkannt wird, was unter irdischen Bedingungen höchstens wie „durch einem Spiegel" (1 Kor 13,12) gesehen werden kann.

Mit der theologischen Doppel-Bestimmung der Kirche als die Zeiten übergreifende und vom Kairos des Geistwirkens aktuell belebte Gemeinschaft ist noch nicht darüber entschieden, wie die verschiedenen Zeitrhythmen der kirchlichen Bildungsprozesse im Einzelnen zu gestalten und zu würdigen sind. Aber es ist doch ein Hinweis darauf gegeben, dass es einerseits traditionskontinuierliche Formen der Weitergabe geben muss, andererseits sich der Kairos der Geistesgegenwart auch punktuell einstellen kann.

3.2.2 Lebensbegleitende Kontinuität oder gemeindepädagogisches Lernen „bei Gelegenheit"

Die Leitbilder von Kirche und Gemeinde entscheiden auch über die Ziele der kirchlichen Bildungsarbeit. Wer auf die Vision einer möglichst intensiven und überschaubaren Beteiligungsgemeinde aller ihrer Glieder setzt, wird eher Sym-

---

12 Wortlaut nach EG-Bayern-Thüringen, 1567.
13 Wortlaut nach EG-Hessen-Nassau, 806.

pathien für die Ideen eines kontinuierlichen „Gesamtkatechumenats" haben, wie sie (im Anschluss an die Katechumenatsidee des Erlanger Theologen C. A. G. v. Zezschwitz im 19. Jahrhundert) vom Nestor der bayerischen Religionspädagogik, Kurt Frör, oder von Jürgen Henkys in Berlin und Ostdeutschland bis in die zweite Hälfte des 20. Jahrhunderts vertreten wurden.[14] Dann werden als „Normalfall" die vernetzten und kontinuierlichen Lernwege in der Gemeinde für alle Gemeindeglieder angesehen. Diskontinuierliche oder punktuelle Bildungsbegegnungen stehen demgegenüber dann immer schon im Verdacht, defizitär zu sein.

Es sind nicht nur pietistische Gemeinschaften und Freikirchen, die solchen Gemeindetheorien anhängen. Auch in etlichen Gemeindeaufbautheorien und missionarischen Strategien lässt sich als explizites oder implizites Leitbild die Gemeinschaft der Hochaktiven erkennen, die ihren Glauben in gottesdienstlichen Vollzügen wie Alltagshandeln deutlich wahrnehmbar leben.[15] Dies verknüpft sich in der Regel mit einer Hochschätzung der Ortsgemeinde oder kommunitärer Lebensformen und Hausgemeinden. Es ist naheliegend, dass solche Gemeindeaufbautheorien ein besonderes Interesse an „katechetisch" verstandenen vernetzten und kontinuierlichen Lernwegen in der Gemeinde haben, von Kindergruppen, über die Konfirmandenarbeit und Gesprächskreise für Erwachsene bis zum Seniorenkreis. Theoretisch flankiert werden können solche Zielvorstellungen durch Weiterentwicklungen der Idee des Gesamtkatechumenats und entsprechende missionarische Bildungsprogramme im Kontext von Gemeindeaufbau-Konzeptionen.

Das Konzept der überschaubaren Gemeinde in der „Theologie des Gemeindeaufbaus" von Fritz und Christian A. Schwarz[16] lässt als eigentliche Kirche nur die Ekklesia als personale Gemeinschaft mit Jesus gelten. Die Mündigkeit der Gemeinde wird in der aktiven Teilnahme an dieser Ekklesia gesehen. Doch ist kritisch zurückzufragen: „Muß sich in die Ekklesia integrieren, wer als Christenmensch anerkannt

---

14 Vgl. zusammenfassend: Hans-Jürgen Fraas, Kurt Frör und die bayerische Religionspädagogik, in: Peter Bubmann / Jürgen Belz (Hg.), Religion – Kirche – Welt. Herausforderungen und Perspektiven der Religionspädagogik, (Sonderband Arbeitshilfe für den RU an Gymnasien der GPM), Erlangen 2006, 21–39. Jürgen Henkys / Günther Kehnscherper, Die Unterweisung, in: Handbuch der Praktischen Theologie, Band III, Berlin 1978, 7–139, hier 14–19.

15 Vgl. als Übersicht über die Konzepte des missionarischen Gemeindeaufbaus (von Fritz und Christian A. Schwarz sowie von Michael Herbst u. a.): Eberhard Winkler, Gemeinde zwischen Volkskirche und Diaspora. Eine Einführung in die praktisch-theologische Kybernetik, Neukirchen-Vluyn 1998, 72–85.

16 Fritz Schwarz / Christian A. Schwarz, Theologie des Gemeindeaufbaus. Ein Versuch, Neukirchen-Vluyn 1984, 3. Aufl. 1987.

sein will?"[17] Stellen solche Visionen einer Gemeinde der hochmotivierten Glaubens-
überzeugten nicht eine unrealistische Überforderung dar? Und kann es eine selbst-
bestimmte religiöse Bildung in solchen Formen enger Gemeinschaft überhaupt
geben?

Die Verbindung von kirchlicher Bildungsarbeit mit den Zielen des Gemeindeaufbaus einer engagierten „Kerngemeinde" lehnen hingegen einige Vordenker
der Gemeindepädagogik dezidiert ab. Es gehe nicht um die Förderung von
Gemeinden und deren Wachstum, sondern um persönliche Bildungsprozesse
Einzelner.

> „Oberstes Ziel kirchlicher Arbeit ist weder der Aufbau parochialer Gemeinden noch
> Gemeindeaufbau überhaupt. Es geht nicht darum, Menschen möglichst lange oder
> gar für immer an die ,Karawanserei' zu binden. Sie sollen vielmehr fähig werden,
> ihr tägliches Leben so zu führen, wie es Gott gefällt und wie es auch ihnen gut tut.
> Dafür sind in der großen Karawanserei unterschiedliche Orte nötig, an denen sich
> Menschen treffen können."[18]

Freilich entsteht hier sofort die Frage, was der erste Begriffsteil in *Gemeinde*-
pädagogik dann noch bedeuten soll, wenn diese nicht dem Aufbau von Parochien dienen soll. Gemeinde muss dann über den engeren Begriffsgebrauch
(als parochiale Ortsgemeinde) hinaus die je neue aktuelle Begegnung mehre-
rer Menschen, die sich unter das Evangelium stellen, bezeichnen. Ein solches
vom Ereignis der Kommunikation des Evangeliums ausgehendes Verständnis
von Gemeinde wird dann allerdings auch nicht notwendig zu einer Entgegen-
setzung von Gemeindeaufbau und gemeindepädagogischer Bildungsarbeit
führen müssen. Michael Meyer-Blanck empfiehlt den Begriff der „Gemeindebildung", um einer solchen Diastase von Gemeindeaufbau und Gemeindepädagogik zu entgehen.[19] Gemeinde könne als Ort von formell organisierten Bildungsprozessen verstanden werden („Bildung *in* der Gemeinde"), aber auch
als Feld des Lernens („Bildung *durch* die Gemeinde"[20]). Aber es müsse eben
auch tatsächlich um den Kontext von Gemeinde gehen und nicht allein um
eine emanzipatorische Pädagogik des autonomen Subjekts.

> „Gemeindebildung hat Menschen im Horizont der anbrechenden Gottesherrschaft
> zu bilden, damit sie im Dickicht gegenwärtiger Sinnangebote kritisch und in der

---

17 Winkler (s. o. Anm. 15), 74 f.
18 Karl Foitzik unter Mitarbeit von Hagen Fried, Barbara Kittelberger und Jörg Knoll,
Mitarbeit in Kirche und Gemeinde. Grundlagen, Didaktik, Arbeitsfelder, Stuttgart/
Berlin/Köln 1998, 31.
19 Vgl. Meyer-Blanck (s. o. Anm. 11) 158 ff.
20 A. a. O., 159.

(durch menschliche Selbstbemächtigung) zu nehmend bedrohten Welt handlungsfähig werden."[21]

Während Gemeindeaufbautheorien kontinuierliche Lernwege kirchlicher Sozialisation bevorzugen, um die Kirchenmitglieder dauerhaft an die Gemeinden zu binden, findet sich die Vorstellung lebenskontinuierlichen Lernens mit anderer Begründung auch in bildungstheoretischen Konzeptionen.

Das geschieht etwa dort, wo die Leitvorstellung des „lebenslangen Lernens" (die aus dem Kontext der UNESCO stammt und seit den 1990er Jahren in der Bildungspolitik eine Rolle spielt) bildungstheoretisch gewendet auf die kirchliche Bildungsarbeit angewendet wird.

So folgt auch Karl Ernst Nipkows programmatische Darstellung „Bildung als Lebensbegleitung und Erneuerung"[22] in der Darstellung der kirchlichen Handlungsfelder dem Lebenslauf. Mindestens implizit bleibt hier ein Verständnis umfassender kontinuierlicher Selbst-Bildungsarbeit leitend in seinem Verständnis einer handlungsfeldorientierten Gemeindepädagogik.

Auch die Orientierungshilfe der EKD „Kirche und Bildung" (2009) meint, mit der Forderung der Vernetzung und Kooperation verschiedener religiöser Lernorte an die Idee des Gesamtkatechumenats anschließen zu können. Der „Netzwerkgedanke" könne „gleichsam als zeitgemäße Aktualisierung des traditionellen Anliegens eines Gesamtkatechumenats verstanden werden."[23]

Aber setzt die – doch wohl durchaus begrüßenswerte – Vorstellung, dass für alle Lebenslagen und Phasen des Lebenslaufs kirchliche Bildungsangebote existieren, eigentlich notwendig voraus, diese Angebote würden auch kontinuierlich genutzt oder seien in solcher Weise zu nutzen? Muss die Diskrepanz zwischen Angebot und Nutzungsverhalten der Teilnehmenden sofort negativ gewertet werden und kann sie nicht ein Zeichen für die legitime Vielfalt an Glaubenswegen sein?

Wenn gilt, dass gerade in einer volkskirchlichen Situation eine hochprofessionelle Struktur der kirchlichen Angebotsseite gewährleistet sein muss, um bei den punktuellen und kasuellen Kontakten der Kirchenmitglieder in Seelsorge und Gottesdienst berechenbar und mit Qualität der Verkündigung

---

21 A. a. O., 160.
22 Karl Ernst Nipkow, Bildung als Lebensbegleitung und Erneuerung. Kirchliche Bildungsverantwortung in Gemeinde, Schule und Gesellschaft, 2. durchges. Aufl. Gütersloh 1992 (zuerst 1990).
23 Kirchenamt der EKD (Hg. im Auftrag des Rates der EKD), Kirche und Bildung. Herausforderungen, Grundsätze und Perspektiven evangelischer Bildungsverantwortung und kirchlichen Bildungshandelns. Eine Orientierungshilfe des Rates der Evangelischen Kirche in Deutschland, Gütersloh 2009, 64 f.

des Evangeliums zu dienen, so gilt dies in analoger Weise auch für die kirchlichen Bildungsangebote.

Es ist daher nicht sinnvoll, die parochial-kontinuierlichen Angebote formeller Bildungsarbeit (wie die Konfirmandenarbeit) gegen punktuelle (und informelle) Bildungsvollzüge auszuspielen. Denn die Zugangswege zum christlichen Glauben sind unterschiedlich. Sicherlich ist es wünschenswert, ein gemeinsam geteiltes Fundament kirchlicher Sozialisation zu besitzen. Doch die Wege zum christlichen Glauben führen nicht immer und nicht notwendig über Kindergottesdienst, Christenlehre oder Religionsunterricht und Konfirmandenarbeit.

Kirchliche Bildungsarbeit ist daher für beides zuständig: für die Ermöglichung und Gewährleistung elementarer und basaler Lernprozesse kirchlicher Sozialisation und für religiöse Bildungsprozesse, die zur Ausbildung eines persönlichen Lebensstils der christlichen Freiheit im Kontext von Gemeinde führen. Entsprechend hat sie auch beide Formen von Kirche in den Blick zu nehmen und didaktisch zu bedenken: die auf Dauer gestellte Gestalt von Kirche und ihre Organisation wie auch zeitlich begrenzte Formen von „Kirche bei Gelegenheit".

Daneben macht Gemeindepädagogik es sich zur Aufgabe, das Lernen der auf Dauer gestellten Institution und Organisation Kirche (und ihrer Gemeinden) bezüglich ihres eigenen Selbstverständnisses und ihrer Struktur didaktisch-methodisch zu reflektieren. Sie wird damit zur Theorie der Lernprozesse der Institution Kirche im Sinne einer stetigen Reform der Kirche. Es ist der Vorschlag gemacht worden, diesbezüglich von „Gemeindebildung" zu sprechen.

> *„Als Gemeindebildung lässt sich die Praxistheorie von individuellen und organisationellen Veränderungsprozessen bezeichnen, von deren pädagogisch reflektierter Steuerung es abhängt, ob sich Menschen mit ihren Begabungen und Interessen aktiv am Leben von Kirchgemeinden beteiligen können, so dass diese Gemeinden Menschen helfen können, Welt im Horizont des Evangeliums zu erschließen."*[24]

---

24 Martin Steinhäuser, Gemeindebildung. Plädoyer für ein pädagogisch reflektiertes Verständnis von Reformprozessen in der Kirche, in: PGP 62 (2009), H. 3, 13–15, 13. Vgl. auch ders., Was heißt „Gemeindebildung"? Eine grundlegende Fragestellung im Kontext gemeindepädagogischer Ausbildung, in: Hildrun Keßler / Götz Doyé (Hg.), Den Glauben denken, feiern und erproben. Erfolgreiche Wege der Gemeindepädagogik. Evangelische Verlagsanstalt, Leipzig 2010, 53–75.

3.3 Formen „kasueller" Bildungsarbeit in der „Kirche bei Gelegenheit" – Herausforderungen und Zukunftsperspektiven

3.3.1 Bildungsarbeit bei Gelegenheit

Vor allem in Westdeutschland wurden der gemeindepädagogischen Praxis primär die formellen und kontinuierlichen kirchlichen Sozialisations- und Bildungsprozesse als Handlungsfelder einer „Kirche auf Dauer" zugeschlagen: insbesondere die Arbeit mit Kindern (Kindergarten; Christenlehre) und die Konfirmandenarbeit standen und stehen im Vordergrund. Strittiger war lange Zeit, ob die kirchliche getragene Jugendarbeit und Erwachsenenbildung überhaupt zum Handlungsbereich der Gemeindepädagogik hinzuzuzählen seien. Denn dort entstand ja häufig keine „Gemeinde" im Sinne einer sichtbar organisierten Ortsgemeinde auf Dauer, sondern zeitlich begrenzte Gemeinschaften, etwa bei Jugendfreizeiten oder Tagungen der Erwachsenenbildung.

Spätestens seit der breiten Aufnahme des Bildungsparadigmas ist auch in der gemeindepädagogischen Theoriediskussion bewusst geworden, dass neben den sozialisatorischen, eher eine „Kirche auf Dauer" anzielenden gemeindepädagogischen Handlungsfeldern auch solche einer „Kirche bei Gelegenheit" gleichberechtigt in den Blick zu nehmen sind. Dazu hat auch beigetragen, dass Gemeindepädagogik nicht nur sektoral in den ausgewiesenen gemeindepädagogischen Handlungsfeldern, sondern auch dimensional als mitschwingende Dimension vieler kirchlicher Arbeitsbereiche wahrzunehmen ist [→ Einleitung 2.3]. Das bedeutet beispielsweise, dass auch gelegentliche Kasualgespräche bei Geburtstagsbesuchen, religiöses Lernen bei touristischen Pilgerfahrten oder punktuelle ästhetisch-kulturelle Bildungsprozesse (etwa bei Kirchenkonzerten) verstärkt in den Blick geraten.

> Es ist daher keineswegs abwegig, wenn im Band „Gemeindekulturpädagogik"[25] auch ein Kapitel über „Kasualgottesdienste und Kasualmusik"[26] auftaucht, oder sich im „Neuen gemeindepädagogischen Kompendium" auch Beiträge zu gemeindepädagogischen Lernorten einer „Kirche bei Gelegenheit" (wie dem Kirchentag, dem Internet oder musikalischen Events) finden.[27] Ausdrücklich wird im zuletzt genann-

---

25 Gotthard Fermor / Günter Ruddat / Harald Schroeter-Wittke (Hg.), Gemeindekulturpädagogik (Hermeneutica; 11), Rheinbach 2001.

26 Verfasst von Harald Schroeter-Wittke, a. a. O., 193–212.

27 Gottfried Adam / Rainer Lachmann (Hg.), Neues gemeindepädagogisches Kompendium, Göttingen 2008, Kap. 15 (Kirchenmusik als Bildungschance), Kap. 20 (Der Kirchentag als Bildungsangebot), und Kap. 22 (Lernort Internet).

ten Kompendium von den Herausgebern darauf hingewiesen, dass zwar die Kirche vor Ort und damit die Ortsgemeinde von hoher Bedeutung auch für die Bildungsprozesse bleibt, daneben jedoch auch die punktuellen Gelegenheiten des Lernens ihr eigenes Recht besitzen.[28]

Insbesondere in der Erwachsenenbildung ist schon länger klar, dass Bildungsveranstaltungen eine Form von „Kirche bei Gelegenheit" darstellen. Deshalb hatte Michael Nüchtern in seinem gleichnamigen Buch auch Kapitel über die Evangelische Akademiearbeit und die Evangelische Erwachsenenbildung aufgenommen.[29] Handelt es sich bei diesen Formen von Bildungsangeboten noch um Formen expliziter formaler Bildungsprozesse, so bieten andere gemeindepädagogisch zu bedenkende Bildungsorte eher Chancen informellen, beiläufigen Lernens (wie die Kasualien, hier etwa das Traugespräch), das unter Umständen aber auch mit formalen Lernangeboten verbunden werden kann (etwa mit einem Wochenendseminar für Brautleute). Das trifft für viele seelsorglichen und gottesdienstlichen „Gelegenheiten" des Kirchenkontakts zu. Hierzu sind einerseits die klassischen „Kasualien" zu rechnen (Taufe, Trauung, Goldene Hochzeit, Beerdigung), neue Kasualien (wie Einschulungsgottesdienste, Dienstjubiläen etc.), andererseits „kasuell" wahrgenommene Hausbesuche und Liturgien (z. B. zu runden Geburtstagen) sowie die Teilnahme an kulturellen Angeboten der Kirchen.

3.3.2 Drei Beispiele

Drei Beispiele seien herausgegriffen: Die Akademietagung als Beispiel evangelischer Erwachsenenbildung, das Taufgespräch und der Deutsche Evangelische Kirchentag.

Die Angebote der *Kirchlichen Erwachsenenbildung* können grundsätzlich als Kirche auf Zeit und „Kirche bei Gelegenheit" wahrgenommen werden. In Kursen und Einzelveranstaltungen treffen sich Personen zum Zuhören, zu Gespräch und Austausch und bilden für eine bestimmte Phase eine Lerngemeinschaft. Manche Teilnehmenden interpretieren diese Lerngruppen bewusst als „Kirche" bzw. „Gemeinde" auf Zeit und erfahren dort ihre spirituelle Beheimatung. Damit aber ist schon mitgesetzt, dass solche Erfahrung von Kirche und solches religiöse Lernen nicht erst noch auf andere, „eigentliche" Lebensfelder

---

28 Vgl. Gottfried Adam / Rainer Lachmann, Was ist Gemeindepädagogik?, in: Adam / Lachmann (s. o. Anm. 27), 15–39, hier 36 f.
29 Vgl. Nüchtern, Kirche bei Gelegenheit (s. o. Anm. 8), 47–108.

bezogen werden muss (gleichsam als Einübung auf das eigentliche gemeindliche Leben), sondern in sich bereits eine Form evangeliumsgemäßer Lebensgestaltung darstellt.

Das gilt insbesondere für *Tagungen evangelischer (und katholischer) Akademien* (und ähnlicher Bildungszentren). Denn hier wird an einem abgetrennten Ort für einige Tage oder Stunden eine besondere Lerngruppe konstituiert, die für einige Zeit nicht nur formelle Lernprozesse, sondern auch das sonstige Leben miteinander teilt, vielleicht auch gottesdienstliche Elemente integriert, in jedem Fall aber gemeinsam Mahlzeiten zu sich nimmt. Hier wird der „Zusammenhang von Leben, Glauben und Lernen"[30] exemplarisch verdichtet erfahrbar in einer Form einer kirchlichen Bildungsgemeinschaft als „Kirche auf Zeit".

Die *Seelsorgegespräche* anlässlich von Hausbesuchen der Seelsorger vor (und nach) Kasualien stellen eine besondere Chance dar, die „Kirche bei Gelegenheit" auch zu einem „gelegentlichen" gemeindepädagogischen Lernort werden zu lassen. Auch wenn man in der einseitigen Ausrichtung aller Gemeindepädagogik auf die Taufe und Tauferinnerung Christian Grethleins tauforientierter Gemeindepädagogik-Konzeption nicht folgen mag, so ist doch seiner Empfehlung nachzugehen, den Kontext der Taufe gemeindepädagogisch-didaktisch und eben auch gemeinde-theoretisch besondere Aufmerksamkeit zu schenken.[31] Im Taufgespräch können existentiell bewegende Fragen nach dem Entstehen und Gewordensein menschlichen Lebens auftauchen, nach dem guten Schöpfungswillen, nach den Kriterien gelingenden und sinnvollen Lebens. Hier können Sehnsüchte nach Schutz und Geborgenheit thematisiert werden und kann deutlich werden, was der Segen Gottes bedeutet. Zudem sind durch die Geburt eines Kindes die Beziehungen der Eltern zueinander bzw. in einer größeren Familie auch zu und unter Geschwistern neu zu justieren. Der Seelsorgebesuch kann zum Anlass werden, die Lebensgeschichten der Beteiligten zu rekonstruieren, neu zu interpretieren. Die Seelsorgerin (egal ob Pfarrerin, Gemeindepädagogin oder geschultes ehrenamtliches Kirchenmitglied) kann durch professionelle Gesprächsführung zur kasuellen Bildungsbegleiterin religiöser Selbstbildungsprozesse und zugleich einer Form von „Gemeindebildung" werden: Sinnfragen werden gestellt, vielleicht neue Lebensorientierung gefunden und die konkrete Lebensführung überdacht. Geschieht und gelingt

---

30 Vgl. Zusammenhang von Leben, Glauben und Lernen. Empfehlungen zur Gemeindepädagogik, vorgelegt von der Kammer der EKD für Bildung und Erziehung, hg. v. der Kirchenkanzlei der EKD, Gütersloh 1982.
31 Vgl. Christian Grethlein, Gemeindepädagogik (de Gruyter Studienbuch), Berlin/New York 1994.

solche Kommunikation, so ereignet sich für die Dauer des Hausbesuchs „Kirche bei Gelegenheit" in der Wohnung der besuchten Gemeindeglieder.

Die *Evangelischen Kirchentage, Katholikentage wie Ökumenische Kirchentage* sind Formen von „Kirche bei Gelegenheit" im Übergangsfeld zwischen jahreszeitlichen kirchlichen Festen und biographischen Ritualen wie der Konfirmation und zugleich ein Lern- und Bildungsorte des Glaubens für mündige Menschen.[32] Identitätsbildendes Lernen und spirituelle oder liturgische Erfahrungen verbinden sich zu erlebnisintensiven Festzeiten und Begegnungen. Für die Teilnehmenden sind hier der Kontakt zur Kirche und die Auseinandersetzung mit Glaubensinhalten zeitlich klar begrenzt und spiegeln zugleich grundsätzliche Erwartungen an die Kirche als Institution.

> „Der Kirchentagsgänger ist ein Festtagskirchgänger eigener Prägung, insofern das Fest Kirchentag nicht über die Sozialisationsform Familie, sondern vorwiegend über die Sozialität von Gruppen vermittelt wird, so daß er als öffentliche Kasualie bezeichnet werden kann."[33]

Auch im Sinne des oben eingeführten Begriffs der „Gemeindebildung" (also verstanden als Systemlernen einer Organisation) kann der Kirchentag als exemplarischer Ort gemeindepädagogischer Prozesse und spezifische Form von Gemeinde verstanden werden. Denn die Inhalte und Angebote des je aktuellen Kirchentags erwachsen immer erst aus einem konziliaren Lernprozess vieler ehrenamtlich Mitarbeitenden, die durch einen kleinen Stab weniger Hauptamtlicher moderiert und begleitet werden. In den Vorbereitungsprozessen lernt der Kirchentag als Organisation ständig hinzu. Als eine Art „Beratungskongress der Ehrenamtlichen"[34] erweisen sich Kirchentage dabei in besonderer Weise als Lernorte und Gemeindeform kirchlicher Multiplikatoren.

---

32 Zum Folgenden vgl. ausführlicher: Peter Bubmann, Der Kirchentag als Bildungsangebot, in: Adam / Lachmann (s. o. Anm. 27), 413–424.
33 Harald Schroeter, Kirchentag als Gesamtkunstwerk. Ein Bericht über seine kulturellen Dimensionen, in: Kirche und Kultur in der Gegenwart. Beiträge aus der evangelischen Kirche, i. Auftr. des Kirchenamtes der EKD hg. v. Helmut Donner (GEP-Buch), Frankfurt a. M. 1996, 326–342, 330 f.
34 Jan Janssen, Wie viele Brote habt ihr? Der Kirchentag und die Kirche der Zukunft, in: Junge Kirche 68 (2007), Nr. 1, 30–32, 31.

3.3.3 Komplementarität der Bildungsvollzüge

In Zeiten sprudelnder Kirchensteuereinnahmen schien es leicht möglich, neu entstehende Sonderbereiche der kirchlichen Bildungsarbeit zu fördern. In Zeiten knapper werdender Finanzen hingegen brechen Verteilungskämpfe in aller Härte aus. Rasch geraten dabei in Synoden die nicht-parochialen Anbieter von religiöser Bildung und damit von Kirche „auf Zeit" ins Hintertreffen. Dann stehen plötzlich bestens arbeitende Einrichtungen der Erwachsenenbildung auf den Streichlisten der Landeskirchen und kath. Bistümer.

Aber so wenig Sinn es macht, die parochialen Formen von Gemeinde gegen stärker eventorientierte Projektformen auszuspielen, so unproduktiv dürfte ein Machtkampf zwischen den sozialisationsorientierten Handlungsfeldern gemeindepädagogischer Arbeit und solchen einer „Kirche bei Gelegenheit" mit ihren spezifischen Bildungsorten ausgehen. Denn beide sind in gleicher Weise notwendig für eine plurale Volkskirche und aufeinander verwiesen. Im Übrigen sind gerade die klassischen Kasualien (bislang) in besonderer Weise an die Ortsgemeinden und damit an die Formen einer kontinuierlich realisierten Gemeinde gebunden.

Die pädagogischen Chancen von Kirche bei Gelegenheit werden geringer, wenn ihnen keine religiöse Sozialisation in christlicher Glaubens- und Lebenskunst mehr zugrunde liegt. Wo keine Anknüpfungspunkte an bereits erworbenes Grundwissen vorhanden sind, sind religiöse Bildungsprozesse zwar nicht unmöglich, aber doch deutlich erschwert. Das lässt sich leicht am Wegbrechen der Bräuche und des Verständnisses für die Feste des Kirchenjahrs studieren. Letztlich macht auch der Weihnachtsgottesdienst als eine prominente Form von „Kirche bei Gelegenheit" wenig Sinn, wenn Krippe und Weihnachtsmann durcheinander gebracht werden. Anders formuliert: Das Weihnachtschristentum zehrt von Voraussetzungen, die es nicht selbst pflegt und erneuert. Deshalb muss gerade eine christliche Bildungstheorie mit Sympathie für alle Formen von „Kirche bei Gelegenheit" in besonderer Weise ein Interesse daran haben, dass die familiäre und frühkindliche religiöse Sozialisation verstärkt in den Blick gerät, dass schulischer Religionsunterricht und Konfirmandenarbeit einander wirkungsvoll ergänzen, dass „Glaubenskurse" für Erwachsene angeboten werden und in den Massenmedien gehaltvolle und zugleich unterhaltsame Angebote religiöser Grundbildung angeboten werden. Oder mit Blick auf das kirchliche Liedgut: Je pluraler die musikalischen Geschmäcker, je unterschiedlicher die textlichen Präferenzen, umso wichtiger wird es, einen gewissen Kanon gemeinsam geteilten Liedgutes in den Prozessen religiöser Bildung zu vermitteln. Die Festlegung einer Kernliederliste ist daher die notwendige Kehrseite einer Pluralisierung der Kirchenmitgliedschaftsverhältnisse.

Aber auch andersherum gilt: Die traditionskontinuierlichen pädagogischen Lernorte der Kirchen sind angewiesen auf offenere und experimentelle Lernorte und -zeiten, wo zeitlich verdichtet und ohne den Druck, gleich auf Dauer tragend für Kirche und das ganze Leben sein zu müssen, religiöse Such- und Lernprozesse stattfinden können. Wie befruchtend solche Formen von „Kirche bei Gelegenheit" auch für die Parochien sein können, haben die Kirchentage bewiesen. Vieles, was „bei Gelegenheit" dort erfahren wurde, hat inzwischen auch dauerhaft die Gemeinden spirituell und theologisch bereichert.

Literatur zur Vertiefung

Fechtner, Kristian, Kirche von Fall zu Fall. Kasualien wahrnehmen und gestalten, Gütersloh 2. überarb. und erw. Aufl. 2011.
Hermelink, Jan, Praktische Theologie der Kirchenmitgliedschaft. Interdisziplinäre Untersuchungen zur Gestaltung kirchlicher Beteiligung (Arbeiten zur Pastoraltheologie; 38), Göttingen 2000.
Lindner, Herbert, Kirche am Ort. Ein Entwicklungsprogramm für Ortsgemeinden. Völlig überarbeitete Neuausgabe, Stuttgart/Berlin/Köln 2000.
Lück, Wolfgang, Die Zukunft der Kirche. Evangelische Gemeinden im 21. Jahrhundert, Darmstadt 2006.
Nüchtern, Michael, Kirche bei Gelegenheit. Kasualien – Akademiearbeit – Erwachsenenbildung (Praktische Theologie heute; 4), Stuttgart/Berlin/Köln 1991.
Nüchtern, Michael, Kirche evangelisch gestalten (Heidelberger Studien zur Praktischen Theologie; 13), Berlin 2008.
Pohl-Patalong, Uta (Hg.), Kirchliche Strukturen im Plural. Analysen, Visionen und Modelle aus der Praxis (Ein Lernort-Gemeinde-Buch), Schenefeld 2004.
Scherle, Peter, Kasualien: Stärken und Schwächen kirchlicher Lebensbegleitung, in: Jan Hermelink / Thorsten Latzel (Hg.), Kirche empirisch. Ein Werkbuch zur vierten EKD-Erhebung über Kirchenmitgliedschaft und zu anderen empirischen Studien, Gütersloh 2008, 175–197.

Impulse zur Weiterarbeit

a) Jan Hermelink hat analysiert, ob und inwiefern das kirchliche Bindungsverhalten der „treuen Kirchenfernen", also gerade derjenigen, die primär über Kasualien Kontakt zur ihrer Kirche halten, als vollgültige Form von Religion betrachtet werden kann. Er gelangt im Anschluss an Kriterien des Religionssoziologen Franz-Xaver Kaufmann zu folgendem positiven Urteil:

> „Die kasuelle, biographisch strukturierte und volkskirchlich abgestützte Kirchenmitgliedschaft erfüllt die funktionalen Anfordernisse an eine religiöse Bindung umfassend und präzise. Dabei erscheint es schließlich bemerkenswert,

dass dieses Beziehungsmuster gerade *keine Totalinklusion* in ein kirchliches ‚Milieu' oder auch nur in die Strukturen einer verbindlichen Gemeinschaft erfordert. Die ‚typisch religiösen' Funktionen der Identitätsbildung, der sozialen Integration und Distanzierung sind offenbar *nicht* an eine zeitlich intensive und emotional anspruchsvolle Beteiligungsform gebunden, sondern erscheinen vereinbar mit den Autonomiebedürfnissen und Mobilitätserfordernissen einer ‚individualisierten' Lebensführung."[35]

Es gebe in der Kirche eine Vielfalt von Zugangslogiken, die auch alle legitim und begründet seien. „Jeder dieser Zugänge zur Kirche spiegelt eine eigentümliche Logik der individuellen Lebensführung im Ganzen, etwa ein familiär orientiertes, ein kulturell distanziertes oder ein vereinsförmig verbindliches Bindungsverhalten – und zugleich entspricht jede ‚Zugangslogik' spezifischen kirchlichen Kommunikationsformen, die ihrerseits begründet sind in inhaltlichen Einsichten der christlichen Tradition."[36]

Sehen Sie das auch so? Oder gibt es für Sie Formen der „Zugangslogik" zur Kirche, die Vorrang haben sollten?

b) Karl Foitzik hält den Begriff der „Beteiligungsgemeinde" für problematisch, weil „Beteiligung" zu wenig auf Selbstständigkeit und Selbstverantwortlichkeit abhebe. „Nach evangelischem Verständnis geht es nicht um Beteiligung, sondern um Partizipation."[37]

Welche Konsequenzen hat es für das Kirchenverständnis und für gemeindepädagogische Bildungsprozesse, wenn man das Recht auf solche Partizipation als Ausgangspunkt der Überlegungen nimmt?

c) Der bayerische Kirchenreform-Vordenker Herbert Lindner hat in seiner Programmschrift „Kirche am Ort" ein Programm „Glauben in der Zeit" vorgelegt, wo er ausgehend von den Kasualien und den Festzeiten im Kirchenjahr ein integrales Programm der Vertiefung der Kirchenmitgliedschaft und des Glaubens als kasual bezogene Vernetzung empfiehlt.[38]

Informieren Sie sich über dieses Programm! Inwiefern hat dieses Programm einen „gemeindepädagogischen" Charakter, ohne diesen Begriff zu benutzen?

---

35 Jan Hermelink, Praktische Theologie der Kirchenmitgliedschaft. Interdisziplinäre Untersuchungen zur Gestaltung kirchlicher Beteiligung (Arbeiten zur Pastoraltheologie; 38), Göttingen 2000, 285 f.

36 A. a. O., 351.

37 Karl Foitzik, Beteiligungsgemeinde? Partizipation auf evangelisch, in: Irene Mildenberger / Wolfgang Ratzmann (Hg.), Beteiligung? Der Gottesdienst als Sache der Gemeinde (Beiträge zu Liturgie und Spiritualität; 15), Leipzig 2006, 27–49, 27.

38 Herbert Lindner, Kirche am Ort. Ein Entwicklungsprogramm für Ortsgemeinden. Völlig überarb. Neuausgabe, Stuttgart/Berlin/Köln 2000, 177–237.

Diskutieren Sie, ob Sie dem folgenden Votum zustimmen können und in welcher Weise es auch für die gemeindepädagogische Arbeit relevant sein könnte:

„Es lohnt sich, die Kasualien als Schwerpunkt kirchlicher Arbeit zu sehen. Hier wird Kirche biographisch bedeutsam. Hier wird christlicher Glaube für das eigene Leben relevant. Hier wird etwas von der evangelischen Kirche erwartet. Dass die Kirche hier eine Dienstleistung erbringt und nicht die vorherige Integration in die Kerngemeinde erwartet, entspricht dem evangelischen Kirchenverständnis."[39]

---

39 Peter Scherle, Kasualien, Stärken und Schwächen kirchlicher Lebensbegleitung, in: Jan Hermelink / Thorsten Latzel (Hg.), Kirche empirisch. Ein Werkbuch zur vierten EKD-Erhebung über Kirchenmitgliedschaft und zu anderen empirischen Studien, Gütersloh 2008, 175–197, 194.

Teil B: **Pädagogik**

Peter Bubmann

Einleitung zum Teil B: Pädagogik

Nimmt man Gemeindepädagogik zunächst unter der Perspektive der *Pädagogik* in den Blick, stellen sich Grundfragen jeder pädagogischen Praxis und Theorie im Kontext von Glauben und Kirche: Was kann im Glauben eigentlich gelernt werden, was nicht? Wozu soll gelernt werden (die Frage nach den Zielen)? An welchen Orten kann Lernen gelingen? Bieten die derzeitigen Angebotsstrukturen religiöser Bildung tatsächlich den Raum und Anschlussmöglichkeiten für religiöse Bildungsprozesse oder sind sie enggeführt und von überholten Leitvorstellungen bestimmt? Wo gibt es religiöse Lernchancen, die aufgrund der bisherigen Struktur gemeindepädagogischer Praxis wie Theorie zu wenig wahrgenommen werden?

Gemeindepädagogik war in der Mehrzahl ihrer Konzeptionen [→ Einleitung 3] von Anfang an eine „Reform-Pädagogik" im Sinne steter Selbstreflexion. Strittig blieb dabei, inwieweit auch kirchliche (Primär-)*Sozialisation* zu den vorrangigen Aufgaben gemeindepädagogischer Praxis zu gehören habe, wie es für die Vorgänger-Disziplin der Gemeindepädagogik, die Katechetik, selbstverständlich war. Es waren jedoch genuin pädagogische Gründe, die von einer Didaktik wegführten, die lediglich feststehende Wahrheiten zu vermitteln trachtete, hin zu einer primär am Subjekt und seinen *Bildungs*chancen orientierten Pädagogik und Didaktik der *Verständigung*. Gleichzeitig stellen sich unter den Bedingungen einer spätmodernen individualisierten Gesellschaft alte Fragen neu, etwa nach den prägenden Orten religiöser Erziehung oder der bildenden Erschließung der eigenen Taufe.

In der historischen Vergewisserung (Kap. 4) dieses Buchteils B stellt *Götz Doyé* daher Bezüge der Gemeindepädagogik zu ihrer Vorgeschichte im altkirchlichen Katechumenat und in der Katechetik des 19. Jahrhunderts her, die häufig zu wenig gesehen wurden und werden. Die Gemeindepädagogik beginnt ja nicht erst in den 1970er Jahren![1] Sie hat sich deshalb auch dem Erbe und den Aufgabenstellungen der Katechetik zu stellen, selbst wenn sie didaktisch oft bewusst andere Wege geht. Durch diese historische Verortung wird das pädagogisch-didaktische Proprium der Gemeindepädagogik (und mit ihr besonders auch die Tradition der Christenlehre in der DDR) deutlicher. Als Herausforde-

---

1 So zu Recht auch: Rainer Lachmann, Problemorientierte Geschichte der Gemeindepädagogik, in: Gottfried Adam / Rainer Lachmann (Hg.), Neues Gemeindepädagogisches Kompendium (Arbeiten zur Religionspädagogik; 40), Göttingen 2008, 41–61, hier 42–49.

rung solcher Rückschau bleibt unter anderem festzuhalten, die Bezüge zum taufenden Handeln der Kirche deutlicher herauszuarbeiten und in der Praxis zu berücksichtigen.

In der Gegenwart stellen sich die Fragen der Beziehung zwischen Erziehung, Sozialisation und Bildung erneut mit großer Dringlichkeit (Kap. 5). Hat die Gemeindepädagogik in Praxis wie Theorie vielleicht über lange Zeit manche prägenden Orte religiöser Erziehung und Bildung übersehen (etwa die Bildung in der Familie in der Vielfalt ihrer möglichen Formen) oder sich zu stark auf bestimmte Handlungsfelder (Konfirmandenarbeit) konzentriert? Was bedeutet es, Gemeindepädagogik unter der inzwischen allerorten erhobenen Forderung eines lebenslangen Lernens zu konzipieren? *Michael Domsgen* verweist auf unterschiedliche Modi gemeindepädagogischen Lernens und fordert eine neue Aufmerksamkeit für eine familienorientierte Gemeindepädagogik ein.

Freilich entheben solche Fragestellungen nicht schon der Spannungen und Ambivalenzen, in die Gemeindepädagogik heute verstrickt ist (Kap. 6). Denn grundlegende Polaritäten (wie diejenige zwischen sozialisierender Erziehung und Bildung zur Autonomie) sind jeglichem pädagogischen Handeln einge-schrieben. Problematisch wird Gemeindepädagogik allerdings dann, wenn ihre leitenden Vorstellungen sich an Bildern der Lebensführung orientieren, die von der Mehrheit der Kirchenmitglieder gar nicht mehr geteilt und gelebt werden. So führt die nur mehr gelegentliche Aktualisierung von Kirchenmit-gliedschaft heute dazu, dass neu nach den gemeindepädagogischen Chancen einer ‚Gelegenheits-Pädagogik' zu fragen ist, die ihre Gestalt in zeitlich be-grenzten Aktionen und Projekten findet und so Alternativen zu verstetigten Formen der Gemeindepädagogik bietet. Mithin ergibt sich im Beitrag von *Nicole Piroth* eine veränderte Sicht auch auf Gemeinde, die nun selbst als Projekt erscheinen kann. So schließen diese Reflexionen zu den Antinomien des ge-meindepädagogischen Handelns auch an den Überlegungen zu zeitlich be-grenzten Formen von Gemeinde an [→ Kap. 3]. Zugleich erinnern solche Über-legungen daran, dass es gemeindepädagogischer Bildung nicht allein um eine Beheimatung im Bekannten (und sei es die Heimat einer christlichen Ge-meinde) gehen kann, sondern dass die Befremdung durch Neues mit zu den genuinen Aufgaben gemeindepädagogischer Bildung gehört.

Götz Doyé

4 Von der Katechetik zur Gemeinde-
pädagogik

4.1 Die Verkündigung des Evangeliums
impliziert von Anfang an
auch Lehre und Unterricht

Ist der christliche Glaube lehrbar? Oder subjektiv gefragt: Kann ich den Glauben lernen? Damit ist eine für das Selbstverständnis der Gemeindepädagogik wichtige Fragestellung aufgeworfen. Wie ist der „Zusammenhang von Glauben, Leben und Lernen" zu verstehen?[1]

Eva Heßler hatte in ihrem Vortrag „Zeitgemäße Gedanken über das Verhältnis von Theologie und Pädagogik" 1974[2] für die ostdeutschen Kirchen den Begriff „Gemeindepädagogik" anstelle des bisher gebräuchlichen „Katechetik" vorgeschlagen, um damit die Bezogenheit von Theologie und Pädagogik für kirchliche Praxis besser zu fassen:

> „1. Das Verhältnis von Theologie und Pädagogik ist so zu bestimmen, dass eine gleichzeitige Inanspruchnahme beider Disziplinen für ein und dieselbe Sache – nämlich für das Reich Gottes – als echte Möglichkeit eingeräumt werden kann.
> 2. Es muß darauf geachtet werden, dass keine der beiden Disziplinen ihre eigene Verantwortung aufgeben oder an die andere abtreten muß. Es sollte nämlich sein, dass sie einander respektieren und sich gegenseitig Hilfestellung leisten.
> 3. Es soll deutlich werden, dass beide ohne einander nicht auskommen können, während doch jede in ihrem Eigensten betroffen wird. Das besagt übrigens der Name ‚Katechetik', der deshalb ohne Grund nicht aufgegeben werden sollte. Unter Katechetik verstehen wir eine Disziplin der Praktischen Theologie, die einen pädagogischen Auftrag der Kirche verwaltet. Auf Grund der Tradition versteht man darunter meist die Verwaltung des Unterrichtswesens, wofür nach heutigem Sprachge-

---

1 So der Titel der ersten kirchenamtlichen Veröffentlichung der EKD: Zusammenhang von Leben, Glauben und Lernen. Empfehlungen zur Gemeindepädagogik, (hg. von der Kirchenkanzlei der EKD), Gütersloh 1982.
2 Ausführlich dargestellt und kommentiert bei Karl Foitzik, Gemeindepädagogik. Problemgeschichte eines umstrittenen Begriffs. Veröffentlichung des Comenius-Instituts Münster, Gütersloh 1992, vgl. bes. 278–284. Der Vortrag wurde erst spät veröffentlicht: Eva Heßler, Zeitgemäße Gedanken über das Verhältnis von Theologie und Pädagogik, Festvortrag zum 25jährigen Bestehen des Oberseminars in Naumburg 1974, in: Aufbrüche o. J. (1994), H. 2, 15–22.

brauch eine theologische Didaktik zuständig wäre. Um ein umfassenderes Verständnis zu ermöglichen, schlagen wir den Ausdruck ‚Gemeindepädagogik' vor.
4. Die Theologie muss die Pädagogik als ihre Handlungswissenschaft begreifen lernen. Die Pädagogik muss sich der Theologie bedienen, sie beanspruchen. Das Verhältnis darf nicht additiv, sondern es muß integrativ gedacht werden."[3]

Was bedeutet das für die Anfangsfrage?

Theologisch gesprochen ist der Glaube Geschenk der Gnade Gottes, Wirken des Heiligen Geistes, also nicht lehrbar und nicht lernbar im Sinne didaktisch zielgerichteter pädagogischer Prozesse. Ich kann nicht „zum" Glauben erziehen, da es sich beim Glauben um eine personale Beziehung des jeweiligen Menschen mit Gott handelt und die kann ein anderer nicht „machen". Die häufig zitierte Feststellung des Apostels Paulus: „So kommt der Glaube aus der Predigt, das Predigen aber durch das Wort Christi." (Röm 10,17), macht den Glauben zu einem selbstwirksamen Ereignis des Wortes Gottes. Die Verkündigung des Evangeliums ist freilich darauf angewiesen, dass da jemand redet und jemand hört. Sie ereignet sich in einem menschlichen Beziehungsgeschehen, das dem Beziehungsgeschehen Gott – Mensch gegenüber offen ist.

> „Wie du nun den Herrn Jesus Christus angenommen hast, so wandle in ihm und sei gewurzelt und erbaut in ihm und fest im Glauben, wie du gelehrt bist und sei in demselben reichlich dankbar." (Kol 2,6 f.)

Das Annehmen des Glaubens wird in Verbindung gesetzt mit „wie du gelehrt bist" und mit einer lebensbiografischen Perspektive verbunden – wandle dankbar in ihm.

Eine Fülle biblischer Stellen macht auf die grundlegende Bedeutung des Lehrens und Lernens in der Weitergabe und in der darin liegenden Ermöglichung des Glaubens aufmerksam. In der Regel wird das auf die einfache Formel gebracht: Ich kann nicht *zum* Glauben erziehen, aber ich kann *im* Glauben erziehen.[4] Neben den Aposteln und Propheten nennt Paulus als dritten von Gott eingesetzten Dienst in der Gemeinde den Lehrer (vgl. 1 Kor 12,28).

! In der Tradition Philipp Melanchthons nahm die lutherische Orthodoxie im 17. Jh. folgende Unterteilung von „Glauben" vor, die hinsichtlich der Beurteilung gemeindepädagogischer Chancen und Grenzen bis heute hilfreich scheint: der „notitia"-Glaube (Kenntnis) bezieht sich auf zur-Kenntnis-nehmbare Sätze des Glaubens; „assensus" (Aner-

---

3 A. a. O., 16.
4 Martin Luther im „Sermon von den guten Werken" beschreibt den Zusammenhang so: „Gott will es nicht allein tun, er will, dass wir mit ihm wirken, und tut uns die Ehre an, dass er mit uns und durch uns sein Werk will wirken." (WA 6,227/28)

kenntnis) meint die persönliche Zustimmung zu solchen Sätzen; „fiducia" (Vertrauen) meint die glaubende Beziehung zu Gott.[5]

Um eine missverständliche Engführung des Begriffs Verkündigung zu vermeiden, nahmen Gottfried Adam / Rainer Lachmann im „Gemeindepädagogischen Kompendium"[6] zur Beschreibung der Gemeindepädagogik die Formulierung von Ernst Lange auf, es gehe um die „Kommunikation des Evangeliums".[7]

„Wir sprechen von Kommunikation des Evangeliums und nicht von ‚Verkündigung' oder gar ‚Predigt', weil der Begriff das prinzipiell Dialogische des gemeinten Vorgangs akzentuiert und außerdem alle Funktionen der Gemeinde, in der es um die Interpretation des biblischen Zeugnisses geht – von der Predigt bis zur Seelsorge und zum Konfirmandenunterricht als Phasen und Aspekte ein- und desselben Prozesses sichtbar macht."[8]

Die von Lange gebrauchte Formulierung „Kommunikation des Evangeliums" ist inzwischen so populär geworden, dass sie nicht nur in der Gemeindepädagogik sondern generell in der Praktischen Theologie die Funktion einer Leitformel gewonnen hat.

In Aufnahme einer Kategorie von Eberhard Jüngel könnte das Verhältnis von Theologie und Pädagogik im Prozess der Kommunikation des Evangeliums als „Entsprechung" begriffen werden, die der „Entsprechung" von Gott und Mensch korrespondiert. Das schönste aller Bänder, die die Wirklichkeit der Welt zusammen halten,

„hatte Platon die Entsprechung, die Analogie genannt. Und in der Tat, wenn es etwas gibt, was die Welt im Innersten zusammenhält, dann ist es die Entsprechung zwischen Gott und seinem Geschöpf, die ihrerseits den Grund dafür legt, dass es auch innerhalb der Schöpfung zu Entsprechungen kommt, mithin die Welt sich nicht schlechthin widerspricht."[9]

Letzteres ist das erklärte Ziel aller pädagogischen Bemühungen. Bildung ist darauf aus, dass der Mensch sich „nicht schlechthin widerspricht", human-

---

5 Vgl. Johann Andreas Quenstedt, Theologia didactico-polemica sive systema theologicum in duas sectiones didacticam et polemicam divisum, Wittenberg 1685, IV, 282 f.
6 Gottfried Adam / Rainer Lachmann (Hg.), Gemeindepädagogisches Kompendium, Göttingen 2. Aufl. 1994 (zuerst 1987).
7 Vgl. a. a. O., 27–29.
8 Ernst Lange, Kirche in der Welt, München/Gelnhausen 1981, 101.
9 Eberhard Jüngel, Entsprechungen: Gott – Wahrheit – Mensch. Theologische Erörterungen, München 1980, 7.

wissenschaftlich gesprochen, dass er sich als Identität begreifen kann. Theologie als reflektierter Glaube weiß um die Möglichkeit der Menschwerdung des Menschen aufgrund der Menschwerdung Gottes in Jesus Christus, woraus sich die Möglichkeit eines Gott entsprechenden Lebens ergibt. Ohne Entsprechung „wäre Gott entsprechende Rede ebenso wenig denkbar wie Gott entsprechendes Sein"[10] und daran ist die Pädagogik der Gemeindepädagogik höchst interessiert.

Konkrete Lebenswirklichkeit des Glaubens „im Lichte der Entsprechung von Gott und Mensch" fordert in der Gemeinde pädagogische Praxis heraus. So hat das Evangelium eine ihm innewohnende pädagogische Dimension, die generell zu einer Perspektive der Theologie werden sollte. „Dabei wäre der lernende Charakter des Glaubens zu betonen: Glaube ist immer unabgeschlossen und bleibt darum auf das Lernen angewiesen."[11]

Geschichtlich gesehen bedeutsam war die EKD-Synode 1978 „Leben und Erziehen – wozu?" auf der Karl-Ernst Nipkow das Hauptreferat hielt:

> „Erziehung und Bildung ist Einführung ins Menschliche im Zeichen der Menschlichkeit Gottes. Christen verstehen dies Menschliche im Zeichen der Menschlichkeit Gottes, die Möglichkeiten der Menschen im Horizont der Möglichkeiten Gottes."[12]

Die biblische Wertschätzung des Lehrens und Lernens – in Aufnahme und Fortführung jüdischer Tora-Gottesbeziehung – hat dazu geführt, entsprechende institutionelle Formen zu entwickeln, wobei sich aus den unterschiedlichen biblischen Bezeichnungen das Wortfeld Katechetik/Katechumenat geschichtlich durchsetzte.

Fachlich besteht Einigkeit über die Ableitung der Wortfamilie Katechetik und Katechumenat von dem griechischen Verb kataechein, das in dieser Hinsicht von enormer Prägekraft war und dies, obwohl es im NT selten vorkommt.

! **Kataechein** bezeichnet im griechischen Sprachgebrauch der Zeit: jemanden antönen, mündlich unterrichten, vernehmen lassen „allgemein von einer Kunde, die jemandem zu Ohren kommt, von einer Mitteilung, die er erhält."[13]
Passiv: unterrichtet werden, vernehmen, im speziellen Gebrauch meint es dann: jemanden unterweisen, belehren. Vgl in diesem Sinne Lk 1,1–4, bes. V. 4 „die Zuverlässigkeit der *Lehren,* in denen du *unterrichtet* wurdest."

---

10 Ebd.
11 Ingrid Schoberth, Art. Katechese/Katechetik, II praktisch-theologisch, 2. Evangelische Katechese/Katechetik, in: RGG⁴, Bd. 4, 857–858, 857.
12 Karl Ernst Nipkow, Leben und Erziehen – wozu?, in: Leben und Erziehen – wozu? Eine Dokumentation über Entschließungen des Synode der EKD 1978, hg. von der Kirchenkanzlei der EKD, Gütersloh 1979,17–49, 44.
13 Walter Bauer, Griechisch-deutsches Wörterbuch 1963, Art. katecheo, 838.

Paulus hat dies Verb aus dem profanen Sprachgebrauch wie einen terminus-technicus genutzt (nur Röm 2,18 / 1 Kor 14,19 / Gal 6,6), um das Lehren aufgrund des Evangeliums besonders herauszuheben. Dadurch hat dies Verb gegenüber allen sonst gebräuchlichen Worten für Lehren, Unterrichten den Vorrang gewonnen.

In Gal 6,6 sind die Worte für die Lehrer, die unterrichten (kat-aechun – Katecheten) und die, die unterrichtet werden, (kat-aechumenos – die Katechumenen) vom gleichen Wortstamm gebildet.

Gemeindepädagogik als eine sich aus dem theologischen und pädagogischen Beziehungsverhältnis begründende Fachwissenschaft und Berufspraxis ist zeitgeschichtlich gesehen jung, kann sich aber in der dem Evangelium inne liegenden Notwendigkeit, dass Glaube als christlicher Glaube gelehrt, gelernt und gelebt werden will, bis auf die biblischen Anfänge beziehen.

Lehrer (didaskalos): Sehr häufig als Anrede Jesu in den Evangelien (41 mal), daneben auch Rabbi (mein Herr, Anrede für jüd. Schriftgelehrte) Jesus ist der Rabbi, der Lehrmeister. Der didaskalos weist aus der Tora den Weg Gottes. Jesus lehrt in prophetischer Vollmacht (bes. bei Mk). Wer ihm nachfolgt, heißt mathätäs (Schüler). Jesus sendet seine Schüler zum Lehren aus (Mt 28,20), sie bleiben dabei auch Schüler des Auferstandenen, die Andere (alle Völker) zum Mitlernen in der Nachfolge einladen.

Der Lehrer spielt eine wichtige Rolle in der Gemeinde (1 Kor 12,28); er legt in der gottesdienstlichen Versammlung die Schriften aus.

Lehren (didaskein): lehren, jemand belehren, über eine Sache belehren. Das in der griechisch geprägten Umwelt häufige Verb wird in den paulinischen Schriften selten genutzt.

Didachä: die durch Unterweisung vermittelte Lehre, 1 Kor 14,26 (bei Paulus noch die mündliche Auslegung/Lehre), Röm 16,17 Warnung vor den Anderen, die anders lehren „entgegen der Lehre, die ihr gelernt habt" – durch die ihr Jünger geworden seid.

Lehre (didaskalia): Unterschieden wird in aktiv: Lehrtätigkeit, die Unterweisung und passiv: was gelehrt wird, die Lehre: Vgl. Hebr 6,1f.; 13,9 – als inhaltlich festgelegte Lehre des christlichen Glaubens.

Das Festhalten und Bleiben in der Lehre wird zum Kennzeichen rechten Glaubens, vgl. 2 Joh 9.

Weitere Entwicklung in den Pastoralbriefen (2. Jh.): Es gibt die „heilsame" Lehre, die errettet, im Glauben sicher macht und andere Lehren als falsch erkennen lässt (1 Tim 1,10; 2 Tim 4,3; Tit 1,9; 2,1). Solche Lehre wird zur Aufgabe der Gemeindeleitung.

! Erziehung (paideia)
Zentraler Begriff in Philosophie und Ethik bei den Griechen. Die Erziehung ist darauf aus, dass die Menschen sich „bilden", geistig und seelisch. Paideia im Sinne von Bildung, als Erziehung und Unterricht, will im Guten vollkommener machen.
Im jüdisch-christlichen Kontext wird paideia stärker als Züchtigung und Zurechtweisung verstanden, dies vor allem in den Schriften der apostolischen Väter und der Kirchenväter (2./3. Jh.). Biblisch belegt im Hebräerbrief Kap.12, dort aber unter Zitierung der Sprüche (3,11.12).
Eph 6,1–4: Erziehung „in der Zucht und Ermahnung des Herrn".

Erziehen (paideuo) kommt bei Paulus nur zweimal vor – aber nicht als „erziehen", sondern als „züchtigen" (von Gott) 1 Kor 11,32; 2 Kor 6,9; als zurechtweisen, anleiten, züchtigen auch 1 Tim 1,20 (als Gemeindezucht), 2 Tim 2,25 zurechtweisen (die Widerspenstigen).

Lehren ist für Paulus zentral Weitergabe der Überlieferung (1 Kor 15,3 ff.) und das Festhalten der Überlieferung (1 Kor 11,2). Die Überlieferung bezieht sich auf die „Lehre" und auf die Lebenspraxis als Christ/Christin. Zum Glauben-lernen gehört wesentlich das Einüben in Lebensformen der Gemeinde, die sich aus dem Evangelium ergeben (vgl. 1 Kor 11,23).

Durch die Zeiten wurden diese um des christlichen Glaubens willen erforderlichen „Vermittlungsprozesse" unterschiedlich verstanden, begründet und vollzogen. Dieses Kapitel will wesentliche Phasen geschichtlicher Entwicklung nachzeichnen und zur entsprechenden Vertiefung anraten und Impulse setzen.

4.2 Von der Katechetik zur Gemeindepädagogik: Phasen der Entwicklung

Die Gemeindepädagogik ist dem Begriff nach eine junge Wissenschaft. Ihre geschichtlichen Wurzeln können unterschiedlich angesetzt werden. Rainer Lachmann lässt die „Problemorientierte Geschichte der Gemeindepädagogik"[14] mit der Aufklärung beginnen, da sich hier eine eigenständige Pädagogik entwickelte. Bernd Schröder setzt seine ausführliche Darstellung der „Etappen

---

14 Rainer Lachmann, Problemorientierte Geschichte der Gemeindepädagogik, in: Gottfried Adam / Rainer Lachmann (Hg.), Neues Gemeindepädagogisches Kompendium, Göttingen 2008, 41–61.

der Geschichte von ‚Katechetik und Religionspädagogik'"[15] mit der Reformationszeit an. In diesem Studienbuch wird die Anregung von Karl Foitzik in seiner Problemgeschichte der Gemeindepädagogik[16] aufgenommen, in die Ideengeschichte der Gemeindepädagogik den altkirchlichen Katechumenat einzubeziehen.

Dies ist darin begründet, dass die Disziplin der Katechetik ohne die Ausprägungen der ersten Jahrhunderte nicht vollständig darzustellen ist und für Neuansätze im Laufe der Wissenschaftsgeschichte häufig auf diese Anfänge zurück gegriffen wird, so in der Reformationszeit, aber auch in der jüngeren Geschichte, speziell im Katechumenatsdenken der 1930er Jahre und dann in der Ausprägung der Katechetik in Ostdeutschland nach 1945.

Da die Gemeindepädagogik ohne ihre geschichtlichen Wurzeln in der Katechetik und (schulischen) Religionspädagogik nicht schlüssig zu verstehen ist, besteht weithin Einigkeit, *als Beginn ihrer jüngeren Geschichte* den Ausgang des 19. Jh.s und die ersten Jahrzehnte des 20. Jh. anzusehen, im Zusammenhang einer Differenzierung zwischen der neuen Disziplin „Religionspädagogik" zur überkommenen „Katechetik".

4.2.1 Religionspädagogik und Katechetik in Schule und Gemeinde

„In zwei Säulen steigt die religiöse Unterweisung und Erziehung auf: es ist einmal die der staatlichen Schule und dann die der Kirche."[17] Diese Feststellung von *Friedrich Niebergall* kennzeichnet treffend die Veränderungen, die sich im Übergang vom 19. zum 20. Jh. vollzogen. Wie war es dazu gekommen?

Im 18. Jh. war das „Katechisieren" zu einer allgemeinen pädagogischen Methode geworden, die auch in Schullehrerseminaren gelehrt wurde. Durch Lehrerfragen und erwartete Schülerantworten wurde der Unterrichtsgegenstand kleinteilig zergliedert, mit dem Ziel, dass sich die Schüler die Inhalte auf diese Weise besser aneignen und kontrolliert wiedergeben können. Dem-

---

15 Bernd Schröder, Katechetik und Religionspädagogik, in: Christian Grethlein / Helmut Schwier (Hg.), Praktische Theologie. Eine Theorie- und Problemgeschichte, Leipzig 2007, 685–732, 689.

16 Foitzik, (s. o. Anm. 2), 383.

17 Friedrich Niebergall, Praktische Theologie. Lehre von der kirchlichen Gemeindeerziehung auf religionswissenschaftlicher Grundlage, Tübingen, Bd. 1 1918; Bd. 2 1919, hier Bd. 2, 325.

entsprechend hatte sich die Katechetik zu einer allgemeinen Unterrichtslehre entwickelt, war also nicht allein an das Thema Religion gebunden.

In Abgrenzung von diesem allgemeinen Gebrauch des Begriffs Katechetik entstand im 19. Jh. eine bewusste Ausprägung als „Kirchliche Katechetik", exemplarisch dafür die *„Evangelische Katechetik"* von *Christian Palmer.*
Bereits im Vorwort zur ersten Auflage (1844, dann in mehreren weiteren, auch überarbeiteten Auflagen) wird diese Ausrichtung deutlich:

> „Was der Katechetik meines Erachtens am meisten noth thut, das ist, daß sie, dem Ursprung und Zweck alles katechetischen Wirkens gemäß, wieder mit theologisch-kirchlichem Geiste getauft wird. Lange genug hat sie sich von den Unterrichtskünsten in Beschlag nehmen und auf die Stufe einer blos formalistischen Fragekunst degradieren lassen. ... Sie war eine Schulwissenschaft, ein Stück der pädagogischen Methodik geworden."[18]

Demgegenüber will Palmer die Katechetik als eine „theologisch-kirchliche Disziplin" wissenschaftlich verantwortet wissen. Die Katechese ist nun nicht mehr ein einfaches Katechisieren, sondern ein methodisch-didaktisch reflektiertes pädagogisches Handeln des Katecheten. Ziel der Katechese ist für ihn das eigene Bekenntnis der Jugend in der Konfirmation. Um das zu erreichen hat die Kirche ihr katechetisches Amt (Katechumenat), wahrzunehmen
– als häusliche Erziehung der getauften Kinder (Verantwortung der Eltern),
– als lehrmäßige Unterweisung in der Schule im bekenntnisgebundenen Religionsunterricht und
– in der Gemeinde im Konfirmandenunterricht durch den Pfarrer.

Die religiöse Erziehung in der Schule liegt ganz in der Hand der Kirche und wird durch den Katecheten wahrgenommen, das kann der Pfarrer sein oder ein Schullehrer, der für Palmer dann „Organ der Kirche"[19] ist. Zu dem Katechumenat gehört die Teilnahme am Gottesdienst der Gemeinde und den kultischen Ausformungen im Jahreskreis, denn „nur in der Kirche selbst lernt man kirchlich leben."[20]
So bestimmen sich Inhalt und Ziel der Katechetik als Begleitung des Weges von der Kindertaufe hin zum eigenen Bekenntnis (Konfirmation).

Die in diesem System noch vorausgesetzte enge Verbindung von Kirche und Schule steht im ausgehenden 19. Jh. zunehmend in Frage. Das Interesse der

---

18 Christian Palmer, Evangelische Katechetik, vierte verbesserte Auflage, Stuttgart 1856, Vorwort VI f.
19 A. a. O., 60.
20 A. a. O., 64.

Stärkung des Religionsunterrichtes als eigenständigen Faches an der staatlichen Schule, begünstigt durch eine zunehmende Professionalisierung der Lehrerschaft im Bestreben, sich aus den kirchlichen Bindungen zu lösen, führte dazu, für den schulischen Bereich nun nicht mehr von Katechetik sondern „Religionspädagogik" zu sprechen. Der Begriff fand schnell Verbreitung.[21]

Mit dem Beginn der Weimarer Republik stand 1918/ 1919 generell eine Neuordnung des Religionsunterrichtes an. Niebergall sah in ihm einen notwendigen Teil der Tätigkeit der Schule und wollte ihn zumindest in der Volksschule erhalten wissen. Klar ist für ihn aber, dass es daneben einen besonderen kirchlichen Unterricht geben soll, der sich in Ziel und Art davon unterscheidet.
    Bei Niebergall findet sich an einer Stelle seiner Praktischen Theologie „der Gedanke der *Gemeindepädagogie*"[22] Damit will er festhalten, dass die ganze Gemeinde, ohne „Unterscheidung zwischen Bekehrten und Unbekehrten, zwischen gläubigen und ungläubigen Gliedern der Gemeinde" Träger und Ziel der pädagogischen Arbeit ist, „denn ihr soll zugute kommen, was sie leistet"[23]. Da nicht alle Gemeindeglieder in der Lage sind, kirchliche Arbeit aktiv zu unterstützen und freiwillige Dienste zu tun, „hat man schon in vielen Gemeinden den freiwilligen Kräften angestellte hinzugesellt. Das sind die Gemeindehelfer, die Gemeindediakone oder wie sie sonst genannt werden."[24] [→ Kap. 10, 2.1]

Bedingt durch die Hinwendung der Theologie am Anfang des 20. Jh. zur Reformationszeit als Wort Gottes Theologie, speziell in der Entwicklung der „Dialektischen Theologie" im Gegensatz zur Liberalen Theologie des 19. Jh.s kam es auch zu einer Neubesinnung der pädagogischen Arbeit der Kirche. Verschärft wurde diese Entwicklung durch den alle Lebensbereiche überschattenden Nationalsozialismus. Der schulische Unterricht geriet unter die Gleichschaltung und ideologische Inanspruchnahme durch den Staat. Unter dem Druck der Führung des Nationalsozialistischen Lehrerbundes beendete die Lehrerschaft 1938 den christlichen Religionsunterricht in den Schulen. Kirchliche Verbandsarbeit wurde „gleichgeschaltet" und die Evangelischen Landeskirchen sollten als „Deutsche Reichskirche" in das System des totalitären Staates integriert werden. Besonders im Bereich der „Bekennenden Kirche" wurde da-

---

21 Erste Erwähnung beim Systematiker Max Reischle 1889, vgl. Karl Ernst Nipkow, Art. Religionspädagogik, 1 Begriff und Geschichte, in: LexRP, Bd. 2, Sp. 1716–1721, hier 1716.
22 Niebergall, a. a. O. (s. o. Anm. 17), Bd. 1, 487.
23 A. a. O., 486.
24 A. a. O., 488.

her die Notwendigkeit gesehen, einen eigenen kirchlichen Unterricht aufzubauen. Neben der „Evangelischen Christenlehre"[25] von Martin Albertz und Bernhard H. Forck waren die Arbeiten von *Oskar Hammelsbeck* richtungweisend, speziell sein Buch von 1939: *Der Kirchliche Unterricht.*

Für das Gesamtverständnis ist bedeutsam, dass für Hammelsbeck aller kirchlicher Unterricht seinen Ort in der Gemeinde hat, „dass sich kirchliche(r) Unterricht und die Gemeinde gegenseitig bedingen."[26] Im Rückblick urteilt er, dass es in den nachreformatorischen Jahrhunderten zu „Fehlentwicklungen" gekommen sei, „die uns kirchlich in die Enge geführt"[27] haben. Was ist dabei das Problem? Es geht um das Verständnis von Unterricht: „Unterricht heißt Richten – unter."[28] Damit überträgt er eine Bedeutung des bei Paulus zentralen Wortes kataechein (vgl. oben) auf sein Selbstverständnis von Unterricht.

> „Das zusammengesetzte Wort heißt demnach: umtönen, herabtönen. ... Indem der Schall des Evangeliums in diese Welt ,herabtönt'. richten wir uns darunter, um es ganz genau zu vernehmen."[29]

Für ihn geht es also darum, Kinder, Jugendliche und auch Erwachsene unter das Wort Gottes zu bringen. So ist nach diesem Verständnis jeder kirchliche Unterricht auf die Gemeinde bezogen, als dem Ort der Evangeliumsverkündigung und geschieht in ihrem Auftrag und führt zu ihr hin. Das gilt auch für den schulischen Religionsunterricht.

> „Allein von der Gemeinde her kann ein christlicher Religionsunterricht mit Vollmacht erteilt werden, auch wenn er nicht im Rahmen der Kirche, sondern im Rahmen der weltlichen Einrichtung Schule erteilt wird."[30]

Darin ist er „missionierender Unterricht" ebenso wie „die Kinderlehre"[31], die dringend gebotene geordnete Unterweisung der Kinder in der Gemeinde. Zum „gemeindlichen Unterricht"[32] gehört die Gemeindejugendarbeit („Junge Gemeinde"[33]), Bibelkreise, Gottesdienste, Förderung der Laien in der Gemeinde.

---

25 Martin Albertz, Bernhard H. Forck, Evangelische Christenlehre. Ein Altersstufen-Lehrplan, Gütersloh 1938.
26 Oskar Hammelsbeck, Der kirchliche Unterricht, München 1939, 25.
27 A. a. O., 15.
28 A. a. O., 20.
29 Ebd.
30 A. a. O., 61.
31 Vgl. Kap. II, „1. Der missionierende Unterricht", a. a. O., 56–155, dort auch der Unterabschnitt „Die Kinderlehre", 135–142.
32 Vgl. Kap. II, „2. Der gemeindliche Unterricht", a. a. O., 156–234.
33 A. a. O., 156, damit wird die Tradition des freiwilligen Nachkonfirmandenjahres aufgenommen, „der früheren Christenlehre", 157.

Wer stand für die katechetische Aufgabe zur Verfügung?

Hammelsbeck schlussfolgert aus der veränderten Lage in Staat und Kirche, dass es neben dem Amt des Pfarrers „das Amt des kirchlichen Lehrers" geben sollte.[34]

Für die Neuordnung wurde der *altkirchliche Katechumenat* zum Vorbild, wie er bereits im 19. Jh. als Idee wieder erneuert worden war.[35]

4.2.2 Altkirchlicher Katechumenat

Der altkirchliche Katechumenat hat sich einerseits aus der Notwendigkeit entwickelt, das Evangelium als Botschaft weiterzugeben und zwar so, dass es verstehend vernommen und verantwortlich übernommen werden kann. Zum anderen entwickelte er sich im Zuge der Notwendigkeit, die innere Organisation der Kirche aufzubauen speziell als Taufunterricht.

Um dem zu entsprechen, bedurfte es der absichtsvollen und zielgerichteten Unterrichtung und Erziehung. Schon die als „Apostolische Väter" zusammengefassten Schriften aus der ersten Hälfte des 2. Jh.s, speziell der 1. Klemensbrief sprechen von der Notwendigkeit der Erziehung – der paideia en christo. Erziehungsziele sind Demut, Liebe, Gastfreundschaft, Gottesfurcht u. a. Ein wichtiges Buch bei der Unterweisung der Katechumenen wurde die „Didache oder die Lehre der Apostel" aus der ersten Hälfte des 2. Jh.s. „Man kann die Schrift im allgemeinen als *Religionshandbuch* des Urchristentums bezeichnen."[36]

Katechumenen / Katechumenat   !

Ende des 2. Jh.s wurden die Taufbewerber als ein eigener Stand in der Gemeinde als Katechumenen bezeichnet. Bei Tertullian (um 200 in Karthago, der erste lateinisch schreibende „Kirchenvater") ist erstmalig der Name für den besonderen „Stand" als Catechumeni belegt.

Mit dem 2./3. Jh. gewann die Taufunterweisung Erwachsener festere Strukturen. Aufschlussreich sind die Ausführungen zum Taufkatechumenat in der Kirchenordnung „Traditio apostolica" (Hippolyt von Rom zugeschrieben, wohl um 210 entstanden). Hier

---

34 Vgl. das Kapitel „das Amt des kirchlichen Lehrers", a. a. O., 303–319. „Es hat erst des Zusammenbruchs und der Erneuerung unserer Kirche in diesen Jahren bedurft, um uns wieder darauf merken zu lassen, was es damit nicht nur für die Urgemeinden, sondern auch in der Gemeinde des 20. Jahrhunderts auf sich hat." (a. a. O., 304).

35 Vgl. besonders die Arbeiten von C. A. G. von Zezschwitz, vgl. dazu: Markus Ambrosy, Gerhard von Zezschwitz, Leben und Werk, Frankfurt a. M. 1998.

36 Die Apostolischen Väter, Sammlung ausgewählter Kirchen- und Dogmengeschichtlicher Quellenschriften, hg. von Karl Bihlmeyer, Tübingen 1970, Einleitung XIII.

wird als Regelfall von einem dreijährigen Katechumenat ausgegangen. Wer sich zum Katechumenat anmeldete, wird befragt, weshalb er sich dem Glauben zugewandt hat. Es werden Erkundigungen über seine Lebensart eingezogen, es gibt Anweisungen zur Berufspraxis. Wer ihn/sie zum Glauben geführt hat, wird als Bürge in Anspruch genommen (Pate).

Die Unterrichtung (Katechese) wurde durch freiberufliche Lehrer (Tradition der Philosophen) oder Angehörige des Klerus vorgenommen. Inhalt der Unterweisung waren: christliche Lebensweise und Moral, eine allgemeine Unterrichtung in der Lehre im Blick auf die im Bekenntnis formulierten Heilstatsachen, Segnungen und Exorzismen durch Handauflegung, gemeinsames Gebet von Lehrer und Katechumenen.[37]

Die Katechumenen nahmen regelmäßig am Gottesdienst teil, mussten ihn aber vor der Eucharistie verlassen. Eine erneute Prüfung zur Lebensführung der Bewerber schloß den Katechumenat ab. Nach einer speziellen Vorbereitung auf die Taufe wurde durch den Bischof in der Regel in der Osternacht getauft.

Die Anerkennung des Christentums als Religion unter Kaiser Konstantin (313 Toleranzschreiben, zusammen mit Mitkaiser Licinius) und Ende des 4. Jh.s die Erhebung zur Staatsreligion (Kaiser Theodosius I.) hatte gravierende Auswirkungen auf den Katechumenat. Dem massiven Andrang von Taufbewerbern musste Rechnung getragen werden. Der hohe ethische Anspruch der Taufe war nicht mehr durchzusetzen, wenn Motive zum Begehren der Taufe eher gesellschaftlicher Natur waren. Viele ließen sich zwar als Katechumenen aufnehmen, schoben aber die Taufe hinaus, manchmal bis zum Todesbett. So waren Beginn und Ende nicht mehr klar zu strukturieren. Die Zeit verkürzte sich, die vorösterliche Bußzeit wurde zunehmend zur eigentlichen Katechumenatszeit mit verstärkt liturgischer Prägung. Die sog. „Mystagogischen Katechesen", in denen die Getauften in den tiefen Sinn des Sakraments nach der Taufe eingeführt werden, gewannen an Bedeutung. Überliefert sind aus der nachkonstantinischen Zeit die Katechesen von Bischof Cyrill von Jerusalem „Einweihung in die Mysterien des Christentums" aus dem Jahr 348. Wichtig für unseren Zusammenhang ist, dass die Hinführung zur Taufe eng mit Liturgie, Gottesdienst und Gemeindeleben verbunden war und es einen Unterricht vor und einen nach der Taufe gab.

Mit der sich rasch ausbreitenden Praxis der Kindertaufe verlor der Katechumenat als Weg zur Taufe ab dem 6./7. Jh. für viele Jahrhunderte seine Bedeutung. Die Unterweisung lag nun bei der Familie und den Paten, die Synode von Paris 829 macht die Hauskatechese zur Pflicht. Die liturgische Ausformung der Sakramente und des Kirchenjahres bieten „Lernmöglichkeiten" im Sinne einer allgemeinen christlichen Sozialisation. Ab dem 11./12. Jh.

---

37 Vgl. Susanne Hausammann, Alte Kirche, Bd. 2, Verfolgungs- und Wendezeit der Kirche, Neukirchen 2001, 2.3. Gottesdienste und Mysterienhandlungen, 137–150.

entwickelt sich ein Unterricht zur Beichtvorbereitung, der sich methodisch vor allem im Vor- und Nachsprechen oder auch als gemeinsames Sprechen vollzog. Hauptstoff waren das Vaterunser und das Glaubensbekenntnis, erst gegen Ende des Mittelalters kamen besonders für die Fastenzeit die 10 Gebote, das Ave Maria, Laster- und Tugendkataloge hinzu. Das „führte zu einer Wucherung des Stoffes, der im 15. Jh. wieder auf Credo, Vaterunser, Dekalog und Ave Maria reduziert wurde."[38]

4.2.3 Reformationszeit: Katechismus – Katechismuspredigten – Die Christenlehre

Unterricht, Erziehung, Bildung sind Grundthemen der Reformatoren des 16. Jh. Es entsteht eine neue Buchgattung, der Katechismus.

Katechismus – eine Zusammenfassung der wichtigsten Glaubenslehren, bes. auch für Unterrichtszwecke zur Verbreitung und Vertiefung der reformatorischen Einsichten. Im 16. Jh. entstanden viele Katechismen, von denen auf Dauer aber nur Luthers „Kleiner Katechismus" (1529) in den lutherisch orientierten Kirchen und der „Heidelberger Katechismus" (1563) in den reformierten Kirchen weitreichende Wirkung entfalteten. Für Luther enthielt der Katechismus die Summe der ganzen Schrift. Wer die gelernt hat, hat alles, was einem Christen zu wissen Not tut.

Die Bedeutung von Luthers „Kleinem Katechismus" für die Entwicklung der Katechetik ist nicht hoch genug einzuschätzen. Das Büchlein wurde schnell zu dem zentralen Unterrichtsbuch. Die auf mündliche Unterrichtung bezogene Frage-Antwort-Struktur war in jener Zeit durchaus geläufiges Hilfsmittel. Im Vorwort zur „Deutschen Messe" (1526), also der Neuordnung des Gottesdienstes, fordert Luther dazu auf, den Katechismus auswendig zu lernen und sich dann um das Verstehen zu bemühen. Dies hatte allerdings mit der Zeit zur Folge, dass sich der Unterricht durch Pfarrer oder auch Küster auf ein einfaches Auswendiglernen der Katechismusstoffe reduzierte. Dies wurde nicht unwesentlich befördert durch die sich einbürgernde Konfirmation mit dem Katechismusverhör vor der Zulassung zum Abendmahl. „Für den Kleinen Katechismus Luthers ist eine Entwicklung hin zum Elementarbuch des Christen auf seinem Weg zur vollen Bibel- und Glaubensmündigkeit zu konstatieren. So wird der Kleine Katechismus zum Schulbuch für die aufkommende Volksschule."[39]

---

38 Hans-Jürgen Fraas, Art. Katechese/Katechetik, I. Geschichte 2. Mittelalter und Reformation, in: RGG[4], Bd. 4, 2001, 854–855, hier 855.
39 Franz-Heinrich Beyer, Art. Katechismus, 1 Evangelisch, in: LexRP Bd. 1, 2001, 970–976, hier 974.

Besondere Bedeutung gewannen daneben die üblich werdenden *Katechismuspredigten*, die schon Martin Luther jährlich hielt. In etlichen Kirchenordnungen wurden sie als Pflicht der Pfarrer verankert. Das neue Glaubensverständnis sollte regelmäßig lehrmäßig gefestigt und mit dem Leben der Menschen verbunden werden. Im 17. Jh. bürgert sich für diese Katechismuspredigten der schon vorher genutzte Name „*Christenlehre*" ein, zumeist am Sonntag nach dem Gottesdienst gehalten oder am Nachmittag als eigenständige Veranstaltung, zugleich für die Gemeinde als Gottesdienst. In vielen Gebieten Deutschlands wurde die Teilnahme als für die Jugend verpflichtend per Kirchenordnung geregelt.

! Der Begriff **Christenlehre** ist bereits im späten Mittelalter im Katholizismus in den „Gesellschaften der christlichen Lehre" bezeugt[40].

Die Katechismuspredigten in der nachreformatorischen Zeit verbanden sich mit diesem Namen, der bis ins 20. Jh. hinein die (pflichtmäßige) Unterweisung der konfirmierten Jugend bezeichnete.

In der Neuordnung der katechetischen Arbeit in den ostdeutschen Landeskirchen nach 1945 wurde diese Bezeichnung programmatisch gewählt in Aufnahme theologisch-pädagogischer Überlegungen speziell der 1930er Jahre (vgl. Hammelsbeck) zur Verantwortung der Gemeinde für ihre Kinder, sie erzieherisch zu begleiten und Orientierung zu geben im Lebensalltag vom Evangelium her.

So bezeichnet der Name die kontinuierliche inhaltliche Arbeit mit Kindern in der Gemeinde im Vorkonfirmandenalter in vielfältiger Form.[41] Christenlehre hat damit Teil an den Chancen und Grenzen des Lernortes Gemeinde im Verbund kirchlichen Bildungshandelns.

Die Praxis einer gottesdienstlich geordneten Christenlehre hielt sich bis ins 20. Jh. So gab es noch in den 1930er Jahren in vielen Landeskirchen eine Verpflichtung der konfirmierten Jugend daran teilzunehmen, verstanden als pflichtmäßiger Jugendkatechumenat in gottesdienstlicher Form in der Tradition der Katechismuspredigten, getragen vor allem durch die Landesjugendpfarrämter.[42] Nach dem Krieg konnte an diese Tradition aber nicht mehr angeknüpft werden. In Ostdeutschland wurde die „Christenlehre" zum zentralen Begriff der gemeindlichen Unterweisung, nun aber der Kinder in der Zeit vom Schuleintritt bis zum Konfirmandenunterricht. Dafür war entscheidend, für

---

40 Vgl. Roland Degen, Art. Christenlehre, in: LexRP Bd. 1, 2001, 263–268.

41 Vgl. Martin Steinhäuser, Christenlehre in gemeindepädagogischer Perspektive, in: Gottfried Adam / Rainer Lachmann, Neues Gemeindepädagogisches Kompendium, Göttingen 2008, 237–254.

42 Vgl. dazu, auch mit interessanten Zahlen einer Umfrage von 1934, Friedrich Wilhelm Petri, Die Christenlehre in Kirche und Berufsschule, 2. Aufl. im Titel ergänzt 1953.

den neuen Beruf in der Gemeinde „Katechetin/Katechet" Ausbildungen einzurichten, Pläne zu erstellen, theoretisch und praktisch die katechetische Arbeit in der „Christenlehre" zu organisieren.

4.2.4 Entwicklungen nach 1945 in Ost und West: Religionspädagogik und Katechetik

> „M. E. wird noch viel zu wenig beachtet, dass in der Zeit nach 1945 in beiden Teilen Deutschlands in vieler Hinsicht auf die Katechetik des 19. Jahrhunderts zurückgegriffen wurde."[43]

Die notwendige Neuorientierung nach 1945 war in beiden politisch getrennten Teilen Deutschlands zunächst vergleichbar. Im Programm einer „Evangelischen Unterweisung" wurde angeknüpft an katechetische und religionspädagogische Arbeiten der 1920er und 30er Jahre mit der Idee eines „kirchlichen Unterrichts" in Schule und Gemeinde. Mit den gesellschaftlichen Umbrüchen der 1960er Jahre verlagerte sich allerdings das Interesse in Westdeutschland fast ausschließlich auf den schulischen Religionsunterricht und eine entsprechende Religionspädagogik.

In Ostdeutschland kam es direkter zu Bemühungen, an die kirchliche Katechetik des 19. Jh. anzuknüpfen und die Erfahrungen und Einsichten der Zeit der „Bekennenden Kirche" aufzunehmen. Für die theologische Orientierung der Katechetik, speziell auch im späteren „Bund der Evangelischen Kirchen in der DDR" (BEK) ist auf die große Wirksamkeit der Theologie Dietrich Bonhoeffers hinzuweisen.[44]

Die sich nach 1945 vielfach eher spontan entwickelnde Arbeit mit Kindern in den Gemeinden brauchte ein tragfähiges Konzept. Auch die Ausbildung des neuen Berufes „Katechetin/Katechet" brauchte eine theoretische Grundlage. In der Katechumenatsidee und im Rückgriff auf den altkirchlichen Katechume-

---

43 Jürgen Henkys / Friedrich Schweitzer, Eine Geschichte, die weiter zurückreicht. Ost- und westdeutsche Katechetik und Religionspädagogik 1945 bis 1990 als Teil einer längeren gemeinsamen Geschichte, in: Comenius-Institut (Hg.) Christenlehre und Religionsunterricht. Interpretationen zu ihrer Entwicklung 1945–1990, Weinheim 1998, 185–198, 185. Jürgen Henkys verweist in diesem Zusammenhang auch auf die Bedeutung der Katechetik-Vorlesung von Dietrich Bonhoeffer in Finkenwalde mit seinem Rückgriff auf den altkirchlichen Katechumenat, a. a. O., 189.
44 Vgl. Heiner Aldebert, Christenlehre in der DDR. Evangelische Arbeit mit Kindern in einer säkularisierten Gesellschaft, Hamburg 1990.

nat gab es ein tragfähiges Fundament für die Neuorientierung kirchlicher Erziehungsbemühungen in der Gemeinde.

Von besonderer Bedeutung für den katechetischen Neubeginn wurde die 1948 gegründete Zeitschrift „Die Christenlehre", die in ihrer Funktion für die Katechetik der DDR nicht hoch genug einzuschätzen ist.

Zu ihrer Aufgabe schrieb Herwig Hafa als erster Schriftleiter rückblickend:

> Die neue Zeitschrift „sollte den oft aus anderen Berufen kommenden Katecheten praktische Hilfe für ihren Unterricht geben, die Einbettung dieses neuen Standes in die Mitarbeiterschaft der Kirche fördern und alle rechtlichen, theologischen und seelsorgerlichen Gesichtspunkte, die mit diesem Gebiet zusammenhingen, beobachten und auswerten."[45]

! Seit 1948 existiert für Theorie und Praxis der Gemeindepädagogik in ununterbrochener Folge, aber mit geändertem Titel, eine *Fachzeitschrift:*
1948–1995 „Die Christenlehre. Zeitschrift für den katechetischen Dienst" (Chl oder Cl) als Monatszeitschrift,
1996–2004 „Christenlehre/Religionsunterricht – Praxis" (CRP) als Vierteljahreszeitschrift,
seit 2005 „Praxis Gemeindepädagogik" (PGP) als Vierteljahreszeitschrift – ab Hf. 1/ 2011 mit dem Untertitel „Zeitschrift für evangelische Bildungsarbeit".

Wie stark der altkirchliche Katechumenat Leitbild für die Katechetik wurde, ist an den Arbeiten des Rektors des Katechetischen Seminars in Potsdam, Walter Baltin, abzulesen.[46]

Von Interesse mag dabei sein, dass Baltin aus dem Bereich der Schule kam und als Oberstudienrat entsprechend pädagogisch gut geschult war. Das Neue der Christenlehre suchte er bewusst in der Unterscheidung zur Schule, ging es für ihn doch um die Ausgestaltung des Katechumenats der Kirche.

> „Katechumenat ist erstmalige, und zwar grundlegende Bekanntmachung mit dem Sakrament in der Form kirchlicher Unterweisung, Erziehung und Seelsorge. [...]
> Drei Unterweisungen schließt er in sich ein: a) den Taufunterricht, b) den Abendmahlsunterricht, c) den Beichtunterricht. [...] Der Katechumenat kann nach Altersstufen gegliedert werden, die an ihm teilhaben. Wir unterscheiden danach:

---

45 Herwig Hafa, Wie es damals anfing, in: Die Christenlehre 34 (1981), 117–120, 117. Vgl. zu Hafa: Dieter Reiher, Die Neuordnung der evangelischen Unterweisung – moderiert von Herwig Hafa, in: Klaus Petzold / Michael Wermke (Hrsg.), Ein Jahrhundert Katechetik und Religionspädagogik in Ostdeutschland, Leipzig 2007, 142–159.
46 In den Jahrgängen der Zeitschrift „Die Christenlehre" 1948–1958 finden sich insgesamt 27 Arbeiten von Baltin, vgl zu Baltin: Götz Doyé, Walter Baltin (1908–1973), in: Petzold / Wermke a. a. O., 27–42.

a) den Kinderkatechumenat, b) den Jugendkatechumenat, c) den Erwachsenenkatechumenat. Der Katechumenat fällt also nicht, wie es noch immer behauptet wird, mit einem bestimmten Lebensalter zusammen."[47]

Baltin hielt auch in den seit den 1960er Jahren verstärkten Auseinandersetzungen um das rechte Verständnis der Katechetik an seiner Überzeugung fest, dass die Christenlehre sachgemäße Praxis in der Tradition des Katechumenats der Alten Kirche sei. Diese Position war in den 1970er Jahren aber nicht mehr konsensfähig. So wendete Dieter Reiher ein:

„Korrigiert werden muß meines Erachtens die kritiklose Übernahme eines Katechumenatsverständnisses, das auf einer statischen Vorstellung von Kirche aufbaut. Nach diesem Verständnis geht es wesentlich um das Hinzutreten zu der vorhandenen verfassten Kirche als der Institution, die den Glauben vermittelt. Demgegenüber verschafft sich ein dynamisches Verständnis Gehör, das die Kirche als Lebens- und Dienstgemeinschaft von Menschen beschreibt, die sich vom Christus-Geschehen her versteht."[48]

Die vielfachen Veränderungen in Kirche und Gesellschaft führten pragmatisch zum neuen Begriff „Gemeindepädagogik". Jürgen Henkys, der sich lange darum mühte, den Begriff der Katechetik für „die pädagogischen Dienste der Kirche im Rahmen ihres Gesamtauftrages"[49] beizubehalten, verstand die Gemeindepädagogik als eine katechetische Neuorientierung, die in strenger Auseinandersetzung mit dem Bisherigen zu profilieren sei.

„Damit folgen wir also der katechumenatstheologischen Tradition, die die Anfänge der christlichen Unterweisung in der DDR so stark bestimmt hat. Doch kommt es darauf an, in kritischem Umgang mit der Tradition ihre Einseitigkeiten zu überwinden und freien Raum für vielgestaltiges, zugleich auftrags- und situationsgebundenes Handeln zu gewinnen. Der katechumenatstheologische Ansatz erweitert sich uns zum *gemeindepädagogischen*."[50]

Hier wird der direkte Zusammenhang von Katechetik und Gemeindepädagogik, in besonderer Prägung in der ostdeutschen Entwicklung nach 1945, sichtbar.

---

47 Walter Baltin, Die Gliederung des Katechumenats, in: Chl 14 (1961) Hf. 3, 75–87, hier: 75 und 82 f.
48 Dieter Reiher, Wort der Schriftleitung, Chl 1/1973, 3–7, 3.
49 Vgl. Jürgen Henkys, Die pädagogischen Dienste der Kirche im Rahmen ihres Gesamtauftrages, in: Handbuch der Praktischen Theologie (HPTh) III, Berlin 1978, 12–65.
50 A. a. O., 27.

Im westdeutschen Kontext führten in den beginnenden 1970er Jahren hauptsächlich gesellschaftliche Veränderungen im Bildungsbereich zur Ausbildung einer Gemeindepädagogik als Theorie, Lehrdisziplin und Berufsbezeichnung. Eine Akademisierung der Berufe im sozialen und pädagogischen Bereich führte auch zu entsprechenden Veränderungen in der Ausbildung kirchlicher Mitarbeiter im Gemeindedienst.[51] [→ Kap. 10, 2.2]

Inhaltlich wurde angesichts einer sich neu orientierenden (schulischen) Religionspädagogik und der sich akademisch ausweitenden Sozialpädagogik nach einer qualifizierten „Gemeindebildungsarbeit" gefragt.[52] Für ein „Gesamtkonzept gemeindlicher Bildungsarbeit" brauche es den neuen Begriff der „Gemeindepädagogik". „Er umfasst das bildende, erzieherische und unterweisende Handeln der Gemeinde treffender als die bisher auf diesem Arbeitsfeld gebräuchlichen Begriffe."[53]

Friedrich Niebergall konstatierte am Beginn des 20. Jh.s die Trennung der religiösen Unterweisung in Schule und Kirche (s. oben). Durch die deutsche Teilung nach 1945 hatte sich diese Trennung vertieft. Zum Ende des 20. Jh.s bezeichnet Friedrich Schweitzer „das Verhältnis zwischen ostdeutscher Katechetik und westdeutscher Religionspädagogik" als „vielleicht wichtigste Herausforderung".[54] Werden sich die beiden gewachsenen „Regionalisierungen" in einen „die Unterschiede nicht leugnenden gemeinsamen Rahmen"[55] theoretischer Begründungen zusammen finden?

4.2.5 Entwicklungsphasen der Gemeindepädagogik

Angesichts einer zweitausendjährigen Geschichte des Katechumenats und der sich daraus entwickelnden Katechetik umfasst die Gemeindepädagogik dem Begriff nach als Fachwissenschaft erst einen sehr kurzen Zeitraum. Es hat sich dennoch eingebürgert, wissenschaftsgeschichtlich diese Zeit in zwei „Phasen" zu unterteilen.

---

51 Vgl. zu allem Foitzik (s. o. Anm. 2).
52 Vgl. Enno Rosenboom, Gemeindepädagogik – eine Herausforderung an die Kirche, in: Hans Kratzert u. a. (Redaktion), Leben und Erziehen durch Glauben. Perspektiven bildungspolitischer Mitverantwortung der evangelischen Kirche, Gütersloh 1978, 55–71.
53 A. a. O., 56.
54 Friedrich Schweitzer, Vor neuen Herausforderungen: Bilanz und Perspektiven von Religionspaedagogik als Theorie, in JRP 12/1995, 143–160, 156.
55 A. a. O., 157.

Über den Beginn *der ersten Phase* Anfang der 1970er Jahre besteht Einigkeit. Es ging um erste konzeptionelle Klärungen, um Erprobungen, was mit dem neuen Begriff gemeint ist, um Praxiserkundungen, neue Ausrichtung von gemeindlicher Berufstätigkeit und entsprechender Ausbildung.

Die Grundstruktur der Veröffentlichungen jener Zeit war vergleichbar: Grundfragen und (unterschiedlich gewichtete) Handlungsfelder. Zum Ende der ersten Phase wird eine veränderte Perspektive deutlicher, weg von einer an Handlungsfeldern orientierten Gemeindepädagogik hin zu einem Verständnis von die Handlungsfelder übergreifenden Lernprozessen: Gemeindepädagogik als Dimension kirchlichen Handelns.

Der Beginn einer *zweiten Phase* wird unterschiedlich angesetzt.

> „Das Jahr 1987 markiert in der jüngeren Geschichte der Gemeindepädagogik einen deutlichen Einschnitt und eröffnet mit ersten hinreichend ausgearbeiteten und umfassend konzipierten Theorien der Gemeindepädagogik eine *zweite Phase* in der gemeindepädagogischen Theoriegeschichte."[56]

Lachmann schließt sich hier einem Vorschlag von Henning Schröer an,[57] das 1987 von Gottfried Adam und Rainer Lachmann hg. „Gemeindepädagogisches Kompendium" als erste Zwischenbilanz und damit als Zäsur zu werten.

Anders sehen Degen / Failing / Foitzik in dem von ihnen herausgegebenem Band „Mitten in der Lebenswelt. Lehrstücke und Lernprozesse zur zweiten Phase der Gemeindepädagogik"[58] den Übergang von einer ersten in eine zweite Phase der Gemeindepädagogik durch das in dem Band dokumentierte „Erste Gemeindepädagogische Symposium" (Ludwigshafen 1991). Es spricht einiges dafür, nicht die Veröffentlichung eines Buches als Markierung zu nutzen, sondern die beim Symposium erfolgte Gründung des *„Arbeitskreis Gemeindepädagogik e. V."* als gesamtdeutsches Forum zur „Förderung von Wissenschaft und Forschung im Bereich der Gemeindepädagogik" (Satzung § 2).[59] Der Arbeitskreis veranstaltet regelmäßig Symposien und Konsultationen zum Austausch zwischen Forschung, Lehre und Praxis.

---

56 Lachmann, (s. o. Anm. 14), 56.
57 Henning Schröer, Gemeindepädagogik wohin? Bilanz einer realen Utopie, in: JRP Band 12 (1995), Religionspädagogik seit 1945. Bilanz und Perspektiven, 1996, 161–177.
58 Münster 1992, mit einem umfassenden Literaturverzeichnis zur Gemeindepädagogik.
59 www.ak-gemeindepaedagogik.de, hier unter „Satzung".

4.3 Katechumenat – das taufbezogene Handeln der Gemeinde

4.3.1 Gemeindekatechese – Entwicklungen in der Katholischen Kirche

Anders als in der evangelischen Religionspädagogik und Gemeindepädagogik ist in der katholischen Kirche die Begriffsfamilie Katechese/Katechumenat ganz selbstverständlich im Gebrauch geblieben.[60]

In den 1960er Jahren setzte im Zusammenhang mit dem Zweiten Vatikanischen Konzil das Nachdenken über die Verantwortung der Gemeinde für die nachkommende Generation ein. Die Schule erschien nicht mehr als der geeignete Ort für das katechetische Handeln der Gemeinde, speziell in der Vorbereitung der Kinder und Jugendlichen auf die Sakramente der Eucharistie, Buße und Firmung. Daraus entstand die Bewegung der „Gemeindekatechese". Neben der zunächst alleinigen Verantwortung der Priester und hauptamtlichen Katecheten/Katechetinnen wurde die Mitarbeit von ehrenamtlich tätigen Gemeindegliedern immer wichtiger. Von Bedeutung für die Praxis erwies sich der „Holländische Katechismus" 1966, da er bei der Lebenssituation der Menschen ansetzte. Dagegen war der 1985 erschienene „Katholische Erwachsenenkatechismus", eher eine „Laiendogmatik", dazu gedacht, eine einheitliche inhaltliche Ausrichtung der Katechese zu gewährleisten. Diesen Bestrebungen dient auch der sog. Weltkatechismus „Katechismus der Katholischen Kirche" (1993) mit dem Ziel, die „wesentlichen und grundlegenden Inhalte der katholischen Glaubens- und Sittenlehre" dazulegen.[61]

In den 1970/80er Jahren wuchs neben der Sakramentenkatechese mit Kindern und Jugendlichen die Bedeutung des *Erwachsenenkatechumenats* als Reaktion auf die veränderten gesellschaftlichen Bedingungen. Auch dies folgte einem Beschluss des Zweiten Vatikanischen Konzils, „den altkirchlichen Katechumenat als Weg des Christwerdens für ungetaufte Erwachsene wieder herzustellen."[62]

---

60 Vgl. Wolfgang Bartholomäus, Das katechetische Handeln der Kirche – Katholische Entwicklungen und Spezifika, in: Adam / Lachmann, Gemeindepädagogisches Kompendium (s. o. Anm. 6), 87–112, hier 97 f.; vgl Claudia Hofrichter (mit gleichem Titel) in: Adam / Lachmann, Neues Gemeindepädagogisches Kompendium (s. o. Anm. 41), 63–83, und Wolfgang Nastainczyk, Art. Katechese/Katechetik 2 Katholisch, in LexRP 2001, Bd. 1, 961–966.

61 Katechismus der Katholischen Kirche, München u. a. 1993, 40, zit. nach: Paul Schladoth, Art. Katechismus, 2 Katholisch, in LexRP, 2001, Bd.1, 977–982, hier 980.

62 Matthias Ball / Franz-Peter Tebartz-van Elst / Artur Waibel / Ernst Werner, Erwachsene auf dem Weg zur Taufe. Werkbuch Erwachsenenkatechumenat, Kösel 1997, 10. Begleitet und kirchamtlich gestützt wird diese Entwicklung durch etliche

Der Erwachsenenkatechumenat wird dem Vorbild der Alten Kirche entsprechend mehrstufig angelegt: Phase der Erstverkündigung, dann die eigentliche Phase als „grundlegende, umfassende Einführung in den christlichen Glauben, in die lebendige Gemeinschaft mit Jesus Christus und so in das Leben als Christ", abschließend die „mystagogische Phase" nach dem Empfang der Sakramente zur „Vertiefung und Vergewisserung".[63] Für die methodisch-didaktischen Standards wollen viele praktische Handreichungen sorgen, besonders auch in Verantwortung des „Deutschen Katecheten-Vereins" als Mitherausgeber der Fachzeitschrift „Katechetische Blätter"[64].

4.3.2 Taufe als gemeindepädagogisches Handeln

In den Ausführungen zum altkirchlichen Katechumenat wurde deutlich, dass sich in den ersten Jahrhunderten ein spezieller Taufkatechumenat ausbildete. Mit der zahlenmäßig wachsenden Kirche entstand die Notwendigkeit, die Taufbewerber auf den sakramental bestimmten neuen Lebensabschnitt vorzubereiten. Taufe und Katechumenat hatten und haben ihren Sitz in einer missionarisch geprägten Situation der Kirche. Die Verkündigung des Evangeliums als öffentliche Lebensäußerung der Kirche schließt die Bereitschaft ein, Menschen jeden Alters zu taufen und damit in die Kirche als Leib Christi zu inkorporieren.

Das Taufbegehren, so zeigen auch die Untersuchungen zur Kirchenmitgliedschaft, ist seit Jahren in hohem Grade lebensweltlich eingebundene Praxis. In der jeweiligen konkreten Lebenswelt von Kindern, Jugendlichen und Erwachsenen findet die Taufe ihre Zeit und ihren Ort. Vielfalt der Praxis ist daher auch zum Kennzeichen des taufenden Handelns der Gemeinde geworden: Säuglingstaufe, Taufe eines Kindes der Christenlehregruppe, die Taufe einer Konfirmandin im Konfirmationsgottesdienst, die allein erziehende Mutter, die sich und ihre vierjähriges Kind taufen lässt, der Geschäftsmann im Kreis der Mitglieder eines Glaubenskurses für Erwachsene usw.

Es kann eine produktive Spannung entstehen zwischen den Vorstellungen, die Menschen mit der Taufe verbinden und die Grund sind, sich taufen zu

---

Dokumente der Dt. Bischofskonferenz, wie „Erwachsenentaufe als pastorale Chance. Impulse zur Gestaltung des Katechumenats" 2001 oder „Katechese in veränderter Zeit", 2004, vgl. dazu Hofrichter (s. o. Anm. 60), 73 f.

63 Hofrichter (s. o. Anm. 60), 76.

64 Zeitschrift für Religionsunterricht, Gemeindekatechese und kirchliche Jugendarbeit, hg. vom Deutschen Katecheten-Verein und Arbeitsstelle für Jugendseelsorge der Dt. Bischofskonferenz, München, 6mal jährlich.

lassen und der biblisch-theologischen Deutung der Taufe und den Themen und Texten des Glaubens, die eine Gemeinde ihrer Taufpraxis zuordnet. Zu einem gemeinsamen Verständnis kann es kommen, „wenn die Empfindungen, Bedürfnisse und Deutungen, in denen sich für viele Menschen heute der Zugang zur Taufe eröffnet, wahrgenommen sowie auf dem Hintergrund der klassischen Überlieferung gedeutet werden und umgekehrt die klassische Überlieferung für eine solche *theologia popularis* durchsichtig gemacht wird."[65]

Interessant an der altkirchlichen Praxis ist, dass die Vorbereitung auf die Taufe nicht allein die kognitive Lerndimension in den Vordergrund stellte, sondern die Unterweisung sich vielfach verband mit Teilnahme am Leben der Gemeinde und gemeinsamen Übungen mit Personen, die begleitend tätig waren (Paten). Auch die Entfaltung des Kirchenjahres mit seinen Festtagen und -zeiten bot sinnfällige Zugänge zur Wirklichkeit christlichen Lebens und Glaubens. Die Taufpraxis der Gemeinde erwies sich als ein pädagogisch höchst bedeutsamer Prozess. So ist es nicht verwunderlich, dass Gemeindepädagogik, als „Erbin" der Katechetik, ein Interesse an „Bildung im Umfeld der Taufe"[66] hat.

Aufschlussreich ist, dass sich in der Entstehungszeit der Gemeindepädagogik als Reformprozess in der Kirche auch eine Reformdiskussion um die Taufpraxis entwickelte.

> „Die Taufe kann nur in dem Maße anders werden, in dem auch die Kirche anders wird. Die Reform der Taufe ist die Reform der Kirche."[67]

Neben dem theologischen Verständnis der Taufe als Sakrament und einer Reflexion des Zusammenhanges von Taufe und Glauben, angestoßen vor allem durch Karl Barths Taufverständnis (Taufe als menschliches Antworthandeln), gewannen die pädagogischen Implikationen der Taufpraxis an Gewicht. Dies zeigte sich u. a. in den Bemühungen, Taufseminare für Eltern zu etablieren (als „Elternkatechumenat"[68]), Tauferinnerungen gottesdienstlich zu gestalten, Taufe als Teil eines „konfirmierenden Handelns der Gemeinde"[69] zu reflektieren.

---

65 Die Taufe. Eine Orientierungshilfe zum Verständnis und Praxis der Taufe in der evangelischen Kirche, hg. vom Rat der EKD, Gütersloh 2008, Abschnitt 5.1. Taufe und moderne Lebenswelt, 39.
66 Christian Grethlein, Gemeindepädagogik, Berlin/New York, 1994, Überschrift zu Kap. 2, 44.
67 Robert Leuenberger, Die Taufe in der Krise, Stuttgart 1973, 87, zitiert bei Grethlein a. a. O., 64.
68 Vgl. Leuenberger, 95, zitiert bei Grethlein a. a. O., 65.
69 Vgl. Das konfirmierende Handeln der Gemeinde, in: Die Christenlehre 26/1973, H. 6, 163–167, erneut abgedruckt in: Dieter Reiher (Hg.), Kirchlicher Unterricht in der DDR 1949–1990. Dokumentation eines Weges, Göttingen 1992, 253–257.

Dabei lassen gerade Bildungsprozesse im Umfeld der Taufe verstehen, dass das Lernen sich nicht auf eine individualisierte Ebene reduzieren lässt, sondern Kirche von ihrem Wesen und Auftrag her auf Gemeinschaft (Koinonia) angelegt ist und damit entsprechende Lernprozesse im Blick hat. Die Taufe inkorporiert in Gemeinde und ist zugleich in ihrem theologischen Verständnis ganz auf die Subjektivität des Menschen aus. Das Handeln des Dreieinigen Gottes ist ein Handeln, „das den Menschen in seinem Subjektsein, in seiner Freiheit anspricht und auf seine Freiheit zielt. Der Mensch kann im Glauben in neuer Weise Herr seiner selbst werden."[70]

Sieht man die Seiten der evangelischen Landeskirchen im Internet unter dem Stichwort Taufe durch, zeigt sich eine große Vielfalt gemeindepädagogisch relevanter Praxis. Die Galerie von Beispielen guter Praxis bei der Zukunftswerkstatt Kassel 2009, im Zusammenhang des von der EKD angestoßenen Reformprozesses, bietet in der Rubrik „Kasualien" auch Beispiele zur Taufe.[71] Dort finden sich Anregungen für Taufausstellungen, besondere Tauf(eltern)briefe, Gottesdienste zur Tauferinnerung, und immer wieder *Tauffeste*.

Tauffeste unter freiem Himmel entwickeln für viele Menschen offenbar eine besondere Anziehungskraft. Das Fest in der Propstei Königslutter konnte mit großen Zahlen glänzen.

> „77 Täuflinge mit ihren Familie und Angehörigen, so dass insgesamt rund 1000 Personen zusammen kamen, die sich an der Schunterquelle in Räbke versammelten. Und es waren in der Tat vor allem ältere Kinder und Jugendliche, die sich haben taufen lassen."[72]

Die Beispiele wetteifern mit den Zahlen der Täuflinge. Eltern, die ihr Kind beim Tauffest in Loccum 2008 taufen ließen, fassen ihr Erleben so zusammen:

> „Vielleicht sollte die Aufnahme in die Christengemeinschaft immer auf diese Weise erfolgen: im Rahmen eines großen fröhlichen Festes; gefeiert von vielen Gleichge-

---

70 Joachim Track, Kinder- oder Erwachsenentaufe? Zur Auseinandersetzung mit Karl Barths Taufverständnis, in: EvErz 40 (1988), Hf.2, 136–155, hier 138, zitiert bei Karl-Ernst Nipkow, Bildung als Lebensbegleitung und Erneuerung. Kirchliche Bildungsverantwortung in Gemeinde, Schule und Gesellschaft, Gütersloh 2. Aufl. 1992, im Abschnitt „Taufendes Handeln der Gemeinde und die Gemeinde als Kommunikationsfeld", 415.
71 Vgl. www.kirche-im-aufbruch.ekd.de/praxis/kasualien/taufe/html (Abruf 6/2011).
72 Evangelisch in Braunschweig. Zeitschrift für Religion und Kirche, hg. von der Pressestelle, Ausgabe 2/09, Interview.

sinnten. So wird allen tatsächlich bewusst, was es heißt, angenommen und aufgenommen zu sein, gestützt und getragen zu werden und Halt zu erfahren."[73]

Tauffeste berühren zentrale Fragen, wie sie in den Kapiteln zwei und drei dieses Studienbuches entfaltet werden, Fragen nach dem Selbstverständnis von „Gemeinde als Lernort", parochial oder Gemeinde an unterschiedlichen Orten und Zeiten? Kirche auf Dauer oder bei Gelegenheit? In der Tradition und im Selbstverständnis vieler Ortsgemeinden hat Taufe einen parochialen Bezug. Kinder, Jugendliche, Erwachsene werden in eine konkrete Gemeinde getauft. Wie sind Spannungen zwischen dem (einmaligen) Festereignis und einer kontinuierlichen inhaltlichen Vorbereitung und Vertiefung und nachfolgender Begleitung als Lernprozesse wahrzunehmen und zu gestalten? Fördern Tauffeste eine „Kasualisierung" des Kirchenbezugs [→ Kap. 3], also einen eher gelegentlichen, lebensfallbezogenen Kontakt zur Gemeinde?

> „Der sonntägliche Gemeindegottesdienst ist keineswegs der einzig theologisch angemessene Ort der Taufe, denn die ekklesiologische Bedeutung der Taufe lässt sich nicht auf einen Aufnahmeritus in die parochiale Kirchengemeinde reduzieren und Kirchenzugehörigkeit reicht weiter als die Teilnahme am ortsgemeindlichen Leben. Um die Taufe im sonntäglichen Gemeindegottesdienst nicht als bloße kirchliche Reglementierung erscheinen zu lassen, ist es gut, wenn auch *andere kirchliche Orte und Zeiten* im Blick bleiben bzw. in den Blick kommen."[74]

Kristian Fechtner benennt drei Kriterien, die bei der Wahl eines Taufortes zu bedenken wären,

> „ob der Taufort a) ein *öffentlicher* Ort ist, damit die Taufe nicht als ein privater Akt erscheint, b) ein *erinnerungsfähiger* Ort ist, der traditionsbildend werden kann, und c) ein *resonanzfähiger* Ort ist, der mit dem geistlichen und symbolischen Gehalt des Taufgeschehens korrespondiert."[75]

Damit sind Kriterien benannt, die helfen, das taufende Handeln der Gemeinde theologisch und pädagogisch zu verantworten.

---

73 Taufe und Freiheit, Themenheft zum „Jahr der Taufe und Freiheit 2011", hg. vom Kirchenamt der EKD, 2. durchges. Aufl. 2011, 25.
74 Kristian Fechtner, Kirche von Fall zu Fall. Kasualien wahrnehmen und gestalten, Gütersloh, 2. überarb. Aufl. 2011, 108 f.
75 A. a. O., 110.

Literatur zur Vertiefung

Adam, Gottfried / Lachmann, Rainer (Hg.), Neues Gemeindepädagogisches
  Kompendium, Göttingen 2008.
Emeis, Dieter, Grundriss der Gemeinde- und Sakramentenkatechese,
  München 2001.
Fechtner, Kristian, Kirche von Fall zu Fall. Kasualien wahrnehmen und
  gestalten, 2. überarb. und erw. Aufl., Gütersloh 2011.
Foitzik, Karl, Gemeindepädagogik. Problemgeschichte eines umstrittenen
  Begriffs, Gütersloh 1992.
Grethlein, Christian, Gemeindepädagogik, Berlin/New York 1994.
Henkys, Jürgen, Die pädagogischen Dienste der Kirche im Rahmen ihres
  Gesamtauftrages, in: Handbuch der Praktischen Theologie, bearb. von Heinrich
  Ammer / Jürgen Henkys u. a., Bd.3: Die Unterweisung, Berlin 1978, 7–66.
Lexikaartikel zum Wortfeld Katechetik / Katechumenat, bes. Christoph Bizer,
  Art. Katechetik, TRE 17, 1988, 686–710.
Petzold, Klaus / Wermke, Michael (Hrsg.), Ein Jahrhundert Katechetik und
  Religionspädagogik in Ostdeutschland, Leipzig 2007.
Reiher, Dieter (Hg.), Kirchlicher Unterricht in der DDR 1949–1990.
  Dokumentation eines Weges, Göttingen 1992.

Impulse zur Weiterarbeit

a) Michael Meyer-Blanck urteilt über den gegenwärtigen Sprachgebrauch:
   „Inzwischen ist der Begriff Katechetik im evangelischen Bereich so gut wie
   vollständig durch die Begriffe Religionspädagogik und Gemeindepädagogik ersetzt."[76]
   In wichtigen kirchlichen Texten zum Thema „Kirche und Bildung"[77]
   kommt dagegen der Begriff Gemeindepädagogik selten vor, obwohl der Sache nach durchaus präsent, wohl aber wieder „katechetisch, Katechumenat, Katechese", häufig bewusst auch in Unterscheidung zum schulischen
   Religionsunterricht.
   Wie ist dies angesichts der These, die Gemeindepädagogik habe die Kate-
   chetik beerbt, zu interpretieren?
b) Gemeindepädagogisch ist interessant, dass das 2. Vatikanische Konzil die
   Erneuerung des Katechumenats verbunden hat mit dem Prozess des Kir-
   che-Werdens. Nach katholischem Verständnis „ist der Prozess des Glauben-

---

76 Michael Meyer-Blanck, Art. Katechese, Katechetik, 1 Evangelisch, in: LexRP 2001,
Bd. 1, 956–961, hier 956 (Abkürzungen aufgelöst).
77 Vgl. die Orientierungshilfe des Rates der EKD: Kirche und Bildung.
Herausforderungen, Grundsätze und Perspektiven evangelischer
Bildungsverantwortung und kirchlichen Bildungshandelns, Gütersloh 2009.

lernens gleichzeitig ein Prozess fortschreitender Verbundenheit mit der Kirche"[78].

Können Sie dieser Feststellung zustimmen? In welchem Verhältnis steht das Interesse am Christwerden zur Gemeinde?

c) Wo sehen Sie den Beginn der Ideengeschichte der Gemeindepädagogik und worin liegen die bis heute wirksamen inhaltlichen Klärungen einzelner Etappen? Stimmen Sie den folgenden Sätzen zu?

– Die jüngere Geschichte der Gemeindepädagogik beginnt in der Wendezeit vom 19. zum 20. Jahrhundert mit der Trennung von Schule und Kirchgemeinde.

– Das starke Interesse der Reformation an Bildung ist Ausgangspunkt einer Entwicklung, die zur Gemeindepädagogik führte.

– Der Bezug auf die biblischen Anfänge und die ausgeprägte Katechumenatstradition der Alten Kirche ist prägender Grund der Katechetik, die sich zur Gemeindepädagogik entwickelte.

---

78 Werkbuch Erwachsenenkatechumenat (s. o. Anm. 62), 142.

Michael Domsgen

5 Bildung, Erziehung und Sozialisation im Lebenslauf
Gemeindepädagogik in Zeiten lebenslangen Lernens

5.1 Kontexte religiösen Lernens

5.1.1 Die lebensgeschichtliche Relevanz als grundlegende Kategorie

Fast alle, die im Rahmen der dritten und vierten Mitgliedschaftsuntersuchung der EKD interviewt worden sind, antworteten auf die bewusst offen gehaltene Erzählaufforderung unter den Stichworten Kirche, Glaube, Christentum und Religion mit einer Erinnerung an emotional bedeutsame Erfahrungen mit Kirche und Religion in ihrer Kindheit und Jugend. Sie klopften gleichsam ihre Biografie ab und suchten nach Erlebnissen, die sie damit in Verbindung bringen konnten. Religion wird dabei nicht inhaltsbezogen, sondern von der Lebensgeschichte her beschrieben. „Erst im lebensgeschichtlichen Rückbezug erlangen Fragen nach Kirche und Glauben, nach Christentum und Religion eine persönliche Relevanz."[1] Auffällig oft findet dabei die Familie Erwähnung, in der man aufgewachsen ist. Durch sie werden vor allem in der Kindheit religiöse Impulse aufgenommen, gefiltert und weitergegeben. So betont etwa Gisela (41 Jahre, verheiratet, ein Kind), dass ihr Glaube nicht durch die Kirche vermittelt worden sei:

> „Mein Glauben oder so, der ist im Grunde genommen auch nur durch die Erziehung gewachsen oder so, weil mir das von zu Hause aus mitgegeben worden ist. ... Der ist aus 'ner ganz anderen Beziehung entstanden, eben aus dem Familienhaus, durch 'ne engere Beziehung."[2]

Aber es ist nicht nur die Kindheit, in der wesentliche Impulse zur Glaubensentwicklung gegeben werden. Im Erwachsenenalter führt die Erfahrung des Elternseins oft zu einer verstärkten Auseinandersetzung mit religiösen Fragen. Deutlich wird das bei Malte, einem Arzt, der sich selbst als Atheist bezeichnet. Er

---

1 Klaus Engelhardt / Hermann von Loewenich / Peter Steinacker, Fremde Heimat Kirche. Die dritte EKD-Erhebung über Kirchenmitgliedschaft, Gütersloh 1997, 145.
2 Studien- und Planungsgruppe der EKD, Quellen religiöser Selbst- und Weltdeutung. Die themenorientierten Erzählinterviews der dritten EKD-Erhebung über Kirchenmitgliedschaft, Band I: Dokumentation, Hannover 1998, 307–334, 317.

war im Rahmen der vierten EKD-Mitgliedschaftsumfrage wiederholt interviewt worden. Seine Glaubenseinstellungen hatten sich im Vergleich zum Interview vor 10 Jahren kaum geändert. Allerdings führte die Erfahrung der Elternschaft zum Wiedereintritt seiner Frau in die Kirche und zur Taufe der Kinder. Im diesem Zusammenhang stellt auch Malte sich Fragen zum Leben und Glauben. Dabei führt die Erfahrung des Vaterseins zu einer vorsichtigen Öffnung der religiösen Dimension gegenüber. „Hätte Malte keine Tochter, die angesichts eines toten Spatzen das Problem der Endlichkeit des Lebens aufwirft, auf das er lieber mit dem Verweis auf einen Engel antwortet als mit der Erläuterung des biologischen Verfallsprozesses, hätte sich in seinem Leben vielleicht die ‚rationale' Perspektive gänzlich durchgesetzt."[3] Vergleichbares lässt sich auch beobachten, wenn Eltern oder Großeltern krank werden oder sterben. So erzählt Kathy (25 Jahre, lebt mit ihrem Freund zusammen, kinderlos):

> „… meine Oma war die letzte Zeit im Krankenhaus und ist da an einem Dickdarmkrebs operiert worden. Und dann so, so das Gefühl der Hilflosigkeit, und, oder Aussichtslosigkeit. Und dann diese, dieses Flehen, daß es weitergeht. Und auf der anderen Seite eben das, das Wissen, daß trotz allem das nicht in meiner Macht liegt, was passiert."[4]

Die Beispiele von Gisela, Malte und Kathy verdeutlichen, wie wichtig Beziehungen im Nahbereich und dabei vor allem die familialen Beziehungen für die Profilierung von Religiosität sind. Des Weiteren zeigen sie, dass Impulse zur religiösen Entwicklung nicht nur auf die Kindheits- und Jugendphase beschränkt sind, sondern im gesamten Lebenslauf auftreten. Schließlich markieren sie eine grundlegende Herausforderung für gemeindepädagogisches Handeln: Entscheidend für die Rezeption gemeindlicher Impulse ist deren lebensgeschichtliche Relevanz. Nur das, was biografisch rückgebunden werden kann, wird als bedeutsam erlebt.

5.1.2 Religiöses und christliches Lernen unter den Leitbegriffen von Bildung, Erziehung und Sozialisation

Religiöse und christliche Lernprozesse am und durch den Lernort Gemeinde wahrzunehmen, zu beurteilen und handlungsorientierende Impulse zu geben,

---

3 Monika Wohlrab-Sahr, Kulturelle Diversität und ein verbindendes Kontrastprinzip: Kirche in der Vielfalt der Lebensbezüge, in: Jan Hermelink u. a. (Hg.), Kirche in der Vielfalt der Lebensbezüge. Band 2: Analysen zu Gruppendiskussionen und Erzählinterviews, Gütersloh 2006, 321–338, 333.
4 Studien- und Planungsgruppe der EKD 1998, Band I, 505–517, 507 f.

ist Aufgabe der Gemeindepädagogik als Theorie. Ein Blick auf die Geschichte dieser noch jungen Disziplin sowie der Katechetik als ihrer Vorgängerin zeigt, dass dabei unterschiedliche Leitbegriffe eine Rolle spielten [→ Kap. 4]. Vor allem im Gefolge Karl Ernst Nipkows[5] hat sich inzwischen der Bildungsbegriff als Leitterminus durchgesetzt, wobei ihm andere Begriffe wie beispielsweise Erziehung und Sozialisation zugeordnet werden. Jeder dieser Begriffe erschließt unterschiedliche pädagogische und theologische Traditionen.

Mit *Bildung* als „Fundamentalkategorie der Subjektivität"[6] rückt der Einzelne in seiner Selbsttätigkeit und Selbstreflexivität in den Mittelpunkt, und das nicht nur im Blick auf sein Wissen.

Bildung ist auf die Menschwerdung des Menschen gerichtet, zielt also auf den ganzen Menschen. Mit Peter Biehl lässt sich formulieren: „Bildung umfasst den lebenslangen, prinzipiell offenen Prozeß der Subjektwerdung des Menschen. Subjektwerdung vollzieht sich in Individualität, Sozialität und Mitkreatürlichkeit."[7]

Nach christlichem Verständnis ist der Mensch erst dann hinreichend als Mensch erfasst, wenn er in seinem Gottesbezug wahrgenommen wird. Grundlegend ist hier die biblische Lehre von der Geschöpflichkeit des Menschen und dabei besonders seiner Gottebenbildlichkeit (Gen 1, 26 f.). Bildung wird damit nicht nur als Vorgang zwischen Menschen, sondern zwischen Mensch und Gott verstanden. Sie ist dann nicht mehr als „Selbstverwirklichungsanstrengung denkbar, sondern nur als ein von Gott her ermöglichter Prozess zu verstehen."[8]

Aus der Sicht evangelischer Theologie wird der Mensch als Ebenbild Gottes nicht durch bestimmte Eigenschaften definiert, die er besitzt oder erwerben soll, sondern durch die Art der Beziehungen, zu denen er bestimmt ist, also durch Beziehungen zu Gott, zu den Mitmenschen und Mitkreaturen, sowie zu sich selbst. Anders als alle anderen Geschöpfe ist der Mensch zum Gegenüber Gottes in Freiheit und Verantwortung bestimmt.

Die Rede vom Ebenbild Gottes impliziert also, dass der Mensch frei sein muss, um Gottes Zuwendung erwidern zu können. Er ist nicht von vornherein

---

5 Vgl. Karl Ernst Nipkow, Bildung als Lebensbegleitung und Erneuerung. Kirchliche Bildungsverantwortung in Gemeinde, Schule und Gesellschaft, Gütersloh [2]1992.
6 Michael Winkler, Erziehung, in: Heinz-Hermann Krüger, Werner Helsper (Hg.), Einführung in Grundbegriffe und Grundfragen der Erziehungswissenschaft, Opladen, Farmington Hills [9]2010, 57–78, 69.
7 Peter Biehl, Theologische Aspekte des Bildungsverständnisses, in: EvErz 43 (1991), 575–591, 579.
8 Bernhard Dressler, Menschen bilden? Theologische Einsprüche gegen pädagogische Menschenbilder, in: EvTh 63 (2003), 261–271, 264.

auf ein bestimmtes Bild festzulegen, so wie auch Gott nicht auf ein bestimmtes Bild zu reduzieren ist. Das alttestamentliche Bilderverbot (Ex 20, 41) will die Fixierung auf bestimmte Bilder und Vorstellungen verhindern, damit das Gottesbild nicht selbst zum Gott wird. Gottesbilder wollen hinausweisen auf das Geheimnis der Nähe und Liebe Gottes. Sie sollen nicht einengen, sondern den Blick weiten. Von dieser Maßgabe sollten sich auch unsere Bilder vom Menschen leiten lassen. „Als freie Person ist der Mensch keine feststellbare Sache. Der Unverfügbarkeit Gottes korrespondiert die Unverfügbarkeit des Subjekts".[9] Deshalb ist kein Bildungsprozess ohne Freiheit denkbar. Die Rede vom Menschen als Geschöpf und Ebenbild Gottes erinnert eindringlich daran, dass menschliche Existenz nicht sich selbst verdankt und letztlich unverfügbar bleibt. Die Achtung vor der „Unverfügbarkeit des Ebenbilds Gottes setzt dessen Freiheit voraus und es strebt als Ziel von Bildung und Erziehung allererst die Befähigung zur Freiheit an."[10]

Eine große Stärke des Bildungsbegriffs in gemeindepädagogischer Perspektive liegt in seiner theologischen wie pädagogischen Bestimmtheit. Mit seiner Konzentration auf die Förderung des Einzelnen „erfüllt er die Rolle eines einheitsstiftenden Begriffs für religionspädagogisches Nachdenken und religionspädagogisch reflektiertes Handeln".[11] Trotzdem kann nicht auf andere Grundbegriffe verzichtet werden, weil sie sich dem Phänomen religiösen und christlichen Lernens aus anderen Perspektiven nähern und damit unterschiedliche Aspekte in den Mittelpunkt rücken.

So sind der *Erziehung*sbegriff und der mit ihm gemeinte Sachverhalt immer wieder kritisiert worden, bis dahin, dass dieser Terminus als revisionsbedürftig oder sogar verwerflich erachtet wurde. Trotzdem sollte nicht darauf verzichtet werden. Erziehung im allgemeinen Sinn kann als Reaktion auf das Phänomen von Geburt und Tod verstanden werden. Sie ist notwendig, weil ein neugeborener Mensch sich nicht automatisch das gesellschaftliche Erbe aneignet. Der Tod wiederum führt vor Augen, dass diese persönliche Aneignung eine Grenze hat und nicht von selbst an die nächste Generation weitergegeben wird. „Um die Gattung über den physischen Tod ihrer Mitglieder hinaus zu erhalten, entsteht ... eine gesonderte Tätigkeit, welche dieses geschichtlich-gesellschaftliche Erbe erhält ... Dabei stellt sich Erziehung zunächst als Ver-

---

9 A. a. O., 264 f.
10 A. a. O., 267.
11 Bernd Schröder / Christian Grethlein, Religionspädagogik, in: Wolfgang Marhold / Bernd Schröder (Hg.), Evangelische Theologie studieren, Münster/Hamburg/Berlin/London 2001, 143–154, 144.

mittlung des nichtgenetischen Erbes durch die ältere Generation an die jüngere dar."[12]

Der Erziehungsbegriff nimmt religiöses und christliches Lernen von vornherein als interpersonales Geschehen in den Blick, wobei der Intentionalität, also der bewussten und zielgerichteten Einwirkung, ein besonderer Stellenwert zukommt. Auch hier ist das Subjekt ins Zentrum gestellt, weshalb Erziehung eine Doppelsinnigkeit auszeichnet. Sie setzt sich aus zwei Tätigkeiten zusammen, aus Aneignung und Vermittlung, wobei „die individuelle Verfasstheit des Zöglings, sein Modus"[13] zu berücksichtigen ist.

Von hier aus kommen auch die Ortsbedingungen in den Blick [→ Kap. 2]. Denn „Erziehung lässt sich als ein Orthandeln begreifen, das Orte schafft, auf solche aufmerksam und sie zugänglich macht oder auch verschließt."[14]

Die Stärke des Erziehungsbegriffs liegt in der Betonung von Intergenerationalität und Intentionalität. In gemeindepädagogischer Perspektive darf dies nicht vernachlässigt werden, da hier die Frage nach der Zielrichtung religiöser und christlicher Erziehung in besonderer Weise im Mittelpunkt steht.

Mit dem Begriff der *Sozialisation* wird der Blick noch einmal geweitet, indem nicht primär die intentionalen Einwirkungen auf Menschen fokussiert werden, sondern alle „Auswirkungen, die von sozialen, personalen und gegenständlichen Umwelten auf die Person ausgehen, etwa auch die ‚unerwünschten Wirkungen' von Erziehungsinstitutionen."[15]

Mit dem Sozialisationsbegriff wird die Entwicklung der Persönlichkeit im sozialen und kulturellen Kontext beschrieben. Wie beim Bildungsbegriff wird damit die Gesamtheit des Lebenslaufs in den Blick genommen, dies allerdings nicht in der Fokussierung des Subjekts, sondern „im Spannungsfeld von Individuum und Gesellschaft".[16] Sozialisation als lebenslanger Prozess umfasst verschiedene Phasen. „Der primären, familialen Sozialisation folgt die sekundäre, Bildungs- und Ausbildungszeiten umfassende des Heranwachsenden und schließlich die tertiäre Sozialisation des Erwachsenen bis zum Alter."[17] Dies kann jedoch aufgrund der Flexibilisierungen der Biographie deutlich divergieren.

---

12 Winkler (s. o. Anm. 6), 66.
13 A. a. O., 73.
14 A. a. O., 74.
15 Werner Helsper, Sozialisation, in: Heinz-Hermann Krüger, Werner Helsper (Hg.), Einführung in Grundbegriffe und Grundfragen der Erziehungswissenschaft, Opladen, Farmington Hills ⁹2010, 79–89, 80.
16 Ebd.
17 A. a. O., 85.

Der Sozialisationsbegriff hat für die Erziehungswissenschaft wie auch für die Gemeindepädagogik „die Bedeutung, die normativen Entwürfe von Bildung und Erziehung vor dem Hintergrund sozialisatorischer Bedingungen und Strukturen der Entstehung der Person zu reflektieren. Dabei werden durch die Hinweise auf komplexe Bedingungen von Individuation und Bildung einfache Modelle pädagogischer Wirkung zusehends in Frage gestellt."[18] Gleichzeitig wird deutlich, dass Gemeindepädagogik nicht nur die Kindheits- und Jugendphase in den Blick zu nehmen hat, sondern den gesamten Lebenslauf.

Zusammenfassend lässt sich festhalten: *Gemeindepädagogik, die Bildung, Erziehung und Sozialisation verpflichtet ist, wird*
- *das Subjekt so in den Mittelpunkt stellen, dass das Subjektsein respektiert und das Subjektwerden gefördert werden kann.*[19] Dahinter steht die von Peter Biehl vorgeschlagene Differenzierung zwischen dem von Gott gegebenen Personsein und dem durch Bildung zu erwerbenden Subjektsein. *„Subjekt muss der Mensch im Prozess seiner Bildung erst werden, Person ist er immer schon. Bildung ist also Folgephänomen des Personseins."*[20]
- *die Unverfügbarkeit pädagogischer Prozesse im Blick behalten.* Bildung kann immer nur Selbstbildung sein. Damit wird das „Moment der Reflexivität und damit Selbständigkeit dessen" respektiert, „der im Rahmen intersubjektiver Wechselbeziehungen seinen individuellen Bildungsprozeß durchläuft, einen Prozeß, den er nur erleidet, indem er ihn zugleich mitgestaltet".[21]
- *Bildung und Erziehung als ganzheitlichen Prozess sehen, der alle Dimensionen der Persönlichkeitsentwicklung (Wissen, Gefühle, Bedürfnisse usw.) umfasst und nicht nur formalisiert bestimmbar ist.* Lernen als die „dauerhafte Veränderung bzw. Erweiterung des Verhaltensrepertoires"[22] durch Erfahrung findet in unterschiedlichen Lebenszusammenhängen und Formen

---

18 A. a. O., 87.
19 Vgl. Christian Grethlein, Gemeindepädagogik, Berlin, New York 1994, 35.
20 Peter Biehl, Die Gottebenbildlichkeit des Menschen und das Problem der Bildung. Zur Neufassung des Bildungsbegriffs in religionspädagogischer Perspektive, in: ders., Karl Ernst Nipkow, Bildung und Bildungspolitik in theologischer Perspektive, Münster 2003, 9–102, 40.
21 Rainer Preul, Religion – Bildung – Sozialisation. Studien zur Grundlegung einer religionspädagogischen Bildungstheorie, Gütersloh 1980, 93 f.
22 Alfred K. Treml, Nicole Becker, Lernen, in: Heinz-Hermann Krüger, Werner Helsper (Hg.), Einführung in Grundbegriffe und Grundfragen der Erziehungswissenschaft, Opladen, Farmington Hills [9]2010, 103–114, 107.

statt[23] als *formales Lernen*, das üblicherweise in einer Bildungs- oder Ausbildungseinrichtung stattfindet, (in Bezug auf Lernziele, Lernzeit oder Lernförderung) strukturiert ist und zur Zertifizierung führt; als *non-formales Lernen*, das nicht in Bildungs- oder Berufsbildungseinrichtung stattfindet und üblicherweise nicht zur Zertifizierung führt, – geichwohl es systematisch ist (in Bezug auf Lernziele, Lerndauer und Lernmittel); sowie als *informelles Lernen*, das im Alltag, am Arbeitsplatz, im Familienkreis oder in der Freizeit stattfindet. Es ist (in Bezug auf Lernziele, Lernzeit oder Lernförderung) nicht strukturiert und führt üblicherweise nicht zur Zertifizierung. Gemeindepädagogik hat es primär mit non-formalen und informellen Lernprozessen zu tun.

Um Bildungsprozesse in ihrer Unterschiedlichkeit wahrnehmen und beschreiben zu **!** können, hat das Bundesjugendkuratorium eine Differenzierung vorgeschlagen, die die Spezifik von Bildungsprozessen in unterschiedlichen Bildungsbereichen und Lernwelten gut zum Ausdruck bringt:

„Unter formeller Bildung wird das gesamte hierarchisch strukturierte und zeitlich aufeinander aufbauende Schul-, Ausbildungs- und Hochschulsystem gefasst, mit weitgehend verpflichtendem Charakter und unvermeidlichen Leistungszertifikaten.

Unter nichtformeller Bildung ist jede Form organisierter Bildung und Erziehung zu verstehen, die generell freiwilliger Natur ist und Angebotscharakter hat.

Unter informeller Bildung werden ungeplante und nichtintendierte Bildungsprozesse verstanden, die sich im Alltag von Familie, Nachbarschaft, Arbeit und Freizeit ergeben, aber auch fehlen können. Sie sind zugleich unverzichtbare Voraussetzung und ‚Grundton‘, auf dem formelle und nichtformelle Bildungsprozesse aufbauen."[24]

– *die religiöse bzw. christliche Welt- und Lebensdeutung als „Verarbeitungen und Konstruktionen des Subjekts" verstehen, „die immer schon an vorausliegende Deutungsoptionen gebunden sind, diese aufnehmen und im Kontext der je eigenen Erfahrung transformieren".*[25] Dabei kommt der inhaltlichen Profilierung eine besondere Bedeutung zu. Die jüdisch-christliche Überlieferung bildet die Grundlage des notwendigen Deutungsprozesses, und

---

23 Vgl. BMFSFJ (Hg.), Zwölfter Kinder und Jugendbericht. Bericht über die Lebenssituation junger Menschen und die Leistungen der Kinder- und Jugendhilfe in Deutschland. – Zwölfter Kinder- und Jugendbericht – Bildung, Betreuung und Erziehung vor und neben der Schule. Bonn 2005.
24 Bundesjugendkuratorium, Zukunftsfähigkeit sichern! Für ein neues Verhältnis von Bildung und Jugendhilfe, Berlin 2001, 22 f.
25 Jörg Lauster, Religion als Lebensdeutung. Theologische Hermeneutik heute, Darmstadt 2005, 28.

zwar nicht als Verfügungs-, sondern als Orientierungswissen. Auch in gemeindepädagogischen Bildungsprozessen wird nicht nur „praktisches Wissen im Sinne von Qualifikationen angestrebt", sondern soll „die Möglichkeit einer bewussten Lebensführung erschlossen werden".[26] Notwendig dafür ist die Offenlegung der angestrebten Intentionen.

– *die besonderen Möglichkeiten des Lernorts Gemeinde von vornherein aufnehmen.* Denn im Vergleich zur Schule hat Kirche „die Möglichkeit, die für alle religiösen Bildungsprozesse konstitutiven Differenzen und Wechselbezüge zwischen gelebter und gelehrter Religion in eine bestimmte, von der räumlichen Nähe zum Ort des Gottesdienstes charakteristische Konstellation zu bringen. ... Um Möglichkeiten mündiger Partizipation am kirchlichen Leben zu erschließen, kann der Lernort ... zugleich zum Lerngegenstand werden".[27] Die große Chance gemeindepädagogischen Arbeitens liegt in der unmittelbaren Kopplung von Erleben und Erfahren mit Deuten und Verstehen.

– *sich in ihren Bemühungen nicht nur auf sich selbst beschränken.* Letztlich geht es um Bildung im Ganzen, nicht nur um religiöse Bildung. Es gehört zur gesellschaftlichen Verantwortung der Kirche, daran mitzuarbeiten, dass die Grundlagen für gelingende Bildung erhalten bleiben oder – so noch nicht gegeben – geschaffen werden. Damit weitet evangelische Kirche ihre Wahrnehmungsperspektive. Sie schaut nicht nur auf die explizit religiösen Aufgaben (z. B. die liturgischen und kerygmatischen) und widmet sich deren Gestaltung, sondern wendet sich im Rahmen ihrer öffentlichen Verantwortung den Fragen der Persönlichkeitsentwicklung der Menschen in der Gesellschaft insgesamt zu.

5.1.3 Herausforderungen einer Gemeindepädagogik im Wandel

Das Programm der Gemeindepädagogik ist nicht ein für allemal fest geschrieben, sondern bedarf einer steten Weiterentwicklung, um gegenwärtigen Herausforderungen begegnen zu können. Im Folgenden sollen drei Eckpunkte benannt werden, wohl wissend, dass damit lediglich ein Rahmen skizziert wird, innerhalb dessen Gemeindepädagogik zu entwickeln ist.

---

26 Bernhard Dressler, Religiöse Bildung und Schule, in: Peter Schreiner, Ursula Sieg, Volker Elsenbast (Hg.), Handbuch Interreligiöses Lernen, Gütersloh 2005, 85–100, 91.
27 Bernhard Dressler, Unterscheidungen. Religion und Bildung, Leipzig 2006, 167 f.

Bereits vor zehn Jahren konstatierte Friedrich Schweitzer eine Krise der Gemeindepädagogik. Das Bild einer solchen Krise, so seine These, stelle „sich sofort ein, wenn die pädagogische Arbeit in der Gemeinde nicht aus dem Blickwinkel der bestehenden Angebote und Einrichtungen, sondern aus der Perspektive der Adressaten betrachtet wird".[28] Schweitzer plädiert für eine „adressatenbezogene funktionale Betrachtungsweise, die von der Frage ausgeht, ob die vorhandenen Angebote geeignet sind, das Ziel einer zureichenden religionspädagogischen Begleitung von Kindern und Jugendlichen sicherzustellen".[29] Auch wenn gesicherte empirische Ergebnisse in dieser Hinsicht rar sind, lassen sich doch begründete Zweifel daran hegen, dass dies gelingt. Grundlegend fällt auf, dass sich Gemeindepädagogik in Theorie und Praxis lange Zeit kaum oder gar nicht um die Voraussetzungen der eigenen Arbeit gekümmert hat. Das gilt vor allem für Westdeutschland, aber nicht ausschließlich. Zu wenig war im Bewusstsein, dass Gemeindepädagogik von Voraussetzungen lebt, die sie gar nicht geschaffen hat, bis dahin, dass mehr oder weniger selbstverständlich von einer christlichen oder doch religiösen Sozialisation der Kinder und Jugendlichen in ihren Familien ausgegangen wurde. Doch die in der Familie gepflegte und unterstützte Religion ist weithin eine andere als diejenige, die als kirchlich gelten kann. Die einzelnen gemeindepädagogischen Handlungsfelder sind davon in unterschiedlicher Intensität betroffen. Selbst bei gut laufenden Feldern gemeindepädagogischen Handelns wie der Konfirmandenarbeit zeigen sich grundsätzliche Probleme, die die Zukunft dieses Handlungsfeldes als ungewiss erscheinen lassen.

Hinzu kommt, dass herkömmliche gemeindepädagogische Angebote vor allem die Höhergebildeten anzusprechen scheinen. Die bildungsferneren Schichten und sozial schwächer Gestellte werden nicht oder kaum mehr erreicht. Hier zeigt sich ein Problem, das nicht nur die Gemeindepädagogik betrifft, sondern alle pädagogischen Felder. Es wird unter dem Stichwort der „Bildungsgerechtigkeit" diskutiert. Eine dem Bildungsparadigma verpflichtete Gemeindepädagogik kann darüber nicht hinweggehen. Sie weiß um die Verantwortung für das Gelingen des Aufwachsens und damit verbunden für die Förderung einer gesellschaftlichen Chancengerechtigkeit, die Gemeinde gemeinsam mit anderen öffentlichen Institutionen zu unterstützen versucht. Dieses Engagement resultiert aus dem christlichen Glauben und ist sowohl schöpfungstheologisch als auch soteriologisch begründet. Dies schließt das Gelingen von Erziehungs- und Bildungsaufgaben in Familien, Schulen und anderen Institutionen mit ein.

---

28 Friedrich Schweitzer, „Das ganze Gefüge stimmt nicht mehr!" oder: Gibt es eine Krise der Gemeindepädagogik? In: ZPT 52 (2000), 347–355, 349.
29 A. a. O., 350.

Ein solcher Begründungszusammenhang eröffnet zudem eine Perspektive, die zwar in der Theorie seit geraumer Zeit benannt wird, in der Praxis jedoch bisher nur unzureichend Beachtung gefunden hat. Eine dem Bildungsparadigma verpflichtete Gemeindepädagogik wird sich nicht nur auf „die religionspädagogische Begleitung von Kindern und Jugendlichen"[30] konzentrieren dürfen, sondern darüber hinaus auch die anderen Abschnitte im Lebenslauf mit aufnehmen müssen. Bereits bei Amos Comenius taucht der Gedanke eines lebenslangen Lernens auf (sieben „Schulen" des Lebens). Unter den Herausforderungen der DDR war mit dem Begriff „konfirmierendes Handeln der Gemeinde" eine Konzeption für die gesamte gemeindepädagogische Arbeit der Kirche erarbeitet worden.[31] Karl Ernst Nipkow hat in seinem opus magnum Bildung als „Lebensbegleitung und Erneuerung" beschrieben.[32] Damit sind nur einige Impulse genannt. Die große Herausforderung besteht darin, nach Anknüpfungspunkten für die Kommunikation des Evangeliums im Lebenslauf zu suchen, ohne in das zu starre Muster eines Gesamtkatechumenates zu verfallen. Die Dynamik und Individualität der Lebensläufe sind konstitutiv aufzunehmen. Am Beispiel familialer Beziehungen lässt sich gut aufzeigen, wie das geschehen kann.

5.2 Die Familie als gemeindepädagogisches Handlungsfeld

5.2.1 Empirische Befunde zur Relevanz von Familie

a) Zur Bedeutung von Familie für kirchliche Religiosität[33]

Für die Entwicklung von Religiosität im Allgemeinen und von Kirchlichkeit im Besonderen spielen die Eltern eine große Rolle. Befragt nach den Gründen für

---

30 Ebd.

31 So formulierte der Facharbeitskreis Konfirmation 1971: „Konfirmation ist nicht punktuell, sondern als Prozess zu verstehen. Dafür bietet sich der Begriff konfirmierendes Handeln an [...]. Handeln gilt im Sinne des Gesamtkatechumenats Getaufter und Ungetaufter und erstreckt sich über verschiedene Altersstufen eines Menschen." zit. n. Eckart Schwerin, Evangelische Kinder- und Konfirmandenarbeit. Eine problemgeschichtliche Untersuchung der Entwicklungen auf der Ebene des Bundes der Evangelischen Kirchen in der DDR von 1970–1980, Würzburg 1989, 73.

32 Nipkow (s. o. Anm. 5).

33 Vgl. Michael Domsgen, Kirchliche Sozialisation: Familie, Kindergarten, Gemeinde, in: Jan Hermelink / Thorsten Latzel (Hg.), Kirche empirisch. Ein Werkbuch zur vierten EKD-Erhebung über Kirchenmitgliedschaft und zu anderen empirischen Studien, Gütersloh 2008, 73–94.

ihre Mitgliedschaft in der Evangelischen Kirche stimmten 38 % der Westdeutschen und 48 % der Ostdeutschen der Vorgabe zu „weil meine Eltern auch in der Kirche sind bzw. waren". Dieselbe Tendenz zeigt sich auch in der Beantwortung der Frage, welche Personen Einfluss auf die religiöse Entwicklung genommen haben sowie welche Medien dabei eine Rolle spielten. An erster Stelle werden von den Kirchenmitgliedern in Ost (85 %) wie West (81 %) die Eltern genannt. Auch den Großeltern und den Pfarrerinnen und Pfarrern wird eine hohe Bedeutung beigemessen. (Ehe)Partner, Geschwister, Freunde, Lehrer sowie Jugendleiter folgen mit deutlichem Abstand. Was bei der Kirchlichkeit besonders deutlich zum Ausdruck kommt, gilt vom Grundsatz her auch für andere religiöse Profilierungen. Eltern und Großeltern spielen eine wichtige Rolle. Sie vermitteln auch in transzendenten Fragen die Eckpunkte der eigenen Position.

Es sind nicht nur die Erlebnisse in der Kindheit, die kirchliche Religiosität prägen. Vor allem die Erfahrung des eigenen Elternseins führt bei sehr vielen Müttern und Vätern zu einer besonderen Offenheit und der Bereitschaft zur Veränderung. Das gilt auch für religiöse Themen. Die Einbettung in familiale Beziehungen kann das religiöse Bedürfnis fördern, weil sie die Grenzen des eigenen Handelns und Sorgens deutlich vor Augen führt und gleichzeitig verdeutlicht, dass sich die Welt nicht rational erklären lässt. Die Eltern – ganz gleich ob sie verheiratet, getrennt lebend oder geschieden sind – stehen vor der Aufgabe, auf die Lebensfragen ihrer Kinder zu antworten und sich zu religiösen Traditionsprozessen zu verhalten. Die Erfahrung der Geburt neuen Lebens und die daraus resultierende Verantwortung für die eigenen Kinder können neue Impulse für die Ausgestaltung der eigenen Religiosität sowie für die Verhältnisbestimmung zur Kirche geben. Die Bedeutung der Beziehungen innerhalb der Familie für die Überlieferung des christlichen Glaubens wird zukünftig eher steigen als sinken. Vor Augen führen kann man sich das, wenn man die Zustimmung zum sog. Traditionsargument betrachtet. Auf die Frage nach den Mitgliedschaftsgründen fand die Vorgabe „weil sich das so gehört" im Jahre 2002 eine Zustimmung von 25 % im Westen und 21 % im Osten. Dies liegt weit unter der Zustimmung zur Bedeutung der Eltern. Das heißt, mit abnehmender Bedeutung von kirchlicher Religiosität im gesellschaftlichen Kontext und damit auch einer Abnahme des Konformitätsdrucks („es gehört einfach dazu"; „alle machen es") steigt die Bedeutung des nahen Umfeldes. Das ist vor allem die Familie, aber es sind auch Instanzen, zu denen eine besondere Beziehung aufgebaut wird wie beispielsweise der Kindergarten oder die Kirchengemeinde. In bestimmten lebensgeschichtlichen Phasen ist die Peergroup von besonderer Bedeutung. Dass dabei auch virtuelle Netzwerke (facebook usw.) bedeutsam sind, ist zu vermuten, müsste jedoch noch gesondert untersucht werden.

b) Zum Profil von Familienreligiosität

Grundsätzlich gilt, dass der Einfluss der Kirchen auf die Religiosität in der Familie in den letzten Jahrzehnten deutlich zurückgegangen ist. Er ist zwar immer noch von Bedeutung, doch sind es nicht mehr die Kirchen, die hier die Maßstäbe setzen, sondern die Familien, die in Eigenregie die kirchlichen Angebote nutzen, ihren Bedürfnissen, Interessen und ihrer Autonomie entsprechend.[34]

Familienreligiosität hat einen deutlich pragmatischen Charakter. Sie profiliert sich auf der Grundlage der vorhandenen Familientraditionen und den Anforderungen des Alltags.[35] Das alles geschieht weitgehend unreflektiert. Maßstab kirchlicher Partizipation ist die alltagspraktische und lebensgeschichtliche Relevanz religiöser Angebote. Religiöse Inhalte werden übernommen, soweit sie geeignet erscheinen, die individuelle Lebensausrichtung zu unterstützen. Unter der Familienperspektive ist die Stützung familialer Gemeinschaft von besonderer Bedeutung. Dabei geht es in erster Linie um die Begleitung von lebensgeschichtlich verunsichernden Situationen (an den großen Lebensübergängen wie Geburt und Tod, aber auch an den kleinen wie der Einschulung oder der Konfirmation) und die Stärkung der familialen Interaktion (z. B. beim weihnachtlichen Kirchgang). Die rituelle Dimension spielt hier eine bedeutende Rolle. Dabei finden die öffentlichen Riten, also die gottesdienstlichen Handlungen eine große Akzeptanz. Aber auch das Gebet als Form privater religiöser Praxis ist nicht unwichtig, doch vermeidet hier das Gros der Kirchenmitglieder die äußere Erkennbarkeit. Leider wissen wir nicht, ob das abendliche Gebet im Rahmen des Zu-Bett-Geh-Rituals davon auch in diesem starken Maße betroffen ist. Denn gerade diese Form des abendlichen Betens in der Interaktion zwischen Eltern und Kind hat lebensgeschichtlich eine außerordentlich große Bedeutung.

Religionspädagogisch ist das Zurücktreten erkennbarer Formen religiöser Praxis in der Familie von weitreichender Bedeutung, weil dadurch das religiöse Lernen am Modell im familialen Alltag immer schwieriger wird.

Insgesamt ist eine Tendenz zur Privatisierung zu erkennen. Religion ist „Privatsache". Der Einzelne formt sich seinen Glauben aufgrund seiner persönlichen Bedürfnisse und lebensgeschichtlichen Vorgaben, die zum großen Teil familial bestimmt sind. Dies alles geschieht weniger auf der intellektuellen Ebene, also in bewusster reflexiver Auseinandersetzung, sondern unbe-

---

34 Vgl. ausführlich dazu: Michael Domsgen, Familie und Religion. Grundlagen einer religionspädagogischen Theorie der Familie, Leipzig ²2006.
35 Vgl. Ulrich Schwab, Familienreligiosität. Religiöse Traditionen im Prozeß der Generationen, Stuttgart, Berlin, Köln 1995.

wusst emotional. Festgemacht wird das oft an Vorbildern aus dem Familienkreis (Mutter, Vater, Großeltern).

Dem Gros der Familien mit einem oder beiden christlichen Elternteilen geht es im Zusammenhang mit kirchlicher Religiosität um einen „Lebensrahmen für Weltorientierung, Handlungsleitung und Schicksalsbewältigung",[36] der kirchenjahreszyklisch und lebenszyklisch ausgerichtet ist. Dabei hat sich die Rahmenfunktion der Kirche sowohl für die Gesellschaft als Ganzes wie für den Einzelnen stark abgeschwächt.

c) Zu familialen Entwicklungstendenzen

Familie agiert relativ autonom, d. h. sie wird von ihrer Umgebung geprägt, setzt aber nicht alles eins zu eins um, sondern verarbeitet die Impulse aus dem sie umgebenden Kontext familienspezifisch. Sie ist also nicht das Flaggschiff, das unbeirrt seine Bahnen zieht. Sie ist kein Gegenpol der Gesellschaft, in dem beispielsweise christlicher Glaube überdauern könnte, auch wenn sich die Gesellschaft tiefgreifend gewandelt hat. Familie ist kein Sonderraum, der von den Veränderungen im gesamtgesellschaftlichen Bereich unberührt bliebe.[37]

Die Grenze zwischen der Familie und ihrer sozialen Umwelt ist in den letzten Jahrzehnten immer durchlässiger geworden. Außerfamiliale Organisationsprinzipien und Wertsysteme ragen immer mehr in den Privatbereich hinein (Erfolgs- und Leistungsdruck, monetäre Steuerungsmechanismen, Sach- und Rationalitätslogiken). Nicht zuletzt deshalb ist die Lebensform Familie nicht mehr einfach gegeben, sondern muss immer wieder neu hergestellt werden (doing family). Sie muss sich im Alltagshandeln und in Aushandlungsprozessen als zusammengehörige Gruppe immer wieder neu konstituieren.

Allerdings wäre es falsch, von einem Verfall der Familie zu sprechen. Im längeren historischen Vergleich zeigt sich vielmehr eine „Wiederkehr der Vielfalt" bzw. eine „Wiederkehr der Unbeständigkeit".[38] Schon vor und zu Beginn der Industrialisierung gab es eine große Vielfalt von familialen Lebensformen. Das hing mit den in der Regel kürzeren Lebenszeiten der Eltern sowie den schlechteren ökonomischen Bedingungen zusammen. Heute sind es andere Faktoren, die die Pluralität und Unbeständigkeit bedingen. Deshalb zeigt sich

---

36 Kirchenamt der EKD (Hg.), Kirche, Horizont und Lebensrahmen. Weltsichten, Kirchenbindung, Lebensstile. Vierte EKD-Erhebung über Kirchenmitgliedschaft, Hannover 2003, 7.
37 Zu Entwicklungen im familialen Bereich vgl. Rüdiger Peuckert, Familienformen im sozialen Wandel, Wiesbaden ⁷2008.
38 Trutz von Trotha, Zum Wandel der Familie, in: KZfSS 42 (1990), 452–473, 453 u. 455.

der Wandel in genau diesen Faktoren und nicht in den Tatbeständen größerer Vielfalt und Unbeständigkeit. In einem zentralen Punkt überwiegt im familialen Bereich ein Kontinuum. Mit Familie verbindet sich der Gedanke der Beständigkeit. Das Ehesystem – oder allgemeiner formuliert: die Partnerbeziehung – kann sich auflösen, „das Eltern-Kind-System nicht ... Es kann lediglich seine Form verändern."[39] Mit „Familie" wird eine besondere Form der Beziehung beschrieben, die sich im Lebensalltag manifestiert.

5.2.2 Familiale Beziehungen als gemeinde-pädagogischer Bezugspunkt

a) Zur Begründung gemeindepädagogischer Familienarbeit

Die Familie ist sowohl aus theologischen wie pädagogischen Gründen gemeindepädagogisch bedeutsam. In theologischer Perspektive ist daran zu erinnern, dass im Alten Testament die Beziehung Gottes zu seinem Volk vornehmlich in Metaphern formuliert wird, die aus dem familialen Bereich stammen. Menschliche Erfahrungen von Liebe und Treue dienen als Verstehenshorizont für die Gottesbeziehung – nicht umgekehrt. Der biblische Befund unterstreicht den Zusammenhang zwischen Familien- und Gottesbeziehung. Dabei sind die familialen Beziehungen an sich nicht heilsrelevant, aber sie dienen der Verdeutlichung des Heilsgeschehens, indem die Beziehung zwischen Gott und Mensch in den Kategorien von „Vater", „Mutter" oder „Bruder" beschrieben und damit anschaulich wird. Die Erfahrungen als Vater, Mutter, Mann, Frau, Sohn und Tochter sind also grundlegend für das Verständnis des Verhältnisses Gottes zu den Menschen.

In pädagogischer Perspektive ist daran zu erinnern, dass Familie eine grundlegende Sozialisationsinstanz ist. Die in der Kindheit vermittelten Basiserlebnisse sowie die dazugehörigen Interpretationsmuster bleiben ein Leben lang relevant und können niemals völlig ausgeblendet oder negiert werden. Die Ergebnisse empirische Bildungsforschung zeigen zudem, dass es zwischen familiärer Herkunft und vorhandenen Bildungschancen einen deutlich wahrnehmbaren Zusammenhang gibt. Kinder aus sozial schwächer gestellten Familien haben zumeist wesentlich geringere Chancen, die in ihnen wohnenden Potenziale zur Entfaltung zu bringen. Dies kann einer bildungstheoretisch orientierten Gemeindepädagogik nicht gleichgültig sein.

---

39 Rosemarie Nave-Herz, Wandel und Kontinuität in der Bedeutung, in der Struktur und Stabilität von Ehe und Familie in Deutschland, in: dies. (Hg.), Kontinuität und Wandel der Familie in Deutschland. Eine zeitgeschichtliche Analyse, Stuttgart 2002, 45–70, 63.

b) Zum Ziel gemeindepädagogischer Familienarbeit

Familiales Leben ist als eigenständiger Wert zu respektieren und zu würdigen. Familie darf also nicht funktionalisiert werden, beispielsweise indem sie lediglich unter dem Gesichtspunkt der „Sicherung der Humanressourcen" (in gesellschaftlicher Perspektive) oder der Mitgliedergewinnung (in kirchlicher Perspektive) Berücksichtigung findet. Vorwiegend in der Familie werden beispielsweise Selbstwertgefühl, eine positive Lebenseinstellung und soziales Verhalten ausgebildet. All das ist grundlegend für gelingende Bildung und für die Ausübung von Religion. Deshalb liegt das Ziel in der Stärkung der Familienbeziehungen und der Förderung der Persönlichkeit der einzelnen Familienmitglieder.

Aus einer solchen Grundlegung ergibt sich ein Gestaltungsspielraum. Bei einer so orientierten Familienarbeit rücken die Beziehungen der Familienmitglieder zueinander in das Blickfeld des Interesses, wobei das Wechselspiel von Gemeinschaftlichkeit und Individualität zu beachten ist. Weniger geht es in normativer Weise um die Frage nach bestimmten Familienformen. Eine christliche Familienarbeit unter der hier skizzierten Perspektive wird vor allem zwei Felder bedenken:

– die Stärkung der Familienbeziehungen im Sinne von Verlässlichkeit, Verfügbarkeit und Vertrauen insbesondere der Mütter und Väter (und weiterhin auch anderer Erwachsener wie Großeltern und Paten) im Verhältnis zu ihren Kindern (Wir-Orientierung) sowie
– die Förderung der Persönlichkeitsentwicklung der einzelnen Familienmitglieder (Ich-Orientierung).[40]

Indem sich Gemeindepädagogik in dieser Weise der Familie zuwendet, ergibt sich ein für die Kommunikation des Evangeliums grundlegender Anknüpfungspunkt. Denn die Familie steht bei heutigen Menschen hoch im Kurs, und das nicht lediglich bei Älteren, sondern in allen Altersgruppen.

Der christliche Glaube ist eine identitätsstiftende Praxis. Dabei geht es nicht nur um die Vermittlung von religiösen Praktiken und Vorstellungen, sondern um die Entwicklung einer Persönlichkeit, die sich bejaht weiß und sich deshalb frei entfalten kann. Das geschieht nicht einseitig, sondern im wechselseitigen Prozess zwischen dem Kind und seinen Bezugspersonen. Deshalb steht die angemessene Gestaltung der familialen Beziehungen im Zentrum einer christlichen Eltern- und Familienarbeit. Auch Familienbeziehungen

---

40 Zur Wir-Orientierung und Ich-Orientierung als zwei miteinander zusammenhängenden, konzeptionell jedoch unterscheidbaren Strukturmerkmalen von intimen Beziehungssystemen vgl. Klaus A. Schneewind, Familienpsychologie, Stuttgart ³2010, 32–35.

müssen sich wandeln, um den einzelnen Familienmitgliedern Raum zur Persönlichkeitsentfaltung geben zu können. Je nach Familienphase sind die Herausforderungen verschieden. Deshalb kann es auch kein Angebot für die Familie, sondern nur Angebote für Familien geben.

5.3 Plädoyer für eine familienorientierte Gemeindepädagogik

5.3.1 Impulse für die gemeindepädagogische Theoriebildung

a) Familienarbeit im engeren und weiteren Sinn unterscheiden

Bisher hat Gemeindepädagogik die Familie schwerpunktmäßig nur in einer bestimmten Familienphase in den Blick genommen. Dies ist die Phase der jungen Familien mit kleinen Kindern. Zu wenig wurde dabei berücksichtigt, dass die familialen Beziehungen den Lebenslauf insgesamt bestimmen. Dabei zeigen sich auch wichtige Veränderungen. So geschieht bei den meisten Jugendlichen die Ablösung vom Elternhaus „nicht im Konflikt, sondern in Absprache mit dem Elternhaus".[41] Insgesamt zeigt sich bei den Jugendlichen eine hohe Übereinstimmung mit den Einstellungen der Eltern. So sagen mehr als zwei Drittel in der Shell-Studie von 2006, dass sie ihre Kinder so erziehen wollten, wie sie selber erzogen wurden.[42] Hier setzt sich eine Entwicklung fort, die bereits seit Mitte der achtziger Jahre zu beobachten ist. Der so genannte Generationenkonflikt ist nicht mehr zu erkennen. Auch das Verhältnis zwischen Eltern und ihren erwachsenen Kindern ist von einer großen emotionalen und oftmals auch räumlichen Nähe bestimmt. Die Eltern-Kind-Beziehung hat im Lebensverlauf eine neue Bedeutung bekommen. Einerseits hat die gemeinsame Lebenszeit zwischen den Generationen im Vergleich zum letzten Jahrhundert deutlich zugenommen. Andererseits haben im Blick auf die Häufigkeit die Beziehungen zu Kindern eine größere Bedeutung als die Beziehungen zu Partnern.[43] Die Prägung der Biografie durch „lebenslange Beziehungen mit Eltern und Großeltern bei gleichzeitiger Selbständigkeit von frühster Ju-

---

41 Shell Deutschland Holding (Hg.), Jugend 2006. Eine pragmatische Generation unter Druck, Hamburg, Frankfurt/M. 2006, 58.
42 Vgl. ebd.
43 Vgl. Hans Bertram, Familienwandel und Generationenbeziehungen, in: Hans Peter Buba, Norbert F. Schneider (Hg.), Familie. Zwischen gesellschaftlicher Prägung und individuellem Design, Opladen 1996, 61–79, 77.

gend an"[44] ist bisher gemeindlich nicht ausreichend aufgenommen worden. Zwar ist in jüngster Zeit ein verstärktes Interesse an der Herkunftsfamilie als Familie mit kleinen Kindern zu beobachten, die weiteren biografischen Prägungen durch familiale Beziehungen sind jedoch noch zu wenig bearbeitet. Zu denken ist hier an die Bedeutung der Großeltern für die Entwicklung von Enkeln, aber auch an das Problem der Betreuung und Pflege alt gewordener Eltern.

An dieser Stelle sehe ich die Möglichkeit und Notwendigkeit eines familienorientierten Gesamtentwurfs, der sich deutlich von den bisherigen abhebt. Ausgangsbasis dafür jedoch ist die Weitung der Familienperspektive, weg von der Familie mit kleinen Kindern hin zu den familialen Beziehungen. Dadurch könnte auch aufgenommen werden, dass sich für einen nicht geringen Teil von Menschen in Deutschland Familie auf ihre Herkunftsfamilie beschränkt und somit die Erfahrung des Elternseins nicht gemacht wird. Wichtig ist dabei auch, dass die Familie nicht immer als Ganzes im Blick ist, sondern auch in der Perspektive der Einzelnen, also in der Rollenbeschreibung innerhalb der familialen Beziehungen (z. B. als Mutter, Vater, Großvater oder Großmutter). Zu bedenken ist ebenfalls, dass nicht nur Kinder von ihren Eltern lernen, sondern auch umgekehrt die ältere von der jüngeren Generation.

Eine Differenzierung zwischen Familienarbeit im engeren und weiteren Sinn läge ganz auf dieser Linie und könnte dazu helfen, unterschiedliche gemeindepädagogische Handlungsfelder miteinander zu vernetzen. Familienarbeit im weiteren Sinn nimmt die Menschen in ihrer familialen Verankerung in den Blick, denn Eltern-, Kind- und Geschwister-Sein bleiben ein Leben lang prägende Kategorien, wenngleich sie in ihrer Bedeutung im Lebenslauf unterschiedlich stark gewichtet werden und inhaltlich bestimmt sind. Primär stehen die Einzelnen im Fokus. Insofern handelt es sich hier um eine Perspektive, die erweiternd zu der eben genannten hinzukommt und gleichzeitig darüber hinaus weist. So lässt sich beispielsweise Seniorenarbeit unter der Familienperspektive im weiteren Sinn neu bestimmen (Großeltern-Enkel-Beziehung).

b) Die Beziehungsebene stärker gewichten

Die Familie ist ein Lernort, in dem die Beziehungen untereinander eine entscheidende Rolle spielen. Die besondere Prägekraft der Familie ergibt sich zum großen Teil daraus, dass hier vorrangig über Beziehungen gelernt wird. Das gilt auch für eine Erziehung im christlichen Glauben. Die Explizierung christlicher Tradition ist eingebettet in die allgemeine Aufgabe, dem Kind Vertrauen zu sich und in das Leben zu vermitteln. Die „Sicherung elemen-

---

44 Ebd.

tarer Kindheitserfahrungen"[45] gehört unumgänglich dazu. Auf diese Weise kann ein Erfahrungsfundus gebildet werden, der dazu verhilft, explizit religiöse Aussagen zu deuten und emotional positiv nachzuempfinden. Darüber hinaus sind Kinder jedoch darauf angewiesen, dass ihnen die religiöse Dimension explizit eröffnet wird. Sie benötigen Wörter, Sprache, Deutungsmuster und Praktiken, die Transzendenz benennbar und erfahrbar machen. Dabei gilt, dass die Explizierung von Religion nicht losgelöst von der impliziten Ebene geschehen kann. Gemeindepädagogische Arbeit mit Familien ist in besonderer Weise „Sprach- und Beziehungsschule im Horizont der Reich-Gottes-Botschaft".[46] Beziehungsfähigkeit und Ausdrucksfähigkeit gehören aufs Engste zusammen.

c) Die Relevanz der christlichen Überlieferung in den Mittelpunkt stellen

Familien besitzen einen „deutlichen Eigensinn".[47] Sie rezipieren gemeindliche Angebote nur dann, wenn sie in ihre eigene Logik hineinpassen, wenn die entsprechenden Angebote für sie plausibel sind. „Und dies wird vor allem dann der Fall sein, wenn Familien darin ein Unterstützungsangebot für sich selbst erkennen können. Familien sehen sich heute mit einer Fülle von Aufgaben konfrontiert, die sie häufig als Überlastung erfahren. Was in dieser Situation nicht als Unterstützung oder Entlastung wahrgenommen werden kann, wird deshalb leicht beiseite geschoben."[48]

Hilfreich kann hier die Unterscheidung zwischen einer einseitigen und zweiseitigen Logik sein, die Michael N. Ebertz mit Blick auf die Gottesdienste beschrieben hat. Ebertz spricht von einem Doppelbezug: Von dogmatischem Kirchenbezug und Bezug auf die Lebenswirklichkeit. Beides sollte miteinander verschränkt werden und darf nicht einseitig aufgelöst werden. Die Frage ist dann, „ob die kirchlichen Deutungsschemata und symbolischen Handlungen [den Menschen] helfen, zu verstehen und selbst verstanden zu werden, ob sie ihnen helfen, ihre Interaktionen fortzuführen und ihre jeweilige Lebenssituation zu bestehen, symbolisch zu markieren und fest zu begehen".[49]

---

45 Norbert Mette, Voraussetzungen christlicher Elementarerziehung. Vorbereitende Studien zu einer Religionspädagogik des Kleinkindalters, Düsseldorf 1983, 286.
46 Werner Tzschetzsch, Familie – ein überschätzter Ort der Glaubenstradierung?, in: Die Zukunft der Familie und deren Gefährdungen, Münster 2002, 111–119, 118.
47 Friedrich Schweitzer, Wirkungszusammenhänge religiöser Familienerziehung. Ergebnisse der Tübinger Familienstudie und religionspädagogische Konsequenzen, in: Albert Biesinger, u. a. (Hg.), Brauchen Kinder Religion? Neue Erkenntnisse – Praktische Perspektiven, Weinheim, Basel 2005, 11–21, 19.
48 A. a. O., 19 f.
49 Michael N. Ebertz, Einseitige und zweiseitige liturgische Handlungen, in: Benedikt Kranemann, Eduard Nagel, Elmar Nübold (Hg.), Heute Gott feiern. Liturgiefähigkeit des Menschen und Menschenfähigkeit der Liturgie, Freiburg i. Br. 1999, 14–38, 27.

5.3.2 Impulse für die gemeindepädagogische Praxis angesichts der Herausforderungen lebenslangen Lernens

a) Die Prägekraft gemeindepädagogischer Angebote realistisch einschätzen

Es sind vor allem zwei Aspekte – die Verlässlichkeit in Zeiten lebensgeschichtlicher Brüche sowie die Möglichkeit einer umfassenden Kommunikation –, die die Familie in besonderer Weise auszeichnen und dazu beitragen, dass sie einerseits eine außerordentliche Wertschätzung genießt und andererseits stark prägend wirkt. Beides sollte auch im gemeindlichen Handeln im Blick sein. Kompensatorische Modelle stoßen schon deshalb oft an ihre Grenzen, weil sie in der Regel nicht die Intensität erreichen können wie in der familialen Kommunikation. Vor Augen führen kann man sich die Problemlage auch beim Verhältnis von Schule und Familie. „Schulische Anforderungen beeinflussen das Familienleben ebenso, wie das Familienleben in die Schule hin wirkt."[50] Gleichzeitig wird offenbar, wie schwierig es ist, die in der Familie erfahrenen Prägungen zu kompensieren bzw. durch weiterführende Impulse zu ergänzen. Die Gemeinde ist von dieser Problemlage nicht ausgenommen. Deshalb sollte bei der Profilierung der gemeindlichen Handlungsfelder vor Augen stehen, wie begrenzt sie in ihrer Reichweite sind. Zum anderen ist danach zu suchen, wie durch die Berücksichtigung des familialen Kontextes die Prägekraft entsprechender Angebote erhöht werden kann.

b) Milieuspezifische Verengungen wahrnehmen und zu überwinden suchen

Ein Blick auf die Rezipienten gemeindepädagogischer Angebote legt die Vermutung nahe, dass gemeindepädagogische Angebote nur noch mit ausgewählten Lebensstilen harmonieren und nur noch bestimmte Milieus erreichen. Die Familienperspektive kann hilfreich sein, solche milieuspezifischen Engführungen zu erkennen und zu benennen. An einem in puncto Familienperspektive unverdächtigen Handlungsfeld wie der Konfirmandenarbeit lässt sich das gut verdeutlichen. Die Befunde der Tübinger Konfirmandenstudie [→ Kap. 7] lassen darauf schließen, dass das gemeindepädagogische Angebot mehr die als traditionell geltenden Familien erreicht. Ähnliches lässt sich auch für das

---

50 Wissenschaftlicher Beirat für Familienfragen, Familiale Erziehungskompetenzen. Beziehungsklima und Erziehungsleistungen in der Familie als Problem und Aufgabe, Gutachten für das Bundesministerium für Familie, Senioren, Frauen und Jugend, München 2005, 90.

Feld der Kasualien vermuten. Diese kirchlichen Angebote stoßen – jenseits aller inhaltlichen Zuschreibungen – schon deshalb an ihre Grenzen, weil die klassischen Anschlussstellen in immer größer werdenden Teilen der Bevölkerung nicht mehr gegeben sind. Hinter den traditionellen Kasualien steht das Modell der permanenten Familienbeziehungen. Brüche und Scheidungen werden nicht religiös begleitet. Das jedoch schließt per se einen großen Teil der Familien – unabhängig von ihrer Einstellung zur Religion – von einer kirchlich-christlichen Begleitung ihres Lebensweges aus. Gleichzeitig herrscht vielerorts noch das Bild der „heilen" Familie vor, weshalb die steigende Zahl der Alleinerziehenden bzw. der nicht ehelichen Lebensgemeinschaften eine neue Herausforderung darstellt. Sie markieren in aller Deutlichkeit, dass die althergebrachten Überschneidungen zwischen Familie und Religion nicht mehr selbstverständlich gegeben sind.

c) Vernetzend arbeiten

Die Familie hat eine große Bedeutung für die religiöse Entwicklung des Einzelnen. Allerdings ist sie nie allein wirksam. Es bedarf weiterer Impulse. Die Beziehungsorientierung in der Familie ist eine große Chance, aber auch eine große Begrenzung. Deshalb wäre es eine Überforderung, bei der Glaubenstradierung allein auf die Familie setzen zu wollen. Die Familie bildet zwar den Ort der Ersterziehung, der primären Sozialisation, doch ist sie in starkem Maße abhängig von den Einflüssen außerfamilialer Instanzen. Die Primärerziehung bedarf der Stützung durch sekundäre Sozialisationsinstanzen, so wie die sekundären Sozialisationsfelder nicht ohne die Familie agieren können. Dabei ist jedoch zu beachten, dass „deren Wirksamkeit und Erfolg [...] in entscheidender Hinsicht davon ab[hängen], ob ihr Einfluss von der Familie bejaht und unterstützt wird oder nicht".[51] Im schulischen Bereich wird deshalb in letzter Zeit verstärkt nach „Erziehungspartnerschaften" gerufen. Allerdings ist das „in aller Regel noch ein uneingelöstes Ideal".[52] Was für die Schule zu konstatieren ist, gilt wohl erst recht für die Gemeinde. Die Familienperspektive kann dabei ein wichtiger Impuls zur Vernetzung der unterschiedlichen Lernorte sein. Im Blick sollten dabei auch die Angebote für Familien innerhalb des Gemeinwesens sein, wie Familienzentren oder Geburtshäuser.

Grundsätzlich gilt: „In der Wiederverschränkung von Lern- und Lebenswelten", die für die Menschen sowieso zusammengehören, „liegen Potenziale für Bildungsprozesse, die auch für formalisierte Bildungsinstitutionen von In-

---

51 Bernhard Grom, Religiöse Sozialisation in der Familie, in: StZ 214 (1996), 601–610, 604.
52 Wissenschaftlicher Beirat für Familienfragen (s. o. Anm. 50), 91.

teresse sind, von diesen aber kaum simuliert werden können".[53] Gemeindepädagogische Lernprozesse sind davon nicht ausgenommen. An dieser Stelle ergäbe sich auch die Möglichkeit einer Verschränkung mit Überlegungen zum intergenerationellen Lernen, denn Gemeinde bezieht sich nicht nur auf Familie und wird durch familiale Beziehungen geprägt, sondern kann jenseits aller verwandtschaftlichen Beziehungen im Miteinander der Generationen auch selbst zum Raum werden, in dem ein spezifisches Kooperations- und Solidaritätsverhältnis zum Ausdruck kommt, das als Kennzeichen familialer Beziehungen verstanden wird.[54]

Literatur zur Vertiefung

Biehl, Peter, Nipkow, Karl Ernst, Bildung und Bildungspolitik in theologischer
    Perspektive, Münster 2003.
Biesinger, Albert u. a. (Hg.), Brauchen Kinder Religion? Neue Erkenntnisse −
    Praktische Perspektiven, Weinheim, Basel 2005.
Domsgen, Michael, Familie und Religion. Grundlagen einer
    religionspädagogischen Theorie der Familie, Leipzig [2]2006.
Domsgen, Michael, Generation: Familie und Lebenserwartungen, in: Thomas
    Klie, Martina Kumlehn, Ralph Kunz (Hg.), Praktische Theologie des Alterns,
    Berlin, New York 2009, 259−283.
Domsgen, Michael, Zur Bedeutung familialer Beziehungen für Theorie und
    Praxis der Gemeindepädagogik. Grundlegende Perspektiven, in: ZThK (106)
    2009, H. 4, 477−500.
Ecarius, Jutta (Hg.), Handbuch Familie, Wiesbaden 2007.
Krüger, Heinz-Hermann, Helsper, Werner (Hg.), Einführung in Grundbegriffe und
    Grundfragen der Erziehungswissenschaft, Opladen, Farmington Hills [9]2010.
Nipkow, Karl Ernst, Bildung als Lebensbegleitung und Erneuerung. Kirchliche
    Bildungsverantwortung in Gemeinde, Schule und Gesellschaft,
    Gütersloh [2]1992.
Peuckert, Rüdiger, Familienformen im sozialen Wandel, Wiesbaden [7]2008.

Impulse zur Weiterarbeit

a) Das hier skizzierte Verständnis von Familienarbeit geht weit über das hinaus, was herkömmlich als Arbeit mit Familien bedacht wird. Nehmen Sie sich ein Handlungsfeld Ihrer Wahl und überlegen Sie, in welcher Weise

---

[53] Thomas Rauschenbach, Zukunftschance Bildung. Familie, Jugendhilfe und Schule in neuer Allianz, Weinheim, München 2009, 198.
[54] Vgl. dazu die Familiendefinition von Rosemarie Nave-Herz in: dies., Familie heute. Wandel der Familienstrukturen und Folgen für die Erziehung, Darmstadt [2]2002, 15.

es auf familiale Voraussetzungen zurückgreift und ob dessen Wirksamkeit erhöht werden könnte, wenn der familiale background im Blick ist.

b) Wer die Familienperspektive stark macht, wird schnell verdächtigt, einem romantisierenden Familienverständnis anzuhängen. Überlegen Sie, wo die Grenzen einer familialen Wertschätzung liegen und wie diese gemeindepädagogisch kommuniziert werden könnten.

c) Die Zahl derer, die keine eigene Familie gründen, steigt seit einigen Jahren an. Bedenken Sie, inwieweit die Familienperspektive für diese Menschen hilfreich und sinnvoll sein kann.

d) Bisher kaum im Blick sind die Herausforderungen, die sich im Zusammenhang der Pflege der altgewordenen Eltern sowie deren Tod gemeindepädagogisch ergeben. Überlegen Sie, welche Fragen und Probleme hier auftreten und wie sie gemeindepädagogisch aufgenommen werden könnten.

Nicole Piroth

6 Ambivalenzen und Antinomien gemeindepädagogischen Handelns

6.1 Aktuelle Befunde und Ausgangsfragen

„Generell lässt sich (...) beobachten, dass der Verlust klassischer Kirchlichkeit in der Gesellschaft – wie auch Verlusterfahrungen anderer Art – nicht lediglich defizitär als Abbruch, Ende und Auflösung zu beschreiben sind, sondern sie zunehmend doppelgesichtig, also ambivalent werden (...). Die gemeindepädagogisch interessanten Problemkonstellationen für eine Kirche von morgen liegen in diesen Ambivalenzen einer Christentumstradition, die sich in den sozialen und geistigen Veränderungen pluralisiert und individualisiert."[1]

Roland Degen beschreibt vier solcher ambivalenten Gegenwartserfahrungen:[2]
- der Glaube an die Beherrschbarkeit von Leben und Welt *und* die Erfahrung des Scheiterns,
- die Pluralisierung von Weltanschauung und Lebensform *und* die Sehnsucht nach Eindeutigkeit und stabiler Identität,
- die fortschreitende Individualisierung und Entinstitutionalisierung *und* neue Milieu- und Gruppenbildungen,
- die Entkirchlichung aller Lebensbereiche *und* die Sinnsuche und Lebensdeutung jenseits der Aufklärung.

Solche Ambivalenzen sind ein grundlegendes Kennzeichen der Moderne, deren Erfahrung, so Zygmunt Bauman, einhergeht mit einem „heftige[n] Unbehagen, das wir empfinden, wenn wir außerstande sind, die Situation richtig zu lesen und zwischen alternativen Handlungen zu wählen. (...) Ambivalenz wirft die Berechnung von Ereignissen über den Haufen und bringt die Relevanz erinnerter Handlungsstrukturen durcheinander."[3]

---

1 Roland Degen, Gemeindepädagogische Perspektiven für eine Kirche der Zukunft, in: Ludwig Metzger / Nicole Piroth (Hg.), Gemeindepädagogik im Wandel – Erfahrungen und Perspektiven, Darmstadt 2000, 175–202, hier 184 f.
2 Vgl. a. a. O., 185–202.
3 Vgl. Zygmunt Bauman, Moderne und Ambivalenz, Hamburg 2005 [zuerst 1992], 11 f.

> **❗ Ambivalenz:** von lat. *ambi* (beide) und *valere* (gelten) – Doppelwertigkeit
> Gemeint ist das Nebeneinander bzw. „Sowohl-Als auch" von gegenteiligen Gefühlen, Einstellungen, Gedanken oder Bestrebungen.
> In der Psychologie bezeichnet „affektive Ambivalenz" das Phänomen, dass eine Person in Bezug auf einen Gegenstand oder eine andere Person gleichzeitig einander entgegengesetzte Gefühle oder Handlungstendenzen entwickeln kann (bspw. die „Hassliebe").
> In der Soziologie beschreibt die soziale Ambivalenz zwiespältige soziale Situationen, in denen miteinander unvereinbare normative Erwartungen an den Inhaber einer Position gerichtet werden, für die keine einfachen Lösungsmöglichkeiten bereit stehen.[4]

Ambivalenzerfahrungen zeichnen sic h dadurch aus, dass es für den Umgang mit ihnen keine eindeutigen Lösungen, kein schwarz oder weiß, richtig oder falsch gibt – sie entziehen sich klaren Handlungsanweisungen, Funktions- und Rollenzuschreibungen. Zugleich gilt es mit ihnen umzugehen.

Im Folgenden sollen zuerst Bewältigungsaufgaben für Individuum und Institution Kirche im Umgang mit ambivalenten Gegenwartserfahrungen skizziert werden, um dann der Frage nachzugehen, welche Herausforderungen sich hieraus für die gemeindepädagogische Arbeit und Beruflichkeit ergeben.

6.1.1 Ambivalente Gegenwartserfahrungen – ‚Riskante Freiheiten'

Die Gestaltung der eigenen Biografie wird für jeden Einzelnen heute zu einem offenen, riskanten Projekt. Bestimmten in der Vergangenheit stärker familiäre, gesellschaftliche oder auch kirchliche Traditionen und normative Regelungen den Lebenslauf, so ist heute eine weitgehende Selbstgestaltung gefragt. Für den Einzelnen besteht die Möglichkeit, die eigene Lebensform frei zu wählen: Ob Singlehaushalt, Familie mit und ohne Trauschein, Alleinerziehende oder Wohngemeinschaft, all dies steht mehr oder weniger gleichberechtigt nebeneinander. Für ein unverheiratetes junges Paar ist es heute kein nennenswertes Problem mehr, eine Wohnung anzumieten, und längst sind Wohngemeinschaften nicht mehr nur eine studentische Lebensform, sondern kommen zunehmend auch als eine moderne Wohnform für ältere Menschen in den Blick. Auch die Wahl eines Berufes, die Zugehörigkeit zu einer Religionsgemeinschaft, die Mitgliedschaft in Vereinen und anderes mehr wird zur individuellen Entscheidung.

---

4 Vgl. Rolf Klima / Elmar Lange, Art. „Ambivalenz", in: Werner Fuchs-Heinritz u. a. (Hg.), Lexikon zur Soziologie, Wiesbaden [5]2011, 30.

Für den Einzelnen liegen in dieser Entwicklung nicht nur Freisetzungen aus alten Zwängen, sondern zugleich werden neue Unsicherheiten produziert, was der Begriff „riskante Freiheiten"[5] treffend beschreibt. Je nach Anlass und Zeitpunkt können nicht nur, sondern *müssen* Entscheidungen für den beruflichen und privaten Lebensweg neu getroffen werden. Dies birgt immer auch die Gefahr des persönlichen Scheiterns, zumal hinter den individuellen Entscheidungen gesellschaftliche Prozesse liegen (z. B. Arbeitslosigkeit), die auf die Begrenztheit der eigenen Entscheidungsspielräume verweisen.

> „Die Widersprüche, das Aufeinanderprallen von sich ausschließenden Handlungsmaximen *in* den Individuen und *in* den eigenen Lebensentwürfen – z. B. für sich selbst *und* für die Kinder leben zu wollen, Beruf *und* Familie, Autonomie *und* Intimität haben zu wollen, Nähe *und* Distanz, Freiheit *und* Geborgenheit zu beanspruchen, erfolgs- *und* verständigungsorientiert handeln zu müssen –, derartige Paradoxien können zu Gefährdungspotentialen und Risikolagen im *Innenleben* der Menschen werden und dabei soziale und psychische Instabilität hervorrufen. Sie erfordern aber zugleich die Neuanpassung und Neuentwicklung psycho-sozialer Bewältigungsmuster."[6]

Ob die Entwicklung solcher Bewältigungsmuster gelingt, ist auch eine Frage der Bildung, die mehr umfasst als den Erwerb von Wissen und Fertigkeiten, sondern vielmehr das Aushalten-Können von Widersprüchen, Spannungen, Brüchen im Lebenslauf und die Aufrechterhaltung der individuellen und gemeinschaftlichen Handlungsfähigkeit. So entsteht die Frage nach den dafür bereitgestellten Ressourcen und Unterstützungsmöglichkeiten, und dies wird auch zu einer Anfrage an die Bildungsverantwortung der Kirche, an der das gemeindepädagogische Handeln entscheidenden Anteil hat.

6.1.2 Die institutionelle Kehrseite – das ‚Bildungsdilemma' der Kirche

Den Anforderungen an das Individuum, das eigene Leben immer wieder neu zu gestalten, entspricht die Tatsache, dass gesellschaftliche Institutionen nicht mehr von einer dauerhaft stabilen Mitgliederbindung ausgehen können, dies gilt auch für die Kirche. Wie viele andere Lebensentscheidungen, ist dem Einzelnen auch die Wahl der eigenen Religionszugehörigkeit und der Inan-

---

5 Vgl. Ulrich Beck / Elisabeth Beck-Gernsheim (Hg.), Riskante Freiheiten. Individualisierung in modernen Gesellschaften, Frankfurt am Main 1994.
6 Thomas Rauschenbach, Inszenierte Solidarität: Soziale Arbeit in der Risikogesellschaft, in: Beck / Beck-Gernsheim (s. o. Anm. 5), 89–111, 93.

spruchnahme kirchlicher Angebote auferlegt. Gibt es keine vorgezeichneten Lebenswege mehr, so wird auch Kirchenmitgliedschaft im Laufe des Lebens immer wieder potentiell ‚frag-würdig'. Zwar stellt die Mitgliedschaft in der Kirche auch heute noch für viele Menschen einen bedeutsamen „Horizont und Lebensrahmen"[7] dar, doch eine gänzlich unhinterfragte Mitgliedschaft und ein lebenslang beständiges und kontinuierliches Teilnahmeverhalten sind selten geworden.

Die Mitgliedschaft in der Kirche ist nicht länger ein durch Taufe und familiäre oder milieuspezifische Traditionen quasi *zugeschriebenes Merkmal*, sondern ist zu einer von individueller Entscheidung abhängigen, *erworbenen* Mitgliedschaft geworden. Diese Situation ist durch eine ganz eigene Ambivalenz gekennzeichnet, die als ‚Bildungsdilemma der Kirche' beschrieben wird. Bereits die erste empirische Mitgliedschaftsuntersuchung der EKD stellte 1974 fest, dass – neben anderen Faktoren – der Faktor Bildung tendenziell die Distanz zur Kirche verstärkt: je höher die formale Bildungsstufe, desto wahrscheinlicher auch eine zunehmende Distanzierung zur Kirche. So schien künftig die Frage nach der Gestaltung des Verhältnisses von Kirche und Bildung entscheidend zu sein:

> „Die Kirche (...) hätte das Selbstverständliche in Verstandenes und bewußt Verarbeitetes zu verwandeln. Das heißt: sie hätte zu bilden. Sie hätte methodisch zu vollziehen, was sich andernfalls unter dem Einfluss des ‚Faktors Bildung' unkontrolliert und häufig unproduktiv vollzieht: die kritische Auseinandersetzung mit der Tradition. Sie würde eben damit aber auch ein anderes Kirchenverhältnis erzeugen, ein solches, das die Möglichkeit mündiger, kritischer, selbstverantworteter Partizipation, selbstbestimmter Distanz nicht nur ermöglicht, sondern herbeiführt."[8]

Ernst Lange bezeichnete daher im gleichen Jahr in Reaktion auf die Ergebnisse der Untersuchung Bildung gleichermaßen „als Problem und Funktion der Kirche".[9] Wenn „bei neuzeitlicher Glaubensvermittlung tendenziell *Traditionsleistung* durch *Bildungsleistung* ersetzt"[10] werden muss, so besteht die Pointe des kirchlichen Bildungsdilemmas also darin, dass die Volkskirche zunehmend auf genau jenes Instrument angewiesen scheint, durch das sie in Bedrängnis

---

7 Vgl. Kirchenamt der EKD (Hg.), Kirche, Horizont und Lebensrahmen. Weltsichten, Kirchenbindung, Lebensstile. Vierte EKD-Erhebung über Kirchenmitgliedschaft, Hannover 2003.
8 Helmut Hild (Hg.), Wie stabil ist die Kirche? Bestand und Erneuerung. Ergebnisse einer Meinungsbefragung, Gelnhausen/Berlin 1974, 249 f.
9 Vgl. Ernst Lange, Sprachschule für die Freiheit. Bildung als Problem und Funktion der Kirche, München 1980.
10 Volker Drehsen, Wie religionsfähig ist die Volkskirche? Sozialisationstheoretische Erkundungen neuzeitlicher Christentumspraxis, Gütersloh 1994, 46.

gerät: auf Bildung. In gewisser Weise ist dabei eine potenziell kritische Haltung gegenüber Kirche und Religion bereits in den Wurzeln des Protestantismus selbst angelegt: Das Allgemeine Priestertum zielt ja gerade auf einen mündigen, selbstverantworteten Glauben jedes Einzelnen. [→ Kap. 12]

6.1.3 Die ambivalente Aufgabe der professionellen Lernhilfe

Neben den Herausforderungen, die sich aus den skizzierten Gegenwartsdiagnosen ergeben, sieht sich gemeindepädagogisches Handeln zusätzlich widersprüchlichen Anforderungen gegenüber, wie sie jedem pädagogischen Handeln innewohnen. Pädagogisches Handeln findet stets in komplexen Situationen statt, in denen den Pädagogen und Pädagoginnen unterschiedliche Personen, Interessen und Ansprüche gegenüberstehen. Sie müssen dabei mit der Unsicherheit leben, dass es keine eindeutige Richtlinie pädagogischen Tuns gibt. Man spricht dabei vom „Technologiedefizit" pädagogischen Handelns, denn zwar gibt es Curricula und pädagogische Leitbilder oder Handlungsvorgaben, aber tatsächlich existiert keine vollständig und endgültig erlernbare Technik, mit der alle pädagogischen Situationen methodisch beherrschbar und bestimmte, erwünschte Ergebnisse durch pädagogisches Handeln herstellbar wären.

Jedes pädagogische Handeln ist dabei durch grundlegende Antinomien gekennzeichnet, für die Spannungen zwischen einer Erziehung zur Individualität und zur Sozialität konstitutiv sind, zwischen Freiheit und Zwang, zwischen Nähe und Distanz, zwischen Organisation und Interaktion und damit verbunden auch zwischen Allgemeinbildung und Ausbildung als gesellschaftlicher ‚Brauchbarkeit'.[11]

Antinomie: von griech. *anti* (gegen) und *nomos* (Gesetz, Regelhaftigkeit); sinngemäß die „Unvereinbarkeit von Gesetzen". **!**

Gemeint ist ein Widerspruch von (Gesetzes-) Aussagen oder Regeln, die jeweils für sich aus unterschiedlichen Gründen Anspruch auf Geltung erheben, sich aber eben deshalb wechselseitig ausschließen. Es handelt sich um eine besondere Art des Widerspruchs, da die zueinander in Widerspruch stehenden Aussagen beide gut begründbar sind, und einander dennoch ausschließen.[12]

---

11 Vgl. hierzu Werner Helsper, Pädagogisches Handeln in den Antinomien der Moderne, in: Heinz-Hermann Krüger / ders. (Hg.), Einführung in Grundbegriffe und Grundfragen der Erziehungswissenschaft, Stuttgart [9]2009, 15–34.
12 Vgl. Winfried Böhm, Art. „Antinomie", in: ders., Wörterbuch der Pädagogik, Stuttgart [14]1994, 37.

In jeder zu einseitigen Ausrichtung liegen Gefahren: Eine Orientierung pädagogischen Handelns an Freiheit und individueller Autonomie birgt die Gefahr, die gleichzeitig zu gewährende fürsorgliche Nähe zu vernachlässigen, umgekehrt schränken zu viel Zwang und verbindliche Vorgaben die Freiheit und Autonomie der Lernenden ein. Und stets müssen Pädagogen und Pädagoginnen in der Spannung zwischen Organisation und Interaktion einerseits die Ziele und Inhalte ihrer Institution vertreten und durchsetzen, gleichzeitig sollen sie an die Motive und Interessen der Adressaten und Adressatinnen anknüpfen.

In der Sozialen Arbeit wurde für solch eine grundlegende spannungsvolle Anforderung an das professionelle Handeln der Begriff des ‚doppelten Mandats‘ geprägt. Sozialpädagoginnen und Sozialarbeiter bewegen sich im Spannungsfeld von Hilfe und Kontrolle: Einerseits ist es ihre Aufgabe, Menschen in unterschiedlichsten Lebenssituationen zu unterstützen, sie sind also den Klienten und Klientinnen verpflichtet. Andererseits nehmen sie auch eine gesellschaftliche Kontrollfunktion wahr, hier steht das Schutzbedürfnis der Allgemeinheit im Vordergrund, wenn es bspw. in der Bewährungshilfe auch darum geht, erneute Straftaten im gesamtgesellschaftlichen Interesse zu verhindern.

Das bundesdeutsche Schulsystem hat ebenfalls eine doppelte Aufgabe. Einerseits gilt es die bestmögliche Entfaltung persönlicher Anlagen der Heranwachsenden zu unterstützen (Personalisationsfunktion) und ihnen Kenntnisse und Fertigkeiten für die individuelle Bildungs- und Berufskarriere zu vermitteln (Qualifikationsfunktion). Andererseits soll es gesellschaftliche Werte und Normen an Heranwachsende weitergeben (Sozialisationsfunktion), Schule soll Instrument gesellschaftlicher Integration und Förderung innerer Kohäsion der Gesellschaft sein (Integrationsfunktion, aus der auch die Schulpflicht in Deutschland und das Verbot der häuslichen Beschulung resultieren), und schließlich ist das Bildungssystem auch ein gesellschaftliches Berechtigungssystem, auf Grundlage von Zuordnungen schulischer Leistungen zu Berufslaufbahnen (Selektionsfunktion).

Auch die Gemeindepädagogik zeichnet sich durch eine grundlegende Ambivalenz aus. Aus der institutionellen Perspektive stehen das Bemühen um die Weitergabe des christlichen Glaubens, um eine Stärkung der Bindungen an eine christliche Gemeinschaft und die Förderung einer bewusst bejahten Mitgliedschaft in der Kirche im Mittelpunkt des Interesses. Aus einer individuellen Perspektive geht es um die erforderliche Unterstützung bei biografischen Bewältigungs- und Lernaufgaben und um die Frage, welchen Beitrag religiöse Bildung zum Aushalten und Bearbeiten von Widersprüchen und der Gestaltung eines befriedigenden Lebens möglicherweise leisten kann.

6.2 Schieflagen und Chancen gemeindepädagogischer Arbeit

Jede zu einseitige konzeptionelle Ausrichtung gerät in die Gefahr, den Herausforderungen angesichts ambivalenter Gegenwartserfahrungen nicht gerecht zu werden, dies gilt auch für die gemeindepädagogische Arbeit der Kirche. Im Folgenden sollen exemplarisch drei solcher tendenzieller Schieflagen gemeindepädagogischer Arbeit skizziert werden.

6.2.1 Konzentration gemeindepädagogischer Arbeit auf die Arbeit mit Heranwachsenden

Das typische Tätigkeitsprofil der hauptberuflichen gemeindepädagogischen Mitarbeitenden (Gemeindepädagoginnen und -pädagogen, Diakone und Diakoninnen [→ vgl. Kap. 10]) ist heute in allen evangelischen Landeskirchen ähnlich: es überwiegt die Arbeit mit Kindern und Jugendlichen, in der Regel kombiniert mit der Ausbildung und Begleitung ehrenamtlich Mitarbeitender in der Jugendarbeit.[13] Mit dem dominierenden Einsatz in der Arbeit mit Heranwachsenden scheint sich ein bestimmtes institutionelles Bild vom möglichen Ertrag gemeindepädagogischer Arbeit für den Erhalt der Volkskirche zu verbinden: Diese Schwerpunktsetzung scheint mit der Hoffnung einherzugehen, eine gelingende religiöse und kirchliche Sozialisation im Kindes- und Jugendalter könne nach wie vor eine stabile lebenslange Kirchenbindung hervorbringen. So betont die EKD: „In den Gemeinden müssen die religiöse Bildungsarbeit in Kindertageseinrichtungen, Kinder- und Jugendarbeit sowie Konfirmandenarbeit als wichtige Chancen zur Weitergabe des Evangeliums an die nächste Generation neue Priorität erhalten."[14]

Heute kann jedoch von einer auf Dauer folgenreichen Einflussnahme einer kirchlichen Beteiligung im Kindes- und Jugendalter auf das spätere Erwachsenenleben kaum noch ausgegangen werden. Der Verbleib in der Kirche und die Bestätigung dieser Mitgliedschaft werden heute zu einer individuellen Entscheidung, die meist noch nicht mit der Konfirmation im Jugendalter fällt, sondern eher im jungen Erwachsenenalter.

---

13 Vgl. Nicole Piroth, Gemeindepädagogische Möglichkeitsräume biographischen Lernens. Eine empirische Studie zur Rolle der Gemeindepädagogik im Lebenslauf, Münster 2004, 79 ff.

14 Kirchenamt der EKD (Hg.), Kirche der Freiheit. Perspektiven für die Evangelische Kirche im 21. Jahrhundert, Hannover 2006, 79.

Selbst für jene, die positive Erfahrungen in der kirchlichen Kinder- und Jugendarbeit gemacht haben, fehlen mit zunehmendem Alter die „Anschluss-institutionen". Viele Jugendliche „wachsen aus den bisherigen Jugendgrup-pen, die ihnen Heimat waren, heraus und finden nurmehr kirchliche Ange-bote, die auf den konventionellen Christen zugeschnitten sind. Diesen Weg zurück wollen sie aber nicht gehen."[15] So bleibt nur der Weg in ein privatisier-tes Christentum oder aber die Religionszugehörigkeit und Kirchenmitglied-schaft verlieren an Relevanz für die eigene Lebensführung.

> „Im Einzelnen sind für einen Austritt stets lebensgeschichtliche, besonders fami-liäre, milieu- und konfessionstypische Prägungen ausschlaggebend sowie das per-sönliche, allmählich aufgebaute (Nicht-) Verhältnis zur Institution. Nur durch eine Verbreiterung ihrer biographischen und sozialen ‚Kontaktflächen' im Ganzen wird die verfasste Kirche daher Austritte unwahrscheinlicher machen können."[16]

In jüngster Zeit finden daher im praktisch-theologischen Diskurs die Kasualien neue Aufmerksamkeit in ihrer Funktion der Begleitung biografisch bedeutsa-mer Umbrüche und als Möglichkeit des punktuellen Kontakts zwischen Kirche und ihren Mitgliedern. [→ vgl. Kap. 3] Doch auch wenn dabei in jüngster Zeit neben die klassischen Kasualien – Taufe, Konfirmation, Hochzeit und Beerdigung – auch sog. „neue Kasualien" wie etwa Einschulungsgottesdienste getreten sind, so gilt dennoch, dass diese „lebensgeschichtlich-ordnende Funktion von Religion" vor allem dort am meisten gefragt ist, „wo es gilt, die Stationen des institutionalisierten Lebenslaufs und vor allem des Familienzyk-lus ‚abzusegnen'. Das heißt aber auch: sie werden vor allem dort in Anspruch genommen, wo Lebensverläufe sich noch in relativ stabilen Bahnen be-wegen."[17]

Bei anderen neu entstehenden Bewältigungslagen – Trennungen, Arbeits-losigkeit, Neubestimmung des Generationenverhältnisses, kurz: der notwendi-gen biografischen Arbeit jedes Einzelnen – liegt der Akzent einer zweiten Vari-ante des Zusammenhangs von Biografie und Religion: Die „reflexive Funktion der Religion" fragt nach Prozessen „der Selbstthematisierung und Selbstbeob-

---

15 Carsten Wippermann, Religion, Identität und Lebensführung. Typische Konfigurationen in der fortgeschrittenen Moderne. Mit einer empirischen Analyse zu Jugendlichen und jungen Erwachsenen, Opladen 1998, 351.
16 Jan Hermelink, Kirchenaustritt. Bedingungen, Begründungen, Handlungsoptionen, in: ders. / Thorsten Latzel (Hg.), Kirche empirisch. Ein Werkbuch, Gütersloh 2008, 95–116, 95.
17 Monika Wohlrab-Sahr, Einleitung, in: dies. (Hg.), Biographie und Religion. Zwischen Ritual und Selbstsuche, Frankfurt am Main 1995, 9–23, 11.

achtung, die durch bestimmte Gehalte einer Religion (...) in Gang gesetzt werden, sowie um die *dafür* bereitgestellten Institutionen".[18]

Wenn es zutrifft, dass heute kaum noch von konstanten Lebens- und Glaubenswegen ausgegangen werden kann, dann kann auch gemeindepädagogische Arbeit sich nicht ausschließlich nach einem Modell kontinuierlichen Hineinwachsens in Glaube und kirchliches Leben ab dem Kindesalter konzipieren. Vielmehr sind daneben Möglichkeiten einer erstmaligen oder Wieder-Begegnung mit Kirche und Religion in *jedem* Lebensalter zu gestalten und gemeindepädagogische Arbeit müsste sich verstärkt als Angebot auch für Erwachsene unterschiedlichen Alters konzipieren.

6.2.2 Gemeinde als alltäglicher Lern- und Lebensort

Im Allgemeinen beschäftigt sich die Pädagogik – als Theorie und Praxis von Lern- und Bildungsprozessen – mit der Gestaltung von Alltag. Unter Alltag soll all das Wiederkehrende, Vertraute verstanden werden, was mit gewissen Routinen behaftet ist, und damit einerseits Handlungssicherheit verleiht, aber auch einschränkend wirken kann. Viele pädagogische Handlungskontexte sind geprägt durch wiederkehrende Routinen und feste Gruppen. Im Mittelpunkt steht häufig die Vermittlung bestimmter Kenntnisse, Fertigkeiten oder Verhaltensweisen über längere Zeiträume.

Auch in der Gemeindepädagogik überwiegen Vorstellungen einer längerfristigen Lebensbegleitung in gemeindlichen Kontexten über Jahre, wenn nicht Jahrzehnte; Gemeinde als attraktiven Alltagsort für und mit Menschen zu gestalten, ist entsprechend vielfach Wunsch- und Zielvorstellung. Die Woche ist weithin das wiederkehrende Organisationsprinzip vieler Gemeindeaktivitäten vom sonntäglichen Gottesdienst über Gruppenstunden bis zur Kantoreiprobe. Doch wie die EKD-Kirchenmitgliedschaftsuntersuchungen zeigen, wird eine solche kontinuierliche Beteiligung am kirchlichen Leben heute zur Ausnahme, die gelegentliche Teilnahme von Fall zu Fall zur Regel.

Dass die Menschen den Kontakt zur Kirche heutzutage überhaupt nicht mehr suchen, kann dabei statistisch widerlegt werden, so erweisen sich das „Gefühl der Verbundenheit der Mitglieder mit ihrer Kirche und der Gottesdienstbesuch (...) in vier repräsentativen Erhebungen zwischen 1972 und 2002 als außerordentlich konstant."[19] So nimmt zwar nur ein kleinerer Teil der Kir-

---

18 A. a. O., 12.
19 Rüdiger Schloz, Kontinuität und Krise – Stabile Strukturen und gravierende Einschnitte nach 30 Jahren, in: Wolfgang Huber / Johannes Friedrich / Peter Steinacker (Hg.), Kirche in der Vielfalt der Lebensbezüge. Die vierte EKD-Erhebung über Kirchenmitgliedschaft, Gütersloh 2006, 51–88, 54.

chenmitglieder regelmäßig am gottesdienstlichen Leben teil, eine Mehrheit besucht jedoch ab und zu Gottesdienste, insbesondere anlässlich familiärer Anlässe wie Taufe, Konfirmation, Hochzeit und Beerdigung oder an besonderen kirchlichen Feiertagen. Die Heiligabendgottesdienste etwa besuchen ein gutes Drittel aller Kirchenmitglieder.[20] Abgesehen vom Gottesdienstbesuch geben jedoch nur 9 % der evangelischen Kirchenmitglieder an, sich regelmäßig durch „Teilnahme an Chören, Gruppen und Kreisen" am kirchlichen Leben zu beteiligen. Das Gemeindefest wiederum, als Möglichkeit, sich punktuell am kirchlichen Leben zu beteiligen, erlangt dagegen eine vergleichsweise hohe Reichweite, ein gutes Viertel der Kirchenmitglieder nimmt daran teil.[21] Daher stellt sich die Frage, welche Lebenssituationen neben den Kasualien und besonderen kirchlichen Feiertagen Anlass sein könnten, sich von Fall zu Fall nach Orientierung, nach Kontakten, Gestaltungs- und Unterstützungsmöglichkeiten im kirchlichen Umfeld umzusehen und welchen Beitrag hier die gemeindepädagogische Arbeit leisten könnte.

Schon 1959 forderte Otto Friedrich Bollnow, den – wie er es nennt – auf eine „Stetigkeitspädagogik" gerichteten Blick zu erweitern, und verstärkt nach der Möglichkeit einer „Pädagogik unstetiger Vorgänge" zu fragen,[22] doch 50 Jahre später findet man auch in der aktuellen pädagogischen Diskussion kaum eine systematische Auseinandersetzung mit der Funktion und pädagogischen Gestaltung nicht-alltäglicher Lern-Anlässe und unstetiger Lernvorgänge. Wolf-Eckart Failing weist daher darauf hin, dass auch in der Religions- und Gemeindepädagogik neben einer längerfristigen, kontinuierlichen Lebensbegleitung einer zweiten Akzentuierung eine größere Aufmerksamkeit zukommen müsse: der „Lebenserneuerung". Eine solche Umakzentuierung öffne den Blick „für *existentielle Unterbrechungen* als Motor von existentiellem Lernen und gibt den Blick frei für Prozesse unsteten Lernens. (...) Damit geraten auch religions- wie gemeindepädagogisch andere Phänomene in den Mittelpunkt der Wahrnehmung, wie Erschütterung, Unterbrechung etc."[23]

Unterbrechungen im Lebensalltag sind häufig eine Voraussetzung für biografisch relevantes Lernen. Im Unterschied zu längerfristigen Lernprozessen und „curricularem Lernen" ist ein „lebensgeschichtliches Lernen", so Theodor

---

20 Vgl. Kirchenamt der EKD (Hg.), Zahlen und Fakten zum kirchlichen Leben 2011, Hannover 2011, 15.

21 Vgl. Schloz (s. o. Anm. 19), 64.

22 Vgl. Otto Friedrich Bollnow, Existenzphilosophie und Pädagogik. Versuch über unstetige Formen der Erziehung, Stuttgart 1959, 19.

23 Wolf-Eckart Failing, Anfängliche Aufmerksamkeit für Gott und das Leben. Gemeindepädagogik zwischen Sendungsauftrag und dialogischer Existenz, in: PGP 1/2005, 19–22, 21.

Schulze,[24] immer diskontinuierliches Lernen, ein Lernen, welches sich bei herausgehobenen Gelegenheiten ergibt. Ein biografisch bedeutsames Lernen dient dem Finden einer befriedigenden Lebensperspektive, es ist in erster Linie ein Lernen aus Erfahrungen, ein Lernen auch in den Widersprüchen und Brüchen des eigenen Lebens.

Gemeindepädagogik hätte also damit zu rechnen, dass viele biografische Lernanlässe sich ungeplant und diskontinuierlich ergeben, und auch dafür geeignete Kontaktmöglichkeiten und Unterstützungsangebote bereitzustellen.

6.2.3 Religiöse Alphabetisierung und Re-Katechisierung

Aufgrund des konstatierten Traditionsabbruchs und der als unzureichend erscheinenden religiösen und kirchlichen Sozialisation ist in den letzten Jahren eine neue Aufmerksamkeit für das Thema Mission und Bildung entstanden. Missionarische Bildungsangebote sollen zu einer Kernaufgabe von Gemeinden werden[25] und folgerichtig startete im Jahr 2011 die EKD hierzu die Kampagne „Erwachsen glauben".[26]

Solche Forderungen haben durchaus ihre Berechtigung: In dem Maße, in dem Menschen mit den Kernbeständen des eigenen Glaubens nicht mehr vertraut sind, benötigt es Anstrengungen, hier ein verlässliches Fundament zu legen. Doch die dabei derzeit zu beobachtende Re-Katechisierung [→ Kap. 4] kirchlicher Bildungsarbeit, mit der Funktion der Vermittlung von „Glaubenswissen" durch entsprechende Kurse, greift auf ein Pädagogikverständnis zurück, welches die *unterrichtliche* Vermittlung von *Wissens*beständen in den Vordergrund rückt. Man muss jedoch beachten, dass Glaubenskurse gerade nicht neue Anfänge mit Kirche und Religion für eher Kirchendistanzierte ermöglichen, sie sind kein Mittel des Erstkontakts oder der Wiederbegegnung, sondern sie dienen eher der Vergewisserung jener in Glaubensdingen, die bereits über Bindungen an Kirche und Gemeinde verfügen.[27]

---

24 Theodor Schulze, Lebenslauf und Lebensgeschichte. Zwei unterschiedliche Sichtweisen und Gestaltungsprinzipien biographischer Prozesse, in: Dieter Baacke / ders. (Hg.), Aus Geschichten lernen. Zur Einübung pädagogischen Verstehens, Weinheim/München 1993, 174–226.
25 Vgl. Kirchenamt der EKD (Hg.), Erwachsen glauben. Missionarische Bildungsangebote als Kernaufgabe der Gemeinde, Hannover 2008.
26 Arbeitsgemeinschaft Missionarische Dienste (Hg.), Erwachsen glauben. Missionarische Bildungsangebote. Grundlagen – Kontexte – Praxis, Gütersloh 2011. Vgl. auch: www.kurse-zum-glauben.de und www.kurse-zum-glauben.org.
27 Vgl. hierzu Johannes Zimmermann / Anna-Konstanze Schröder (Hg.), Wie finden Erwachsene zum Glauben?, Neukirchen-Vluyn 2010.

Bei eher kirchendistanzierten Menschen können schon die Verbindung des Wortes Mission mit kirchlichen Aktivitäten und der Ansatz bei zu behebenden Wissens-Defiziten Abwehr auslösen. Dabei sind es nicht die theologischen Inhalte selbst, die Abwehrhaltungen hervorrufen, „sondern die Formen in denen sie transportiert werden. Nicht Verkündigung (...) in ihrer Substanz wird zurückgewiesen, sondern bestimmte Arten der Vermittlung, nämlich die nicht-dialogischen, mit Hierarchieverdacht belegten, werden auf Distanz gehalten."[28] Dass die Art und Weise des Umgangs mit Kirche und Religion dabei auch stark von der Milieuzugehörigkeit und der Frage des jeweiligen Lebensstils abhängig ist, dies haben kirchensoziologische Untersuchungen ebenfalls deutlich nachweisen können.[29] [→ vgl. Kap. 9]

Die Gemeindepädagogik sollte sich daher nicht zu rasch auf jene innerkirchlichen Forderungen einlassen, die – übrigens ganz ähnlich wie die gesamtgesellschaftliche Bildungsdiskussion – dazu neigen, die Bildungsfrage zu verkürzen auf die Notwendigkeit von Wissenserwerb. Anstelle einer „Hermeneutik der Vermittlung" sollte in der Gemeindepädagogik stärker einer „Hermeneutik der Verständigung"[30] und einer Didaktik der offenen, dialogisch orientierten Auseinandersetzung Raum gegeben werden. Es ist der EKD-Denkschrift ‚Kirche und Bildung' zuzustimmen, wenn diese betont:

> „Auch über die explizit religiösen Inhalte hinaus bieten kirchliche Bildungsangebote Gelegenheit für eine reflektierte Bildung, die sich auf die Fragen nach dem Woher und Wohin des Menschen und der Welt einzulassen bereit ist. Zum kirchlichen Bildungshandeln gehört konstitutiv die hervorgehobene Stellung non-formaler und informeller Bildungsprozesse. Jenseits von Schulpflicht oder Bildungszertifikaten ist hier Raum für selbstorganisierte Vorhaben und Angebote, die vielfach von ehrenamtlichen Mitarbeiterinnen und Mitarbeitern getragen werden, beispielsweise in der evangelischen Kinder- und Jugendarbeit, aber auch bei bürgerschaftlich orientierten Aktionsgruppen, Initiativen, lokalen Bündnissen oder »runden Tischen« ..."[31]

Wenn in der Gemeindepädagogik in besonderer Weise auch biografische, informelle und beiläufige Lernprozesse in den Blick kommen, ist wichtig zu

---

28 Fritz-Erich Anhelm, Die Kirche und die Milieus der Gesellschaft, in: Wolfgang Vögele / Helmut Bremer / Michael Vester (Hg.), Soziale Milieus und Kirche, Würzburg 2020, 13–23, 21.
29 Vgl. Claudia Schulz/Eberhard Hauschildt/Eike Kohler, Milieus praktisch, Göttingen 2008.
30 Vgl. Karl Foitzik, Gemeindepädagogik – ein ‚Container-Begriff', in: ders. (Hg.), Gemeindepädagogik. Prämissen und Perspektiven, Darmstadt 2002, 11–46, 35 ff.
31 Kirchenamt der EKD (Hg.), Kirche und Bildung. Herausforderungen, Grundsätze und Perspektiven evangelischer Bildungsverantwortung und kirchlichen Bildungshandelns, Gütersloh 2009, 55.

akzeptieren, dass viele Menschen nicht in erster Linie an kirchlichen Angeboten teilnehmen, um etwas Bestimmtes (über ihre Religion) zu lernen, sondern sie nach Kontakt, Austausch und Geselligkeit suchen. Die Gestaltung eher geselliger Anlässe ist dabei nicht zu verwechseln mit deren Inhaltslosigkeit. Es ist vielmehr so, dass die meisten Menschen bei einem kirchlichen Anbieter auch eine kompetente Ansprechperson in Sachen Religion und Kirche *erwarten*. Der gewünschte kritische Dialog auf ‚Augenhöhe‘ und die notwendige Fachlichkeit werden dabei vor allem über die Hauptberuflichen selbst sichergestellt, indem diese sich als Gesprächspartner und Lernmöglichkeit in Sachen Religion zur Verfügung halten, weniger über institutionalisierte pädagogische Verfahren oder zuvor festgelegte Inhalte. Religiöse Bildung erfordert in vielen Fällen zuallererst die Ermöglichung einer gegenseitig interessierten Kommunikation, wobei die quasi ‚vorpädagogische‘ Aufgabe darin besteht, Zugänge zu den von Kirche bereit gehaltenen Möglichkeiten herzustellen und einen gemeindepädagogischen Handlungsraum zu eröffnen, in dem alle Beteiligten gemeinsam die geltenden Regeln auszuhandeln vermögen. [→ Kap. 11]

6.2.4 Gelegenheitspädagogik

Damit sind wesentliche ambivalente Anforderungen skizziert: Soll sich gemeindepädagogische Arbeit eher auf die Zielgruppe der Heranwachsenden konzentrieren, um diese frühzeitig mit Kirche und Religion vertraut zu machen, oder soll sie sich eher als Begleitung aller Lebensalter konzipieren? Sollen eher kontinuierliche, stetige Lernprozesse im Vordergrund stehen, oder soll einem Lernen bei Gelegenheit und Gemeinde auf Zeit Raum eröffnet werden? Sollen eher die Kernbestände des Glaubenswissens vermittelt werden, oder soll eher eine implizite gemeindepädagogische Gestaltung offener Arrangements mit Anregungsgehalt im Vordergrund stehen?

Es ist davon auszugehen, dass angesichts der zuvor beschriebenen tendenziellen Schieflagen eine ausgewogenere Balance von kontinuierlicher Gruppenpädagogik und Ressourcenpädagogik, von Lebensbegleitung und Lebenserneuerung, von Alltagsgestaltung und Alltagsunterbrechung, von Stetigkeitspädagogik und Gelegenheitspädagogik erforderlich ist. Wenn gemeindepädagogische Arbeit sich neben der Alltagsarbeit mit Heranwachsenden stärker auch als Gelegenheitspädagogik für alle Lebensalter konzipieren soll, stellt sich jedoch die Frage, welche pädagogischen Handlungsformen sich dafür besonders eignen. Hier kommen insbesondere *Feste, Reisen* und *Projekte* in den Blick. In diesen drei Handlungsformen sind unterschiedliche Grunderfahrungen des Mensch-Seins eingebettet: *Feste* überhöhen den Alltag selbst –

hier wird vor allem das spielerische und kreative Element angesprochen; *Reisen*, Ausflüge und Wanderungen führen auch räumlich aus dem eigenen Alltag hinaus – hier steht das Unterwegs-Sein, die Spannung von Aufbruch und Ankunft im Mittelpunkt; und in vielen *Projekten* geht es um die tätige Veränderung und veränderte Wahrnehmung der eigenen Alltagswelt – hier geht es eher um das Werken, das Be-Wirken, das sinnerfüllte Arbeiten.

Alle drei pädagogischen Handlungsformen sind nicht lernzentriert, gleichwohl können sie einen ganz eigenen Lerngehalt enthalten. Sie können Gemeinschaftserfahrungen ganz besonderer Art hervorrufen und sie ermöglichen in gewisser Weise ein Probehandeln, indem Menschen sich für eine begrenzte Zeit auf Andere und Anderes, bislang Unbekanntes und Neues einlassen. In der evangelischen Kinder- und Jugendarbeit sind diese Handlungsformen weit verbreitet: Feste, Fahrten, Freizeiten, Projekte und Aktionen bieten auch Anknüpfungspunkte für jene Heranwachsenden, die nicht an regelmäßigen Angeboten teilnehmen. Notwendig wäre eine verstärkte Bereitstellung solcher Angebotsformen auch für Erwachsene, die derzeit in gemeindlichen Kontexten noch wenige solcher Gelegenheiten zur punktuellen Inanspruchnahme und Mitgestaltung finden. Im Folgenden sollen daher exemplarisch am Beispiel Projektarbeit die besonderen Chancen skizziert werden.

a) Gemeindepädagogische Projektarbeit

Zwar werden in der gemeindepädagogischen Arbeit Projekte durchgeführt, doch in der Fachliteratur findet man wenig über dieses Handlungsprinzip, die vorhandenen Veröffentlichungen sind eher auf einen schulpädagogischen Kontext bezogen. Eine Ausnahme bildet das im Jahr 1979 erschienene Buch „Projektarbeit in Gemeinden". Suin de Boutemard weist damals darauf hin, dass sich gerade die Projektarbeit besonders dort vorzüglich eignet, „wenn sich sozialer Wandel vollzieht, also bei Gesellschaften im Übergang oder in Gesellschaften, in denen ein Übergang zu neuen Verkehrsformen notwendig ist". Sie wählt als „Organisationsform das soziale Bündnis von unten her (...) und nicht die zentrale und politische Steuerung von oben", akzentuiert „wechselseitige Hilfe und Selbstorganisation der Betroffenen" und folgt dem „Prinzip des allgemeinen Priestertums".[32] Projektpädagogisch organisierte Gemeindearbeit setzt auf aktive Teilnahme und Mitarbeit und „kann mit thematisch wechselnden Angeboten jeweils andere Zielgruppen ansprechen", wobei sie häufig auch generationenübergreifend organisiert ist, wodurch Lernprozesse entstehen, die „die hierarchische Trennung zwischen Alten und Jungen

---

32 Bernhard Suin de Boutemard, Projektarbeit in Gemeinden (Beiträge zur Gemeindepädagogik), Berlin/Gelnhausen/Stein 1979, 9 f.

sowie zwischen solchen, die denken, und solchen, die handeln" überwinden hilft und durch „wechselseitiges Lehren und Lernen" ersetzt.[33]

Ein Projekt ist dadurch gekennzeichnet, dass ein gemeinsam festgelegtes Ziel in einer begrenzten Zeitspanne erreicht werden soll und dass die zu lösende Aufgabe relativ komplex ist und der Lösungsweg zunächst unbekannt. Projekte können sich zeitlich über relativ kurze Zeiträume erstrecken (bspw. ein Projekttag), über mittlere Zeiträume (etwa eine Projektwoche oder mehrere Wochen) und lange Zeiträume von einigen Monaten oder gar Jahren.

Projekt: aus dem Lateinischen „projicere" = vorauswerfen, entwerfen, planen, sich etwas vornehmen

Grundlegende Merkmale der Projektmethode: Situationsbezug und Umweltorientierung, Lebenspraxisbezug und Orientierung an den Interessen der Beteiligten, gesellschaftliche Praxisrelevanz, zielgerichtete Projektplanung, Selbstorganisation und Selbstverantwortung sowie selbstbestimmtes Lernen, ganzheitliches Lernen unter Einbeziehung vieler Sinne, soziales Lernen, Produktorientierung, Interdisziplinarität als bereichs- und fächerübergreifende Zusammenarbeit, Kommunikabilität.[34]

Projektphasen: 1. Initiierungsphase (Projektidee / Projektinitiative), 2. Planungsphase (Zielvereinbarung / Zeitplan), 3. Durchführungsphase (Projektverwirklichung), 4. Präsentationsphase (Produkt-/Ergebnispräsentation / Öffentlichkeitsarbeit), 5. Auswertungsphase (Projektabschluss / Projektbewertung).[35]

Wichtig ist es, zwischen Projekt*unterricht* in schulischem oder hochschulischem Kontext und Projekt*arbeit* in offeneren Settings, wie in Stadtteilen, Gemeinden o.ä. zu unterscheiden: „Wenn man in der Schule von Projekten spricht, handelt es sich in den meisten Fällen um Reduktionsstufen. (...) nur in Ausnahmefällen werden alle Kriterien eines Projektes erfüllt."[36] So birgt der schulische Projektunterricht etwa in Form der sog. Projektwoche im eigenen Schulgebäude mit Teilnahmeverpflichtung aller Schüler und Schülerinnen kein allzu großes Risiko, hingegen sind Projekte im außerschulischen Bereich – zumal wenn es sich um größere Projekte handelt –, häufig mit einem

---

33 A.a.O., 10.

34 Vgl. Herbert Gudjons, Handlungsorientiert lehren und lernen. Schüleraktivierung, Selbsttätigkeit, Projektarbeit, Bad Heilbrunn [7]2008, 76–90.

35 Vgl. Karl Frey, Die Projektmethode, Weinheim/Basel [9]2002. Daraus insbes.: Das Grundmuster der Projektmethode: 54–61. Vgl. Eberhard Jung, Projektunterricht – Projektstudium – Projektmanagement, Bielefeld 2002, in: sowi-online-Methodenlexikon, sowi-online e.V., URL: http://www.sowi-online.de/methoden/lexikon/projekt-jung.htm (Stand Juli 2011).

36 Kerstin Klein, Lernen mit Projekten. In der Gruppe planen, durchführen, präsentieren, Mülheim an der Ruhr 2008, 17.

gewissen, typischen Risiko behaftet, wenn sie unerprobtes Terrain betreten und dabei auch scheitern können: Den Projektteilnehmenden ‚geht die Puste aus', das Ziel war zu hoch gesteckt, notwendige Finanzmittel können nicht eingeworben werden oder anderes mehr. Hier liegt eine zentrale Aufgabe hauptberuflicher Pädagogen und Pädagoginnen: Sie unterstützen und begleiten den Projektweg und versuchen durch ihre Moderation und Beratung bereits in der Planungsphase Risiken zu minimieren.

Ein Projekt ist üblicherweise dadurch gekennzeichnet, dass es sich um ein *einmaliges* Vorhaben handelt. Ist ein Projekt erfolgreich, wird es jedoch bisweilen auch in die alltägliche Arbeit integriert, indem in regelmäßigen Abständen *projektartige* Aktionen wiederholt werden: „Die Aktion ist ein projektartiges Vorhaben, das allerdings einige Kriterien eines Projektes nicht erfüllt. (...) Es besteht beispielsweise ein erprobter Ablaufplan, der das typische Projektrisiko ausschaltet."[37] Gelungene Projekte können sich also auch verstetigen, indem ein erreichtes Ergebnis auf Dauer gestellt wird.

b) Beispiele gemeindepädagogischer Projektarbeit

Projekte lassen sich nach ihren Themen, Intentionen und Zielgruppen unterscheiden: Es gibt Bildungsprojekte, Biografie-, Geschichts-, Umwelt-, Gesundheits-, Sozial-, Diakonie- und Kulturprojekte. Es gibt Jugendprojekte, intergenerationelle Projekte, Frauenprojekte u. v. a.m. Gemeinsam ist ihnen die zuvor beschriebene Projektlogik, die es Menschen ermöglicht, sich auch interessen- und themenbezogen von Fall zu Fall zu beteiligen. Einige Beispiele sollen im Folgenden exemplarisch die Vielfalt gemeindepädagogischer Projektarbeit veranschaulichen.

Im Bereich *Kultur und Freizeitgestaltung* gibt es zahlreiche Projekte: Tanz, Ausstellung, Musical, Handwerkliches, Zirkus, besondere Gottesdienste und vieles mehr.[38] So machte beispielsweise ein Diakon die Erfahrung, dass mehr und mehr berufstätige Väter Interesse an gemeinsamen, zeitlich befristeten Projekten mit ihren Kindern haben, und so entstand die Idee für das Projekt ‚Familienkanu'. Über einen Zeitraum von mehreren Monaten bauten Väter mit ihren Kindern, begleitet vom Diakon, ihre eigenen Familienkanus. Unterstützt wurden sie dabei von einem Bootsbaumeister. Organisiert werden mussten im Vorfeld u. a. eine geeignete Bootsbau-Form als Modell, ein geeigneter Bauort

---

37 Wolfgang Antes, Projektarbeit für Profis, Weinheim/München ²2010, 16.
38 Zu Beispielen aus der sozialen Kulturarbeit vgl. Jens Maedler (Hg.), TeilHabeNichtse. Chancengerechtigkeit und kulturelle Bildung, München 2008. Zahlreiche Beispiele „guter kirchlicher Praxis" findet man auf den Seiten des EKD-Reformprozesses „Kirche im Aufbruch" unter: http://www.kirche-im-aufbruch.ekd.de/praxis.html

für die gesamte mehrwöchige Projektdauer (gefunden wurde dieser in einer diakonischen Einrichtung), oder Sponsoren, die das Projekt finanziell unterstützen. 17 Väter und 26 Kinder bauten im Projekt ihre eigenen Boote. Im Anschluss an die Bauphase fand eine Bootsausstellung statt und zum Abschluss startete eine einwöchige Paddelfreizeit aller Beteiligten. Väter und Kinder erlebten eine intensive gemeinsame Zeit: „Gemeinsam wird etwas Bleibendes geschaffen und neue Verbundenheit entwickelt." Die Projektgruppe als ganze „hat durch gemeinsame Erlebnisse eine große Verbundenheit zueinander und zur Gemeinde entwickelt. (...) Besonders faszinierend war das Zusammenwirken der unterschiedlichen Generationen (...) und der Teilnehmer, die aus völlig unterschiedlichen sozialen und beruflichen Zusammenhängen stammen."[39]

Ein anderes Beispiel stellt das Projekt ‚Baumarktgottesdienst' eines Gemeindereferenten dar. Seine Idee war es, einen Gottesdienst an einem ganz alltäglichen Ort anzubieten. Die Wahl fiel auf einen Baumarkt, ein Ort, „wo Menschen sich aufhalten, die aktiv im Leben stehen. Sie bauen, renovieren, gestalten Kinderzimmer usw. Diese Aktivitäten bieten Anknüpfungspunkte, die sich als Inhalte des Gottesdienstes bestens eignen. Bauen und Renovieren hat schließlich immer auch etwas mit Lebensgestaltung zu tun."[40] Der erste Gottesdienst im Jahr 2007 mit dem Thema „Die Tücken des Bauens" wurde von über 200 Menschen besucht und war so erfolgreich, dass das Projekt im Folgejahr wiederholt wurde.

Ein gemeindeübergreifendes kulturelles Großprojekt stellt hingegen das Pop-Oratorium „Die 10 Gebote" dar, welches im Rahmen des Kulturhauptstadtjahrs „Ruhr 2010" von Michael Kunze und Dieter Falk entwickelt wurde, in dessen Rahmen auch die Evangelischen Kirchen im Rheinland und von Westfalen präsent waren. An dem Projekt beteiligten sich neben professionellen Musikern und Musikerinnen über 2500 ehrenamtliche Sänger und Sängerinnen, fast 100 Chöre aus Nordrhein-Westfalen hatten sich angemeldet. Vor der Uraufführung standen im Jahr 2009 Schulungswochenenden für die Chorleitenden, örtliche Chorproben, vier regionale Chorproben als erste größere gemeinsame Treffen und letztlich die Hauptprobe mit allen Sängern und Sängerinnen. Dieses Chorprojekt hatte große Ausstrahlungskraft, und mittlerweile sind bereits zahlreiche Lokalprojekte entstanden, die das Oratorium vor Ort mit eigenen Akteuren einstudieren und aufführen.[41]

Einen anderen thematischen Schwerpunkt setzen zahlreiche *Sozial- und Diakonieprojekte* mit der Durchführung von Solidaritätstafeln, Schuldenprä-

---

39 Vgl. http://www.kirche-im-aufbruch.ekd.de/praxis/alle/13972.html (Stand Juli 2011).
40 Vgl. http://www.kirche-im-aufbruch.ekd.de/praxis/alle/6624.html (Stand Juli 2011).
41 Vgl. http://www.die10gebote.de/ (Stand Juli 2011).

ventionsangeboten, dem Angebot von Mittagstischen oder auch Aktionen wie „Schön, dass es dich gibt!". Deren Idee ist es, dass eine örtliche Kindergruppe „eine Geburtstagsbox für ein bedürftiges Kind gestaltet (...). Inhalt der Box sind Material und Ideen, die helfen, einen Kindergeburtstag auf einfache Weise unterhaltsam und spannend zu gestalten. Das können Geschichten zum Vorlesen sein, Tischkärtchen, eine Geburtstagskerze und Material für Spiele."[42] Die gestalteten Boxen werden über einen örtlichen Partner, etwa das Diakonische Werk, an Interessierte abgegeben.

Ein bekanntes Beispiel sind auch die ‚Vesperkirchen' im süddeutschen Raum. 1995 entstand in der Stuttgarter Leonhardskirche auf Initiative des damaligen Pfarrers die erste Vesperkirche:[43] Er wollte in der Innenstadtgemeinde für einige Wochen in der Winterzeit einen Ort der Begegnung und gegenseitigen Unterstützung schaffen. Zahlreiche Fragen waren zu Beginn unbeantwortet: „Wo kann gekocht werden? Wie wird der Start finanziert? Wer wird mitarbeiten? Wie viele Essen werden gebraucht? Was geschieht mit dem Sandsteinboden in der Leonhardskirche? Wo gibt es einen Stellplatz für Toiletten?"[44]

Doch die erste Vesperkirche wurde erfolgreich durchgeführt und bietet seitdem jährlich zwischen Januar und Palmsonntag ein ‚Zuhause auf Zeit'. Täglich wird bis zu 900 Besuchern und Besucherinnen ein warmer Platz geboten, Verpflegung, medizinische und tierärztliche Versorgung, Haare schneiden, eine Spielecke für Kinder oder seelsorgerliche Gespräche und Berufsberatung. Begleitet wird das tägliche Angebot von einem Kulturprogramm mit Konzerten u. a. Eine beeindruckende Logistik steckt hinter der jährlichen Aktion. Jeweils mehrere hauptberufliche Diakone und Diakoninnen und Pfarrer und Pfarrerinnen sowie rund 700 Ehrenamtliche arbeiten über den Projektzeitraum in Ärzteteams, Logistik-, Küchen- und Putzteams mit.

Dass aus dem ursprünglichen Projekt eine jährlich wiederkehrende Aktion geworden ist zeigt, wie notwendig einerseits solche sozialdiakonisch orientierte Projektarbeit ist, aber auch wie eindrücklich die Erfahrungen jener sind, die sich dort auf Zeit begegnen. Viele erfahren die Vesperkirche als ein Stück gelebter Nächstenliebe. Aber auch politische Bildung verbindet sich damit. So meint eine Schülerin der 11. Klasse, die ein Sozialpraktikum in der Vesperkir-

---

42 „Schön, dass es dich gibt!" in: Kirchenamt der EKD/Sozialwissenschaftliches Institut der EKD (Hg.), Armut überwinden – an vielen Orten. Projekte von Kirchengemeinden und diakonischen Initiativen, Hannover 2010, 39.
43 Im Jahr 2010 gab es in Baden-Württemberg bereits 25 Vesperkirchen.
44 „Die Vesperkirche: Idee und Geschichte" unter: URL: www.vesperkirche.de (Stand Juli 2011)

che absolviert: „Das ist eine wichtige Erfahrung. Viele Schüler wissen nichts über Hartz IV oder darüber, was los ist in Deutschland."[45]

Einen anderen Akzent setzen zahlreiche lokale *Umwelt- und Ökologieprojekte*, sei es für den Erhalt von Streuobstwiesen mit einer jährlichen Baumpflanzaktion eines Apfelbaumes am Reformationstag, die naturnahe Umgestaltung eines Gartens am Gemeindehaus, eine Wald-Projektwoche mit Kindern in den Herbstferien und anderes mehr. Dass landeskirchliche Modell- und Pilotprojekte durch die Bereitstellung einer begleitenden Infrastruktur und Unterstützung lokales gemeindliches Engagement anregen und fördern können, dies zeigen die Erfahrungen des in einigen Landeskirchen aufgelegten Projekts „Der grüne Hahn" (bzw. „Der grüne Gockel"). Dessen Ziel ist es, das Umweltengagement vor Ort zu fördern, durch Energieeinsparungen die ökonomische Lage von Gemeinden zu verbessern, sowie neue Akzente im Gemeindeleben zu setzen. Lokale Umweltteams setzen dabei ihre eigenen Schwerpunkte und entwickeln beispielsweise Konzepte für die energetische Sanierung kirchlicher Gebäude. Die Auswertung der Pilotphase in der westfälischen Landeskirche zeigt dabei nicht nur, dass vor Ort das Ziel der Energieeinsparung in teilweise beeindruckender Weise erreicht wird, sondern auch, dass in 55 % aller beteiligten Pilot-Gemeinden „Menschen außerhalb der Kerngemeinde für die Mitarbeit im Projekt gewonnen werden"[46] konnten.

6.3 Gemeinde als Projekt

Auch unter den Bedingungen der Moderne können Gemeinden bedeutsame Orte sein, die bei sich bietenden Gelegenheiten in Anspruch genommen werden, sofern sie nicht ausschließlich längerfristige Bindungen, sondern auch Beteiligungsmöglichkeiten von Fall zu Fall bereitstellen. Für Gemeinde als Möglichkeitsraum für eine Teilnahme bei Gelegenheit kann es weder bedeutsam sein, wie man den Einzelnen in vorgefertigte Gemeindestrukturen einpasst, noch wie man punktuelle zu kontinuierlicher Teilnahme werden lässt, sondern es gälte vielmehr gemeindliches Leben so zu gestalten, dass Menschen daraus Anstöße gewinnen, um ihre Form und Intensität der Beteiligung selbstbestimmt zu wählen.

---

45 A. a. O.
46 Evangelische Kirche von Westfalen (Hg.), Der Grüne Hahn. Kirchliches Umweltmanagement. Erfahrungen und Ergebnisse der Pilotphase 2004/2005, Iserlohn, o. J., 13. URL: www.kirchliches-umweltmanagement.de/uman/downloads/resumee_gruener_hahn_lowres.pdf (Stand Juli 2011)

Wenn Kirche bei Gelegenheit und Gelegenheitspädagogik als Aufmerksamkeitsrichtung akzentuiert werden, wird die Frage nach der Erkennbarkeit, Zugänglichkeit und Gestimmtheit kirchlicher Räume als Voraussetzung für (religiöse) Bildung, Kommunikation und Begegnung bedeutend. Gemeinde ist dann nicht nur ein Ort, an dem gemeindepädagogisch mit der Projektmethode gearbeitet wird, sondern gleichsam wird Gemeinde sich immer wieder selbst zum Projekt, indem sie sich immer wieder infrage stellt und neu entwirft.

6.3.1 Plädoyer für eine absichtslose Gemeindepädagogik

Eine projektorientierte Gemeindepädagogik möchte den Raum geben, dass unterschiedliche Menschen sich – und sei es auch nur auf Zeit – begegnen, Dinge zu bewegen, sich begeistern zu lassen und zu bestaunen, was man gemeinsam bewirken kann. Notwendig wird dafür eine eher indirekte und ,absichtslose' Gemeindepädagogik in Analogie zu der von Rudolf Englert skizzierten ,absichtslosen Religionspädagogik': „Eine ,absichtslose' Religionspädagogik stellt die menschlichen und sozialen Bedingungen bereit, die verstehen lassen, was mit ,Gott' gemeint ist. Soweit hier religiöse Entdeckungen gemacht werden, vollziehen sie sich als integrierte Momente eines umfassenden Begegnungsgeschehens. (...) Eine absichtslose Religionspädagogik setzt christliche Gemeinschaften voraus, die nicht um sich selbst kreisen, sondern stark und selbstbewußt genug sind, um sich zu öffnen und auf die zuzugehen, die ihrerseits keine christliche Erziehung erfahren haben, die sich vielleicht als Christen empfinden, aber ohne jeden Kontakt zu einer religiösen Gemeinschaft sind, die vielleicht religiöse Fragen haben, aber den ihnen bekannten Formen des Christentums völlig entfremdet sind, die als Nicht-Christen in einer immer noch in vieler Hinsicht stark christlich geprägten Gesellschaft leben".[47]

Für Englert sind die Kernelemente die Schaffung menschlicher Milieus, das empathische Dabei-Sein und Mit-Leiden etwa dort, wo Menschen alleingelassen und verloren sind sowie die Voraussetzungslosigkeit gewährter Nähe.[48] Dabei hat auch eine absichtslose Religions- und Gemeindepädagogik Absich-

---

47 Rudolf Englert, Gott Raum schaffen. Umrisse einer absichtslosen Religionspädagogik, in: KatBl 119/1994, 481–489. Online verfügbar unter: http://duepublico.uni-duisburg-essen.de/servlets/DerivateServlet/Derivate-21709/englert-gott+raum.pdf,2 (Stand Juli 2011).
48 Vgl. a. a. O., 4 f.

ten, doch wenn sie dabei „Gott ins Spiel bringt, dann als Appellationsinstanz universalisierbarer, unterdrückter, zu kurz gekommener Interessen, nicht als Sachwalter partikularer Absichten – und handele es sich dabei auch um kirchliche Belange."[49]

6.3.2 Die ambivalente Funktion von Religion

Der Theologe Henning Luther weist auf die zutiefst ambivalente Funktion von Religion hin: Religion ist nicht einfach nur Beheimatung und Beruhigung, sondern immer auch Befremdung und Beunruhigung, bewegt sich zwischen „Schmerz und Sehnsucht".[50]

In einer Zeit, in der „Mehrdeutigkeitserfahrungen"[51] zu einem unumgänglichen Gegenwartsempfinden gehören, müsste Religion, so Henning Luther, „diese Differenzen gerade wahrnehmen, aushalten, ausformulieren, anstatt sie zu überspielen, zu vertuschen oder zu ignorieren."[52]

> „Religion, die sich nicht zur Beruhigung instrumentalisieren läßt, vermittelt so die Gewißheit der Ungewißheit, die Bergung im Ungeborgenen, die Anfreundung mit dem Befremdlichen, die Beheimatung im Unbehausten. Die eschatologische Perspektive einer nicht-eskapistischen Religion verspricht, daß diese Paradoxie möglich und lebbar ist."[53]

Mit Spannungen leben zu können, gehört zu den heutigen Identitätszumutungen. Aufgabe religiöser Bildung wäre es, die in christlichen Symbolen vorhandenen Widersprüche nicht zu verdecken, sondern kommunizierbar zu machen. Das christliche Symbol schlechthin, das Kreuz, ist selbst ein höchst ambivalentes Symbol. Es symbolisiert Ohnmacht angesichts von Passion und Kreuzestod ebenso, wie Zuversicht angesichts der Auferstehung. Es ist Zeichen des Leids ebenso wie der Hoffnung. Solche Symbole sind mehrdimensional und auf Deutung angelegt. Sie transportieren und repräsentieren einerseits religiöse Traditionen, zugleich sind sie offen für aktuelle Deutungen. Sie können durch den in ihnen enthaltenen widersprüchlichen Sinngehalt dabei helfen, heutige ambivalente Gegenwartserfahrungen aufzudecken, auszuhalten, zu kommunizieren und zu bearbeiten. Solchermaßen kann religiöse Bildung

---

49 A.a.O., 1.
50 Henning Luther, Religion und Alltag. Bausteine zu einer Praktischen Theologie des Subjekts, Stuttgart 1992, 239 ff.
51 A.a.O., 247.
52 A.a.O., 222 f.
53 A.a.O., 216.

auch einen Beitrag leisten zur Entwicklung einer Ambiguitätstoleranz, die notwendig ist, um vorhandene Widersprüche nicht nur negativ zu sehen, sondern auch als herausforderndes Potenzial zu begreifen.

! **Ambiguität (-stoleranz)** [auch: Ungewissheits- oder Unsicherheitstoleranz]
„(von lat. ambigus = nach beiden Seiten sich hinneigend), Doppelsinnigkeit, Mehrdeutigkeit, angesichts der komplexen, vielfältig verschachtelten und nach verschiedenen Wertvorstellungen und Zielsetzungen organisierten Sozialstruktur hochindustrialisierter Gesellschaften eine aktuelle Eigenart sozialer Normensysteme, die Situationen, Verhaltenserwartungen und damit soziale Problemlagen definieren. Für die Sozialisation des Menschen in derartigen Sozialstrukturen wird darum ein hoher Grad an A.stoleranz gefordert, die ihn befähigt, normative Mehrdeutigkeiten und damit soziale Unsicherheit und soziales Handlungsrisiko ertragen und ohne aggressive Ableitung auf andere soziale Verhaltenspartner bewältigen zu können."[54]

6.3.3 Widerspruchsmanagement als professionelle Kompetenz

Als Zielvorstellung gelingender religiöser Bildung darf dabei nicht nur die Funktion der Beheimatung, Beruhigung und Befriedung gegenwärtig sein, sondern muss immer auch die Möglichkeit des Um-Denkens, der Beunruhigung, der Veränderung, des In-Gang-Setzens im Blick bleiben. Hier verbinden sich Religion und Bildung, die beide nicht nur bequem sind, sondern auch herausfordern, sich nicht abzufinden mit dem Status Quo unbefriedigender individueller wie gesellschaftlicher Lebensverhältnisse.

Beides – Religion und Bildung – nicht aufzudrängen, aber als einen bestimmten Modus des Weltumgangs und Weltverstehens und des Umgangs mit Ambivalenzen anzubieten, ist Kern gemeindepädagogischer Professionalität. Auch die professionell gemeindepädagogisch Tätigen selbst benötigen dafür eine Ambiguitätstoleranz als Fähigkeit, die widerstreitenden Ansprüche an das von ihnen verantwortete Handeln nebeneinander stehen zu lassen, nicht nach eindeutigen Lösungen zu suchen unter Ausblendung der jeweils anderen Aspekte, Spannungen auszuhalten und eine gewisse Gelassenheit zu entwickeln angesichts der Tatsache, dass widersprüchliche Anforderungen an das gemeindepädagogische Handeln gleichermaßen unlösbar sind und – auch das ist ein Widerspruch in sich – doch immer wieder neu gelöst werden müssen. Vorhan-

---

54 Karl-Heinz Hillmann, Art. „Ambiguität", in: ders., Wörterbuch der Soziologie, Stuttgart [5]2007, 23–24, 23 f.

dene Widersprüche können nicht ignoriert werden und es muss den professionell Tätigen bewusst sein, dass vermeintlich einfache Lösungen zu Hierarchisierungen neigen, die jeweils eine Seite der anderen unterwirft unter Inkaufnahme blinder Flecken und der Nicht-Wahrnehmung gleichfalls berechtigter Anliegen.

Notwendig für die gemeindepädagogische Professionalität ist daher eine Form des „Widerspruchsmanagements", das immer neue Finden einer Balance im Spannungsfeld verschiedener Ansprüche und Notwendigkeiten und das Organisieren von Diskursen und Konsensfindungsprozessen gemeinsam mit anderen Beteiligten.

Literatur zur Vertiefung

Bauman, Zygmunt, Moderne und Ambivalenz. Das Ende der Eindeutigkeit, Hamburg 2005 [1992].
Beck, Ulrich / Elisabeth Beck-Gernsheim (Hg.), Riskante Freiheiten. Individualisierung in modernen Gesellschaften. Frankfurt am Main 1994.
Degen, Roland, Gemeindepädagogische Perspektiven für eine Kirche der Zukunft, in: Ludwig Metzger / Nicole Piroth (Hg.), Gemeindepädagogik im Wandel – Erfahrungen und Perspektiven, Darmstadt 2000, 175–202.
Frey, Karl, Die Projektmethode, Weinheim/Basel ⁹2002.
Helsper, Werner, Pädagogisches Handeln in den Antinomien der Moderne, in: Heinz-Hermann Krüger / Werner Helsper (Hg.), Einführung in Grundbegriffe und Grundfragen der Erziehungswissenschaft, Stuttgart ⁹2009, 15–34.
Luther, Henning, Religion und Alltag. Bausteine zu einer Praktischen Theologie des Subjekts, Stuttgart 1992.

Impulse zur Weiterarbeit

a) Rainer Kascha diskutiert in Bezug auf das Handlungsfeld Offene Jugendarbeit Vor- und Nachteile der Projektmethode.[55]

> „Mit der Methode ‚Projektarbeit' verstärkt Offene Jugendarbeit ihre Attraktivität, ihre Angebotspalette und ihre Ausbreitung in den jugendlichen Sozialraum. Hierin liegen die größten Chancen – nicht nur mit Blick auf Kinder und Jugendliche, sondern auch gegenüber den Auftraggebern. Drehen wir die Medaille um, lassen sich unschwer die Probleme der Methode erkennen (...). Gerät die Förderung von kontinuierlicher und verläßlicher Breitenarbeit zugunsten von Projektförde-

---

55 Rainer Kascha, Projektarbeit. Ein Projekt machen – ein Projekt sein, in: Ulrich Deinet / Benedikt Sturzenhecker (Hg.), Handbuch offene Jugendarbeit, Münster 1998, 265–270, beide Zitate 269–270.

rung aus dem Blickfeld, so hat dies Auswirkungen auf die Wirkung von Projektarbeit: Die Alltagsarbeit, der Normalbetrieb ist die Basis, der Resonanzboden,
auf dem das einzelne Projekt erst seinen Ton entfaltet. Schwindet diese Basis,
verblaßt der Ton."

„Der langjährige Trend zur Projektarbeit wird – trotz der skizzierten Risiken – weiter zunehmen. (...) Neue Anforderungen an die Träger- und Mitarbeiterschaft der Offenen Jugendarbeit treten auf. Fähigkeiten des Projektmanagements
sind verlangt."

Diskutieren Sie: Welche Chancen und Probleme sehen Sie bei gemeindepädagogischer Projektarbeit mit unterschiedlichen Zielgruppen? In welchem
Verhältnis sollten kontinuierliche Alltagsarbeit und Projektarbeit in der
gemeindepädagogischen Arbeit stehen? Welche neuen Anforderungen an
professionelles Handeln ergeben sich Ihres Erachtens durch eine stärkere
projektförmige Organisation gemeindepädagogischen Arbeitens?

b) „*Rhythm Is It!*" ist ein vielfach prämierter deutscher Dokumentarfilm aus
dem Jahr 2004 über ein großes Kultur- und Education-Projekt.

Im Februar 2003 starteten die Berliner Philharmonie und ihr Chefdiri-
gent Sir Simon Rattle die Vorbereitungen für eine Neuinszenierung des
klassischen Ballettstücks „Le sacre du printemps" von Igor Stravinsky. Sir
Rattle verwirklichte diese Aufführung unter Mitarbeit von rund 250 Kindern und Jugendlichen aus 25 Ländern, von denen niemand vorher mit
klassischer Musik und Ballett zu tun hatte. Viele von ihnen stammten von
‚Problemschulen', waren bereits straffällig geworden oder stammten aus
Krisengebieten. Innerhalb von sechs Wochen studierten die Jugendlichen
unter professioneller Anleitung das Stück ein. Begleitet wurden sie dabei
von einem Kamerateam, das von Beginn an ihren Entwicklungsprozess dokumentierte. Im Verlauf der Proben lernten sie Höhen und Tiefen kennen,
Unsicherheit, Selbstbewusstsein, Zweifel und Begeisterung. Am Ende ist
die Zeit der Proben und der abschließenden Aufführung zu einem bleibenden Erlebnis geworden: „Diesen Moment, vor 2000 Leuten zu tanzen, den
will man wohl sein ganzes Leben behalten", so eine beteiligte Schülerin.[56]
Schauen Sie sich die preisgekrönte Filmdokumentation „Rhythm is it!" auf
DVD an.

Diskutieren Sie, welche Lernerfahrungen die Schüler und Schülerinnen
und ihre Mentoren und Mentorinnen während des Projekts machen. *Überlegen Sie*, wie – in einem kleineren Stil – gemeindepädagogische Projekte
aussehen könnten, die Menschen ähnliche Erfahrungen vermitteln.

---

56 Vgl. http://www.rhythmisit.com/de/php/index_flash.php (Stand Juli 2011).

Teil C: **Lebenswelten**

Dirk Oesselmann
Einleitung zum Teil C: Lebenswelten

Die *Lebenswelten* von Menschen in ihren konkreten Rahmenbedingungen sind der Gemeindepädagogik mit in die Wiege gegeben. Die Orientierung daran war und ist eine Grundmotivation zur Ausbildung einer spezifischen Wissenschaft, die anders als Theologie oder Katechetik an erster Stelle die Zielgruppen betrachtet:

> *„Der Mensch ist in neuer Weise als Subjekt und Partner ernstgenommen worden. Er wurde nicht mehr definiert (bzw. problematisiert) in seiner Beziehung zur Gemeinde oder zu kirchlichen Gruppen, sondern als Mensch, der in mehreren ‚Welten' leben muss und in ihnen zu Hause ist. [...] [(Es gilt], die Räume, in denen Menschen leben, wirklich wahrzunehmen, die Schlüsselthemen, die sich ihnen stellen, aufzunehmen, die Rituale, in denen sie ihr Leben gestalten, zu entdecken, sie – wie der Titel es meint – ‚mitten in der Lebenswelt' aufzusuchen."*[1]

Unter diesem Anspruch wurde das erste Gemeindepädagogische Symposium im Jahre 1991 in Ludwigshafen am Rhein durchgeführt. Damit in Verbindung stehe eine zentrale Weichenstellung, unter der die Gemeindepädagogik zukünftig weiterentwickelt werden müsse – so die damalige Ankündigung.[2]

Im Kern wird in der Gemeindepädagogik ein Perspektivenwechsel vollzogen, der die Menschen mit ihren Bedürfnissen, in ihren Lebensumständen und mit ihren Fragen, Möglichkeiten und Zielen zum Gegenstand wissenschaftlicher Analyse und Reflexion wählt. Es geht dabei zunächst um ein differenziertes Verstehen, was Kinder, Jugendliche, Erwachsene oder alte Menschen bzw. was u. a. Gebildete, Arme, Alleinerziehende oder Arbeitssuchende bewegt. Weiter werden Spannungsfelder, Zusammenhänge und Entwicklungen dahingehend thematisiert, welche Auswirkungen sie auf die Menschen haben.

Darüber hinaus verweist der Begriff „Lebensweltorientierung" auf einen Paradigmenwechsel im Selbstverständnis der Pädagogik, eine Änderung grundlegender Vorannahmen, die die Menschen von Objekten angemessener Angebote zu Subjekten, zu Teilhabenden an einem gemeinsamen Geschehen

---

1 Klaus Goßmann, Geleitwort, in: Roland Degen / Wolf-Eckart Failing / Karl Foitzik, Mitten in der Lebenswelt. Lehrstücke und Lernprozesse zur zweiten Phase der Gemeindepädagogik. Dokumentation des Ersten Gemeindepädagogischen Symposiums in Ludwigshafen/Rhein, Münster 1992, 8–9, hier 8.
2 Ebd.

macht. Viel bewusster wird das pädagogische Handeln kritisch reflektiert, das nicht mehr nur geeignete Methoden zur Vermittlung von vorgegebenen Inhalten zur Verfügung stellen soll, sondern die beteiligten Zielgruppen in der Gemeinde zu Lernpartnern und -partnerinnen machen will. Die Menschen sollen dort abgeholt werden, wo sie stehen. Sie sollen in der Entwicklung von Bildungsaktivitäten ernst genommen und einbezogen werden. Auch die diakonische Dimension gemeindepädagogischen Handelns unterliegt diesem Paradigmenwechsel: Das Gegenüber wird nicht nur als Objekt von Hilfe gesehen, sondern als jemand, der seinen Lebensweg mit Unterstützung anderer gestalten will und muss.

Nach und nach wurde allerdings in der Wissenschaft (vor allem in philosophischen Grunddisziplinen wie Erkenntnistheorie oder Hermeneutik) festgestellt, dass die Absicht, die Lebenswelt zu fokussieren, vielfältige Probleme aufwirft, u. a. die, dass ähnliche Rahmenbedingungen ganz unterschiedlich auf die Menschen wirken können. Es wurde immer deutlicher, wie komplex sich das Zusammenwirken zwischen Menschen und den entsprechenden Lebenslagen darstellt. Der Einzelne kann nicht auf die Prägung durch seinen Kontext, sozusagen als Abbild, reduziert werden, sondern er interpretiert diesen, verarbeitet und gestaltet ihn – ist immer auch Subjekt seines Lebens. Wie kann er dann von einem Anderen, Außenstehenden adäquat wahrgenommen bzw. verstanden werden? Ausgehend hiervon wurden zunächst grundlegende Differenzierungen notwendig, die Lebenswelt und Lebenslage bzw. Wirklichkeit und Realität voneinander unterscheiden.[3]

Als *Lebenslage* gelten die materiellen und immateriellen Lebensbedingungen eines Menschen.	Als *Lebenswelt* gilt das unhintergehbar subjektive Wirklichkeitskonstrukt eines Menschen (welches dieser unter den Bedingungen seiner Lebenslage bildet).
Als *Realität* gelten die physikalische Welt und ihre objektiv messbaren Bedingungen.	Unter *Wirklichkeit* wird die subjektive Erlebenswelt verstanden als Ergebnis der subjektiv wahrgenommenen Realität.

Der dritte Teil dieses Studienbuches untersucht pädagogisches Handeln in der Gemeinde unter dem Aspekt *Lebenswelten* mit Berücksichtigung der *Lebensla-*

---

3 Nach Björn Kraus, Lebenswelt und Lebensweltorientierung – eine begriffliche Revision als Angebot an eine systemisch-konstruktivistische Sozialarbeitswissenschaft, in: Kontext. Zeitschrift für Systemische Therapie und Familientherapie (2006), H. 37/02, 116–129. Auch in Portal Sozialarbeitswissenschaft in der Rubrik Beiträge: http://www.sozialarbeitswissenschaften.de/ (Abruf 15. 7. 2011).

gen: a) im geschichtlichen Rückblick, wie Bildungsangebote in der Kirche sich an der Lebenswelt orientiert haben (Kapitel 7), b) in Anbetracht aktueller weltgesellschaftlicher Entwicklungen, unter welchen Anforderungen und Verantwortlichkeiten die Gestaltung von Lebenswelten steht (Kapitel 8), sowie c) in der Sichtung des Spannungsfeldes zwischen Lebenswelten/Milieus und kirchlicher Bildung (Kapitel 9).

Das Kapitel 7 *Individuelle Bildungsbedürfnisse und kirchliche Bildungsangebote im Wandel der Zeit – am Beispiel des Konfirmandenunterrichts* zeichnet die Entwicklungen einer Lebenswelt- und Subjektorientierung am Beispiel der Konfirmandenarbeit nach. *Friedrich Schweitzer* verdeutlicht darin den vollzogenen Paradigmenwechsel an der Entwicklung vom Konfirmanden*unterricht* zur Konfirmanden*arbeit* [→ Kap. 7, 2.]. Die Herausforderung besteht für ihn in der optimalen Passung von individuellen Bildungsbedürfnissen und kirchlichen Bildungsangeboten [→ Kap. 7, 3.].

Gegenwärtig werden verstärkt auch die Herausforderungen weltgesellschaftlicher Entwicklungen – wie z. B. Globalisierung, Pluralität, Individualisierung [→ Kap. 8] – in Bezug auf die Konstruktion von Lebenswelten zum Gegenstand der wissenschaftlichen Untersuchungen und Reflexionen gemacht. Diese prägen sowohl die kontextuellen Rahmenbedingungen als auch die Anforderungen an den Einzelnen. Nicht nur die daraus resultierenden Bedürfnisse, sondern auch der Umgang mit gesellschaftlichen Konflikt- und Bedrohungsszenarien müssen somit Teil des Bildungshandelns sein. Hiermit beschäftigt sich *Dirk Oesselmann* im Kapitel 8 unter dem Titel *Gesellschaftliche Entwicklungen als Herausforderung an eine weltverantwortete Gemeindepädagogik*.

In Kapitel 9 nimmt *Claudia Schulz* unter dem Titel *Kirchliche und gemeindliche Bildungsarbeit zwischen Milieuorientierung und „Einheitsbildung"* Milieustudien auf, die für den kirchlichen Bereich Lebenswelten skizzieren und typologisieren. In ihren Ausführungen und Beispielen wird deutlich, wie Lebenswelten immer subjektive Aufnahmen von objektiven Lebenslagen sind. Diese grundlegende Analyse eröffnet den gemeindepädagogischen Akteuren eine differenzierte Betrachtung ihres Handelns in Bezug auf Grenzen und Chancen [→ Kap. 9, 3.]. Daraus ergeben sich neue Konzepte, die die unterschiedlichen Zugangslogiken der Einzelnen aufnehmen, konkret etwa die milieusensible Bildungsarbeit mit älteren und alten Menschen.

Friedrich Schweitzer

7 Individuelle Bildungsbedürfnisse und kirchliche Bildungsangebote im Wandel der Zeit
am Beispiel des Konfirmandenunterrichts

7.1 Aktuelle Befunde und Ausgangsfragen

Die Frage nach dem Verhältnis zwischen individuellen Bildungsbedürfnissen und kirchlichen Bildungsangeboten ist von großer aktueller Bedeutung. Denn mehr und mehr ist das kirchliche Bildungshandeln insofern mit einer marktförmigen Situation konfrontiert, als Kinder, Jugendliche und Erwachsene über ihre Beteiligung an kirchlichen Angeboten nicht mehr aufgrund von Herkommen oder Tradition entscheiden, sondern anhand ihrer eigenen Bedürfnisse. Das gilt heute ganz allgemein: Eltern schicken ihre Kinder nicht einfach in die Gemeinde, sondern eben nur dann, wenn das Angebot etwa hinsichtlich der Anregung und Förderung ihrer Kinder tatsächlich ihren Erwartungen entspricht. Jugendliche nehmen kirchliche Angebote gerne in Anspruch, aber nur solange anderes, was sie zum Beispiel in der eigenen Clique unternehmen, für sie nicht attraktiver ist. Und ob Erwachsene eher an einem Kurs über „Weltreligionen" im Raum der kirchlichen Erwachsenenbildung teilnehmen oder an einem kommerziellen Angebot, hängt vielfach davon ab, was ihren Bedürfnissen mehr entgegenzukommen scheint.

Insofern ist die Frage der Passung zwischen Bedürfnissen und Angeboten für die gesamte kirchliche Bildungsarbeit zentral. Besonders Jugendliche fragen ja auch ganz unverblümt: *„Was bringt mir das?"* Diese Frage kann und darf nicht einfach als respektlos abgewiesen, sondern muss – zumindest zunächst – als Ausdruck gegenwärtiger Lebenshaltungen gerade auch Erwachsener akzeptiert werden. Und vielleicht liegt in dieser Frage ja auch eine Chance dafür zu klären, warum ein kirchliches Bildungsangebot *„wirklich* etwas bringt"!

Die Frage nach der Passung zwischen Bildungsbedürfnissen und Bildungsangeboten weist zugleich eine besondere zeitliche oder geschichtliche Dynamik auf. Diese Dynamik erwächst aus dem beständigen Wandel von Bildungsbedürfnissen. So kann beobachtet werden, dass bestimmte Angebote gleichsam deshalb veralten, weil sie mit dem Wandel von Kindheit und Jugendalter oder auch der Bedürfnisse von Erwachsenen nicht Schritt halten. Ein solches Veralten darf nicht einfach, wie es häufig geschieht, mit einem allgemeinen inhaltlichen Desinteresse verwechselt werden. Wie heute ganz allgemein gesehen wird, wandeln sich nicht nur einzelne Bedürfnisse, sondern die menschlichen Lebensalter sind selber vom geschichtlichen Wandel betroffen. Kindheit oder Jugend in den 1950er oder 1970er Jahren war etwas anderes als das Aufwachsen im 21. Jahrhundert. Das hat Folgen auch für die kirchliche Bildungsarbeit. Beispielsweise haben sich die mit den verschiedenen Lebensaltern verbundenen Erfahrungen und Erwartungen so verändert, dass früher selbstverständliche Passungsverhältnisse nicht mehr greifen. Wer heute beispielsweise 12-Jährige einfach als „Kinder" anspricht, geht oft an ihren Lern- und Entwicklungsbedürfnissen als jüngeren Jugendlichen vorbei. Wo Angebote für ältere Menschen sich vor allem an Themen wie Hilfsbedürftigkeit und Gebrechlichkeit orientieren, übersehen sie, dass heute viele Menschen, wenn sie in den Ruhestand eintreten, eher noch einmal nach neuen Entfaltungsmöglichkeiten suchen und sich noch keineswegs vor allem auf das Lebensende einstellen wollen.

Weiterreichend geht es um eine insgesamt veränderte kulturelle und religiöse Ausgangssituation. Vor allem die traditionellen Bindungen an die Kirche als Institution sind schwächer geworden. Stattdessen gelten die religiöse Individualisierung und Pluralisierung als Signatur der Gegenwart. Viele Menschen haben zwar Interesse an religiösen Fragen, aber die Möglichkeiten, die sie bei der Kirche zumindest vermuten, sehen sie für sich selbst dann nicht als verbindlich an, wenn sie Mitglieder der Kirche sind. Der Glaube ist in dem Sinne individualisiert, dass jeder, wie es nun gerne heißt, ein „Sonderfall" ist und sich auch dazu berechtigt fühlt. Werden dadurch Glaube und Religion bereits im Raum der Kirche selbst zunehmend plural, so findet die religiöse Pluralität auf der Ebene der Gesellschaft einen noch stärkeren Ausdruck. Auch zusammengenommen gehören zu den beiden großen Kirchen in Deutschland nur noch ca. 65 % der Bevölkerung. Mit mehr als vier Millionen Angehörigen stellt der Islam inzwischen hierzulande ebenfalls eine große Religion dar. Je nach Region, vor allem in Ostdeutschland, ist die Mehrheit der Bevölkerung überhaupt ohne Konfessions- oder Religionszugehörigkeit. All dies hat Folgen auch für die Bildungsbedürfnisse der Menschen, innerhalb und außerhalb der Kirche.

Das Beispiel des Konfirmandenunterrichts – das zeigt schon die heute geläufiger werdende Bezeichnung als Konfirmanden*arbeit* – eignet sich besonders gut für eine entsprechende Analyse und Darstellung zum notwendigen Wandel kirchlicher Bildungsangebote. Dieses Arbeitsfeld hat sich mehrfach in der Geschichte der evangelischen Kirche in grundlegender Weise gewandelt. Zudem liegen zu diesem Arbeitsfeld neuere empirische Untersuchungen vor, die erstmals einen genaueren Einblick auch in die Wahrnehmung von Konfirmandenarbeit durch die Konfirmandinnen und Konfirmanden selbst in den verschiedenen Landeskirchen sowie auf EKD-Ebene zulassen.

Konfirmandenunterricht – Konfirmandenarbeit
Konfirmandenunterricht ist eines der wichtigsten Lern- bzw. Bildungsangebote der evangelischen Kirche. Es wird nach wie vor von mehr als 90 % der evangelischen Jugendlichen im Alter von etwa 14 Jahren wahrgenommen und besitzt damit eine Reichweite, die sonst nur vom schulischen Religionsunterricht erreicht wird. Die konzeptionellen Reformen der letzten Jahrzehnte haben zu einer stärkeren Anlehnung an die Jugendarbeit geführt (Freizeiten, Konfi-Camps, neue Organisationsformen, Ausrichtung an den Interessen von Jugendlichen, methodische Vielfalt, Beteiligung ehrenamtlicher Mitarbeiterinnen und Mitarbeiter, Gemeinde als Lernort u. a. m.). Deshalb wird heute zumeist von Konfirmanden*arbeit* gesprochen. Nach wie vor spielen in Deutschland, etwa im Unterschied zu Finnland oder Schweden, aber auch unterrichtsförmige Anteile eine wichtige Rolle.

In manchen Landeskirchen, besonders in der Evangelisch-lutherischen Kirche Hannovers sowie in der Evangelischen Landeskirche in Württemberg, wurde ergänzend ein Konfirmandenunterricht in der Kindheit eingeführt, in der Regel für Kinder im dritten oder vierten Schuljahr (KU 3, KU 4), jedoch ohne abschließende Konfirmation.

Vor besonderen Herausforderungen steht die Konfirmandenarbeit in Ostdeutschland, auf Grund der Entkonfessionalisierung der Bevölkerung (ca. 20 % Kirchenmitgliedschaft im Osten – ca. 75 % im Westen), der geringen Geburtenrate (nicht in allen Gemeinden kommen noch genügend Jugendliche für eine Konfirmandengruppe zusammen) sowie des Gegenübers zu der sich nicht religiös verstehenden Jugendweihe als Konkurrenz.

Den Wandel des Konfirmandenunterrichts zur Konfirmandenarbeit dokumentiert in konzentrierter Form das vom Comenius-Institut herausgegebene Handbuch (1998).[1] Daneben ist auf die Reihe „KU-Praxis" hinzuweisen.

Seit 2009 ist die Buchreihe „Konfirmandenunterricht erforschen und gestalten" (Gütersloher Verlagshaus) verfügbar. In dieser Reihe sind in bislang fünf Bänden verschiedene grundlegende Darstellungen und aktuelle empirische Befunde zur Konfirmandenarbeit publiziert worden.[2]

7.2 Konfirmandenunterricht im Wandel

Im Folgenden wird zunächst nach der Entstehung der Konfirmation, dann nach ihrer Gestalt als Übergangsritus im Jugendalter und schließlich nach den Folgen des Wandels des Lebenszyklus gefragt.

---

1 Comenius-Institut (Hg.), Handbuch für die Arbeit mit Konfirmandinnen und Konfirmanden, Gütersloh 1998.
2 Die Literaturangaben dazu sind am Ende dieses Beitrags angegeben.

7.2.1 Zur Entstehung der Konfirmation

Die Wurzeln der Konfirmation reichen weit zurück in die Geschichte des Christentums.[3]

❗ Ursprünglich war die *Konfirmation* keine eigene Handlung, sondern ein Bestandteil des damals, in der Alten Kirche noch vielgestaltigen Taufritus. Erst im Mittelalter hat sich die Konfirmation, dann in der Gestalt der Firmung, als ein eigener sakramentaler Ritus verselbstständigt, wie er in der römisch-katholischen Kirche bis heute gefeiert wird.

Die Kritik der Reformatoren richtete sich vor allem auf die sakramentale Überhöhung der Firmung – Martin Luther sprach gerne abschätzig von der „Firmelung", deren biblische Begründung er nicht erkennen konnte und die er deshalb auch nicht als Sakrament anerkennen wollte. Für die Reformatoren selbst stand stattdessen die Notwendigkeit einer katechetischen Unterweisung im Vordergrund. Für die „Kinder und Einfältigen", d. h. für die noch nicht Unterwiesenen, sollte ein Bildungsangebot geschaffen werden, das ihnen ein selbständiges Verständnis im christlichen Glauben ermöglichte. Darauf – und also noch nicht auf einen Konfirmandenunterricht oder eine katechetisch ausgestaltete Feier der Konfirmation – zielten die Katechismen der Reformation. Luther hatte offenbar nichts gegen eine evangelische Konfirmation als eigene Feier einzuwenden, aber eingeführt hat er sie selber nicht. Der Vater der evangelischen Konfirmation war vielmehr der Straßburger Reformator Martin Bucer. Erst im 18. Jahrhundert, unter dem Einfluss von Pietismus und Aufklärung, hat sich die Konfirmation flächendeckend durchgesetzt. In diesem Sinne wurde sie dann rasch zu einem kennzeichnenden Merkmal der evangelischen Kirche.

Die inhaltlichen Auslegungen der Konfirmation blieben dabei dauerhaft umstritten: Für die einen stand mit der Katechese ein Bildungsanspruch im Vordergrund, während die anderen eher den Segnungsakt betonten. Immer mehr trat aber, mit dem Wandel der Familie, vor allem seit dem 19. Jahrhundert der Aspekt einer (bürgerlichen) Familienfeier in den Vordergrund, auch wenn dies von Seiten der Kirche wiederholt auf Widerspruch im Namen theologisch-kirchlicher Deutungen stieß.

Ebenfalls seit dem 19. Jahrhundert, vor allem aber dann seit der DDR-Zeit in Ostdeutschland, bildete sich mit der bereits genannten Jugendweihe eine

---

3 Zur Geschichte der Konfirmation vgl. Lukas Vischer, Geschichte der Konfirmation. Ein Beitrag zur Diskussion über das Konfirmationsproblem, Zollikon 1958; Kurt Frör, Confirmatio. Forschungen zur Geschichte und Praxis der Konfirmation, München 1959; zum 20. Jahrhundert: Christof Bäumler / Henning Luther (Hg.), Konfirmandenunterricht und Konfirmation. Texte zu einer Praxistheorie im 20. Jahrhundert (ThB 71), München 1982.

von der Kirche bewusst unabhängige, ihr als Konkurrenz begegnende Feier im Jugendalter heraus.[4]

Vor allem in der zweiten Hälfte des 20. Jahrhunderts verschiebt sich die Diskussion zum Konfirmandenunterricht erneut. Nun kommt das Motiv der Lebensbegleitung im Jugendalter hinzu, das sich häufig mit dem Aspekt eines Übergangsritus verbindet.

Die Geschichte der Konfirmation kann damit als ein Paradebeispiel für eine optimale, in der Geschichte mehrfach wieder neu gefundene Passung zwischen individuellen Bildungsbedürfnissen und einem kirchlichen Bildungsangebot angesehen werden. Dies gilt allerdings nur unter bestimmten Voraussetzungen, die nun etwas genauer betrachtet werden sollen:

7.2.2 Konfirmandenunterricht und Konfirmation als Übergangsritus

Aus der Ritualforschung ist die Bedeutung von Übergangsriten, vor allem im Zuge des Erwachsenwerdens, bekannt. In der gesamten Menschheitsgeschichte hat es solche Übergangsriten gegeben. Die hervorgehobene Bedeutung der Konfirmation erklärt sich so gesehen auch aus ihrer Stellung im Lebenszyklus, als öffentliche Markierung des Erwachsenwerdens. Zum Teil schloss die Konfirmation sogar zivilrechtliche Konsequenzen ein, beispielsweise das Recht, in ein formelles Arbeitsverhältnis einzutreten.

Die Passung zwischen Bildungsangebot und Bildungsbedürfnissen ist allerdings historisch voraussetzungsreich. Dies gilt ebenso im Blick auf das Jugend- wie auf das Erwachsenenalter. Wie aus Untersuchungen zum menschlichen Lebenszyklus bekannt ist, hat sich das Jugendalter als eigene Lebensphase erst in der Moderne herausgebildet. Dabei ist zwischen der Pubertät als universellem Reifungsvorgang und der Adoleszenz als deren psychischer und sozialer Verarbeitung zu unterscheiden. Eine Adoleszenz als eigene Lebensphase setzt voraus, dass sich zwischen Kindheit und Erwachsenenalter eine Zeit der Vorbereitung schiebt, die vor allem durch eine entsprechende Ausbildung, in erster Linie also durch die Schule, bestimmt wird. In geistes- oder ideengeschichtlicher Hinsicht finden sich entsprechende Hervorhebungen der Adoleszenz vor allem seit dem 18. Jahrhundert – Jean-Jacques Rousseau spricht in seinem berühmten „Emile" (1762) vom Jugendalter als der „zweiten Geburt" des Menschen, der eigentlichen Menschwerdung verstanden als Indi-

---

4 Zur Geschichte der Jugendweihe vgl. Bo Hallberg, Jugendweihe. Zur deutschen Jugendweihetradition, Lund 1977.

viduation. In sozialgeschichtlicher Hinsicht ist es die Durchsetzung der allgemeinen Schulpflicht, die etwa in Preußen erst um das Jahr 1900 erreicht wird. Unter diesen Voraussetzungen ist es plausibel, kirchliche Bildungsangebote vom menschlichen Lebenszyklus her zu konzipieren und auszugestalten. Ein frühes Beispiel dafür stellt bereits die Erziehungslehre und Religionspädagogik von Comenius dar, der in seiner „Pampaedia" – der weisheitlich begründeten All-Erziehungslehre – um die Mitte des 17. Jahrhunderts ein das ganze Leben umgreifendes Modell von „Schulen" als auf die menschlichen Lebensalter bezogenes Bildungshandeln konzipiert. Später haben Theologen und Religionspädagogen wie Friedrich Schleiermacher zwar keine Religionspädagogik des Lebenszyklus vorgelegt, aber sachlich das kirchliche Bildungshandeln konsequent an individuelle Bildungsbedürfnisse gebunden und es von diesen her konzipiert. Alles Bildungshandeln, so lässt sich diese Sicht zusammenfassen, wird nun konsequent an die Bildungsmöglichkeiten des Subjekts geknüpft und kann sich deshalb nicht mehr etwa auf bloß objektive Vorgaben berufen. Als legitim gilt nur noch ein solches Bildungshandeln, das sich zumindest zugleich auch durch seine Bedeutung für das Individuum und für dessen individuelle (religiöse) Entwicklung ausweisen kann.

Im Bereich von Konfirmandenunterricht und Konfirmation dauert es freilich lange, bis sich eine entsprechende Sichtweise durchsetzt. Erst mit der Transformation von Konfirmandenunterricht zur Konfirmandenarbeit seit den 1960er oder 1970er Jahren wird eine kasualtheologische Deutung der damit verbundenen Aufgaben mehr oder weniger allgemein akzeptiert. Dass hier eine Aufgabe der Lebensbegleitung wahrzunehmen sei, bei der die Lern- und Orientierungsbedürfnisse junger Menschen konstitutiv berücksichtigt werden müssen, versteht sich nun mehr und mehr von selbst. Es gilt nun als Ausdruck und Folge einer – auch ausdrücklich zu bejahenden – volkskirchlichen Situation, dass die Lebens- und Bildungsbedürfnisse der Jugendlichen und ihrer Familien wahrgenommen und anerkannt werden sollen. Eine kasualtheologische Deutung der Konfirmation versteht diese dementsprechend von den einzelnen Jugendlichen und ihren Familien sowie von deren Lebenssituation her. Ihnen soll das kirchliche Angebot einen Dienst leisten [→ Kap. 3].

Die veränderte Auslegung von Konfirmandenarbeit und Konfirmation im Sinne der Lebensbegleitung wird auch in den entsprechenden kirchlichen Stellungnahmen nachvollzogen und akzeptiert, indem die Zentralstellung der Jugendlichen ausdrücklich hervorgehoben wird. Zugleich werden wichtige gemeindepädagogische Impulse gesetzt.

Als eigene Stellungnahme der Evangelischen Kirche in Deutschland (EKD) zur Konfirmandenarbeit ist die 1998 veröffentlichte Schrift „Glauben entdecken. Konfirmandenarbeit und Konfirmation im Wandel" zu nennen.[5] Daraus folgende Zusammenfassung:

> **Glauben entdecken. Konfirmandenarbeit und Konfirmation im Wandel. Eine Orientierungshilfe des Rates der Evangelischen Kirche in Deutschland (1998)**
> „Zusammengefaßt: Es kommt in der Konfirmandenarbeit auf eine Verbindung unterschiedlicher Bezugsfelder an.
> – Es gehören zusammen beim Konfirmandenunterricht die eigenen Fragen, Zweifel und Entdeckungen der Konfirmandinnen und Konfirmanden und die notwendig sie befremdenden, provozierenden, befreienden Erfahrungen und Einsichten von Christen mit ihrem Glauben, überliefert seit alters her, gegenwärtig im Leben der Kirche, gebündelt in Schrift und Bekenntnis.
> – Es gehören zusammen bei der Konfirmation die Kasualie als Fest im Lebenslauf und das konfirmierende Handeln im Kontext von Tauferinnerung und Abendmahlsgemeinschaft, menschliches Geleit und Gottes Segen.
> – Es gehören nicht zuletzt die sozialen Welten zusammen, die alltäglichen Lebenswelten der Heranwachsenden (Familie, Freundeskreis, Schule, Freizeit) und die Welt einer christlichen Ortsgemeinde sowie die Begegnung mit Christen in Gemeinden an jedem Ort.
> Die didaktisch-methodische Reform der Konfirmandenarbeit muß nicht nur in elementarisierender Richtung fortgesetzt werden, es gilt vielmehr auch, eine alte Aufgabe neu zu entdecken und anzugehen: den Zusammenhang von Kirche, Gemeinde und Gottesdienst. Im Vergleich zum Religionsunterricht und zur Erwachsenenbildung in kirchlicher Trägerschaft ist die Konfirmandenzeit die potentiell unmittelbarste und dichteste Erfahrung mit der Kirche. Wenn die Gemeinden die Verantwortung für diesen Zusammenhang nicht begreifen, verfehlen sie, was sie der jungen Generation schulden. Auf allen Ebenen steht die Kirche heute vor der Frage nach ihrer zukünftigen Gestalt. In diese Frage gehört die nach der Konfirmandenarbeit zentral mit hinein. Kirchenverständnis und kirchliche Pädagogik geraten gemeinsam auf den Prüfstand. Sie sind gefragt, wohin der Weg gehen soll, und zwar zusammen mit der jungen Generation."[6]

Ein Jahr später (1999) folgte die EKD-Stellungnahme „Jugendliche begleiten und gewinnen. 12 Thesen des Rates der Evangelischen Kirche in Deutschland zur Jugendweihe/Jugendfeier und ihrem Verhältnis zur Konfirmation". Diese Stellungnahme ist nicht zuletzt vor dem Hintergrund des bleibenden, aus der konflikthaften Geschichte zwischen Kirche und sozialistischem Staat in der DDR-Zeit hervorgegangenen Erbes zu verstehen. Mit der Jugendweihe versuchte die DDR-Regierung seit den 1950er Jahren, der Konfirmation ein alter-

---

5 Die EKD-Stellungnahmen sind gesammelt auf der CD-ROM „Die Denkschriften der Evangelischen Kirche in Deutschland 1962–2002" (Vertrieb: www.bibli.com). Spätere Veröffentlichungen finden sich auf der Website der EKD (www.ekd.de).
6 Kirchenamt der EKD (Hg.), Glauben entdecken: Konfirmandenarbeit und Konfirmation im Wandel. Eine Orientierungshilfe des Rates der Evangelischen Kirche in Deutschland (EKD), Gütersloh 1998, 61.

natives Angebot für einen Übergangsritus im Jugendalter entgegenzusetzen. Unter dem Druck staatlicher Repressalien konnte dies zumindest für die Mehrheit der Bevölkerung auch durchgesetzt werden. Bis heute nimmt in Ostdeutschland ein erheblicher Teil der Jugendlichen an der freilich nun nicht mehr staatssozialistisch-ideologisch überhöhten Jugendweihe teil.

Die derzeit neuesten EKD-Stellungnahmen „Kirche und Bildung. Herausforderungen, Grundsätze und Perspektiven evangelischer Bildungsverantwortung und kirchlichen Bildungshandelns" (2009) sowie „Kirche und Jugend. Lebenslagen, Begegnungsfelder, Perspektiven" (2010) bieten weiterreichende Einordnungen und Perspektiven zur Konfirmandenarbeit als Teil kirchlichen Bildungshandelns. Darüber hinaus akzentuieren sie Gegenwarts- und Zukunftsherausforderungen, sowohl im Blick auf die Schwierigkeiten der Kirche, erfolgreich mit Jugendlichen zu kommunizieren, als auch im Blick auf den demografischen Wandel, der Jugendliche auch in der Kirche zu einer immer kleineren Minderheit werden lässt.

7.2.3 Konfirmandenarbeit im Wandel des Lebenszyklus

Vor allem im Blick auf Konfirmandenarbeit und Konfirmation als Übergangsritus, wie sie sich seit dem 18. Jahrhundert herausgebildet haben, wurde das oben angesprochene Passungsverhältnis zwischen individuellen Bildungsbedürfnissen und kirchlichen Bildungsangeboten optimal gelöst. Die Konfirmation stand am Ende der Schulzeit und markierte den lebensgeschichtlich hoch bedeutsamen Punkt des Übergangs ins Arbeitsleben, zumindest für die übergroße Mehrheit der Bevölkerung (lange Zeit, im damaligen Westdeutschland bis zu den 1960er Jahren, besuchten in Deutschland kaum 10 % eines Altersjahrgangs das Gymnasium, was umgekehrt bedeutete, dass die Schule für die meisten Jugendlichen im Alter von 14 Jahren endete). Zugleich erschloss die Konfirmandenarbeit religiöse Bildungsmöglichkeiten für alle Mitglieder der Kirche. Die Konfirmation ist deshalb einleuchtender Weise bald zu einem Kennzeichen des Evangelischseins geworden.

Am Ende des 20. und zu Beginn des 21. Jahrhunderts haben sich die Verhältnisse jedoch in mehrfacher Hinsicht so verändert, dass die einstmals optimale Passung nun in vielfacher Hinsicht in Frage steht.

An erster Stelle ist hier auf den Wandel der Lebensalter hinzuweisen, der die Grenzen zwischen den Lebensphasen fließend werden lässt. Soweit heute überhaupt noch ein Beginn des Jugendalters angegeben werden kann, liegt er keineswegs mehr beim Alter von vierzehn Jahren, sondern eher bereits am

Ende der ersten Lebensdekade. Und wann das Jugendalter aufhört, lässt sich bekanntlich kaum mehr feststellen. Jugendstudien schließen längst auch die bis zu 25- oder 30-Jährigen ein, in Einzelfällen gehen sie sogar noch darüber hinaus. Dies hängt auch mit Veränderungen des Erwachsenenalters zusammen, das immer später zu beginnen scheint. Darüber hinaus hat sich die innere Gestalt des Erwachsenenalters ebenfalls verändert. Die Vorstellung, man bereite sich in einer überschaubaren Zeit des Jugendalters durch einen entsprechenden Qualifikationserwerb dauerhaft für das gesamte Erwachsenenalter vor, trifft längst nicht mehr zu. Die auch in der Ökonomie verbreiteten Vorstellungen eines lebenslangen Lernens verweisen stattdessen auf die Notwendigkeit, sich immer wieder neu auf den Stand der erforderlichen Qualifikationen bringen zu lassen. Das Jugendalter ist keineswegs mehr die einzige Bildungs- oder Vorbereitungszeit im Leben. Die Diskussion zur Konfirmation und deren Zeitpunkt im Lebenszyklus spiegelt dies schon seit längerem wider. Den einen, einmaligen und einzigartigen Übergang ins Erwachsenenalter kann die Konfirmation nicht mehr markieren. Andere Vorschläge, die sie stattdessen am Ende der Kindheit sehen wollen, leuchten ebenfalls kaum ein, eben weil die Kindheit schon deutlich früher endet. Daher lässt sich wohl nur sagen, dass die Konfirmation heute *mitten ins Jugendalter* hineingehört, so dass die Konfirmation zumindest teilweise ihren Charakter als Übergangsritus und Markierungsereignis verloren hat. Konfirmandenarbeit gewinnt auch so gesehen mehr und mehr die Bedeutung einer Lebensbegleitung.

Weitere Herausforderungen ergeben sich aus dem Wandel der religiösen Sozialisation. Eine der Konfirmandenarbeit vorauslaufende kirchliche Sozialisation durch die Familie kann kaum mehr vorausgesetzt werden. Zwar trifft es, empirischen Befunden zufolge (s. u.), nicht zu, dass die Jugendlichen „gar nichts mehr" mitbringen – vielfach kann durchaus etwa von früheren Kontakten zur kirchlichen Kinder- und Jugendarbeit ausgegangen werden. Im Blick auf das kirchliche Christentum, etwa im Sinne des Sonntagsgottesdienstes, hat die Konfirmandenzeit aber vielfach den Charakter einer Erstbegegnung angenommen, einmal abgesehen von punktuellen Kontakten etwa an Weihnachten oder bei bestimmten Kasualien. In dieser Hinsicht sind der Konfirmandenarbeit neue Aufgaben zugewachsen, die sich nicht mehr einfach mit dem Verständnis von Konfirmation als Übergangsritus decken.

Schon seit ihrem Bedeutungswandel vor allem im 19. Jahrhundert hängt die Konfirmation als Übergangsritus und Familienfest eng mit der Entwicklung der modernen oder bürgerlichen Familie [→ Kap. 5] zusammen. Wo es keine entsprechenden Familienstrukturen gibt, lässt sich auch kaum ein solches Familienfest feiern, was dazu führen kann, dass die Jugendlichen erst gar nicht zum Konfirmandenunterricht angemeldet werden. Die Bundesweite

Studie enthält zahlreiche Hinweise darauf, dass die sich an der Konfirmandenarbeit beteiligenden Jugendlichen auch in der Gegenwart – besonders deutlich in Ostdeutschland – vor allem aus sogenannten vollständigen Familien stammen, während beispielsweise Alleinerziehende ihre Kinder nicht in die Konfirmandenarbeit schicken. Zum Teil hat dies wohl auch mit finanziellen Zwängen zu tun – Geschenke und eine große Feier kosten oft mehr Geld, als Alleinerziehende aufbringen können.

Insgesamt ist an dieser Stelle auch die Situation der Kirche in Deutschland zu bedenken. Stimmen die Voraussetzungen von Modellen noch, die sich auf die Volkskirche beziehen? Zumindest wird man von erheblichen Veränderungen auch dann ausgehen müssen, wenn man die Volkskirche nicht einfach in einem demografischen Sinn als Mehrheitskirche, sondern eher im Sinne der Offenheit für alle versteht. Sehr viel mehr als in der Vergangenheit muss darüber nachgedacht werden, wie die Zugänglichkeit der Konfirmandenarbeit auch für solche Jugendliche und Familien, die der Kirche wenig oder gar nicht nahe stehen, gewährleistet werden kann.

7.2.4 Konfirmandenarbeit – ein Erfolgsmodell mit Optimierungsmöglichkeiten

Im Jahre 2009 wurde mit dem Band „Konfirmandenarbeit in Deutschland" die erste bundesweite Untersuchung zur Konfirmandenarbeit vorgelegt, bei der neben den Pfarrerinnen und Pfarrern auch andere für die Konfirmandenarbeit Verantwortliche sowie Ehrenamtliche systematisch einbezogen waren.[7] Darüber hinaus wurden auch die Konfirmandinnen und Konfirmanden befragt. Ergänzt wird diese Untersuchung durch eine spezielle Evaluationsstudie in Württemberg, die auch eine Untersuchung zu der neuen Form eines ersten Konfirmandenunterrichts im Kindesalter (KU 3 bzw. KU 4) einschließt, sowie eine internationale Vergleichsstudie, an der insgesamt sieben europäische Länder bzw. Kirchen teilnahmen.[8]

---

7 Wolfgang Ilg / Friedrich Schweitzer / Volker Elsenbast in Verbindung mit Matthias Otte, Konfirmandenarbeit in Deutschland. Empirische Einblicke, Herausforderungen, Perspektiven. Mit Beiträgen aus den Landeskirchen, Gütersloh 2009.
8 Colin Cramer / Wolfgang Ilg / Friedrich Schweitzer, Reform von Konfirmandenarbeit – Wissenschaftlich begleitet. Eine Studie in der evangelischen Landeskirche in Württemberg, Gütersloh 2009; Friedrich Schweitzer / Wolfgang Ilg / Henrik Simojoki (Hg.), Confirmation Work in Europe: Empirical Results, Experiences and Challenges. A Comparative Study in Seven Countries, Gütersloh 2010.

Versucht man, die Befunde dieser Untersuchungen in knapper Form zusammenzufassen, so ist an erster Stelle das positive Bild hervorzuheben, das sich für die Konfirmandenarbeit ergibt. Konfirmandenarbeit kann insofern als ein *Erfolgsmodell* bezeichnet werden, als die Zufriedenheit bei allen Beteiligten sehr hoch ist.[9] Das gilt ebenso für die Jugendlichen wie für diejenigen Haupt- und Ehrenamtlichen, die für dieses Arbeitsfeld verantwortlich sind, und es gilt in ähnlicher Weise auch für die Eltern. Bei gleichbleibend stabiler Beteiligung der 13- bis 14-Jährigen gelingt es bei diesem Bildungsangebot also, dass zunächst einmal alle Beteiligten ihre Erwartungen, Ziele und Bedürfnisse wahrgenommen und tendenziell erfüllt sehen. In diesen Zusammenhang gehört auch der Befund, dass sich Jahr für Jahr etwa 60.000 Ehrenamtliche in der Konfirmandenarbeit in Deutschland engagieren. Viele davon sind nur wenige Jahre älter als die Konfirmandinnen und Konfirmanden selbst. Insofern strahlt die Konfirmandenarbeit auch auf die Zeit nach der Konfirmation aus, worin eine erste Antwort auf das häufig genannte Problem des „Hinauskonfirmierens", also des Abbruchs der Beziehung zur Kirche nach der Konfirmation gesehen werden kann. Die Übergänge von der Konfirmanden- zur Jugendarbeit bilden demnach zentrale Schnittstellen für weitergehende Bildungsangebote.

Wichtig ist allerdings auch, dass die Befunde der Studie auf entscheidende *Optimierungsmöglichkeiten* und damit auf einen weiteren Reformbedarf verweisen. Denn im Einzelnen sind die Ergebnisse keineswegs bloß erfreulich oder auch nur befriedigend. Es gibt vielmehr eine ganze Reihe geradezu neuralgischer Erfahrungen und Enttäuschungen, auf die dringend reagiert werden muss. Die Befunde sollen im Folgenden etwas genauer ausgeführt werden. Im Blick auf die Optimierungserfordernisse sind an dieser Stelle vor allem zwei Befunde zu nennen:

– Dass Jugendliche dem Gottesdienst, an dem sie während der Konfirmandenzeit pflichtgemäß teilnehmen, nicht mit positiven Erwartungen entgegen sehen, wird kaum jemand überraschen. Dass sich die Zahl derer, die den Gottesdienst „langweilig" finden, während dieser Zeit signifikant erhöht, ist hingegen als ein Alarmzeichen zu werten. Das eigene Kennenlernen führt im Blick auf den Gottesdienst nicht etwa zu einer größeren Offenheit, sondern zu einer verstärkt negativen Einstellung. Damit wird eine wesentliche Zielsetzung der Konfirmandenarbeit verfehlt.

„Die Erfahrungen der Jugendlichen mit dem Gottesdienst spiegeln sich in den Antworten zur Aussage ‚Gottesdienste sind meistens langweilig' [...] wider: 49 % aller Konfirmandinnen und Konfirmanden stimmen diesem Urteil beim Befragungszeitpunkt t_1 zu [...] Am Ende der Konfirmandenzeit, also nach dem Erleben von zumeist

---

9 Vgl. Ilg / Schweitzer / Elsenbast (s. o. Anm. 7), bes. 38 ff., 220 ff.

20 oder mehr Gottesdiensten, ist der Anteil der Konfirmanden, die Gottesdienste langweilig finden, nicht etwa geringer, sondern liegt mit 54 % signifikant höher als bei t_1"[10].

– Ähnlich herausfordernd ist die Einschätzung der Jugendlichen im Blick auf die Antwort- oder Deutungskompetenz der Kirche bei Fragen, die für die Jugendlichen lebensbedeutsam sind. Auch hier führt die Konfirmandenzeit zu einer skeptischeren Einschätzung. Das kirchliche Bildungsangebot ist also nicht erfolgreich bei der Aufgabe, die christliche Tradition in einer für die Jugendlichen bedeutsamen Weise zu erschließen.

7.2.5 Erfolgreiche Reformen – aber noch nicht an allen Orten

Zunächst kann die gegenwärtige Situation im Horizont der seit den 1960er Jahren anhaltenden Reformbemühungen gesehen werden. Im Westen standen diese Reformbemühungen vor allem im Zeichen der Volkskirche und der mit einer solchen Kirche verbundenen, häufig eher individuell als kirchlich bestimmten Bildungsbedürfnisse. In Ostdeutschland kamen in dieser Zeit neue Ansätze wie das „konfirmierende Handeln der Gemeinde" sowie die gemeindepädagogische Ausgestaltung der Konfirmandenzeit neu in die Diskussion.

! Der Ansatz „**konfirmierendes Handeln der Gemeinde**" hat sich in den 1970er Jahren in den ostdeutschen Kirchen entwickelt. Er steht im Zusammenhang mit den Herausforderungen durch eine immer stärker nicht-christliche Umwelt in der damaligen DDR, die sich auch auf die religiöse Sozialisation auswirkte. Ziel ist ein „umfassendes Bemühen der Gesamtgemeinde um den ganzen jungen Menschen in seiner heutigen Welt [...], das wir *konfirmierendes Handeln* nennen"[11]. Nicht nur die Pfarrerinnen und Pfarrer, sondern auch andere haupt- und ehrenamtliche Mitarbeiterinnen und Mitarbeiter sowie die Gemeinde als Lernort sollten verstärkt wahrgenommen und in die Konfirmandenarbeit einbezogen werden. Später wurde dieser Ansatz auch in Westdeutschland rezipiert.

Zusammenfassend werden die verschiedenen, seit den 1960er Jahren in Gang gekommenen Reformen als Übergang vom Konfirmanden*unterricht* zur Konfirmanden*arbeit* beschrieben.

---

10 A. a. O., 141.
11 Das konfirmierende Handeln der Gemeinde (1973). Zitiert nach Dieter Reiher (Hg.), Kirchlicher Unterricht in der DDR 1949–1990, Göttingen 1992, 253.

Die Bezeichnung „**Konfirmandenarbeit**" steht für die Anlehnung an Methoden und zum Teil auch Organisationsformen aus der Jugendarbeit, die nun auch für die Arbeit mit Konfirmandinnen und Konfirmanden übernommen wurden oder übernommen werden sollen. Beispiele dafür sind Freizeiten oder Konfi-Camps, aber auch andere Methoden im Sinne von Kreativität und aktiver Beteiligung der Jugendlichen sowie ein insgesamt veränderter Arbeitsstil, der sein Vorbild nicht mehr in einem veralteten Modell von Schule findet, gehören in diesen Zusammenhang.[12]

Die in der Konfirmandenarbeit eingesetzten kreativen Arbeitsformen finden, wie die Bundesweite Studie zeigt, bei den Jugendlichen nach wie vor eine sehr positive Resonanz. Insofern kann dieser Reform von Konfirmandenarbeit bescheinigt werden, dass sie tatsächlich eine verstärkte Wahrnehmung individueller Bildungsbedürfnisse erreicht.

Zugleich machen die Befunde aber auch deutlich, dass die Reformen noch keineswegs an allen Orten in gleicher Weise gegriffen haben. Während Freizeiten inzwischen fast überall zum Standard der Konfirmandenarbeit gehören, ist dies bereits bei den Konfi-Camps weniger der Fall (trotz prominenter Beispiele etwa in Braunschweig oder Augsburg, die als Einzelbeispiele nicht gegen den Trend sprechen). Andere Möglichkeiten wie etwa Praktika werden erst von einer Minderheit der Gemeinden genutzt. Insgesamt scheint bei der methodischen Gestaltung noch immer ein traditionell-unterrichtlicher, häufig eher gymnasialer Stil, wie ihn inzwischen auch viele Schulen hinter sich gelassen haben, in der Konfirmandenarbeit vorzuherrschen.[13] Die Fortsetzung dieser Reformbemühungen stellt deshalb ein deutliches Desiderat dar. Allerdings lassen die Befunde auch erkennen, dass die vor 30 oder 40 Jahren begonnenen Reformen allein noch nicht für die Zukunft ausreichen.

7.2.6 Nicht alle profitieren gleichermaßen

Die Konfirmandenarbeit wendet sich bewusst und programmatisch an alle Angehörigen eines Altersjahrgangs. Alle sollen von diesem Angebot profitieren können.

In der Realität zeigen sich jedoch nicht beabsichtigte Unterschiede. Auch in dieser Hinsicht geht die Bundesweite Studie neue Wege in Richtung einer realistischen Einschätzung von Erfolgen und Misserfolgen. Sehr zufrieden mit der Konfirmandenarbeit sind vor allem Schülerinnen und Schüler aus dem

---

12 Als zusammenfassende Darstellung kann etwa auf das „Handbuch für die Arbeit mit Konfirmandinnen und Konfirmanden" (s. o. Anm. 1) verwiesen werden.
13 Vgl. Ilg / Schweitzer / Elsenbast (s. o. Anm. 7), bes.104 ff.

Gymnasium im Unterschied zur Hauptschule, Mädchen im Unterschied zu Jungen, und diejenigen, die aus einem sehr oder ziemlich religiösen Elternhaus kommen, weisen die am stärksten positiven Veränderungen im Blick auf christliche Glaubensüberzeugungen auf. Offenbar ist das Angebot zu einseitig an den Voraussetzungen von Gymnasialschülerinnen und -schülern ausgerichtet, so dass es anderen nicht gleichermaßen gerecht werden kann. Und wenn vor allem die bereits vor der Konfirmandenzeit deutlich religiös sozialisierten Jugendlichen eine Unterstützung in ihrem eigenen Glauben erfahren, widerspricht dies der Zielsetzung, gerade solche Jugendliche in ihren Bedürfnissen aufzunehmen, die keine solche Sozialisation erfahren haben.

In der Vergangenheit, so kann zusammenfassend festgehalten werden, wurde die Frage, wer in welcher Weise von der Konfirmandenarbeit profitieren kann, zu Unrecht vernachlässigt oder gar nicht gestellt. In Zukunft wird auch bei der Konfirmandenarbeit vermehrt nach unterschiedlichen Bildungsbedürfnissen, im Sinne der Heterogenität, gefragt werden müssen.

7.2.7 Konfirmandenunterricht – eine zerbrechliche Institution?

Schon seit langem wird immer wieder mit Erstaunen festgestellt, mit welcher Stabilität sich die Beteiligung an der Konfirmandenarbeit über die Jahrzehnte hinweg durchhält. Früher wurden hier allerdings einfach die Taufzahlen mit den Konfirmationszahlen 14 Jahre später verglichen, was rechnerisch eine Beteiligung von mehr als 100 Prozent erbrachte. Genauere Berechnungen im Rahmen der Bundesweiten Studie verweisen darauf, dass solche Berechnungen zu ungenau sind und verschiedene Einflussfaktoren wie Umzüge usw. nicht berücksichtigen. Real ist davon auszugehen, dass die Beteiligungsquote bei etwas mehr als 90 % liegt. Auch dies ist eine noch immer sehr hohe Beteiligungszahl, aber sie wirft doch die Frage nach denen auf, die sich nicht beteiligen. Auf die gesamte Bundesrepublik gerechnet, werden immerhin mehr als 20.000 Jugendliche pro Jahr nicht angesprochen! Darüber hinaus verweisen Erfahrungsberichte auf Entwicklungen in einzelnen Regionen, beispielsweise in städtischen Bereichen, in denen die Beteiligung weit niedriger liegen könne oder „einbreche".

Ein internationaler Vergleich der Beteiligungsverhältnisse, wie er bei der internationalen Studie durchgeführt wurde, lässt zudem erkennen, dass Stabilität und Kontinuität keineswegs garantiert sind. So hat sich die Beteiligung vor allem in Schweden seit 1970 mehr als halbiert (von 80 % auf ca. 35 %). In Norwegen ging sie von knapp 90 % zurück auf ca. 68 %. In anderen Ländern wie Finnland, aber auch Österreich ist sie hingegen konstant geblieben.

Worauf die unterschiedlichen Muster zurückzuführen sind, ist eine eigene Frage. Vermutlich sind immer mehrere Einflussfaktoren im Spiel. Auf jeden Fall geben solche Vergleiche Anlass dazu, für die Zukunft nicht einfach automatisch Stabilität und Kontinuität zu erwarten.

7.2.8 Spezielle Voraussetzungen im Osten

Die Voraussetzungen für die Konfirmandenarbeit unterscheiden sich von Region zu Region. Am deutlichsten ausgeprägt sind die Unterschiede zwischen Ost- und Westdeutschland. Dabei spielen – neben der Entkonfessionalisierung der ostdeutschen Bevölkerung (nur noch ca. 20 % Kirchenmitgliedschaft) – vor allem demografische Entwicklungen eine Rolle. In vielen ostdeutschen Gemeinden gibt es so wenige Kinder, dass keine eigenen oder nur noch sehr kleine Gruppen für eine Konfirmation zustande kommen.

Darüber hinaus ist zu Recht auf die Milieubindung der Konfirmandenarbeit im Osten hingewiesen worden: „Erreicht werden in erster Linie die Mehrkindfamilien, deren Eltern verheiratet sind. Deutlich unterrepräsentiert sind dagegen Einelternfamilien und nichteheliche Lebensgemeinschaften mit Kindern", obwohl im Osten zwei Fünftel aller minderjährigen Kinder nicht bei Ehepaaren aufwachsen[14]. Darüber hinaus sind es vor allem die religiös Sozialisierten, die sich hier an der Konfirmandenarbeit beteiligen.

Schließlich spielt das Gegenüber zwischen Konfirmation und Jugendweihe im Osten nach wie vor eine wichtige Rolle, auch wenn die Jugendlichen selbst dieses Nebeneinander zunehmend als wenig spannungsvoll zu erleben scheinen.

Das Angebot der **Jugendweihe** für Jugendliche wurde in den 1950er von der sozialistischen Regierung der DDR als Alternative zur Konfirmation eingeführt, um die Konfirmation sowie den Einfluss der Kirche insgesamt zurückzudrängen. Entstanden ist die Jugendweihe aber schon im 19. Jahrhundert, damals als eine freireligiöse oder freiprotestantische (nicht-kirchliche) Alternative zur Konfirmation. In der DDR-Zeit war sie stark ideologisch aufgeladen (Bekenntnis zum Sozialismus). Heute wird sie von speziellen Vereinen und Vereinigungen angeboten. Genaue Angaben zur Beteiligung fehlen, aber es kann von bis zu 50 % der Jugendlichen in Ostdeutschland ausgegangen werden.[15]

---

14 Michael Domsgen / Carsten Haeske, Zukunfts- oder Auslaufmodell? Konfirmandenarbeit im Osten Deutschlands – Realität und Perspektiven, in: Deutsches Pfarrerblatt 109 (2009), 302–306, 302 f.
15 Vgl. Albrecht Döhnert, Jugendweihe zwischen Familie, Politik und Religion. Studien zum Fortbestand der Jugendweihe nach 1989 und die Konfirmationspraxis der Kirche, Leipzig 2000.

Als Frage ergibt sich aus der beschriebenen Situation, wie das kirchliche Bildungsangebot, also die Konfirmandenarbeit, auf solche speziellen Voraussetzungen eingestellt werden kann. Beispielsweise wird in diesem Sinne auf neue Möglichkeiten einer überregionalen Kooperation hingewiesen sowie auf die Notwendigkeit einer Öffnung für Milieus, die bisher nicht angesprochen werden.

7.2.9 Noch nicht ausgeschöpfte Potentiale

Die Konfirmandenarbeit steht in einer Spannung zwischen ihrer öffentlichen Wahrnehmung und ihren tatsächlichen Leistungen. Von *noch nicht ausgeschöpften Potentialen* kann dabei sowohl im Blick auf die unzureichende öffentliche Wahrnehmung gesprochen werden als auch hinsichtlich entsprechender Leistungen, die noch weiter verbessert werden sollten.

Das Bild von Konfirmandenarbeit aufgrund der neuen Befunde belegt, dass hier ein wichtiger Beitrag zur non-formalen, also beispielsweise nicht wie bei der Schule verpflichtenden (formalen) Bildung [→ Kap. 5] geleistet wird. Schon von der Beteiligung her gibt es kaum ein anderes Arbeitsfeld, in dem ein entsprechendes Bildungsangebot so viele Jugendliche erreicht. Zumindest in einigen Bundesländern – eine systematische Übersicht hierzu ist nicht verfügbar – ist die Konfirmandenarbeit aber nicht wirklich als ein Bildungsangebot anerkannt, wie etwa der ausdrückliche Ausschluss bei entsprechenden staatlichen Förderungsmöglichkeiten, die sonst für die Jugend- und Erwachsenenbildung verfügbar sind, deutlich zeigt.

Inhaltlich lässt sich die Bildungsbedeutung der Konfirmandenarbeit nicht nur in kirchlicher, sondern etwa auch in allgemein ethischer Hinsicht akzentuieren. Hier beschäftigen sich die Jugendlichen in vielfacher Weise mit ethischen Problemstellungen und setzen sich mit prosozialen oder ökologischen Werthaltungen auch erfahrungsbezogen auseinander.

Besonders markant ist der Beitrag dieses Bildungsangebots zur Zivilgesellschaft, vor allem auch durch den Einbezug von Ehrenamtlichen. Dadurch begegnen auch die Konfirmandinnen und Konfirmanden selbst Möglichkeiten des ehrenamtlichen Engagements [→ Kap. 12] und kann die Konfirmandenarbeit insgesamt zu einem Lernfeld für ehrenamtliche Tätigkeit werden.

Solche Befunde weisen darauf hin, dass die Bildungsbedeutung der Konfirmandenarbeit in der Öffentlichkeit stärker bewusst gemacht werden sollte, während die Konfirmandenarbeit selbst ihre Gestalt in den genannten Hinsichten noch weiter profilieren kann.

Insgesamt zeigt der Wandel der Konfirmandenarbeit exemplarisch, wie ein kirchliches Handlungsfeld durch sich verändernde Bildungsmöglichkeiten und Bildungsbedürfnisse herausgefordert werden kann. Zugleich macht der Übergang vom Konfirmandenunterricht zur Konfirmandenarbeit deutlich, dass eine Anpassung an veränderte Bedürfnisse durchaus möglich ist.

7.3 Aufgaben für die Zukunft

Die Konfirmandenarbeit wird im vorliegenden Beitrag auch als Beispiel für die weiterreichende Frage nach Passungsverhältnissen zwischen kirchlichen Bildungsangeboten und individuellen Bildungsbedürfnissen verstanden. Vieles, was zum Wandel solcher Bedürfnisse zu sagen war, gilt in paralleler Weise auch für andere Bildungsbereiche. Nicht nur bei Jugendlichen, sondern auch bei Kindern und Erwachsenen machen sich die zunehmend pluralen Verhältnisse bemerkbar. Überall dort, wo – wie etwa bei der Erwachsenenbildung – Bildungsangebote auf rein freiwilliger Teilnahme beruhen (was für die Konfirmandenarbeit zumindest traditionell nicht der Fall war – heute nimmt auch hier der individuelle Entscheidungscharakter deutlich zu), stellt sich in besonderer Weise die Herausforderung, wie seitens kirchlicher Anbieter auf die je einzelnen, sehr unterschiedlichen Bildungsbedürfnisse reagiert werden soll. Dabei geht es keineswegs nur um Probleme oder Belastungen für kirchliches Bildungshandeln, sondern um einen auch inhaltlich veränderten Bildungsauftrag.

So kann es auch den Kirchengemeinden beispielsweise nicht gleichgültig sein, dass heute in Deutschland mehr als 4 Millionen Muslime leben. Bislang zeigen die für die kirchliche Bildungsarbeit Verantwortlichen aber noch zu wenig Bereitschaft, sich auf diese Situation mit ausreichender Entschiedenheit einzustellen. Auch dies lässt sich am Beispiel der Konfirmandenarbeit ablesen: Vor allem die Pfarrerinnen und Pfarrer sind nur wenig bereit, etwa die Frage nach dem Verhältnis zwischen dem christlichen Glauben und anderen Religionen aufzunehmen. Die Jugendlichen hingegen fragen danach und werden eine in dieser Hinsicht sprachlose Kirche sicher nicht überzeugend finden. Umgekehrt gilt: Eine Kirche, die mit ihren Bildungsangeboten die Interessen der Menschen trifft und ihre Fragen aufnimmt, wird so auch ihre Überzeugungskraft stärken können.

An der Konfirmandenarbeit sind zugleich auch Erfolgskriterien zu erkennen, die ebenfalls für andere Bereiche gelten oder zumindest gelten können. Offenbar ist Konfirmandenarbeit dann erfolgreich, wenn eine Passung zwischen individuellen Bildungsbedürfnissen und kirchlichen Bildungsangeboten erreicht wird. Passungsverhältnisse dieser Art müssen immer wieder neu aktualisiert werden. Darauf zielt im Blick auf die Konfirmandenarbeit der schon mehrfach angesprochene – bleibende – Optimierungsbedarf. In diesem Sinne wurde oben auf eine ganze Reihe von Herausforderungen verwiesen, die hier nicht erneut genannt werden sollen. Sie machen insgesamt deutlich, dass die anzustrebende Passung zwischen individuellen Bildungsbedürfnissen und -möglichkeiten auf der einen und der Gestalt des kirchlichen Bildungsangebotes auf der anderen Seite in mehreren Hinsichten in Frage steht. Daraus ergeben sich wichtige Aufgaben für die Zukunft.

Zunächst seien noch einmal zentrale Herausforderungen aus der Bundesweiten Studie genannt und mit weiteren Gesichtspunkten ergänzt:

- Als neuralgischer Punkt identifiziert wurden vor allem die *Gottesdienste*, die den Jugendlichen gerade nach näherer Bekanntschaft mit ihnen umso „langweiliger" erscheinen. Hier wird das Ziel, Jugendlichen eine für sie attraktive Gottesdiensterfahrung zu ermöglichen, derzeit kaum erreicht.
- Ähnlich alarmierend müssen für die Kirche die festgestellten *Kommunikationsprobleme* sein. Es erschließt sich den Jugendlichen nicht oder nur wenig, dass die Botschaft der Kirche mit den Fragen, die den Jugendlichen selbst wichtig sind, etwas zu tun hat. Diese Herausforderung muss auf die Konfirmandenarbeit als Ganze bezogen werden. Betroffen sind dabei ebenso die Inhalte oder Themen wie die Methoden sowie insgesamt die Sprache, in denen die Kirche den Jugendlichen begegnet.
- Daneben müssen, zum Teil im Sinne der *Vernetzung*, die Verhältnisse zwischen *Konfirmandenarbeit und Jugendarbeit* sowie zur Schule neu überdacht und neu bestimmt werden. Bislang findet eine Vernetzung mit der Jugendarbeit nur punktuell statt, in manchen Regionen – vor allem in Ostdeutschland – überhaupt noch sehr wenig. Dennoch sagen viele Jugendliche am Ende der Konfirmandenzeit, dass sie Interesse hätten, an der Jugendarbeit der Kirche teilzunehmen, aber offenbar finden sie keine entsprechenden Angebote vor. Dies wird auch durch die Auskünfte der für die Konfirmandenarbeit Verantwortlichen bestätigt. Darüber hinaus fehlt es an einer konsequenten und systematischen Anbahnung solcher Kontakte, die in wirkungsvoller Weise in der Konfirmandenzeit selbst stattfinden müssten.
- Die *Schule*, die sich ebenfalls in einem deutlichen Wandel befindet, wird von vielen als eine Belastung für die Konfirmandenarbeit wahrgenommen. Dabei ist vor allem die immer weitere zeitliche Ausdehnung der Schule, bis hin zu Ganztagsangeboten und Ganztagsschulen, im Blick. Eine Kooperation mit der Schule [→ Kap. 11, 3.1] oder auch nur eine Koordination mit dem schulischen Religionsunterricht ist bislang aber eine Seltenheit. Da die Jugendlichen einer typischen Konfirmandengruppe zugleich aus fünf oder mehr Schulen zusammenkommen, fällt eine solche Koordination natürlicherweise auch schwer. Gleichwohl wird in Zukunft verstärkt über das

Verhältnis zwischen Konfirmandenarbeit und Schule nachzudenken sein. Denn schon lange gilt: Das Jugendalter ist zu einem großen Teil Schulzeit, und die Schule ist für Jugendliche ein zentraler Lebensort.

Als übergreifende Aufgabe ist festzuhalten, dass es darum geht, die Konfirmandenarbeit als ein für Jugendliche attraktives und deshalb für die Kirche wichtiges Angebot angesichts des gesellschaftlichen und religiösen Wandels weiterzuentwickeln. Die christliche Überlieferung und die Gemeinde sollen sich heutigen Jugendlichen so erschließen, dass sie deren Bedeutung für sich selbst wahrnehmen können. Soweit dies derzeit nicht oder nur unzureichend gelingt, ist dies nicht nur auf einzelne Fragen etwa der methodischen Gestaltung zurückzuführen.

Auch wenn dies im Rahmen dieses begrenzten Beitrags nicht im Einzelnen erörtert werden kann, lassen sich für fast alle diese Herausforderungen Parallelen im Blick auf andere kirchliche Bildungsangebote identifizieren. Die kulturell, sozial und religiös plurale Situation macht sich bei kirchlichen Kindergärten und ihrer Elternschaft ebenso bemerkbar wie etwa in der Erwachsenenbildung, bei der die Kirche zudem in wachsendem Maße mit anderen, zum Teil kommerziellen Anbietern konkurrieren muss. Darüber hinaus macht sich in diesen Bereichen auch noch, in Gestalt sich weiter erhöhender Anforderungen und eines zunehmenden Drucks, die sogenannte Ökonomisierung im Bildungswesen bemerkbar: Immer mehr soll in weniger Zeit mit weniger Personal kostengünstig erreicht werden.

Doch wäre es falsch, nur auf Probleme und Belastungen abzuheben. Im Bildungsbereich hat die Kirche mit ihren Angeboten noch immer große Chancen. Damit sie diese nutzen kann, wird sie künftig noch mehr nach den individuellen Bildungsbedürfnissen fragen müssen – nicht als Ausdruck sorgloser Anpassung an den Zeitgeist oder an wechselnde Moden, sondern geleitet von dem evangelischen Motiv, ganz bei den Menschen zu sein.

Literatur zur Vertiefung

Reihe: Konfirmandenarbeit erforschen und gestalten:
Schweitzer, Friedrich / Elsenbast, Volker (Hg.), Konfirmandenarbeit erforschen.
    Ziele – Erfahrungen – Perspektiven, Gütersloh 2009.
Cramer, Colin / Ilg, Wolfgang / Schweitzer, Friedrich (Hg.), Reform von
    Konfirmandenarbeit – Wissenschaftlich begleitet. Eine Studie in der
    Evangelischen Landeskirche in Württemberg, Gütersloh 2009.
Ilg, Wolfgang / Schweitzer, Friedrich / Elsenbast, Volker in Verbindung mit Otte,
    Matthias, Konfirmandenarbeit in Deutschland. Empirische Einblicke,
    Herausforderungen, Perspektiven. Mit Beiträgen aus den Landeskirchen,
    Gütersloh 2009.

Schweitzer, Friedrich / Ilg, Wolfgang / Simojoki, Henrik (Hg.), Confirmation
Work in Europe: Empirical Results, Experiences and Challenges. A Comparative
Study in Seven Countries, Gütersloh 2010.
Böhme-Lischewski, Thomas / Elsenbast, Volker / Haeske, Carsten / Ilg,
Wolfgang / Schweitzer, Friedrich (Hg.), Konfirmandenarbeit gestalten.
Perspektiven und Impulse aus der Bundesweiten Studie zur
Konfirmandenarbeit in Deutschland, Gütersloh 2010.

Weitere Veröffentlichungen:
Comenius-Institut (Hg.), Handbuch für die Arbeit mit Konfirmandinnen und
Konfirmanden, Gütersloh 1998.

Impulse zur Weiterarbeit

a) Die EKD hat in dem Impulspapier zum Reformprozess „Kirche der Freiheit.
Perspektiven für die Evangelische Kirche im 21. Jahrhundert" (2006) auch
zu Fragen der Bildung Stellung genommen:
„Die grundlegenden Themen und Wissensbestände der christlichen Tradition müssen wieder ins Zentrum evangelischer Bildungsarbeit rücken. Das
wird dann auch die anderen Aspekte einer ganzheitlich orientierten Bildungsarbeit prägen. [...] Zur geistlichen Beheimatung verhilft der Protestantismus dann, wenn Menschen durch geeignete Bildungsprozesse mit
den elementaren Wissensbeständen der evangelischen Frömmigkeit vertraut gemacht werden. Evangelische Bildungsbiographien entstehen durch
Einführung in eine evangelische Frömmigkeitstradition, durch Kenntnis
biblischer Grundtexte und zentraler Glaubensaussagen der christlichen
Tradition, durch Begegnung mit wichtigen Gebeten und geistlichen Lie-
dern, durch Beschäftigung mit Vorbildern christlicher Existenz und theologischen Denkens."[16]
Diskutieren Sie diese Thesen auf dem Hintergrund der in diesem Beitrag behandelten Fragen der Passung zwischen Bildungsbedürfnissen und
Bildungsangeboten!
b) Der Charakter der Konfirmation hat sich verändert. Kann die Konfirmation
noch als rituelle Begleitung des Übergangs ins Erwachsenenalter gestaltet
werden? Wäre es besser, sie als Feier zum Abschluss der Kindheit zu sehen? Was spricht für/gegen diese Vorschläge?

---

16 Kirchenamt der EKD (Hg.), Kirche der Freiheit. Perspektiven für die Evangelische
Kirche im 21. Jahrhundert. Ein Impulspapier der EKD, Hannover o. J. (2006), 78 f.

Dirk Oesselmann

8 Gesellschaftliche Entwicklungen als Herausforderung an eine weltverantwortende Gemeindepädagogik

8.1 Gemeinde im Zeichen von Weltverantwortung

„Die Christen gehören mehr als bisher auf die Marktplätze der Menschheit, auf denen die Zukunft vorbereitet und entschieden wird."[1]

8.1.1 Der Konziliare Prozess

Vor allem in den 1970er und 1980er Jahren war – wie in der allgemeinen gesellschaftlichen Entwicklung – eine politisierende Bewegung in den Kirchen zu spüren, die stark von der internationalen Ökumene geprägt, aber auch von unzähligen Initiativen vor Ort getragen war. Sie kulminierte im sog. *Konziliaren Prozess* mit dem Leitbild *Gerechtigkeit, Frieden und Bewahrung der Schöpfung.*[2]

Mit diesem Leitbild bekannten sich die Kirchen zu ihrer Weltverantwortung. Markant war der Konziliare Prozess nach außen durch die vielfältigen Impulse in die gesellschaftliche Öffentlichkeit hinein, die die lokale Wirklichkeit in einen internationalen Zusammenhang stellten. Markant war er darüber hinaus nach innen, da er der Mobilisierung in den Gemeinden Möglichkeiten eröffnete, sich an regionalen bis hin zu internationalen Initiativen und Netzwerken zu beteiligen. Örtliche Gruppen mündeten in eine breite ökumenische Zusammenarbeit, die vieles bewegen konnte. Die lebendige Kommunikation zwischen lokalen Aktivitäten und übergreifenden Plattformen wirkte motivierend und erzeugte in vielen Gemeinden eine offene Grundhaltung in der Perspektive eines breiten Horizonts christlicher Identitäten.

Im Rückblick auf diese Zeit bleiben zwei unterschiedliche Einschätzungen: Für viele konnten sich die hochgesteckten Erwartungen an ein dauerhaftes Engagement christlicher Gemeinden nicht erfüllen. Einerseits blieb ein Groß-

---

1 Paul Zulehner, Pastoraltheologie. Bd.1, Fundamentalpastoral, Düsseldorf 1989, 243.
2 Die genaue Entwicklung zur Entstehung des Konziliaren Prozesses ist nachzulesen bei: Heinz-Günther Stobbe, Umkehr und Widerstand. Der Konziliare Prozess als ökumenischer Lernprozess, in: Michael Schibilsky (Hg.), Gerechtigkeit – Frieden – Bewahrung der Schöpfung. Ein Werkbuch für die Gemeinde, Düsseldorf 1990, 14–33.

teil der Gemeinden von diesen Bewegungen unberührt, andererseits ebbte der große Initiativschub ab, sei es aufgrund von Überforderung, sei es aufgrund von sich einstellender Frustration gegenüber sehr begrenzten Veränderungen. Der Aufbruch wurde nach und nach abgelöst von einem anderen Kapitel kirchlicher Entwicklung, dem der finanziellen und strukturellen Einsparungen. Demgegenüber ziehen andere eine positive Bilanz: Es hat sich grundlegend etwas verändert in der Erfahrung von Gemeinde und Kirche. In dieser Zeit wurde „ein Stück moderner Kirchengeschichte" geschrieben, die in vielfältigen Solidaritätsprojekten auf lokaler und internationaler Ebene, aber auch in neuen internen Beteiligungsformen sichtbar wird, wie Britta Rook resümiert.[3]

Gemeindepädagogisch geht es vor diesem Hintergrund um die Frage einer – möglichen und wünschenswerten – Orientierung und Beteiligung von Gemeinde an der verantwortlichen Gestaltung einer globalisierten (Lebens-)Welt. Dabei kommen nicht nur die Möglichkeiten und Formen, *wie* Gemeinde sich beteiligen kann, in den Blick, sondern es geht um die zentrale Grundfrage nach ihrer Identität als christliche Gemeinde, also *ob* und *warum* sie es tut.

8.1.2 Grundfragen an die Kirche, Grundfragen an das Christ-Sein in der Gemeinde

Dass sich hinter dem Stichwort *Verantwortung für die Nächsten* eine grundlegende Anfrage verbirgt, mit der sich Christen immer wieder auseinandersetzen müssen, zeigt der biblische Befund, der u. a. schon im Gleichnis vom Barmherzigen Samariter deutlich zum Ausdruck kommt: Priester und Levit gehen weiter in einer Situation, in der ein Mensch ihre Unterstützung braucht. Sie nehmen den Hilferuf nicht wahr. Ist es Gleichgültigkeit, ist es Angst? Sich zur Nächstenliebe zu bekennen, heißt demnach noch nicht, diese auch zu leben. Bis heute wirft diese Erkenntnis grundlegende Fragen an die Christen auf:

Warum ist es so schwierig, bedürftige Menschen in dem eigenen lokalen Umfeld überhaupt wahrzunehmen? Viel zu oft wird einer Begegnung mit diesen Menschen aus dem Weg gegangen, Missstände gehören zu einer hingenommenen Normalität. – Stichwort *Selbstreferentialität* bzw. Selbstbezogenheit in Wahrnehmung und Normalitätsempfinden

Wie kann überhaupt Verantwortung für andere übernommen werden? Wie entstehen Gefühle von Solidarität und Mit-Gefühl (Com-Passion)? Unter welchen Bedingungen entsteht Bereitschaft zum Handeln bzw. warum ist diese

---

3 Britta Rook, Der Konziliare Prozeß für Gerechtigkeit, Frieden und Bewahrung der Schöpfung – seine Erfolge und seine Veränderungen, in: Lernort Gemeinde 21 (2003), H. 3, 10–12, 12.

für Christen nicht selbstverständlich? – Stichwort *Selbstgenügsamkeit* sowie Überforderung, für andere da zu sein

Wie weit hat die Verantwortung zu gehen? Warum ist die politische Anwaltschaft von christlichen Gemeinden im Gegensatz zur karitativen Hilfestellung so umstritten? – Stichwort *Bestandssicherung* bzw. Angst und Vorbehalte, Neues zu wagen

8.1.3 Ernst Lange – ein Vordenker für eine weltverantwortende Gemeindepädagogik

Ernst Lange (1927–1974), der die Gemeindepädagogik in ihren Anfängen entscheidend inspiriert hat, nimmt solche Anfragen als Ausgangspunkt für seine theologischen Reflexionen. 1960 beginnt er das Experiment der *Ladenkirche* in Berlin-Spandau: *„Ein kleines Zentrum von Christen, die in einem Kiez arbeiten und wohnen, gut erreichbar wie der Einkaufsladen um die Ecke. Man betritt nicht den feierlichen Kirchraum, sondern steht sofort in einem Mehrzweckraum, in dem Gespräche geführt werden, über biblische, kirchliche und gesellschaftliche Themen diskutiert wird, in dem Familienfeste gefeiert und sonntags Gottesdienste gehalten werden."*[4]

Für Ernst Lange bedeutet das Evangelium Aufbruch in die Welt, wenn es nicht in seinem innersten Anliegen verraten werden will. Unter dem Leitsatz *der Beruf der Kirche ist Diakonie* verdeutlicht er, dass erst durch konkreten Einsatz an den wunden Stellen der Menschheit der Verkündigung die notwendige Kraft verliehen werden kann. Lange spricht von einem notwendigen *Exodus der Kirche in die Welt*. Dieser geschieht auf drei Ebenen:

1. als Aufbruch aus einem verengten kirchlichen Milieu hin zu einer offenen Verortung in der gesellschaftlichen Lebenswelt,
2. als mentaler Aufbruch der Glaubenden aus einer provinziellen Beschränktheit zu einer ökumenischen Weltverantwortung,
3. als Aufbruch aus einem erstarrten, hierarchischen Gemeinde-Dasein in eine partizipative Gemeinschaft in vielfältigen Räumen.

Aufbrüche von Kirche in die Welt gab es seit der Ladenkirche viele. Kirche zeigt sich auf mannigfache Weise als Ort von Solidarität. In ihr können Stim-

---

4 Beschreibung und Foto aus dem Internetauftritt der Gemeinde: URL: http://www. nikolai-spandau.de/content/view/10/18/ (abgerufen am 23. 10. 2010).

Abb. 3: Ladenkirche

men der Armen und Ausgeschlossenen vernommen werden. Und doch bleibt die dringende Forderung nach immer neuem Aufbruch bestehen.

Der folgende Artikel benennt zunächst zentrale Herausforderungen der gegenwärtigen Welt für das Christ- und Gemeinde-Sein. Die Weltgesellschaft zu analysieren heißt aus christlicher Sicht, die Perspektive der Ausgeschlossenen zu schärfen – das hat die Befreiungstheologie in den letzten Jahrzehnten wieder verdeutlicht.

> *„Durch die Besinnung auf den eigenen Beitrag zu einer verantwortlichen Weltentwicklung wird christliche Präsenz radikal neu in Pflicht genommen. ... Unsere (christliche) neue Sicht der Welt – unser ‚Standortvorteil‘ an der Seite der armen Anderen – konfiguriert die Perspektive einer anderen Welt. Die andere Welt ist die Welt der Anderen, der Ausgeschlossenen und Vergessenen. Die Utopie – das, was keinen Ort hat in einem überkommenen Weltbild – ist die Topie der Armen."*[5]

---

5 Paulo Suess, Präsenz und Verantwortung. Lernprozesse der lateinamerikanischen Kirche im Kontext der Globalisierung, in: Engelbert Groß / Klaus König (Hg.), Religiöses Lernen der Kirchen im globalen Dialog – weltweit akute Herausforderungen und Praxis einer Weggemeinschaft für Eine-Welt-Religionspädagogik, Internationaler Religionspädagogischer Kongress 1999 Eichstätt/Münster 2000, 83–98, 93 f.

8.2 Zentrale Herausforderungen der gegenwärtigen „Welt"

„Welt" – ein unfassbares Gebilde, und doch beschreibt es wie kein anderer Begriff den gegenwärtig bestimmenden Zusammenhang von Wirklichkeitswahrnehmung: Die *Welt* in ihrer Komplexität und Vielfalt fasziniert, wenn sie „erobert" werden kann, schockiert aber auch, wenn sie außer Kontrolle gerät. Gegenwärtig wird die *Welt* von Entwicklungen geprägt, die unter Stichworten wie „Globalisierung", „Pluralität" und „Individualisierung" gefasst werden. Die Herausforderungen betreffen einerseits die Rahmenbedingungen einer Weltgesellschaft, andererseits den einzelnen Menschen, wie dieser sich mit den veränderten Lebensbedingungen auseinandersetzt.

Globalisierung	Pluralität	Individualisierung
Entwicklung hin zu einer Weltgesellschaft: politische, wirtschaftliche und soziale, aber auch kulturelle und religiöse Ebenen stehen immer stärker in einem globalen Zusammenhang.	Das gesellschaftliche Leben wird bunter und komplexer. Es gibt eine Vielzahl von Optionen in den Bereichen Bildung, Freizeit, Kultur und Religion sowie hinsichtlich der Gestaltung von Lebensstil und Lebensform.	Der einzelne Mensch hat die Möglichkeit und die Pflicht, seine Form der Lebensgestaltung zu wählen. Soziale Teilhabe und Zukunftsperspektiven hängen in verstärktem Maße von dem Einsatz des Einzelnen ab.

8.2.1 Spannungsfelder auf weltgesellschaftlicher Ebene

a) Soziale Segmentation

Voraussetzung für das Entstehen einer Weltgesellschaft war eine technologische Revolution im Bereich von Kommunikation und Transport: Internet, Fernsehen und Radio ermöglichen der Menschheit vielfältige direkte kommunikative Verbindungen; auch geographische Entfernungen werden überwindbar und eröffnen scheinbar *grenzenlose* Möglichkeiten, jeden Winkel der Erde problemlos zu erreichen.

Häufig übersehen wird, dass die Mehrheit der Menschen wenig oder nicht an diesen Entwicklungen teilhat. Elend und Hunger sind weiterhin Faktum in einer Welt, die technisch die Möglichkeiten hätte, alle Menschen zu ernähren. Aus einer solchen Gesamtbetrachtung lassen sich zwei radikal unterschiedene Perspektiven identifizieren – die der Global Players und die der Ausgeschlossenen –, die den Unterton der Wahrnehmung der globalisierten Welt bestimmen: Die einen sind fasziniert und verteidigen, die anderen sind skeptisch und klagen an.

So der brasilianische Theologe Paulo Suess aus der Perspektive der Ausgeschlossenen: *„Das Leiden der Menschen ohne Dach, Land und Arbeit ist kein diffuser ‚Weltschmerz'. Es hat seine Ursache nicht darin, dass Brot und Boden, Wohnraum und Wissen fehlen. Nicht die Erkenntnisprobleme sind unüberwindbar, sondern die Verteilungswiderstände.“*[6]

b) Fortschritt für alle?

Begleitet werden diese unterschiedlichen Perspektiven von einer Gegensätzlichkeit der Ereignisse, die die Weltentwicklungen prägt. Die Perspektive der technologischen Machbarkeit preist immer neue Errungenschaften an: u. a. in der medizinischen Bekämpfung von Krankheiten und Behinderungen, bei grenzenlosen Kommunikations- und Informationsmöglichkeiten im Alltag. Gleichzeitig lassen Nachrichten über klimatische Veränderungen, atomare Katastrophen oder kämpferische Auseinandersetzungen um Kontrolle über Energieressourcen Zweifel hinsichtlich der Entwicklungen aufkommen.

Die bedrohte Zukunft der Welt steht inzwischen auf der Tagesordnung lokaler Initiativen sowie internationaler Konferenzen. Jedoch ändert das (zu) wenig. Das Maß der Verantwortungslosigkeit erhält ein Datum in der Berechnung des Earth-over-Shoot-Day,[7] des Tags, an dem die regenerierbaren Ressourcen eines Jahres durch die Menschheit verbraucht sind. Im Jahr 2010 war dieser Tag der 21. August – danach ging der Verbrauch auf Kosten der nachfolgenden Generationen. Die Menschen zerstören sich selbst, nur dass die Verursacher die Folgen nicht zu tragen haben.

> *„Die Biosphäre geht schon in die Knie, obwohl erst ein Viertel der Weltbevölkerung die Früchte des wirtschaftlichen Fortschritts genießt. Drei Viertel jedoch haben noch Nachholbedarf, sie wollen es den Wohlhabenden gleichtun. ... Sollen die Armen ausgeschlossen bleiben, um die Umwelt zu retten, oder gelingt es, Formen des Wohlstands zu entwickeln, die ungleich weniger Natur verbrauchen? Es ist die kosmopolitische Mission der Ökologie, mehr globale Gerechtigkeit zu ermöglichen, ohne die Erde ungastlich zu machen.“*[8]

---

6 Paulo Suess, Die Fackel des Severino. Solidarität im Kontext der Globalisierung, in: Groß / König (s. o. Anm. 5), 24–34, 26 f.

7 Vgl. URL: http://www.footprintnetwork.org/en/index.php/GFN/page/earth_overshoot_day/ (Abruf 21. 8. 2011).

8 Bund für Umwelt und Naturschutz Deutschland / Brot für die Welt / Evangelischer Entwicklungsdienst (Hg.), Zukunftsfähiges Deutschland in einer globalisierten Welt. Ein Anstoß zur gesellschaftlichen Debatte, Frankfurt a. M. 2008, 63.

c) Dominanz der Wirtschaft

Ein anderes Spannungsfeld liegt in der Dominanz der Wirtschaft über die gesellschaftlichen Entwicklungen begründet. Sie diktiert die Vorgaben für die politischen, sozialen und teils auch die kulturellen Entwicklungen. Die nationalstaatliche Souveränität ist eingeschränkt – politische Entscheidungen finden prioritär im Horizont wirtschaftlichen Kalküls außerhalb staatlicher Zugriffsmöglichkeiten statt. Die transnationalen Unternehmen sowie das Bankengewerbe üben entscheidenden Einfluss aus unter dem vorrangigen Ziel einer Maximalrendite, die den sozialen Entwicklungen gegenüber keinerlei Rechenschaft ablegt und politisch kaum zu einer Verantwortungshaltung herangezogen werden kann.[9]

Die wirtschaftliche Dominanz hat darüber hinaus in die kulturelle und geistige Haltung der Menschen Einzug gehalten. Besitz und Karriere bestimmen die wünschenswerten Lebensziele großer Teile der Bevölkerung. Ein Zeichen der Zeit: Schadstoffreduzierende Umweltmaßnahmen wurden in den USA als Wohlstandsgefährdung empfunden und erhielten keine demokratische Mehrheit. Die Folge war, dass die internationale Klimakonferenz in Kopenhagen Ende 2009 scheiterte.

d) Migration und neue Grenzziehungen

Zeitlich begrenzte oder auch dauerhafte migratorische Bewegungen finden in einer nie dagewesenen Form statt – ein Spannungsfeld, das sein Konfliktpotential vor allem an den neuen Grenzziehungen entwickelt. Während den wirtschaftlich interessanten Gruppen vielfältige Möglichkeiten offen stehen, wird den Uninteressanten, die dem sozialen Sicherungssystem eine Last werden könnten, der Zugang zu stabilen Wirtschaftsregionen verwehrt. Entgegen der propagierten Freizügigkeit und Offenheit werden ganze geographische Bereiche wie Europa oder Nordamerika mit stark bewachten Grenzen gegen unerwünschte Migration abgeriegelt.

Gleichzeitig können sich auch diese Regionen nicht vollkommen dem Druck der Migrationsbewegungen entziehen – sei es aufgrund von Arbeitskraftanwerbung, sei es aufgrund von Flüchtlingsbewegungen. Auf lokaler Ebene stoßen dabei sprachliche, kulturelle, religiöse und soziale Unterschiede immer unvermittelter aufeinander. Menschen müssen auch innere Grenzziehungen langsam überwinden, d. h. nach und nach die Lebensform und -auffassung Anderer zu verstehen lernen.

---

9 Vgl. Deutsches Institut für Menschenrechte / Bundeszentrale für politische Bildung / Europarat, Kompass. Handbuch zur Menschenrechtsbildung für die schulische und außerschulische Bildungsarbeit, Bonn 2005, 358 f.

8.2.2 Große Anfragen einer globalisierten Welt: Weltverantwortung und Solidarität

Hinter all diesen Spannungsfeldern stehen die großen Anfragen nach Verantwortlichkeit und Solidarität. Weltgesellschaftliche Entwicklung kann nur gelingen aus der Erkenntnis von Welt als einer Schicksalsgemeinschaft, bei der die Lebensgrundlage von Welt als notwendiger Zusammenhang vorausgesetzt wird.

Hinter diesen Anfragen stehen Idealziele, die nur schwer in ein konkretes Handlungsprogramm zu überführen sind. Dennoch motivieren sie und bewegen die Menschen auf der Suche nach neuen gesellschaftlichen Formen. Einerseits halten sie das Erschrecken über bestehende Ungerechtigkeiten lebendig, andererseits zielen sie darauf ab, einem verbindend-verbindlichen Konsens zur Erhaltung von Leben Geltung zu verschaffen. Das erkennbare Ausmaß der Zerstörungspotentiale kann eine Grundhaltung nicht mehr zulassen, die die Zusammenhänge von wirtschaftlicher Entwicklung, sozialem Ausschluss und ökologischem Raubbau einfach ausblendet. Es geht ums Ganze.

Bedeutsame Initiativen zur Verbreitung eines weltverantwortenden Bewusstseins sind u. a. die *Erd-Charta*,[10] deren 16 Grundsätze im Jahr 2000 nach weltweiten Konsultationen zahlreicher Organisationen verabschiedet wurden. Aus der Verantwortung für eine bessere Weltordnung heraus ging auch das Parlament der Weltreligionen mit der *Erklärung zum Weltethos*[11] an die Öffentlichkeit. Das dem zugrunde liegende „Projekt Weltethos" geht aus von einem Grundkonsens der Weltreligionen bezüglich verbindender Werte, Maßstäbe und Grundhaltungen.

Im christlichen Kontext sind die vielfältigen Erfahrungen der ökumenischen Bewegung von grundlegender Bedeutung für eine verantwortliche, gerechte Weltgestaltung. Dabei geht es nicht nur um die innere Annäherung christlicher Kirchen, sondern das zentrale Anliegen ist *„immer stärker auf die Rekonstruktion und Vergewisserung der Maßstäbe und Werte, die für die Bewahrung der Lebensfähigkeit von Mensch und Natur entscheidend sind"*,[12] ausgerichtet, so der frühere Generalsekretär des Ökumenischen Rates der Kirchen Konrad Raiser (von 1993 bis 2003).

Diese Initiativen basieren auf Sichtweisen, die nicht an Reformen und Verbesserungen haltmachen, sondern das Augenmerk auf die eigentliche Ausrichtung weltgesellschaftlicher Entwicklung lenken. Es geht darum, welches Lebensmodell als wegweisend zugrunde gelegt wird, welche grundlegenden

---

10 Erd-Charta. Quelle: http://www.erdcharta.de/oi-cms/ (Abruf: 21. 8. 2011).
11 Erklärung zum Weltethos. Quelle: www.weltethos.org (Abruf: 21. 8. 2011).
12 Konrad Raiser, Weltordnung und Weltethos, in: Concilium, 37/2001, 403–409, Zitat 405.

Wertigkeiten Priorität erhalten und was auf ideologischer, kultureller und religiöser Ebene als Lebenssinn angestrebt wird. Der afrikanische Bischof Patrick Kalilombe[13] identifiziert bereits in der Bibel die Auseinandersetzung von zwei Lebensmodellen, die miteinander in grundlegenden Widerstreit treten: auf der einen Seite *das Modell des Turmes zu Babel,* begründet auf menschlicher Ichbezogenheit, und auf der anderen das der *Nächstenliebe.*

Faktisch liegt dem Weltmarkt eine Art Glaube oder Bekenntnis zugrunde, wenn er in Anspruch nimmt, dass er allein als natürliche Bestimmung bzw. als Lebensmodell der Globalisierung gilt. Gerade Theologinnen und Theologen, denen die vom globalen Fortschritt Ausgeschlossenen nahe sind, sprechen von einer dringlichen Aufgabe, durch christliche Präsenz ein anderes Modell der Globalisierung, nämlich das der Solidarität zu stärken.

8.2.3 Auswirkungen auf der zwischenmenschlichen Ebene

a) Unterschiedliche Perspektiven
Die oben umrissenen gesellschaftlichen Spannungsfelder wirken auch im zwischenmenschlichen Bereich auf die vielfältigen Herausforderungen wie ein Vorzeichen, das maßgeblich sowohl die Wahrnehmung als einzelner Mensch als auch die Gestaltung der jeweiligen Lebenswelt beeinflusst. Globalisierung steht je nach Situation und Lebenslage mit Faszination oder Bedrohung in Verbindung, kann Chance oder Verurteilung bedeuten. Wertigkeiten oder Lebensziele – vor allem bezüglich des materiellen Konsums oder auch der Anerkennung – können sich ähneln, nur der Zugang zu ihrer Umsetzung ist radikal verschieden. Was für die einen in der konkreten Lebensgestaltung Realität werden kann, bleibt für andere unerreichbar.

Barbara Asbrand und Annette Scheunpflug[14] unterteilen die Herausforderungen einer globalisierten Welt für die Menschen in vier Dimensionen:
- die *sachliche* Dimension, charakterisiert durch eine gesteigerte Komplexität vielfältig vernetzter gesellschaftlicher Beziehungen;

---

13 Patrick A. Kalilombe, Hilfe im Umgang mit einem „gemischten Segen". Die Rolle der Kirche im Kampf mit der Globalisierung in Malawi, in: Groß / König (s. o. Anm. 5), 35–46, hier 36.
14 Barbara Asbrand / Annette Scheunpflug, Zum Verhältnis zwischen interreligiösem, interkulturellem, ökumenischem und globalem Lernen, in: Peter Schreiner / Ursula Sieg / Volker Elsenbast (Hg.), Handbuch Interreligiöses Lernen, Gütersloh 2005, 268–281, hier 269–270.

- die *räumliche* Dimension, das Phänomen der Entgrenzung lokaler sowie globaler Prozesse;
- die *zeitliche* Dimension, die sich in der Beschleunigung gesellschaftlicher Veränderungen zeigt;
- die *soziale* Dimension, erkennbar in der Ausdifferenzierung menschlichen Lebens durch Individualisierung und gleichzeitige Heterogenität.

b) Individualisierung und Fragmentierung

Die rasende Beschleunigung und Komplexität der Entwicklungen stellen den einzelnen Menschen in seiner individuellen Lebensgestaltung vor große Herausforderungen. Leicht wird er zu einem ohnmächtigen Zuschauer eines Spektakels, das er weder verstehen noch beeinflussen kann. Vor diesem Hintergrund wird Freiheit zu Zwang[15] und manchmal zu einer Verurteilung. Es entstehen vielfältige Wanderbewegungen, nicht nur auf der Suche nach einem gefestigten materiellen Lebensraum, sondern auch nach einer gefestigten Identität.

Erschwert wird die Notwendigkeit einer individuellen Orientierung durch zunehmenden Verlust von *Heimat*, einem vertrauten Ort sozialer, kultureller und religiöser Vergewisserung. Die Flexibilisierung individueller Biographien lässt Lebensorte und -zeiten zufälliger und unverbindlicher werden, was eine grundlegende Unsicherheit auslösen kann. Miklós Tomka erfasst diese Entwicklung unter dem Begriff „Fragmentierung der Erfahrungswelt"[16].

Der einzelne Mensch – vor allem wenn er nicht über breite Unterstützungsmechanismen verfügt – ist oftmals überfordert, seine eigene Biographie zu gestalten. Vieles hängt davon ab, einen für ihn vertrauenswürdigen und stabilen Orientierungsrahmen zu finden.

c) Mediale Vermittlung von Welt

Die Kommunikationsmedien spielen in der Gegenwart eine prägende Rolle. Über Internet und Handy werden offene Kanäle des Meinungs- und Informationsaustauschs ermöglicht, die – wie die aktuellen gesellschaftlichen Veränderungen[17] zeigen – zu systemverändernden Bewegungen führen können. Die neuen Medien untergraben eine politisch-autoritäre Machtkontrolle, indem sie eine Plattform zur Vernetzung für breite Gruppen unter vielfältigen Interessen bieten.

---

15 Peter L. Berger, Der Zwang zur Häresie. Religion in der pluralistischen Gesellschaft. Freiburg 1992, 41.

16 Miklós Tomka, Die Fragmentierung der Erfahrungswelt in der Moderne, in: Concilium 33/1997, 292–303.

17 Beispielsweise „Revolution Facebook" in Ägypten, Anfang 2011.

Dennoch sind Unübersichtlichkeit sowie ungeprüfte Herkunft der Quellen eine Herausforderung, um sich ein klares Bild zu machen. Informationsanbieter konkurrieren miteinander auch dadurch, dass Informationen beispielsweise mit Außergewöhnlichem, Skandalösem oder Bizarrem verbunden werden.

Es darf nicht übersehen werden, dass der Einzelne die Vielzahl von Informationen und Eindrücken, die in die Alltagswelt der Menschen hinein vermittelt werden, auswählen, bewerten, ordnen und verarbeiten muss. Reale Darstellungen werden durch ihre mediale Vermittlung und Vermarktung häufig trivialisiert: D. h. sie werden teilweise als Realität, teilweise als Unterhaltung wahrgenommen, was den Bezug von Nachrichten aus entfernten Welten zur eigenen Lebenswirklichkeit erschwert.

8.2.4 Orientierung und Gestaltung

Gegenwärtig ist die Suche nach einem verbindend-verbindlichen Orientierungs- und Bewertungsrahmen der Welt entscheidend, um die gemeinsame Lebenswirklichkeit bewusst und verantwortlich zu gestalten. Er setzt sich um in einem Gefühl der Teilhabe an der einen Menschheit, allerdings mit unterschiedlichen Vorzeichen: Was bei den ausgeschlossenen Menschen Zuspruch ihres Rechts auf Leben ist, heißt für die Gut-Situierten notwendige Verantwortungsübernahme. In der Entdeckung und Wahrnehmung einer so verstandenen Menschlichkeit liegt der Schlüssel, mit eigenen Begrenzungen und Potenzialen umzugehen, grundlegende Wertigkeiten zu erkennen und mit anderen Menschen anerkennende Beziehungen aufzubauen.

Genau dieses Ziel stellte Edgar Morin[18] im Jahr 1999 für die UNESCO im Rahmen einer internationalen Konsultierung in den Mittelpunkt seines Entwurfs für eine „Erziehung der Zukunft":

> *„Die Erziehung der Zukunft ... sollte münden in das Erkennen ... der gemeinsamen Bedingung aller Menschen und der sehr reichen und notwendigen Verschiedenheit der Individuen, der Völker, der Kulturen, in unserer Verwurzelung als* Bürger der Erde."[19]

Über diesen Orientierungsrahmen hinaus muss der Mensch wieder ein neues Vertrauen in die Gestaltbarkeit von Welt entwickeln, an der er durch bewusstes und realistisches Handeln teilhat:

---

18 Französischer Philosoph und ehemaliger Direktor des Forschungszentrums Centre National de la Recherche Scientifique (CNRS).

19 Edgar Morin, Die sieben Fundamente des Wissens für eine Erziehung der Zukunft, Hamburg 2001, 76.

– Bewusstes Handeln nimmt die Dinge nicht einfach hin, wie sie vorgegeben werden, sondern hinterfragt Zusammenhänge und Interessen, die eine Problemlage begründen, durchdenkt alternative Wege. Der Mensch muss nicht zum Experten werden, sondern die aktive Auseinandersetzung mit unterschiedlichen Perspektiven schafft ein Bewusstsein für die Breite und Vielfalt von Handlungsoptionen.

– Realistisches Handeln will den Menschen vor Schwärmerei, Überschätzung und Überforderung der eigenen Möglichkeiten bewahren. Grundlegend ist dabei, die eigenen Grenzen als denkender und handelnder Mensch anzuerkennen, um sich in einen dialogischen Such- und Veränderungsprozess gemeinsam mit anderen Menschen und Gruppierungen hinein zu begeben.

Zum Gelingen beider Aspekte trägt die Begleitung des Menschen in entscheidendem Maße bei. Sie hat einerseits den Charakter von Bildung, wenn es darum geht, Welt aus unterschiedlichen Perspektiven zu reflektieren bzw. dieser einen wertenden, einschätzenden Horizont zu geben. Begleitung muss aber andererseits auch in die emotionale Befindlichkeit des Menschen vordringen, wenn es darum geht, resignative Haltungen der bedrohlich wirkenden komplexen Welt gegenüber zu durchbrechen und in tragende zwischenmenschliche Beziehungen einzubinden.[20]

Vor diesem Hintergrund sind gerade Religionen in einer pluralen Welt aufgefordert, grundlegende Orientierungen für ein verantwortetes Leben zu formulieren. Entscheidend ist es, die Pluralität, also ein Nebeneinander vielfältiger Lebensentwürfe, in einen Pluralismus zu überführen, d. h. ein reflektiertes Verhältnis zu dieser Vielfalt zu gewinnen.[21] Einerseits sollen den Einzelnen Entscheidungshilfen gegeben, andererseits eine Koexistenz pluraler Angebote in kritischer Anerkennung ermöglicht werden.

Aus der Betrachtung komplexer Spannungsfelder gesellschaftlicher und religiöser Entwicklungen erwächst der Gemeindepädagogik die Aufgabe, genauer zu beleuchten, wie es in der Gemeinde und als Gemeinde zu einem verantwortlichen Handeln im Licht der christlichen Verheißung kommen kann.

---

20 Siehe dazu Dirk Oesselmann, Impulse von Paulo Freire und Ernst Lange auf eine Bildung zur Gerechtigkeit, in: Forum Erwachsenenbildung, DEAE, 1/2007, 19–25.
21 Vgl. Friedrich Schweitzer / Rudolf Englert / Ulrich Schwab / Hans-Georg Ziebertz, Entwürfe einer pluralitätsfähigen Religionspädagogik, Gütersloh 2002.

8.3 Elemente zur konzeptionellen Entwicklung einer weltverantwortenden Gemeindepädagogik

„Das christliche Gewissen muss sich einleben in den größeren Haushalt, in dem es von Anfang an ‚herausgefordert', auf den es von Anfang an orientiert war, den Haushalt der bewohnten Erde. Es muss sich einüben in ein neues, nein, in sein ursprüngliches Zeit- und Weltgefühl. Das ist ein Bildungsproblem im umfassendsten Sinne des Wortes."[22]

Dieser Leitsatz Ernst Langes spitzt das Christ-Sein zu auf seine Teilhabe am Haushalt allen Lebens. Der Horizont der bewohnten Erde löst einen Lern- und Suchprozess aus, weltverantwortlich auch im Nahbereich zu handeln.

Der Blick auf die Weltverantwortung von christlichen Gemeinden ist nicht neu. Theologisch wurde das letzte Jahrhundert unter anderen von Dietrich Bonhoeffer, Helmut Gollwitzer, Dorothee Sölle, Jürgen Moltmann oder Jean-Baptist Metz geprägt. Insgesamt haben die politische Theologie und die Befreiungstheologie, die vor allem in Lateinamerika und Afrika entwickelt wurden, durch sie auch in Europa Beachtung gefunden. Im Bereich der Gemeinde- und Religionspädagogik können Gottfried Orth, Norbert Mette, Hermann Steinkamp, Ulrich Becker, Klaus Goßmann und Harry Noormann stellvertretend für viele andere genannt werden. Im Folgenden werden die für die Gemeindepädagogik bedeutsamen Aspekte verdichtet.

Grundlegend für eine kirchliche Öffnung war ein neues Selbstverständnis in Bezug auf die Mission, das ab den 1970er Jahren im nationalen und internationalen Umfeld prägend wurde. Die binnenkirchliche Ausrichtung auf das eigene Wachstum wurde abgelöst von dem Verständnis einer „Missio Dei", einer Teilhabe an der Mission Gottes auf Erden. *„Ziel der Mission Gottes ist nicht die weltumspannende Kirche, sondern der weltumspannende Schalom, das heile und erfüllte Miteinander in einer versöhnten Gemeinschaft."*[23]

8.3.1 Offenheit für den Anderen

Das Gleichnis vom barmherzigen Samariter verweist auf die Grunddisposition, Nächster zu sein. Zum Nächsten werden wir, wenn wir Hilfe leisten, wo diese

---

22 Ernst Lange, Kirche für die Welt. Aufsätze zur Theologie kirchlichen Handelns, München 1981, 307.
23 Werner Krusche, Schritte und Markierungen. Aufsätze und Vorträge zum Weg der Kirche, Berlin 1972, 151.

gebraucht wird. Nächstenliebe ist über die innere Bejahung des Anderen hinaus eine Frage von innerer Offenheit dem Lebensumfeld gegenüber. Dazu gehören zwei grundlegende Elemente: die bewusste Wahrnehmung – Zuhören, Sehen, Erspüren – von Menschen in ihrer Verletzlichkeit und mit ihren Lebenspotentialen sowie die Bereitschaft, diesen Menschen in ihrer Lebensgestaltung unterstützend zur Verfügung zu stehen. Angesichts der gegenwärtigen Herausforderungen heißt das, die Perspektive der Ausgeschlossenen und Verwundeten bewusst einzubeziehen.

Eine solche Offenheit zum Anderen ist nicht selbstverständlich, im Gegenteil: Sie kann entfremdend und verstörend sein. Als Nächste oder Nächster für Andere bereit zu stehen, entzieht mich meiner Selbstsicherheit und -genügsamkeit, verweist aber gleichzeitig auf die grundlegenden Wertigkeiten der menschlichen Existenz. Eine solche Begegnung ist im christlichen Sinne befreiend und bereichernd – ein doppeltes „Adieu", wie Henning Luther es beschreibt: *„den Abschied von meiner Welt (...) zum Anderen hin – und damit zugleich den Weg auf Gott zu – à Dieu."*[24]

Offenheit als Beziehungsform ist für Jörn Halbe der Kern christlichen Handelns. Offene Gemeinde wird damit zum Modell für das Christ-Sein, das nicht in der Herkunft oder in Interessen, sondern in der sich-gegenseitig-anerkennenden Zusammenkunft konstituiert wird. *„Der Raum ‚zwischen' den Beteiligten ... ist also nicht leer, aber notwendig ‚offen' – frei, doch nicht unbestimmt, sondern bestimmt: durch die Beziehung – anthropologisch zu den, christologisch zu dem ‚Anderen'."*[25]

Offenheit ist nicht per Anordnung einführbar, aber erlernbar – dazu kann die Komplexität und Vielfalt von Gemeinde als Gelegenheit genutzt werden.

Gelegenheit 1: *volkskirchliche Gemeinde*. Volkskirche zu sein ist ein Potential, das Vielfalt und Heterogenität als Profil hat. Gemeinde geschieht – bei genauem Hinsehen – an einer Vielfalt von Orten, Formen und Akteuren, die im weiteren Umfeld von Gemeinde stehen und christliche Referenzen ebenso für sich beanspruchen. Die Vielfalt bewusst wahrzunehmen ist die Chance der Gemeindepädagogik, Gemeinde von den Rändern ausgehend zu gestalten, ihr neue Impulse zu geben bzw. Fragen, die sich aus offenen Begegnungen ergeben, aufzuwerfen. Sie provoziert die scheinbare Homogenität, bricht die Erstarrung auf und bewegt.

Gelegenheit 2: *die Verwundbaren und Ausgeschlossenen*. Norbert Mette stellt fest: In den eigenen Reihen, in ihrem Umfeld oder in den vernetzten diakoni-

---

24 Henning Luther, Religion und Alltag. Stuttgart 1992, 78.
25 Hermann Steinkamp / Jörg Halbe, „Gemeinde lernen". Zur Didaktik Praktischer Theologie der Gemeinde, in: Martin Steinhäuser (Hg.), Didaktische Modelle praktischer Theologie. Leipzig 2002, 161 – Hervorhebungen im Original.

schen Einrichtungen – überall wird Gemeinde aufgefordert, „Nächste" zu sein. Mit der bewussten Wahrnehmung der Perspektive der Verwundeten verändert sich Gemeinde grundlegend. In ihrem Inneren wird ein Prozess von Vergewisserung und Stärkung erzeugt, indem sie eindeutig ihren christlichen Auftrag übernimmt. Über die Kerngemeinde hinaus erhält Gemeinde eine Außenwirkung, die andere Menschen in ihrem Umfeld aktiv werden lässt. Darüber hinaus verändern sich die Prioritäten und relativieren den Umgang mit eigenen Problemen.[26]

Gelegenheit 3: *das Umfeld – die Stadt / der Stadtteil / die Kommune*. Gemeinde ist Orientierungspunkt bzw. Referenz in der strukturellen Entwicklung eines sozialen Lebensraums. Zumeist ist ihr Ort ein zentraler Ort, der in seinem inneren und äußeren Umfeld genutzt werden kann als Treff- und Mittelpunkt für Aktivitäten für die Bevölkerung im Allgemeinen. Oftmals sind an die Gemeinde weitere Einrichtungen wie z. B. Kindergärten oder Beratungsstellen angegliedert, die von Menschen über die Gemeinde hinaus frequentiert werden. Diese Räume öffnen heißt, auf andere bewusst zuzugehen und ihre Bedürfnisse zu erspüren, ohne Hintergedanken einer Einbindung in die eigenen Reihen. Da-Sein für den Anderen ist das Thema des Christ-Seins.

Gelegenheit 4: *die Partnerschaftsarbeit*. Kontakte zu Gemeinden anderer Länder sind ein Potential von unschätzbarem Wert, Grenzen von Fremdheit zu überwinden. Über finanzielle Hilfen hinaus, die die Beziehungen mit oftmals störenden Vorzeichen von Abhängigkeit belegen, erzeugen gemeinsame Momente wie Feiern, Brot-Brechen, Singen, Tanzen oder einfach Gespräche Verbundenheit, Verständnis und Solidarität in gegenseitiger Anerkennung. Bedeutsam für die Kommunikation zwischen sehr unterschiedlichen Lebenswelten ist dabei eine annähernd ähnliche Wertreferenz im Christentum. Sie eröffnet Möglichkeiten, Visionen einer geeinten Welt über kulturelle und soziale Grenzen hinweg zu ersinnen.

8.3.2 Äußere Teilhabe: Lebendige Vision

Die biblischen Geschichten ziehen aus einer die Lebenswelt transzendierenden Dimension ihre Kraft. Mannigfaltige visionäre und verheißende Bilder malen Grundwerte in einer idealisierten Form aus und fordern das jeweilige Geschehen heraus. Ihnen kommt eine zentrale Bedeutung zu, und zwar auf drei unterschiedlichen Ebenen:

---

26 Norbert Mette, Motive, Konsequenzen und Hindernisse. Zwischenbilanz und Überleitung, in: ders., / Ludger Weckel / Andreas Wintels (Hg.), Brücken und Gräben. Sozialpastorale Impulse und Initiativen im Spannungsfeld von Gemeinde und Politik (Theologie und Praxis; 6), Münster 1999, 150–155, 152 f.

a) als Orientierung an maßgeblichen Werten wie Liebe und Gerechtigkeit, gleichzeitig als kritischer Vorbehalt der gegenwärtigen Lebenswirklichkeit gegenüber,

b) als Hoffnungshorizont, dass eine solche Vision oder Verheißung als Erfüllung von Leben zukünftig wirklich werden kann, also: ein motivierendes, positives Gefühl der Möglichkeit von Veränderungen, und

c) als Zuspruch und Auftrag für das gegenwärtige Leben – Zuspruch inmitten gegenteiliger Erfahrungen, Auftrag, sich für die Umsetzung der Werte einzusetzen.

! **Ökumene** (aus dem Griech.) = *die ganze (bewohnte) Welt*
Die **Ökumenische Bewegung** geht hervor aus der Suche der Christen nach einem kohärenten, gemeinsamen Zeugnis in der Welt, das interne und externe Grenzen zu überwinden sucht. Unterstützt vom Ökumenischen Rat der Kirchen – einem Zusammenschluss von mehr als 300 christlichen Kirchen – entwickelte die Bewegung im 20. Jahrhundert eine prägende Kraft sowohl auf internationaler Ebene als auch in vielfältigen lokalen und regionalen Initiativen.

Auch in der gegenwärtigen Weltgestaltung geht es um die Auseinandersetzung mit Visionen und Verheißungen, die die jeweiligen ideologischen Entwürfe leiten. In diesem Sinne betonte die Vollversammlung des Ökumenischen Rates der Kirchen 1998 in Harare im Hinblick auf die wirtschaftsgläubige Vision: *„Wenn wir auch der Globalisierung als einer Lebenstatsache nicht aus dem Weg gehen können, sollten wir uns nicht von der dahinter liegenden Vision gefangen nehmen lassen.“*[27]

Mit dem Begriff Ökumene wurde eine christliche Vision zum Ausdruck gebracht. Sie meint die Sehnsucht nach Einheit der ganzen bewohnten Welt durch integrative Teilhabe aller Menschen. Es geht um den Gesamtzusammenhang erfüllten Lebens in Gott, sei es durch die Schöpfungsverantwortung oder sei es durch die notwendige Aufmerksamkeit für die körperlich Verwundeten oder sozial Ausgeschlossenen. Leben kann nur im Horizont dieser Teilhabe am äußeren Rahmen, der das Leben erst ermöglicht, gelingen.

Die Lebendigkeit einer Vision bzw. Verheißung, ihre Einbettung im Alltag von Gemeinde ist prägend für ihre innere und äußere Dynamik. Sie entscheidet darüber, ob Gemeinde sich im Hier und Jetzt eingerichtet hat oder ob sie sich in Bewegung setzt. Eine visionäre Gemeinde steckt darüber hinaus einen Horizont, der individuell begrenzte Glaubensäußerungen überschreitet.

---

27 ÖRK-Zentralausschuss, Bericht des Vorsitzenden. 26. August–3. September 2002, Dokument Nr. GEN 2.

Schließlich fördert eine die Lebenswelt transzendierende Vision ein Selbstverständnis von einer Gemeinde, die soziale Mitverantwortung als christlichen Auftrag zur Veränderung von Wirklichkeit annimmt.

8.3.3 Innere Teilhabe: Gemeinschaft als Basis für Weltverantwortung

Innere Teilhabe heißt lebendige Gemeinschaft – *Communio*. Gemeinschaft ist nicht einfach existent, sondern muss für die Menschen erfahrbar werden, muss Gesichter, Räume und Momente haben, muss konstant gefeiert und erneuert werden. Sie erfordert eine selbstreflexive Auseinandersetzung mit Konflikten und einer Vielfalt von Erwartungen. Ein gemeinsamer religiöser Motivationshintergrund ist eine bedeutsame Kraft in der Gemeinschaftsbildung. Diese steht im Horizont von Verheißung erfüllten Lebens, welches bereits jetzt in Begegnungen, Feiern und Initiativen erspürt werden kann. Auf dieser Basis ist Weltverantwortung mehr als ein moralisches Postulat, sie ist eine grundlegende Beziehung der Teilhabe:

> *„Die Gemeinschaft wird zum sichtbaren Zeichen für die wechselseitige Interdependenz allen Lebens. Sie schafft die Grundlage für ein völlig neues Streben nach Gerechtigkeit. Es geht nicht mehr um Forderungen oder Ziele, deren Verfolgung allzu rasch in Moralismus mündet. Wir sind frei von der Besessenheit, ‚das Richtige zu tun‘, von dem Versuch mitzuhalten und von dem Handeln aus Schuldgefühlen über die großen wirtschaftlichen Ungerechtigkeiten unserer Welt. All das kann sich gegen eine Gemeinschaft richten und sie letztlich zerstören.“*[28]

Gemeindepädagogisches Handeln muss allerdings beachten, dass Gemeinschaft leicht zu einem in sich geschlossenen System werden kann, gerade auch wenn sie religiös begründet wurde. Durchlässigkeit nach außen wird in diesem Fall als Bedrohung der eigenen Geschlossenheit und Verbindlichkeit empfunden. Somit ist die Verbindung mit den ersten beiden Elementen entscheidend: Die Offenheit für Andere und die Vision geben der Gemeinschaft die notwendige Identität als ökumenischer, weltverantworteter Auftrag.

Während viele Christen sich im karitativen Bereich engagieren, ist politische Anwaltschaft der Gemeinde immer noch umstritten.[29]

---

[28] Karen Bloomquist, Auf der Suche nach Gerechtigkeit, in: Lutherischer Weltbund / LWB: Zwischen Vision und Realität: Lutherische Kirchen im Übergang. LWB-Dokumentation 47/2003, 125–135, 135.

[29] Vgl. Kirchenamt der Evangelischen Kirche in Deutschland, Weltsichten Kirchenbindung Lebensstile. Vierte EKD-Erhebung über Kirchenmitgliedschaft 2003, 26.

> **!** Verschiedene **EKD-Denkschriften** weisen auf die politisch solidarische Dimension gemeindlicher Arbeit hin. In der Denkschrift *Kirche und Demokratie* heißt es, dass Verheißung und Mission sich nicht „*auf die privaten Beziehungen des Individuums beschränken. Sie führen vielmehr in gesellschaftliche Verantwortung hinein*".[30] Die Verbindung zur internen Öffnung von Kirche zeigt die Denkschrift *Gerechte Teilhabe* auf: „*Eine Kirche, die auf das Einfordern von Gerechtigkeit verzichtet, deren Mitglieder keine Barmherzigkeit üben und die sich nicht mehr den Armen öffnet oder ihnen gar Teilhabemöglichkeiten verwehrt, ist – bei allem möglichen äußeren Erfolg und der Anerkennung in der Gesellschaft – nicht die Kirche Jesu Christi.*"[31]

Politisches Engagement darf nicht politische Machtausübung mit religiösem Segen heißen, sondern meint einen Bezug auf die gesamte Reichweite menschlicher Gestaltung: Christliche Verantwortung umfasst die *Polis*, d. h. Zusammenhänge und Rahmenbedingungen der prägenden gesellschaftlichen Strukturen – heute der Weltgesellschaft. Es geht dabei nicht um Interessenvertretung christlicher Einrichtungen, sondern vielmehr um klare Anwaltschaft für alle, die durch gesellschaftliche Strukturen und Rahmenbedingungen ausgeschlossen werden. Die öffentliche Parteinahme für ihre Würde, die Bewusstmachung ihrer Perspektive sowie die Einbindung in die eigene Gemeinschaft sind ein Akt politischer Verantwortung und fordern zu gesellschaftlichen Veränderungen heraus.

8.3.4 Vernetzung von Lokalem mit Globalem

Neben der schon oben kritisierten Provinzialität von Gemeinde bleiben aber auch oft die engagierten weltoffenen Kreise, z. B. von Partnerschaftarbeit und Fairem Handel leicht unter sich. Nicht nur die Isolation ausgewählter Kreise, sondern auch die Gefahr von Konkurrenzverhalten unter den Gruppen und die Vorstellung, die Welt allein retten zu müssen, sind faktische Herausforderungen für die Gemeindepädagogik. Zentral ist eine synergetische Verbindung von Gruppen, Interessen und Ebenen zu einem vielfältigen Miteinander. Dazu müssen Potentiale und Grenzen der jeweiligen Perspektive erkannt und anerkannt werden. Vor allem die Akteure selbst müssen lernen, eigene Prioritäten zu setzen sowie mit den Ressourcen und Möglichkeiten anderer zusammenzu-

---

30 EKD, Evangelische Kirche und freiheitliche Demokratie. Der Staat des Grundgesetzes als Angebot und Aufgabe. Eine Denkschrift der EKD, Gütersloh 1985, Art. 4.
31 EKD, Gerechte Teilhabe. Befähigung zu Eigenverantwortung und Solidarität. Eine Denkschrift des Rates der EKD zur Armut in Deutschland, 2. Aufl., Gütersloh 2006, 15.

arbeiten. Nur dann kann einerseits einer Konkurrenz, andererseits einer konstanten Überforderung vorgebeugt werden.[32]

Für eine gelingende Vernetzungsarbeit sollten folgende Überlegungen in Betracht gezogen werden:

– Die Verbindung von universalem Horizont und konkreter Nähe ist konstitutiv für christliches Zeugnis: *„Der christliche Sendungsauftrag führt uns in universal-kosmische Weite und in menschlich-soziale Nähe. Das Reich Gottes ist die weiteste ortzeitliche Kategorie und der unter die Räuber Gefallene ist gleichzeitig seine konkreteste Nahgestalt und Vermittlung."*[33]
  Das Heil ganz konkreter Menschen ist Teil einer umfassenden Heilung. Ebenso kann die Weltverantwortung nicht gegen die einzelnen Verwundeten ausgespielt werden.

– Nur auf der lokalen Ebene wird Verantwortung zu konkretem Lebensgeschehen. Jegliche gesamtgesellschaftliche Veränderung von Lebensbedingungen benötigt die Verortung – ein „vor-Ort" –, um faktisch wirksam zu werden. Umgekehrt ist die eigene heimatliche Gemeinde vor Ort ebenso von übergreifenden Zusammenhängen betroffen, die einen globalen Horizont notwendig machen.

– Strategisch kann sich die Spannung einer Gleichzeitigkeit von lokaler und globaler Verantwortung nur in einer Vernetzung verschiedener Ebenen, Prioritäten und Möglichkeiten von Kirche und Gesellschaft auflösen:
  – auf der Mikro-Ebene vor Ort: die lokalen Gemeinden und Gruppen, das direkte Umfeld mit seinen Problemstellungen und Initiativkräften,
  – auf der Meso-Ebene: spezialisierte Einrichtungen und regionale Netzwerke, die die lokalen Probleme aufnehmen sowie die Initiativen vor Ort stärken können,
  – auf der Makro-Ebene: nationale und internationale Organisationen, die durch Lobby als verdichtende Anwaltschaft, durch übergreifende Aufrufe und Unterstützungen Gesellschaft in Bewegung setzen können.

Kirche verfügt über Menschen und Gruppen auf allen drei Ebenen wie sonst kaum eine andere Organisation. Es gilt, dieses für die Gestaltung von Globalisierung entscheidende Potential zu verfeinern und zu mobilisieren.

---

32 Siehe Elisabeth Jünemann, Gemeinde und Weltverantwortung. Eine historisch-systematische Studie zur Wahrnehmung sozialer Verantwortung durch die christliche Gemeinde, Würzburg 1992, 326 ff.
33 Paulo Suess (s. o. Anm. 5), 95.

Globales Lernen	Interreligiöses und interkulturelles Lernen	Ökumenisches Lernen
thematisiert die komplexen Zusammenhänge der Weltgesellschaft und will zu einem solidarischen Handeln befähigen. Oftmals gilt dieser Begriff als Überbegriff für Lernprozesse im globalen Kontext.	zielt auf einen sachgemäßen und respektierenden Umgang mit religiöser und kultureller Differenz. Die Vorsilbe „inter" verweist auf die Bedeutung des Lernprozesses *zwischen* unterschiedlichen Lebensentwürfen.	beruht auf einem christlichen Werte- und Begründungshintergrund und will die biblische Hoffnung auf Frieden und Gerechtigkeit materialisieren.[36]
Global Education aims *"to build a global culture of peace through the promotion of values, attitudes and behaviour which enable the realisation of democracy, development and human rights."*[34]	*„Interkulturelles Lernen knüpft vorwiegend an lebensweltlichen Erfahrungen an. Dies ist seine Stärke. (...) Damit besteht aber gleichzeitig tendenziell die Gefahr einer Beschränkung auf lokale Optionen. Deswegen ist (...) auch der größere Rahmen ökumenischen Lernens unverzichtbar. "*[35]	*„Es ist einerseits das Sich-einbeziehen-Lassen in die Bewegung Gottes, der sich der Welt im umfassenden (= ökumenischen) Sinn zuwendet, und es bedeutet andererseits, Menschen dazu zu befähigen, dass sie sich ,einander öffnen' und auch für das offen sind, was über ihr Denken und Handeln an ihrem jeweiligen Ort hinausgeht. "*[37]

---

34 Audrey Osler, Education for Global Citizenship. In: ZEP 1/2004, 22–26, 23.

35 Wolfram Weiße, Interkulturelles und ökumenisches Lernen. Zur notwendigen Korrelation von zwei Ansätzen, in: Klaus Goßmann / Annebelle Pithan / Peter Schreiner (Hg.), Zukunftsfähiges Lernen? Herausforderungen für Ökumenisches Lernen in Schule und Unterricht, Münster, 1995, 53–70, 70.

36 Vgl. Dirk Oesselmann / Gert Rüppell / Peter Schreiner, Impulse zur konzeptionellen Weiterentwicklung ökumenischen Lernens, Comenius Institut Münster 2008, in: URL: http://www.ci-muenster.de/themen/Interreligioeses/interrel13.pdf (abgerufen am 18. 5. 2011).

37 Klaus Goßmann, Die ökumenische Dimension des Religionsunterrichts, in: Gerhard Martin (Hg.), Religionsunterricht – Ernstfall kirchlicher Bildungspolitik, Stuttgart 1984, 151–169, 158 f.

8.3.5 Werkstatt verantworteter Lebensstile

Das Bedeutsamste, was Gemeinden für eine verantwortende Weltgestaltung zur Verfügung stellen können, sind Räume für Reflexion und inhaltliche Auseinandersetzung mit Lebensentwürfen, Lebensmodellen und Lebensstilen. Nicht nur attraktive Angebote oder Events machen die Qualität aus, sondern die gemeinsame Suche nach grundlegenden Lebensentscheidungen und Handlungsmöglichkeiten, die Anstoß, Begleitung und Unterstützung benötigen. So wird Gemeinde zu einer Werkstatt für Gegenentwürfe zur wirtschaftlichen Globalisierung – für eine Globalisierung der Solidarität.

Anliegen und Themen variieren je nach Kontext, Gelegenheit und Aktualität. Die Lernprozesse können eher situativ-spontan ausgelöst werden (z. B. bei einer Begegnung mit einem Menschen aus einer anderen Religion oder Kultur) oder aus lang andauernden Auseinandersetzungen mit komplexen Problemstellungen resultieren (z. B. ein ökologischer „Umbau" der Lebensformen). Gemeinde als Werkstatt bietet dazu den notwendigen Rückhalt, tief greifende Lernanstöße in konkrete Schritte umzusetzen, ohne dabei überfordert zu werden.

Eine so verstandene, offene Gemeinde, die Verantwortung über ihre eigenen Grenzen hinaus aktiv übernimmt, wird zu einer kontinuierlichen Lerngemeinschaft. Im Mittelpunkt steht ein Lernen aus Erfahrungen mit Aufbrüchen und Frustrationen, ein Lernen im Horizont von *Frieden, Gerechtigkeit und Bewahrung der Schöpfung* unter den Bedingungen der gegenwärtigen globalen Welt.

8.3.6 Ökumene und Partnerschaft

Die „Partnerschaft" zwischen Gemeinden ist Solidaritätsarbeit über einen relativ stabilen Zeitraum. Neben Kontakten zu Osteuropa sind es oftmals Partner in der südlichen Hemisphäre, zu denen deutsche Gemeinden teilweise über Jahrzehnte hinweg Beziehungen aufbauen und pflegen. Auch wenn ungleiche Rahmenbedingungen die Partnerschaft von vornherein in ein asymmetrisches Machtverhältnis von Gebenden und Nehmenden stellen, so ist doch vieles in Bewegung gekommen für eine weltverantwortende Gemeindepädagogik.

a) Begegnungen

Die Grundbewegung besteht aus der Begegnung mit Menschen aus geographisch, kulturell und sozial sehr weit entfernten Gebieten, die aber durch den Bezug auf eine gemeinsame Glaubensgrundlage zu „Brüdern und Schwestern" werden. So können Beziehungen langfristig auf der Basis gegenseitiger Anerkennung aufgebaut werden, die auch – zumindest im idealen Fall – Grenzen und Ausgrenzungen zum Thema einer bewussten Auseinandersetzung machen. Dieses wird konkret in den persönlichen Kontakten sowie in den gemeinschaftlichen Feiern, aber auch in den Verständigungsversuchen über Ziele und Interessen, bei denen Unterschiede und Missverständnisse zum Gegenstand tiefgreifender Lernprozesse werden können.

Lothar Bauerochse stellt dazu fest: *„Die Stärke der Partnerschaften ist, dass sie einen umgrenzten Raum für direkte und konkrete Solidarität eröffnen. Auch hier gilt: Es sind bekannte Gesichter und Namen, für die man sich einsetzt, nicht für die globale ‚Solidarität mit den Unterdrückten'. ... Hier werden zum Teil ‚umwerfende' Erfahrungen gemacht, die das Leben verändern können."* Er endet mit dem Satz: *„Allerdings, gerade diese wichtigen und entscheidenden Lernschritte erfolgen nicht so einfach und automatisch."*[38] Entscheidend ist die Grundhaltung, voneinander lernen zu wollen – und zu müssen.

b) Gegenseitigkeit

Internationale Begegnungen leben von der Entdeckung gegenseitigen Lernens, Bereicherns und Unterstützens: ein Gottesdienst unter einem Mangobaum, das Teilen von Brot und Wasser in Häusern aus Pappe und Wellblech, die Hochzeit von Obdachlosen in einer verfallenen Kirche, ein in Eigenengagement aufgebautes Kultur- und Gemeindezentrum inmitten eines Slums – Zeichen von Glauben, die in ihrer Lebendigkeit überraschen, verändern und fordern, gerade weil sie aus einem lebensverneinenden Umfeld ihren Ausgang nehmen.

In der Gegenseitigkeit werden neue Ressourcen für Bewegung frei: Materielle und spirituelle Ressourcen bedingen einander; Anwaltschaft und lokale Projekte sind eine notwendige Ergänzung.

Grundlegend für die Gegenseitigkeit ist, dass neue symbolische und materielle Machtbeziehungen entstehen. Die Erkenntnis und Erfahrung, dass gerade von Leid und Armut betroffene Menschen vielfältige Initiativkräfte sowie spirituelle Hoffnungspotentiale für soziale Veränderungen entwickeln, eröffnen die Perspektive eines bereichernden Miteinanders.

---

38 Lothar Bauerochse, Zwischenkirchliche Partnerschaften als ökumenische Lerngemeinschaften, in: Evangelischer Entwicklungsdienst (EED): Voneinander Lernen, Bonn 2004, 17–22, 18.

8.3.7 Weltökumene und zivilgesellschaftliches Engagement

Gemeinden lernen nicht nur durch Begegnungen aus der Ferne, sondern auch dann, wenn sie sich als *Nächste* im direkten lokalen Umfeld angesprochen fühlen: Da wird man durch die Kinder auf eine Asylbewerberfamilie aufmerksam, die abgeschoben werden soll, da soll in der Nähe Giftmüll gelagert werden, da wird Drogenmissbrauch im Stadtteil zum Problem in den eigenen Reihen, da wird in der KiTa von Kindern berichtet, die unter Mangelernährung leiden.

Es sind zumeist sehr konkrete Anfragen und Impulse von außen, die in die Gemeinde dringen und diese aus ihrem behüteten System in die soziale Nachbarschaft führen.[39] Manchmal sind es auch Menschen, die sehr bewusst auf verschiedene soziale Problemfelder zugehen und diese in die Gemeinde tragen. Hinter den Impulsen stehen dringliche Handlungsanforderungen, die die Gemeindeerfahrung grundlegend verändern. Auch hier kann nicht von der gesamten Gemeinde ein umfassendes Engagement erwartet werden, trotzdem sind es Gelegenheiten, bei denen Gemeinde sowohl intern als auch extern ihre christliche Identität schärfen kann.

Der verantwortliche Umgang mit der Umwelt ist der Aspekt des Konziliaren Prozesses, der in den letzten Jahrzehnten am meisten an Bedeutung gewonnen hat. Dabei geht es um allgemeine Fragen wie bei den christlichen Initiativen gegen Atomkraft oder auch um konkrete Maßnahmen im Bereich der Energieeffizienz kirchlicher Immobilien (siehe z. B. der „Grüne Gockel") oder biologischer, regionaler und fair gehandelter Nahrungsprodukte. Gerade in diesen Bereichen existiert eine hohe Anschlussfähigkeit kirchlicher Gruppen mit zivilgesellschaftlichen Bewegungen.

8.3.8 Lernort: Weltgesellschaft

Ein Schlüsselwort für die Weltgesellschaft ist Bildung. Aber welche Art von Bildung, würde Paulo Freire fragen: Eine, die sich an gegebene Verhältnisse unkritisch anpasst, oder eine, die aus der Vision einer gerechten Welt verändernd gestaltet? Diese Grundfrage an Bildung stellt sich heute ebenso: In welcher Welt können und wollen wir leben? Und weiter: Wie können wir das erreichen?

---

39 Beispiele und Reflexionen dazu in: Norbert Mette, s. o. Anm. 26.

❗ Paulo Freire – brasilianischer Pädagoge und langjähriger Mitarbeiter des Ökumenischen Rates der Kirchen – entdeckte in der Spannung Anklage-Ankündigung (*denúncia/anúncio*) den Kern verändernder Bildung: *„Wir sind wie Erzieher-Propheten: wir schauen aufs Chaos und entdecken die Utopie."*[40] Die bewusste Wahrnehmung von Ungerechtigkeit macht die Menschen dazu fähig, aus dem *Chaos* gesellschaftlicher Benachteiligung heraus eigene Potentiale zu entwickeln. Pädagogisches Ziel ist es, sozial und kulturell ausgeschlossene Menschen aus dem Gefängnis internalisierter Vorurteile zu lösen – ein Befreiungsprozess. Genährt wird nach Freire die Befreiung von einer *Utopie*, die in der Würde jedes Menschen Gestalt annimmt. Es ist ein Lernen als Transformation aus der Hoffnung hin zu einer gemeinsamen Entdeckung, dass aus dem Chaos sich neue gerechtere Beziehungen entwickeln können.

Die Fragen verweisen auf eine Lernbewegung grundlegender Annahmen über den Zusammenhang von Leben und Mensch-Sein. Solange die Menschen nicht lernen, dass sie nur in einer respektvollen Gemeinschaft überleben können, werden sie keine Verantwortung füreinander übernehmen. Mensch zu sein, heißt zu lernen, sich selbst, den Mitmenschen und die Schöpfung in einander bedingenden Beziehungen wahrzunehmen – ein konziliarer Prozess!

Literatur zur Vertiefung

Asbrand, Barbara / Scheunpflug, Annette, Zum Verhältnis zwischen interreligiösem, interkulturellem, ökumenischem und globalem Lernen, in: Peter Schreiner / Ursula Sieg / Volker Elsenbast (Hg.), Handbuch Interreligiöses Lernen, Gütersloh 2005, 268–281.
Bund für Umwelt und Naturschutz Deutschland / Brot für die Welt / Evangelischer Entwicklungsdienst (Hg.), Zukunftsfähiges Deutschland in einer globalisierten Welt. Ein Anstoß zur gesellschaftlichen Debatte, Frankfurt a. M. 2008.
Goßmann, Klaus / Pithan, Annebelle / Schreiner, Peter (Hg.): Zukunftsfähiges Lernen? Herausforderungen für Ökumenisches Lernen in Schule und Unterricht, Münster 1995.
Groß, Engelbert / König, Klaus (Hg.), Religiöses Lernen der Kirchen im globalen Dialog – weltweit akute Herausforderungen und Praxis einer Weggemeinschaft für Eine-Welt-Religionspädagogik, Internationaler Religionspädagogischer Kongress 1999 Eichstätt/Münster 2000.
Kirche politisch. Themenheft, Lernort Gemeinde 21/2003, 3–34.
Mette, Norbert / Weckel, Ludger / Wintels, Andreas (Hg.), Brücken und Gräben. Sozialpastorale Impulse und Initiativen im Spannungsfeld von Gemeinde und Politik, Münster 1999.

---

40 Dieses Zitat stammt aus dem 1. Kongress der Alphabetisierungsbewegung für Erwachsene, São Paulo 1990 in: URL: http://www.paulofreire.org/Paulo_Freire/Vida_e_Obra/vida_pf-htm (Abruf: 20. 6. 2007).

Morin, Edgar, Die sieben Fundamente des Wissens für eine Erziehung der
　Zukunft, Hamburg 2001.
Oesselmann, Dirk / Rüppell, Gert / Schreiner, Peter, Impulse zur konzeptionellen
　Weiterentwicklung ökumenischen Lernens, Comenius Institut Münster 2008, in:
　URL: http://www.ci-muenster.de/themen/Interreligioeses/interrel13.pdf
　(abgerufen am 18. 5. 2011).
Schibilsky, Michael (Hg.), Gerechtigkeit – Frieden – Bewahrung der Schöpfung.
　Ein Werkbuch für die Gemeinde, Düsseldorf 1990.
Schweitzer, Friedrich / Englert, Rudolf / Schwab, Ulrich / Ziebertz, Hans-Georg,
　Entwürfe einer pluralitätsfähigen Religionspädagogik, Gütersloh 2002.

Impulse zur Weiterarbeit

a) Beschreiben Sie die vielfältigen Aktivitäten einer Gemeinde. Wo schaut sie
　über den eigenen Tellerrand hinaus? Auf welche gesellschaftlichen Heraus-
　forderungen reagiert sie – auf welche Weise?

b) Welche Lern- und Veränderungsprozesse haben sich aus „weltverantwor-
　tender Tätigkeit" von Gemeinde entwickelt? Wer hat an diesen Prozessen
　teilgenommen? Zeichnen Sie Entwicklungen in Ihrer eigenen Biographie
　sowie anhand von Beobachtungen und Nachforschungen in verschiedenen
　Gemeinden nach.

c) Stellen Sie Gründe dafür zusammen, wenn sich Gemeinde a) stark nach
　innen verschließt bzw. b) nach außen öffnet. Begründen Sie Ihre Einschät-
　zungen mit Argumenten aus der Literatur.

Claudia Schulz

9 Kirchliche und gemeindliche Bildungsarbeit zwischen Milieuorientierung und „Einheitsbildung"

Seit in der Gemeindepädagogik der Bezug zur Lebenswelt aller Beteiligten zu einer zentralen Kategorie wurde, kann von einer „Einheitsbildung" kaum noch gesprochen werden. Gemeindepädagogische Prozesse „lassen sich nicht auf parochiale Handlungsfelder begrenzen. Sie eröffnen vielfältige Erfahrungsräume, in denen jede und jeder die ‚kleine Lebenswelt' findet, die er oder sie für sich und für ein Leben mit anderen braucht."[1]

In Konsequenz der Lebensweltorientierung wurde deutlich, dass die wesentlichen Unterschiede zwischen Menschen, mit denen gemeindepädagogische Praxis zu tun hat, quer zu den Differenzen zwischen „Zielgruppen" gelagert sind. Eine Unterscheidung von Altersgruppen oder Lebenssituationen wie Alte, Jugendliche, Familien, Arbeitslose usw. wird der Verschiedenheit der Menschen in ihren Lebenswelten kaum mehr gerecht. Daher nutzt die kirchliche Bildungsarbeit zunehmend das Instrument der Milieuanalyse. Diese geht über die klassischen Unterschiede zwischen „Zielgruppen" hinaus und erschließt Dimensionen, die sich hinter den unmittelbar sichtbaren und leicht abfragbaren Merkmalen wie Geschlecht, Alter, Lebensform oder der Wohn- und Einkommenssituation verbergen.

Die meisten Gemeinden spüren, dass es – ganz im Sinne der Milieuanalyse – weniger der gesellschaftliche Status ist, der die Menschen voneinander unterscheidet. Die Ausrichtung der Arbeit auf „Zielgruppen" wie „Eltern", „Gebildete" oder „Seniorinnen" ist ja häufig gut durchdacht. Die Gemeinden leiden aber oft unter den stilistischen Abstoßungseffekten, etwa in einem Gemeindehaus mit seinen Gardinen, seinem Schaukasten oder dem Kleidungsstil derer, die sich dort üblicherweise einfinden. Stilistische Anziehung oder Abstoßung entscheidet, so die Milieutheorie, stark über eine Teilnahme an Angeboten, möglicherweise sogar stärker als inhaltliche Interessen oder Fragen der Erreichbarkeit. Es geht wesentlich um Unterscheidungen, die Menschen selbst vornehmen möchten, um ihre Zugehörigkeit zu einer sozialen Gruppe zu steuern oder anderen gegenüber zu markieren. Die Milieuanalyse lässt darin auch erhebliche Unterschiede zwischen Menschen einer Generation oder Lebensform erkennen, die für kirchliche Bildungsarbeit wichtige Konsequenzen haben.

---

1 Karl Foitzik, Lebensweltorientierte Gemeindepädagogik, in: ders. / Roland Degen / Wolf-Eckart Failing (Hg.), Lebenswelten Erwachsener. Zweites Gemeindepädagogisches Symposium, Münster 1994, 119–156, hier 136.

9.1 Die Lebenswirklichkeit der Menschen als Ausgangspunkt kirchlicher Bildungsarbeit

9.1.1 Milieus und Lebensstile als Grundmuster der Lebensführung

Die Sozialstrukturanalyse als Analyse der Verschiedenheit von Menschen in einem gesellschaftlichen Kontext hat in der Vergangenheit zahlreiche Modelle hervorgebracht. Während in der vorindustriellen Gesellschaft der „Stand" eines Menschen über seine soziale Zugehörigkeit entschied, waren es nach der Industrialisierung stärker ökonomische Ressourcen, dann immer stärker auch der Bildungsstand. Nun spricht man von „Klasse", später von „Schicht". Wichtige Theoretiker für diese Ansätze der Analysen sozialer Unterschiede sind etwa Karl Marx und Max Weber.[2]

Mit der Entwicklung der modernen Gesellschaft differenzieren sich soziale Zugehörigkeiten weiter aus. Es finden sich immer häufiger Verhältnisse jenseits der Logik einer Schichtzugehörigkeit, etwa indem die Taxifahrerin mit abgeschlossenem Hochschulstudium in Philosophie, nach ihrem Bildungsstand der oberen Mittelschicht angehörend, jetzt aber nach jahrelanger Arbeitslosigkeit am unteren Ende der Einkommensskala rangiert, oder indem so mancher gut verdienende ältere Chef einer Firma gerade mal über einen Hauptschulabschluss verfügt. Diese Differenzierung wird auch im Bereich kirchlicher Arbeit sichtbar: So hängt das Gelingen der Kommunikation weniger davon ab, ob bei einer Veranstaltung Menschen aus derselben Schicht – also mit einem ähnlichen Bildungsstand oder ähnlich hohem Einkommen – zusammenfinden. Menschen fühlen sich vielmehr dann mit anderen besonders wohl, wenn sie den Dingen eine ähnliche Bedeutung beimessen wie andere, wenn sie die Ausdrucksweisen dessen miteinander teilen, stilistische und kommunikative Vorlieben, zum Beispiel den Spaß am gemeinsamen Diskutieren oder das Interesse an einer Festveranstaltung im Dorf mit vielen Familien.

Solche Beobachtungen haben in der Sozialstrukturanalyse des ausgehenden 20. Jahrhunderts dazu geführt, dass verstärkt neue, auf subjektive und „äußerliche" Aspekte konzentrierte Modelle von sozialer Zugehörigkeit ent-

---

2 Für einen Überblick über Ansätze der Sozialstrukturanalyse vgl. Nicole Burzan, Soziale Ungleichheit. Eine Einführung in zentrale Theorien, 3. überarb. Aufl. Wiesbaden 2007.

standen sind wie etwa die der Milieus und Lebensstile. Einige wichtige Namen sind hier Pierre Bourdieu[3], der in seinen kultursoziologischen Forschungen wertvolle Beiträge zur Milieuanalyse entwickelt hat, und Gerhard Schulze, der mit seiner „Erlebnisgesellschaft"[4] und der darin enthaltenen Milieutypologie diese Form der Wahrnehmung von sozialen Distinktionen, vor allem unter ästhetischen Gesichtspunkten, bekannt und für viele kirchliche Arbeitsfelder anschlussfähig gemacht hat.

Die **Milieuforschung** bezieht in der Untersuchung sozialer Gruppen über bereits bekannte Aspekte wie Bildung, Einkommen und Alter hinaus weitere Merkmale wie etwa normative Orientierungen, Mentalitäten oder lebensweltliche Bezüge ein, die aufwändiger erhoben werden müssen. Sie beschreibt daraus Milieutypen, die prinzipiell in der Gesellschaft als reale Gruppen vorhanden sind.

Die **Lebensstilforschung** berücksichtigt sozialstatistische Daten wie Alter, Bildungsstand und Einkommen weniger, bezieht stärker „weiche Faktoren" ein, fragt beispielsweise nach Kommunikations- oder Freizeitvorlieben, nach konkreten Verhaltensweisen oder dem Musikgeschmack.[5] Diese Lebensstile sind nicht als reale Gruppen oder Netzwerke gedacht, sondern es entsteht situative Zugehörigkeit, indem Menschen ihre Weltsicht in ihrem Lebensstil zum Ausdruck bringen und andere an deren Lebensstil erkennen.

Die in den christlichen Kirchen am häufigsten genutzten Modelle sind Mischformen und enthalten Elemente der Milieu- und der Lebensstil-Analyse: das Lebensstilmodell, das im Rahmen der vierten Kirchenmitgliedschaftsuntersuchung entwickelt wurde (Benthaus-Apel[6]; für Zwecke konkreter kirchlicher Arbeit aufbereitet bei Schulz / Hauschildt / Kohler[7]) und das Modell der Sinus-Milieus (Wippermann / de Magalhaes[8]), das im Herbst 2010 nochmals

---

3 Z. B. in: Pierre Bourdieu, Die feinen Unterschiede. Kritik der gesellschaftlichen Urteilskraft, Frankfurt a. M. 1982.

4 Gerhard Schulze, Die Erlebnisgesellschaft. Kultursoziologie der Gegenwart, Frankfurt a. M. 1992.

5 Vgl. beispielhaft Gunnar Otte, Sozialstrukturanalyse mit Lebensstilen, Wiesbaden 2004.

6 Friederike Benthaus-Apel, Lebensstilspezifische Zugänge zur Kirchenmitgliedschaft, in: Wolfgang Huber / Johannes Friedrich / Peter Steinacker (Hg.), Kirche in der Vielfalt der Lebensbezüge. Die vierte EKD-Erhebung über Kirchenmitgliedschaft, Gütersloh 2006, 205–236.

7 Claudia Schulz / Eberhard Hauschildt / Eike Kohler, Milieus praktisch. Analyse- und Planungshilfen für Kirche und Gemeinde, Göttingen [3]2010. Eine Schnellansicht gibt es unter URL: www.milieus-praktisch.de (Stand August 2011).

8 Carsten Wippermann / Isabel de Magalhaes, Zielgruppen-Handbuch. Religiöse und kirchliche Orientierungen in den Sinus-Milieus 2005. Eine qualitative Studie des Instituts Sinus Sociovision zur Unterstützung der publizistischen und pastoralen Arbeit

stark überarbeitet wurde. Wer hier vereinfachend von „Milieus" spricht, meint damit in der Regel allgemein eine Typologie von Menschen, die nach „weichen Faktoren" der Lebensführung und nach Ausdrucksweisen der individuellen Bedeutungskontexte erstellt wurde. Im Umgang mit dem Begriff des Milieus ist zu beachten, dass hier explizit nicht eine Gruppe von Menschen gemeint ist, die nur ein einzelnes auffälliges Merkmal miteinander teilen. Das „Milieu der Wohnungslosen", das „Milieu der Homosexuellen" oder das „Armutsmilieu" sind umgangssprachliche Ausdrücke, die man besser vermeidet, um nicht den Blick zu verstellen auf das, was in einer komplexen Milieuanalyse erkennbar ist.

Die enormen Chancen, die sich aus der Wahrnehmung von Milieus oder Lebensstilen für die Marktforschung und ebenso für soziale Organisationen ergeben, sind Anlass dafür, sich dieser Modelle von Milieus und Lebensstilen zu bedienen, seit Ende der 1990er Jahre auch im Raum der Kirche.[9]

Um eine Milieutypologie zu erstellen, also die Dimensionen der Unterschiedlichkeit auf eine große Zahl von Menschen anzuwenden und dann über „Typen von Menschen" sprechen zu können, bedarf es zunächst einer umfangreichen Datenerhebung in einer repräsentativen Gruppe, in der sozialstatistische Daten erfasst sind (Alter, Geschlecht, Bildungsstand, Einkommen, Lebensform), aber ebenso Haltungen, Mentalitäten, Gewohnheiten, stilistische und kommunikative Vorlieben. Als Beispiel für eine solche Milieu-Erhebung benenne ich hier den Komplex der fünf Items, die Friederike Benthaus-Apel in der vierten EKD-Untersuchung über Kirchenmitgliedschaft für die Befragung von Kirchenmitgliedern und Konfessionslosen entwickelt hat:[10]

❗ Indikatoren für Lebensstile → Merkmale für die Milieu-Typenbildung
A. Expressives Verhalten:
– Freizeitverhalten (Häufigkeit): Computer / Internet, Theater / klassische Konzerte, Bücher lesen, Kino, Heimwerken, Gartenarbeit, Sport, Besuch von Familie / Freunden etc.
– Musikgeschmack: Klassische Musik, Volksmusik, Pop, Rock, Jazz etc.

---

der Katholischen Kirche in Deutschland im Auftrag der MDG GmbH und der Katholischen Sozialethischen Arbeitsstelle, München 2005. Jeweils aktuelle Fassung auf der Seite des Unternehmens: URL: www.sinus-institut.de (Stand August 2011).
9 Die Ergebnisse der ersten umfangreichen Studie zu Milieus im Raum der Kirche sind publiziert durch Wolfgang Vögele / Helmut Bremer und Michael Vester (Hg.): Soziale Milieus in der Kirche, Würzburg 2002.
10 Vgl. Benthaus-Apel (s. o. Anm. 6).

B. Interaktives Verhalten:
– Intensität der Kontakte in Nachbarschaft / Wohngebiet

C. Evaluation der Lebensführung nach Werten und Normen:
– Relevanz verschiedener Bestandteile des Lebens: attraktives Äußeres, Lebensgenuss, Unabhängigkeit / Gestaltungsfreiraum, Familie / Kinder haben, für andere da sein, sich aktiv für Hilfsbedürftige einsetzen, politisches / gesellschaftliches Engagement, gehobener Lebensstil, Sparsamkeit, ein Leben, das in gleichmäßigen Bahnen verläuft etc.
– Haltung zur Aufgabe von Frau und Mann in der Familie: (a) idealerweise Mann im Berufsleben und Frau in Haushalt und Kinderbetreuung, (b) Frau bleibt zu Hause, so lange die Kinder klein sind, (c) grundsätzlich gleiche Verantwortlichkeit von Mann und Frau in Beruf und Familie.

Während in der Marktforschung für die Analyse von Milieus als Typen von Konsumentinnen und Konsumenten Befragungen mit mehreren hundert Fragen eingesetzt werden, zeigt sich, dass allein anhand dieser wenigen Fragen aus der EKD-Untersuchung die Unterschiede zwischen Menschen bereits recht genau beschrieben werden können. Aus den Befragungsdaten werden nun mit Hilfe statistischer Verfahren (Faktoren- und Clusteranalyse) Typen ermittelt, also Cluster von Menschen, die sich in vielen Bereichen der hier abgefragten Lebensführung und deren Bewertung sehr ähnlich sind. Wie viele Milieutypen insgesamt ermittelt werden sollen, wird vor der Berechnung festgelegt. Anschließend werden die errechneten Typen gesichtet und mit weiteren Merkmalen aus den Befragungsdaten beschrieben. Wo – wie in der oben beschriebenen Typologie der Mitgliedschaftsuntersuchung – Merkmale wie Alter und Bildungsstand nicht in die Berechnung eingeflossen sind, werden diese nun wieder zugefügt, um die Typen mit einer Angabe zum jeweils typischen Alter, Bildungsstand etc. zu beschreiben. Die ermittelten Typen lassen sich nun in ihrer Nähe und Distanz zueinander darstellen, indem sie in eine Matrix eingeordnet werden, z. B. in ein Schaubild mit zwei linear darstellbaren Dimensionen (s. u.).

Zum Verständnis der Milieutypen, die durch ein rechnerisches Verfahren gewonnen werden und erst „zum Leben erweckt" werden müssen, sind in der Praxis die zentralen Dimensionen hilfreich, in denen sich die Unterschiede zwischen Menschen in Bezug auf ihre soziale Umgebung verstehen lassen. Blickt man auf die Gesamtzahl der Milieuanalysen, erweisen sich darin bestimmte übergreifende Dimensionen der Lebensführung und deren Evaluation als Kernbestand der sozialen Differenzierung. Diese erleichtern das Verständnis erheblich:

! **Übersicht: Dimensionen der Verschiedenheit**[11]

Ältere	↔	Jüngere
Vorliebe für städtische Umgebung	↔	Vorliebe für ländliche Umgebung
Orientierung an Autoritäten	↔	Orientierung am Individuum
Vorliebe für geordnete Erlebnisse	↔	Vorliebe für spontane Erlebnisse
geringe soziale Distanz: gesellig	↔	hohe soziale Distanz: nicht gesellig
Vorliebe für einfache Erlebnisse	↔	Vorliebe für komplexe Erlebnisse
starke Kirchenverbundenheit	↔	schwache Kirchenverbundenheit

Nahezu alle Differenzen zwischen Milieutypen lassen sich anhand dieser Dimensionen darstellen: Menschen sind jünger oder älter – häufig, nicht immer, ist das Merkmal „Alter" parallel zu einer im Alter höheren „Traditionsbindung". Die einen mögen soziale Kontakte, teilen das Leben gern mit anderen und beziehen sich in ihrer Lebensdeutung auf Familie und Nachbarschaft. Die anderen mögen dies weniger, sie sehen weniger Sinn in einer persönlichen Begegnung, ihr soziales Umfeld ist eher klein, der direkte Austausch geschieht vorzugsweise mit vertrauten Menschen und das Interesse an gemeinschaftlichen Erlebnissen ist eher gering. Ähnliche Gegensätze lassen sich formulieren mit Blick auf die Bedeutung von Autoritäten und Gegebenheiten für die eigene Lebensführung, mit Blick auf die Kirchenverbundenheit oder auf die Bezüge zu städtischen und ländlichen Umgebungen. Bildungsinteressen der verschiedenen Milieus lassen sich vor allem im Gegensatz vom Interesse an einfachen Erlebnissen zum Interesse an komplexen Erlebnissen beschreiben.

Anhand der beiden erstgenannten Dimensionen ordne ich nun beispielhaft die in der Milieutypologie der EKD entstandenen sechs Milieutypen in eine Matrix ein. Jede Milieutypologie bedient sich solcher Graphiken. Die von der katholischen Kirche beim Sinus-Institut in Auftrag gegebene Milieutypologie verwendet eine so genannte „Kartoffelgraphik", die den sozialen Raum (optisch) ausfüllt.[12] Die graphisch dargestellten Milieutypen aus unterschiedlichen Studien sind, stellt man sie in übereinstimmenden Dimensionen dar, einander sehr ähnlich. Vereinfacht gesagt kommen verschiedene Studien regelmäßig zu ähnlichen Ergebnissen. Lediglich in den Schwerpunkten der Un-

---

11 Übersicht entnommen aus: Schulz / Hauschildt / Kohler (s. o. Anm. 7), 17.

12 Diese Graphik ist verfügbar unter http://www.sociovision.de/loesungen/sinus-milieus.html. Für Analysen in Bezug auf die katholische Kirche vgl. Carsten Wippermann / Isabel de Magalhaes (s. o. Anm. 8). Leider veröffentlicht das Sinus-Institut weder den Datensatz ihrer Milieubefragung noch die Merkmale, aufgrund derer dort die Typen gebildet werden, so dass diese Studie in der wissenschaftlichen Weiterarbeit an Milieus und ihren Dimensionen nur bedingt verwendet werden kann.

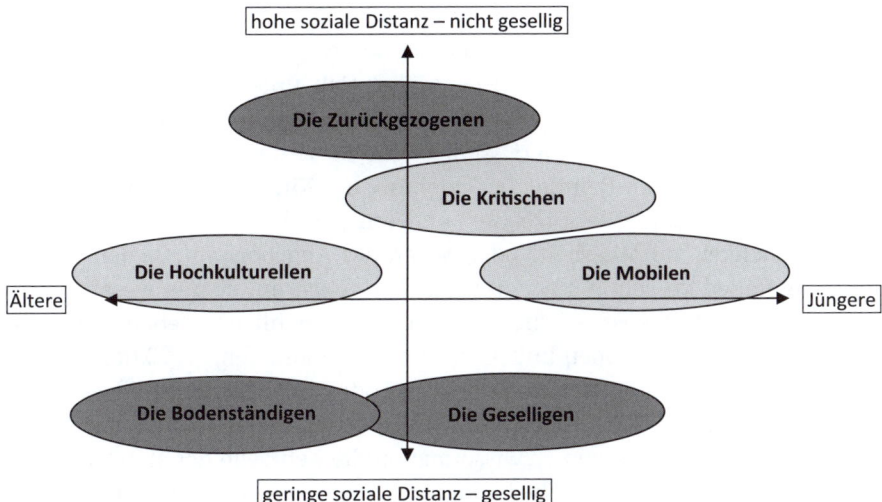

Abb. 4: Milieutypologie der EKD, dargestellt in einer Matrix[13]

tersuchungen sind Unterschiede auszumachen: Kommerziell erstellte Studien untersuchen stärker das Konsumverhalten der Befragten, nichtkommerzielle wie kirchliche Studien legen das Gewicht stärker auf das Kommunikationsverhalten, auf Werthaltungen und Sinndimensionen. Zuweilen ist eine Typologie mit einer geringeren Zahl von Milieutypen in der praktischen Arbeit deutlich besser handhabbar.

9.1.2 Kirchenmitgliedschaft und Kirchenbindung: Rahmenbedingungen kirchlicher Bildungsarbeit

Das Verhältnis der meisten evangelischen Kirchenmitglieder in Deutschland zu ihrer Kirche ist gut. Die Studien zur Kirchenmitgliedschaft der Evangelischen Kirche in Deutschland bezeugen seit 1972 ein recht konstantes Bild, das auch durch den erheblichen Strukturwandel nicht getrübt wird. In den alten Bundesländern lag der Anteil der Mitglieder, die sich ihrer Kirche „sehr" oder „ziemlich" verbunden fühlen, bei 37 %, ebenso wie der Anteil der „etwas" verbundenen Mitglieder (ebenfalls 37 %). „Kaum" verbunden fühlten sich 20 % der Mitglieder, der Anteil der „überhaupt nicht" Verbundenen lag nur bei 6 %. Der Anteil der Hochverbundenen ist damit etwa so hoch wie bei der ersten Befragung im Jahr 1972 – hier lag sie bei 39 %.[14] Auch die Erwartungen der Mit-

---

13 Graphik entnommen aus: Schulz / Hauschildt / Kohler (s. o. Anm. 7), 113.
14 Vgl. Rüdiger Schloz, Kontinuität und Krise – stabile Strukturen und gravierende Einschnitte nach 30 Jahren, in: Huber / Friedrich / Steinacker (s. o. Anm. 6), 51–88, 54 ff.

glieder an ihre Kirche sind stabil, vor allem in Bezug auf die Religionsausübung in Gottesdiensten, Kasualien (Taufe, Trauung etc.), Seelsorge und in Bezug auf das soziale Handeln. Hier lassen sich unter Mitgliedern Zustimmungswerte von über 80 % erzielen.[15] In anderen Handlungsfeldern sind die Erwartungen jedoch differenter: Weniger als 50 % der Mitglieder erwarten, dass die Kirche „einen Beitrag zur Erziehung der Kinder" leistet, weniger als 40 % erwarten „kulturelle Angebote" und nur jeweils 20 % geben an, wegen der „Möglichkeit zur Mitarbeit" oder wegen des Angebots an „Gemeinschaft" Kirchenmitglied zu sein. 63 % der Mitglieder geben an, sich (abgesehen von eventuellen Gottesdienstbesuchen) gar nicht am kirchlichen Leben zu beteiligen, also weder an Gruppen und Kreisen noch an anderen, z. B. kirchenmusikalischen Veranstaltungen, Gemeindefesten oder einer Kirchenwahl.[16]

Insgesamt scheint die hohe Zahl der Mitglieder, die an kirchlichen Veranstaltungen nicht teilnehmen, gewissermaßen die Kehrseite der stabilen, inneren Bindung der meisten Mitglieder an ihre Kirche zu sein: Man ist damit ganz grundsätzlich einverstanden, dass Kirche „ihre Arbeit" leistet, dass sie sich zugunsten vieler Menschen engagiert. Aber man zählt sich selbst nicht zu denen, auf die diese Arbeit bezogen ist. Die so genannten „distanzierten Kirchenmitglieder" sind, das hat vor allem die biographische Forschung ergeben, überwiegend nicht bewusst distanziert. Sie leben nur in anderen lebensweltlichen Bezügen als den kirchlichen und zeigen darin wenig Aufmerksamkeit für religiöse Fragen.

Hieraus ergibt sich eine Antwort auf die Frage, „warum Menschen nicht kommen", die jenseits der „Leistungen" einer Ortsgemeinde zu finden ist: Kirche (mit Einschränkungen auch: Religion) kommt für viele Menschen im täglichen Leben nicht vor. Kirche hat hier mit ihrer Arbeit ein erhebliches Relevanzproblem, ihre Arbeit wird grundsätzlich als wichtig, aber für die eigene Person nicht als bedeutsam erfasst. Detlef Pollack beschreibt dies mit dem Begriff der Indifferenz bzw. der Unbestimmtheit.[17] Man lehnt die Thematik des persönlichen Glaubens und seiner alltäglichen Bedeutung nicht ab, aber man enthält sich (vorläufig) der persönlichen Auseinandersetzung.

Eine weitere Erklärung für die Nichtteilnahme der meisten Mitglieder ergibt sich aus der Analyse von Milieus und Lebensstilen: Es zeigt sich, dass einige der oben genannten Dimensionen geeignet sind, die einen stärker an die Kirche oder eine Gemeinde zu binden und eine Teilnahme am kirchlichen Leben zu vertiefen, die anderen dagegen eher abzustoßen – oder vorsichtiger ausgedrückt:

---

15 Vgl. a. a. O., 59 ff.
16 Vgl. a. a. O., 64.
17 Detlef Pollack, Säkularisierung – ein moderner Mythos? Studien zum religiösen Wandel in Deutschland, Tübingen 2003, 139 ff.

sie nicht ausreichend anzusprechen. Die wichtigsten dieser „Trenndimensionen" sind das Alter bzw. damit ganz eng verbunden die Orientierung an der Tradition, das Interesse an Geselligkeit bzw. umgekehrt die Vorliebe für soziale Distanz sowie das Interesse an komplexen oder an einfachen Erlebnissen. Kurz gesagt: Je mehr ein Mensch mit traditionellen Bestandteilen des kirchlichen Lebens anfangen kann, je lieber er sich in Gesellschaft anderer Menschen bewegt und je stärker er an komplexen Erlebnissen wie Auseinandersetzung mit Sachverhalten, Diskussionen, umfassenden Informationen interessiert ist, desto wahrscheinlicher wird sein Interesse am kirchlichen Angebot.

Betrachtet man die Dimension der Traditionsbindung genauer, so zeigen sich vor allem bei männlichen Kirchenmitgliedern große Einflüsse einer traditionellen Orientierung auf das Teilnahmeverhalten.[18] Der Blick auf das so genannte „hochkulturelle Interesse", wie das Interesse an komplexen Sachverhalten, Niveau und Reflexion manchmal verkürzt genannt wird, verdeutlicht bei beiden Geschlechtern die gravierenden Unterschiede etwa im Teilnahmeverhalten unterschiedlicher Milieus. So hat die Milieutypologie der EKD beispielsweise ein Milieu herausgearbeitet, die „Bodenständigen" genannt, in dem sich vor allem ältere Menschen mit einem hohen Interesse am geselligen Beisammensein mit vertrauten Menschen, geringen finanziellen Spielräumen, einer eher geringen formalen Bildung und einem eher geringen Interesse an neuen Erfahrungen und intellektuellen Herausforderungen wiederfinden. 95 % der Menschen in diesem Milieu geben an, „selten oder nie" ein Theater oder eine Ausstellung zu besuchen. Ebenso finden sich Milieutypen, in denen umgekehrt besonders häufig das Theater besucht wird, in dem viel Zeit mit Musizieren, mit Büchern oder künstlerischer Beschäftigung verbracht wird. Daraus ist zu lernen: Viele Freizeitangebote, in denen die Nähe zum Bereich der Bildung besonders hoch ist, sind mit Blick auf Milieus besonders selektiv: Viele Menschen finden hier schlicht durch ihre Gewohnheit oder (geringe) Vertrautheit den Zugang nicht, sehen darin kaum einen Sinn und fühlen sich entsprechend durch Angebote nicht angesprochen.

Ähnliches gilt für die Dimension der Vorliebe für soziale Nähe bzw. Geselligkeit: Die Menschen in einigen Milieus mögen nicht gern mit anderen zusammen sein, wenn nicht bereits eine große Vertrautheit besteht. Sie würden ja gern Englisch lernen, aber mit Menschen, die sie gar nicht kennen, gemeinsam ans Werk zu gehen, macht sie unsicher. Wo Menschen jedoch gesellig sind, vermag dieses Interesse einige andere Zugangsschwierigkeiten zu kompensieren. Wo zwar ein

---

18 Claudia Schulz, Exklusion, Bindung und Beteiligung in der Kirche. Herausforderungen aus Geschlechter- und Milieufragen, in: Isolde Karle (Hg.), Kirchenreform. Interdisziplinäre Perspektiven, APrTH 41/2009, 67–80, hier speziell: 72–75.

Interesse an Inhalten bei Menschen eines Milieus besteht, das Zusammensein mit anderen Menschen aber abschreckt, suchen solche Menschen sich eher Angebote außerhalb der Gemeinde und nutzen die Möglichkeit der sozialen Distanz, die sich gerade durch das Zusammentreffen mit Unbekannten in Bildungswerken und Akademien bietet. Wo aber beides gering ausgeprägt ist, das Interesse an Inhalten und persönlicher Auseinandersetzung ebenso wie das Interesse am Zusammensein mit anderen, gibt es allein durch intellektuelle, stilistische und kommunikative Gewohnheiten und Vorlieben für manche Milieus erhebliche Abstoßungseffekte: Diese Menschen werden durch kirchliche Angebote, auch durch Bildungsangebote, nur schwer erreicht. Das gleiche gilt für solche Menschen, die wie oben beschrieben, in einer stärkeren „Distanz" zur Kirche leben. Sie nehmen häufig deren Angebote gar nicht erst zur Kenntnis, beachten Ausschreibungen nicht oder gehen davon aus, dass Angebote in diesem Rahmen für sie weniger interessant sein werden.

9.2 Spannungsfelder

9.2.1 Milieus und ihre Perspektiven auf Bildung

Will man Menschen aus verschiedenen Milieus mit kirchlichen Bildungsangeboten ansprechen, greift man darin häufig die Problemstellung der so genannten „Distanzierung" der Menschen von der Kirche wieder auf: Mit Bildungsangeboten möchte man mehr schaffen als das, was eine Ortsgemeinde üblicherweise leisten kann. Man möchte bei den Themen ansetzen, die Menschen alltäglich oder außeralltäglich beschäftigen. Man möchte neue Orte finden, an denen Angebote ihren Raum haben können, und insgesamt ernst nehmen, dass das Interesse an Religion oder Sinnfragen im weitesten Sinn in der Bevölkerung größer ist als das Interesse an einer Kirche. An dieser Stelle empfiehlt es sich, die Unterschiede zwischen Milieus zu betrachten und genau nach konkreten Perspektiven auf Bildung insgesamt und entsprechenden Chancen und Grenzen kirchlicher Bildungsarbeit zu fragen.[19] Dies möchte ich hier tun anhand von Portraits aus drei Milieus.

! **Thorsten G. (48)** lebt mit seiner Frau **Karin** und drei Kindern in einem Haus im Vorort einer Großstadt. Er arbeitet als Werkzeugmacher, Karin ist Krankengymnastin. Karin G. besucht häufiger Kurse in der Volkshochschule, denn sie interessiert sich für internationale Küche und verbessert gern ihr Spanisch vor einer Urlaubsreise. Die Leute in den

---

[19] Vgl. Heiner Barz / Rudolf Tippelt (Hg.), Weiterbildung und soziale Milieus in Deutschland, Band 1: Praxis Milieumarketing; Band 2: Adressaten- und Milieuforschung zu Weiterbildungsverhalten und -interessen, Bielefeld 2004.

Gruppen kennt sie meist schon, und sie genießt es, hier mal auf andere Gedanken zu kommen und etwas zu lernen, das sie auch nutzen kann.

Thorsten G. wird häufig von seinem Arbeitgeber zu einer Weiterbildung geschickt. Im Job ist es ihm wichtig, auf dem neusten Stand zu bleiben, auch wenn das nicht immer Spaß macht. Die Pfarrerin hat ihn angesprochen, ob er nicht zum Glaubenskurs für Konfirmandeneltern kommen wolle. Aber Thorsten G. zögert: Bestimmt lernt man da interessante Sachen, aber er fragt sich, ob er das unbedingt braucht, denn nach der Arbeit fühlt er sich oft erschöpft. Außerdem hat er zu den Eltern der anderen Konfirmanden gar keinen Kontakt, kennt nur die Pfarrerin von der Konfirmation seiner Großen.

Thorsten und Karin G. würden im Rahmen der EKD-Milieustudie als „Gesellige" gezählt werden und im Rahmen des Sinus-Milieumodells zur „Bürgerlichen Mitte" gehören.

Iris K. und René P. (beide 44) sind nach ihrem Studium in der Großstadt hängengeblieben. Renés Sohn wohnt bei den beiden, außerdem die gemeinsame Tochter. Iris arbeitet als Kinderärztin halbtags in einer Praxis, René ist freiberuflicher Kommunikationstrainer. Er war im vergangenen Sommer mit seiner Tochter auf einer „Väter und Kinder-Kanutour" der benachbarten Kirchengemeinde. Er fand es toll, sich in dieser ungewohnten Konstellation auszuprobieren und viel draußen zu sein, außerdem hat die Gruppe sich die Woche über intensiv mit dem Thema „Zukunftsvisionen" auseinandergesetzt. Allerdings kam er mit manchen der Männer weniger gut zurecht, die waren gedanklich eher auf ihr momentanes Leben beschränkt und mochten nicht mal weiter denken und gemeinsam etwas entwickeln.

Iris K. hat früher viele Seminare zur Persönlichkeitsentwicklung besucht. Aber in letzter Zeit mag sie das weniger. Sie hat das Gefühl, schon im Beruf ständig optimal und effektiv arbeiten zu müssen, da wünscht sie sich jetzt eher etwas Distanz zu all den Anforderungen, mag sich eher fallen lassen und zu sich kommen. Im Winter hatte die Gemeindepädagogin so eine Reihe von Abenden mit Bibeltexten und Meditation angeboten, das hatte ihr gut gefallen. Sie musste nicht viel reden, war zu nichts gezwungen und hat dabei noch eine Menge gelernt.

Iris K. und René P. würden im Rahmen der EKD-Milieustudie als „Kritische" gezählt werden und im Rahmen des Sinus-Milieumodells zum „Sozialökologischen Milieu" gehören.

Ramona Z. (32) lebt mit ihrem Sohn in einer Kleinstadt. Sie hat zwei Ausbildungen abgebrochen und einige Jahre als Hilfskraft im Einzelhandel gearbeitet. Aber sie weiß, „wie der Laden läuft", und versteht nicht, warum sie schlechter bezahlt wurde als die Kolleginnen „mit dem Schein". Ramona Z. traut sich zu, bei einer neuen Herausforderung einfach das zu lernen, was dann wichtig ist, Hauptsache es macht Spaß und die Arbeit bleibt nur ein Teil des Lebens.

Für ihren Sohn wünscht sie sich eine Zukunft mit mehr finanziellen Spielräumen. Vom Jugendamt hat sie zu seiner Geburt Bildungsgutscheine bekommen und diese oft in der Evangelischen Familienbildungsstätte eingelöst. Sie kannte die Einrichtung, weil sie früher die Sozialberatung im gleichen Haus genutzt hat. Sie mochte die Pädagogin, die Mutter-Kind-Kurse angeboten hat. Sie war noch nicht zu alt, hat ihnen beigebracht, die wesentlichen Sachen selbst einzuschätzen. Außerdem waren die Kurse kostenlos, manchmal gab es sogar etwas zu essen, und mit den anderen Müttern musste Ramona Z. nicht viel reden. Es ging ja um die Kinder. Allerdings fiel es ihr schwer, verbindlich

teilzunehmen und den „Papierkram" mit Anmeldung und Abrechung zu übernehmen. Sie hätte es lieber etwas spontaner gehabt.
Ramona Z. würde im Rahmen der EKD-Milieustudie als „Zurückgezogene" gezählt werden und im Rahmen des Sinus-Milieumodells zum „Prekären Milieu" gehören.

Vergleicht man diese Portraits, so wird klar, dass die Menschen in diesen Milieus unterschiedliche Erfahrungen mit Bildung haben, unterschiedliche Erwartungen und Ziele, aber auch unterschiedliche Barrieren empfinden. Zunächst haben diese Menschen unterschiedliche *Vorerfahrungen* mit Bildungsprozessen im formalen oder auch im informellen Bereich,[20] was dazu führt, dass sie eher hohe oder eher geringe Erwartungen und Befürchtungen an Bildungsangebote haben. *Berufliche und allgemeine Weiterbildung* werden voneinander unterschieden und unterschiedlich bewertet. Das Milieu der „Geselligen" (oder: der „Bürgerlichen Mitte") erwartet Spaß und angenehme Erlebnisse von der allgemeinen Weiterbildung, während die berufliche Weiterbildung auch anstrengend sein darf, weil sie ja nützliche Effekte hat. Andere Milieus, z. B. das der „Kritischen" (oder bei Sinus: der „Liberal-Intellektuellen" oder auch der „Sozialökologischen") akzeptieren Anstrengung auch im Freizeitbereich, wenn es sich denn für die Entwicklung der eigenen Persönlichkeit lohnt. Hierin wird auch sichtbar, wie stark sich die oben genannte Dimension der *Vorliebe für einfache oder komplexe Erlebnisse* auf das Verhalten in Bildungsfragen auswirkt: Manche lieben es, unbekanntes Terrain zu durchdringen und sich intensiv mit einem Thema auseinander zu setzen. Andere scheuen dies eher und sind wie Thorsten und Karin G. oder Ramona Z. für Bildungsangebote außerhalb der Sphäre beruflicher oder anderer Notwendigkeit nur zu gewinnen, wenn sie überschaubar wirken, unmittelbar Nutzen versprechen und einen sicheren Spaß- oder Wohlfühlfaktor enthalten.

Persönliche Bezüge und Vertrautheit, sowohl gegenüber Kursleiterinnen und Dozenten als auch gegenüber den anderen Teilnehmenden, spielen in manchen Milieus eine große Rolle. Gleiches gilt für *Kosten* und die *Rahmenbedingungen einer Veranstaltung*: Während in manchen Milieus die Frage nach den Kosten grundlegend für die eigene Teilnahme sein kann, spielen diese in anderen Milieus eine eher geringe Rolle – bis dahin, dass eine zu günstig angebotene Veranstaltung Misstrauen wecken kann. Das *Niveau einer Veranstaltung* ist einer der heikelsten Aspekte eines Bildungsangebots. Hier gilt, was bei der Analyse von Milieus oft gesagt werden kann: Es ist nicht möglich, es allen recht zu machen. Die einen fürchten, unterfordert zu werden, oder

---

20 Vgl. Tanja Betz, Kindheitsmuster und Milieus, in: Aus Politik und Zeitgeschichte 17 / 2009. Online verfügbar unter http://www.das-parlament.de/2009/17/Beilage/003.html (Stand August 2011).

sie äußern hohe Erwartungen an das Engagement von Dozierenden und Teilnehmenden, wie René P. im obigen Beispiel. Die anderen fürchten sich vor Überforderung und kommen oft zu der Ansicht, bei einem Bildungsangebot käme der Spaß oder die Entspannung zu kurz.

Damit verbunden ist der *Anspruch an die eigene Person* in Zusammenhang mit dem Bildungsangebot: Ist der angestrebte Bildungsprozess hier weitgehend selbstgesteuert (was Iris K. sich wünscht) oder stärker von der Lehrkraft gesteuert (was Karin G. und Ramona Z. sehr begrüßen)? Manche Milieus, darunter zahlreiche mit überwiegend jüngeren Menschen, gehen mit ihren Ansprüchen auf *Selbststeuerung* der Prozesse so weit, dass sie von standardisierten und formalen Bildungsangeboten (Kursen, Lehrgängen, Reihen) wenig erwarten und eher auf kompetente Partner in Netzwerken und singuläre berufliche Kontakte setzen – und darin durch die typische Ausschreibung eines Angebots wenig erreicht werden.

Manchmal lassen sich unterschiedliche Bedürfnisse in einem Angebot befriedigen. Nicht immer gelingt das. Wichtig scheinen in diesem Kontext ehrliche und durchdachte Antworten auf die genannten Fragen: Welche Milieus interessieren sich für welche Themen? Welche Milieus brauchen welche Unterstützung durch kirchliche Bildungsangebote? Wie müssen Angebote in den verschiedenen Dimensionen konzipiert, ausgestaltet und beworben werden, damit die „Gemeinten" daran auch teilnehmen können und mögen? Hier gilt auch der Anspruch an eine „Milieugerechtigkeit": Manche Milieus sind schon lange überpräsent in der Nutzung vieler Angebote, manche Interessen werden in der kirchlichen Bildungsarbeit bereits mehr als ausreichend bedient, während andere Interessen häufig übersehen werden, nicht zuletzt weil ihre tragenden Milieus, wie im Beispiel der Ramona Z., als eher bildungsfern erscheinen und die benötigten Bildungsangebote nicht einfordern.

So sind nun einerseits starke Unterschiede auszumachen zwischen Menschen aus verschiedenen Milieus in ihrer Erwartung an kirchliche Bildungsarbeit, in ihrer Vorliebe für bestimmte Orte und Kommunikationswege und in ihrer Bereitschaft, an Bildungsangeboten teilzunehmen. Andererseits gibt es ganz grundsätzlich unterschiedliche Haltungen gegenüber der Kirche und darin eine jeweils eigene Ansprechbarkeit bzw. Bereitschaft zur Teilnahme. Mitglieder und Interessierte, die hohe Erwartungen an die Kirche haben und von ihr Bildungsangebote erwarten, nehmen in der Regel bereits an diesen teil. Die große Aufgabe liegt nun darin, Menschen zur Teilnahme zu gewinnen, die geringe Erwartungen an die Kirche haben oder Erwartungen, die eher außerhalb des Bereichs der Bildung liegen.

In diesem Bemühen ergeben sich häufig Chancen durch Schnittstellen der Kommunikation mit Menschen, die eine geringe Bindung mit der Kirche aufweisen oder die wenige Erwartungen für sich selbst mit der Kirche verbinden. Solche Schnittstellen können Kindergarten- und Konfirmandenarbeit sein, aber ebenso die Zusammenarbeit mit Menschen in sozialer Benachteiligung, in der familiären Pflege von hilfsbedürftigen Angehörigen oder in einer Trauersituation. Solche Gelegenheiten bieten sich vorrangig innerhalb des Sozialraums, der Kommune, der Ortsgemeinde. Darüber ergeben sich auch an Bildungsorten außerhalb der Gemeinde solche Gelegenheiten, etwa in Zusammenhang mit aktuellen Themen des Gemeinwesens, politischen, sozialen oder weltanschaulichen Herausforderungen.

9.2.2 Ortsgemeinde als Ort der Vielfalt – Chancen und Aporien der Verschiedenheit

Wo überlokale Bildungseinrichtungen von der Möglichkeit der Spezialisierung profitieren, erfahren Ortsgemeinden umgekehrt, was es bedeutet, häufig unspezifisch arbeiten zu müssen. Dies schlägt sich für die Verantwortlichen oft nieder in dem Gefühl, es allen recht machen zu müssen und darin unweigerlich zum Scheitern verurteilt zu sein. In der Tat: Wo Spezialisierung angesagt ist oder die Befriedigung spezieller Interessen, sind die Spielräume von Einrichtungen außerhalb der Gemeinde klar im Vorteil. Umgekehrt hat jedoch in den Augen vieler Kirchenmitglieder gerade das Unspezifische, das potentiell Milieuübergreifende kirchlicher Arbeit seinen Charme. Eine Gemeinde hat die Chance, die Unterschiedlichkeit der Menschen – vor Gott oder auch im säkular gedeuteten Alltag – zum Thema zu machen und darin nicht nur „versöhnte Verschiedenheit" zu erfahren, sondern auch ein „Diversity-Management" einzuüben. Gemeinde kann ein Ort für alle sein – sie ist es bereits im Weihnachts-, Einschulungs- oder Erntedankgottesdienst und zuweilen auch in Gottesdiensten zu besonderen Gelegenheiten von lokalem Interesse. Gemeinde kann ein Ort sein, an dem Verschiedenheit erfahren wird, was sich viele in ihrem Alltag gern ersparen, aber punktuell als Bestandteil des Lebens sehr schätzen. Wo das gelingt, lässt sich spüren, dass Vielfalt Bereicherung bedeuten kann, wo Unterschiede nicht einfach übersehen oder übergangen werden. Hier eröffnen sich Wege in den Bereich interkultureller und interreligiöser Arbeit.

Eine Voraussetzung dafür ist eine sensible Wahrnehmung und Wertschätzung von Unterschieden zwischen Menschen aus verschiedenen Milieus. Parochiale kirchliche Arbeit – und erst recht parochiale Bildungsarbeit – ist durch Milieuzugehörigkeiten der Menschen immer begrenzt. Es hat wenig Sinn, diese Grenzen zu übersehen. Aber es bieten sich Chancen, wo diese Grenzen – und die Gemeinsamkeiten über Milieugrenzen hinweg – klar erkannt werden. So kann ein Engagement der Kirche im Gemeinwesen für Menschen aus unterschiedlichen Milieus Berührungsflächen bieten: Es gibt dann beispielsweise ein gemeinsames Interesse für die Gestaltung des Sozialraums, gegen die Benachteiligung sozialer Gruppen etc. Und darin werden die sehr unterschiedlichen Fähigkeiten der Engagierten, etwa in der handwerklichen, organisatorischen, politischen oder kommunikativen Arbeit, für alle anderen sichtbar und wertvoll. Wo gemeindliche Bildungsangebote dann an solchen thematischen Berührungsflächen der Milieus ansetzen, können sie über den Milieuhorizont der jeweils typischen Zielgruppen hinaus wirken.

Manche Gemeinden oder Gemeindeverbände möchten zu diesem Zweck die Verschiedenheit der Milieus auch vor Ort direkt nachvollziehen. Dieser Schritt ist grundsätzlich sinnvoll, denn er erhöht die Wahrnehmungsfähigkeit für unterschiedliche Lebenswelten und die unterschiedlichen Nähen und Distanzen zur Gemeinde ganz beträchtlich. Wie kommt eine Gemeinde aber zu Informationen über die vor Ort vorhandenen Milieus? Das Vorgehen der Milieuanalyse geht, wie oben gezeigt, immer von einer empirischen Grundgesamtheit aus, die zunächst erhoben werden muss. Es ist nicht möglich, die Milieus aus einer bestehenden Typologie vor Ort anhand einer eigenen Befragung „wiederzufinden". Man müsste aus den vor Ort gewonnenen Daten „neue Milieutypen" clustern, was wenig Sinn macht, weil die Milieulandschaft recht gut erforscht ist und sich die Milieutypen in Stuttgart und Hamburg, in Tarp und Seeg oder in Görlitz und Bad Bentheim in ihrer Grundstruktur kaum unterscheiden. In einer konkreten Gemeinde geht es dann eher darum, in welchen Verhältnissen sich die bekannten Typen finden, wie ihre Lebenssituation am Ort ist, wie sie zu kirchlicher Arbeit Zugang haben und wo Anziehungspunkte und Kommunikationschancen liegen können.

Möchte man konkrete Informationen über die Milieus in der eigenen Gemeinde gewinnen, hat man im Wesentlichen zwei Möglichkeiten: Entweder kauft man dazu die Daten von einem Marktforschungsinstitut, das lokale Daten erhoben hat und die jeweiligen Milieus darin berechnet, oder – was der Entwicklung einer Gemeinde weit mehr zuträgt, weil es die Beteiligten sensibilisiert und Konzeptfragen aufwirft – man nutzt die Kompetenz, die in jeder Gemeinde üblicherweise reichlich vorhanden ist, verschafft sich mit einer Gruppe von Engagierten einen Überblick über die Menschen unterschiedlicher Milieus in den eigenen Reihen und schult damit zugleich sehr effektiv die eigene Wahrnehmung – die wichtigste Voraussetzung für eine Weiterarbeit mit den Ergebnissen dieser Analyse.[21]

---

21 Anleitungen und Methoden finden sich etwa bei Schulz / Hauschildt / Kohler (s. o. Anm. 7) im Kapitel IV.

Unbedingt zu beachten ist dabei, dass eine Wahrnehmung der Milieus in der eigenen Gemeinde unweigerlich zu Fragen auf zwei Ebenen führt: Zum einen stellen sich nun konkrete Fragen nach der Milieupassung der eigenen Arbeit, nach Anknüpfungspunkten für Milieus, die weniger leicht Zugang zur Gemeinde finden, und entsprechenden Fragen auf der Ebene der Arbeitsorganisation: „Was machen wir für welches Milieu?" und „Wie kommen wir an dieses oder jenes Milieu besser ran?" Zum anderen verbirgt sich dahinter zugleich eine kirchen- oder gemeindetheoretische Frage, der man sich stellen sollte, wenn man die Methode der Milieuanalyse erfolgreich anwenden möchte: Es muss geklärt werden, was die Ziele der konkreten Arbeit sein sollen und zu welchem Zweck einzelne Aktivitäten stattfinden. Will eine Gemeinde nicht immer noch mehr Angebote entwickeln, um Menschen aus allen Milieus entgegen zu kommen, muss sie sich überlegen, was die Verschiedenheit der Menschen für sie bedeutet und inwiefern bzw. an welcher Stelle milieuspezifische oder eher milieuübergreifende Formen des Arbeitens hilfreich wären. In Bezug auf Bildung gesprochen: Während nichtparochiale kirchliche Bildungsanbieter bewusst das eine oder andere Milieu ansprechen können, sehen sich Gemeinden mit der Vielheit der Milieus unter ihren Mitgliedern – und häufig der bekannten kerngemeindlichen Milieuverengung – konfrontiert.

9.3 Chancen milieusensibler Bildungsarbeit am Beispiel der Arbeit mit Seniorinnen und Senioren

Wie kann kirchliche Bildungsarbeit in der Vielfalt der Weltsichten und Milieuzugehörigkeiten und inmitten der unterschiedlichen Zugangswege zur Kirche und diversen Mitgliedschaftslogiken sinnvoll hantiert werden und welche Formen und Orte für Kommunikation sind hier geeignet oder eher abwegig? Diese Frage verweist ihrerseits zurück auf die Debatte um Bildungsstandards in der Gemeindepädagogik. Selbstverständlich muss sich kirchliche Bildungsarbeit an allgemeinen Standards für gute Bildung orientieren. Auf den Schnittstellen zu anderen kirchlichen Handlungsfeldern, zu Verkündigung und Mission, zu Gemeinschaftsangeboten und kultureller Arbeit geraten diese Standards immer wieder zum Streitpunkt. Mit Blick auf Milieus, unterschiedliche Lebenswelten und unterschiedliche Zugänge zur Kirche ergeben sich weitreichende Fragen, etwa die, ob Bildungsstandards auch dann in jedem Fall gelten müssen oder sollen, wenn die Beteiligten in ihrem Milieu solche Standards weder gewohnt sind noch schätzen?

Um es mit den unter 2.1 genannten Beispielpersonen auszudrücken: Wie ist es, wenn Ramona Z. in der Familienbildungsstätte ganz schlicht Tipps für den Umgang mit ihrem Kind erhalten möchte oder sogar manchmal klare Anweisungen, wie sie sich verhalten, was sie beachten soll? Welche Rolle dürfen Erwartungen und Gewohnheiten der potenziellen Teilnehmenden spielen? Muss Bildungsarbeit nicht so ausgerichtet sein, dass Überforderung vermieden wird und ausreichend Anknüpfungspunkte bleiben? Riskieren nicht umgekehrt Bildungsanbieter, die Standards in voller Breite umsetzen möchten, dass Menschen aus vielen Milieus keinen Zugang finden und Bildungsarbeit so ein stark selektiver kirchlicher Arbeitsbereich bleibt? Führen nicht viele Standards, z. B. die Bedingung, dass Inhalte nicht direktiv und singulär, sondern immer auch unter Darbietung von Kontroversen angeboten werden müssen und dass die Beteiligten sich vorwiegend selbst bilden sollen, zu einer starken sozialen Ausgrenzung, durch die Menschen mit manchen Bildungsvoraussetzungen weniger Chance auf Teilnahme haben? Ist es denkbar, dass hier Mischformen gerade hilfreich sein können, die Barrieren in der Bildungslandschaft vermeiden helfen? Diese Fragen sind nicht pauschal und erst recht nicht ohne konkrete Anwendungsbezüge zu beantworten. In ihnen steckt jedoch die diakonische Dimension pädagogischer Arbeit, die Frage nach der Gerechtigkeit: Sind gerechte Zugänge zu Angeboten geschaffen – in Themen, Arbeitsformen und Strukturen – und ist die Vielfalt der Menschen auch in ihrer Perspektive auf Kirche berücksichtigt? Haben alle eine Chance, auf Angebote aufmerksam zu werden und an ihnen auch teilzunehmen?

Am Beispiel der Seniorenarbeit zeigt sich, wie in aller Regel in der gemeindepädagogischen Praxis die Wahrnehmung der Zielgruppe „ältere Menschen" die Wahrnehmung anderer sozialstruktureller Unterschiede überlagert.[22] Auf einer Veranstaltung zur milieusensiblen gemeindepädagogischen Arbeit bildete sich nach einem Vortrag über Milieus im Raum der Kirche eine Arbeitsgruppe zur Seniorenarbeit. Die Teilnehmenden dort reagieren auf das Gehörte zunächst mit Unverständnis: „Nein, wir finden bei uns eigentlich weniger Milieuunterschiede als vielmehr Unterschiede in der Lebenssituation: Hochaltrige sind weniger mobil als jüngere Ältere. Manche leben mit Familie, andere sind sehr einsam. So richten wir unsere Angebote eher auf diese Unterschiede aus, bieten Reisen für die einen und einen Besuchsdienst für die anderen." Hier haben die Aktiven natürlich wichtige Unterschiede in Interessen und

---

22 Anschauliche Beispiele, grundlegende Informationen und theologische Reflexionen zur milieusensiblen Arbeit mit älteren Menschen finden sich in der Analyse des Arbeitsfeldes von Ellen Eidt, Begegnungen zwischen Reisefieber und Abstellgleis. Eine Milieubrille für die Altenarbeit, in: Claudia Schulz / Eberhard Hauschildt / Eike Kohler, Milieus praktisch II. Konkretionen für helfendes Handeln in Kirche und Diakonie, Göttingen 2010, 177–213.

Möglichkeiten älterer Menschen erkannt und darauf reagiert. Eine milieusensible Wahrnehmung der Zielgruppe ist das jedoch nicht. Ältere Menschen sind nicht ein eigenes Milieu, dessen Angehörige sich dann nur noch in ihren körperlichen und sozialen Ressourcen unterscheiden. Im Alter finden sich Menschen aller Milieus – und die Dimensionen der Milieuzugehörigkeit prägen Vorlieben und Spielräume.[23] So hat Petra-Angela Ahrens in ihrer Studie „Generation-60plus" gezeigt, wie sich vor allem der Bildungsstand der Befragten auf deren Wahrnehmung kirchlicher Angebote auswirkt: Höher Gebildete formulieren besonders häufig eine inhaltliche Differenz zu den Angeboten oder eine Distanz zur Kirche allgemein, während für Menschen mit geringerer formaler Bildung eher der Gesundheitszustand eine Rolle spielt oder der Wunsch, zu Hause „seine Ruhe" zu haben.[24]

Stellen wir uns vor, wie Thorsten und Karin G., Iris K., René P. und Ramona Z. in zwanzig und mehr Jahren leben und welche Interessen sie als ältere Menschen haben werden. Da wird sofort klar, dass es kaum eine Seniorenreise geben wird, die alle fünf attraktiv finden würden, kaum einen Gesprächskreis, eine Vortragsreihe, ein Freiwilligenprojekt, ein Seniorentreffkonzept für jeden Geschmack. Und hier läge der wesentliche Unterschied nicht darin, dass ein hochaltriger René P. im Haus seines Sohnes und dessen Familie lebt, während Ramona Z. keinen Kontakt mehr zu ihrem Sohn hat und recht vereinsamt in ihrer kleinen Wohnung wohnt. Vielmehr wäre zu beachten, wie hoch der Bedarf an Kontakt, Begegnung, Bildungsprozessen, geistigen Herausforderungen etc. im Einzelfall tatsächlich ist, welche Orte kirchlicher Bildung passend wären und was geschehen muss, dass ein kirchliches Angebot diese Einzelpersonen auch tatsächlich erreicht. Milieusensible Konzepte der Seniorenarbeit unterscheiden zwischen lebensweltlichen, finanziellen und körperlichen Voraussetzungen einerseits und stilistischen Vorlieben, verschiedenen Einstellungen, Gewohnheiten und Interessen andererseits.

Die Lebensumstände älterer und hochaltriger Menschen haben sich in den vergangenen Jahrzehnten stark verändert und werden sich auch in Zukunft weiter verändern:[25] Während die Zahl der Geburten in Deutschland zurückgeht und die Lebenserwartung – und damit auch die Anzahl von Jahren, die ohne Erwerbsarbeit finanziert werden müssen – steigt, steht das Renteneintrittsalter auf dem Prüfstand. Ein Leben außerhalb der Berufstätigkeit verschafft neue

---

23 Eine umfangreiche Analyse der kirchlichen Arbeit mit Älteren hat Christian Mulia verfasst: Ders., Kirchliche Altenbildung. Herausforderungen – Perspektiven – Konsequenzen, Stuttgart 2010.
24 Vgl. Petra-Angela Ahrens, Uns geht's gut. Generation 60plus: Religiosität und kirchliche Bildung, Berlin 2011, hier 132–135.
25 Eidt (s. o. Anm. 22), 212 ff.

Spielräume, jedoch birgt es für viele ältere Menschen zugleich einen Verlust an Gestaltungsmöglichkeiten und damit an Ansehen, Kontakten etc. Wo die Lebenserwartung steigt, auch bei Menschen mit schwerwiegenden Erkrankungen, fordert der Bedarf an Versorgung oder Pflege oft über viele Jahre hinweg erhöhte Aufmerksamkeit. In Fragen der gesundheitlichen Versorgung eröffnen sich neue Herausforderungen für eine gerechte Gesellschaft, in der allen ein Leben in Würde und Selbstbestimmung möglich ist. Und nicht zuletzt: Durch die im Vergleich zu früheren Jahrzehnten erhöhte durchschnittliche Anzahl von Jahren, die Menschen jenseits des Erwerbsalters leben, vereint der Begriff „Alter" manchmal eine Altersspanne von mehr als einer Generation. Veränderungen im kulturellen Bereich, in der Mobilität auch älterer Menschen sowie im Wandel der Freizeitmöglichkeiten und Wohnformen wird es immer schwieriger, von „dem Alter" zu sprechen. Immer notwendiger werden Konzepte, die die innere Vielfalt des Alters berücksichtigen, darunter beispielhaft die Konzepte milieusensibler Arbeit.

Fragt man nun speziell nach Zugängen älterer Menschen zu Bildungsangeboten, nach dem Bildungsverständnis und Bildungsinteressen, so fällt auf, dass man hier in den einschlägigen Forschungsergebnissen die Dimensionen der Verschiedenheit wiederentdecken kann: Der im Jahr 2010 vorgelegte Sechste Bericht zur Lage der älteren Generation in der Bundesrepublik Deutschland verweist auf die Grunddimensionen der Bildungszugänge älterer Menschen: Ein entweder „solidarisches oder individuell geprägtes Bildungsverständnis" unterscheidet die älteren Menschen voneinander – analog der oben beschriebenen Dimension der hohen oder geringen sozialen Distanz.[26] Bildung wird als „Eigenwert" betrachtet oder als „Mittel zum Zweck" – analog der Vorliebe für komplexe oder einfache Zusammenhänge, die um ihrer selbst willen oder um ihrer Nützlichkeit willen erschlossen werden, wie das oben im Unterschied zwischen den beiden Männern in der Lebensmitte René P. und Thorsten G. sichtbar wurde. Der Altenbericht überträgt diese beiden Dimensionen wie in der obigen Abbildung in eine Matrix und entwickelt daraus vier Bildungstypen von älteren Menschen:

Vier Bildungstypen älterer Menschen (BMFSFJ 2010)　　　　　　　　　　　　　　　　　　**!**

　　(1) Es kann ein Bildungsinteresse aus der Vorliebe für Bildung und ihren Eigenwert heraus entstehen und sich gemeinsam mit einem starken Interesse an sozialer Nähe ausprägen. In diesem Typ ist das eigene Lernen gern auch mit eigener Tätigkeit in der Weitergabe des im Lauf des Lebens Gelernten verbunden, etwa in ehrenamtlichem Engagement, das zuweilen auch als eigene Lehrtätigkeit verstanden ist. Das Interesse an der Mitgestaltung von Bildungsprozessen ist hier besonders auffällig und spiegelt

---

26 BMFSFJ 2010, 147 f.

den altersspezifischen Bedarf an einem angemessenen Stellenwert „lebenskluger" Menschen in der Gesellschaft.

(2) Mit dem gleichen Interesse an sozialer Nähe kann jedoch auch ein Verständnis von Bildung um eines bestimmten Nutzens willen gepaart sein, der nun in der sozialen Nähe selbst liegt: Bildungsaktivitäten fördern die Gemeinschaft und sind prinzipiell auf diese hin gestaltet, zum Beispiel um das Wissen an die folgenden Generationen weiterzugeben oder sich gegenseitig zu unterstützen. Wohlfühlen und gegenseitige Sympathie (möglicherweise auch: Vertrautheit mit den Abläufen) haben in diesen Bildungsprozessen eine hohe Bedeutung. Hier ist dann der Gegenstand eines Bildungsangebotes durchaus weniger wichtig als das Setting, in dem sich das Angebot findet.

(3) Gegenläufig ist der Bildungstyp, der ebenso nutzenorientiert seine Bildungsinteressen umsetzt, darin aber weniger am Gemeinwohl oder an sozialer Nähe, sondern an der eigenen Person orientiert ist. Der Nutzen liegt in der Nacherwerbsphase weniger in Zertifikaten als in der praktischen Anwendbarkeit des Gelernten, die damit aber eine erhebliche Rolle spielt. Weil es hier nicht um den Bildungsprozess geht (weder um dessen Selbstzweck noch um die damit verbundene soziale Nähe), sondern um dessen Ergebnisse, steht bei diesem Typ die informelle Bildung oder das „Learning by Doing" hoch im Kurs.

(4) Und schließlich lässt sich im vorrangigen Interesse an der eigenen Person und ihrem (auch: geistigen) Fortkommen ein vierter Typ identifizieren, der ebenso wenig Interesse an sozialer Nähe in Bezug auf Bildungsangebote zeigt wie der vorige. Auch ist hier der Wunsch, das Gelernte für das Gemeinwohl nutzbar zu machen, wenig ausgeprägt.

Diese Typologie macht deutlich, wie sehr, vor dem Hintergrund der im Alter typischen Lebenssituationen und Potenziale im Hinblick auf Bildungsprozesse, einige (milieu- oder lebensstilspezifische) Vorlieben wirksam werden, wenn es um Interesse oder Desinteresse gegenüber bestimmten Bildungsangeboten sowie um Zugänge und Barrieren geht. Pädagogische Arbeit im kirchlichen Bereich tut gut daran, unterschiedliche Vorlieben auch der Menschen im höheren Alter in eine Vielzahl der Formen und Orte umzusetzen und sich die Ausgrenzungseffekte mancher Bildungsangebote für Ältere bewusst zu machen.

Und schließlich gilt es, sich (im Rückblick auf die oben beschriebene Situation der Kirche und die höchst heterogenen Interessen der Mitglieder) vor Augen zu halten, dass selbst eine gelungene, milieusensible Bildungsarbeit nicht ohne weitere Anstrengungen Menschen aus allen Milieus erreichen kann. Das Sozialwissenschaftliche Institut der EKD hat in den Jahren 2005 bis 2007 einige milieuspezifische, stilistisch höchst heterogene Angebotsformen ausprobiert und ausgewertet:[27] in einer großstädtischen Kirchenruine dargebotene experimentelle Musik und Lyrik, die das „kritische", intellektuelle Publi-

---

27 Vgl. Petra-Angela Ahrens / Gerhard Wegner: „Hier ist nicht Sklave noch Freier". Erkundungen der Affinität sozialer Milieus zu Kirche und Religion in der Evangelischlutherischen Landeskirche Hannovers, Hannover 2008, 65–101.

kum ansprechen, gefühlsbetonte Musik im Wechsel mit Lesungen lebensbeja-
hender Herbstgedichte in einer alten Dorfkirche für die „Bodenständigen"
oder „Traditionellen" etc. Diese Veranstaltungen hatten großen Erfolg, die
meisten Teilnehmenden waren hoch zufrieden. Allerdings, und darin liegt der
große Vorbehalt und ein wichtiges Ergebnis des Projekts, wurden durch die
Angebote größtenteils solche Menschen erreicht, die zu den kirchenverbunde-
nen Mitgliedern mit einem gewissen Interesse an kirchlich-religiösen Angeboten gehören, die schon an kirchlichen Veranstaltungen teilgenommen haben
und zudem ein deutliches Interesse an Bildungsangeboten zeigen. Mit einer
milieusensiblen Arbeit kann man Angebote zwar spezifischer gestalten und
damit die Zufriedenheit weiter erhöhen, man kann damit die Zahl der erreich-
ten Menschen aber nur in sehr begrenztem Umfang ausweiten.

Damit ist eine weitere Frage verbunden, für die es möglicherweise nochmals
vertiefter kirchentheoretischer Überlegungen bedarf: Inwieweit kann von einer
Einheit der Christen unter den Bedingungen der hohen sozialen Diversität, z. B.
in Milieus, gesprochen werden? Hier muss man berücksichtigen, dass Menschen aus unterschiedlichen Milieus auch in Bezug auf theologische Aussagen
unterschiedliche Verständnis- und Kommunikationsgewohnheiten mitbringen,
verschiedene theologische Denkfiguren schlüssig und ansprechend finden und
sich unter Umständen in einer Ortsgemeinde nur zu wenigen Gelegenheiten gemeinsam zu einem Thema oder zu einem Angebot versammeln werden.[28] Oder
anders gesagt: Wo Bildungsangebote derart spezifisch werden, dass sie die lebensweltlichen Kontexte der Verschiedenen angemessen berücksichtigen und
sich um die Minderung von Abstoßungseffekten und Barrieren mühen, könnte
es sein, dass hier kaum noch übergreifende Angebote möglich sind und das gemeinsame Lernen der Generationen an eine Grenze stößt. Andererseits bietet
gerade kirchliches Handeln besondere Chancen für milieuübergreifende Erfahrungen. Aber es erfordert einiges Geschick, diese zu ermöglichen, ohne die Diversität zu ignorieren.

Literatur zur Vertiefung

Ahrens, Petra-Angela, Uns geht's gut. Generation 60plus: Religiosität und
    kirchliche Bildung, Berlin 2011.
Barz, Heiner / Tippelt, Rudolf (Hg.), Weiterbildung und soziale Milieus in
    Deutschland, Band 1: Praxis Milieumarketing; Band 2: Adressaten- und
    Milieuforschung zu Weiterbildungsverhalten und -interessen, Bielefeld 2004.

---

28 Zu einer milieusensiblen theologischen Arbeit vgl. Schulz / Hauschildt / Kohler (s. o.
Anm. 7), Kapitel V.

Benthaus-Apel, Friederike, Lebensstilspezifische Zugänge zur Kirchenmitgliedschaft, in: Wolfgang Huber / Johannes Friedrich / Peter Steinacker (Hg.), Kirche in der Vielfalt der Lebensbezüge. Die vierte EKD-Erhebung über Kirchenmitgliedschaft, Gütersloh 2006, 205–236.

Bundesministerium für Familie, Senioren, Frauen und Jugend (BMFSFJ) (Hg.), Sechster Bericht zur Lage der älteren Generation in der Bundesrepublik Deutschland. Altersbilder in der Gesellschaft. Bericht der Sachverständigenkommission, Berlin 2010, 143–167.

Burzan, Nicole, Soziale Ungleichheit. Eine Einführung in zentrale Theorien, 3. überarb. Aufl. Wiesbaden 2007.

Eidt, Ellen, Begegnungen zwischen Reisefieber und Abstellgleis. Eine Milieubrille für die Altenarbeit, in: Claudia Schulz / Eberhard Hauschildt / Eike Kohler, Milieus praktisch II. Konkretionen für helfendes Handeln in Kirche und Diakonie, Göttingen 2010, 177–213.

Schloz, Rüdiger, Kontinuität und Krise – stabile Strukturen und gravierende Einschnitte nach 30 Jahren, in: Wolfgang Huber / Johannes Friedrich / Peter Steinacker (Hg.), Kirche in der Vielfalt der Lebensbezüge. Die vierte EKD-Erhebung über Kirchenmitgliedschaft, Gütersloh 2006, 51–88.

Schulz, Claudia / Hauschildt, Eberhard / Kohler, Eike, Milieus praktisch. Analyse- und Planungshilfen für Kirche und Gemeinde, Göttingen ³2010. URL: www.milieus-praktisch.de.

Schulz, Claudia / Hauschildt, Eberhard / Kohler, Eike, Milieus praktisch II. Konkretionen für helfendes Handeln in Kirche und Diakonie, Göttingen 2010.

Wippermann, Carsten / de Magalhaes, Isabel, Zielgruppen-Handbuch. Religiöse und kirchliche Orientierungen in den Sinus-Milieus 2005. Eine qualitative Studie des Instituts Sinus Sociovision zur Unterstützung der publizistischen und pastoralen Arbeit der Katholischen Kirche in Deutschland im Auftrag der MDG GmbH und der Katholischen Sozialethischen Arbeitsstelle, München 2005.

Impulse zur Weiterarbeit

a) Die Rede von sogenannten „distanzierten Kirchenmitgliedern" enthält bereits eine Wertung, die es zu überprüfen gilt.

Ist es grundsätzlich akzeptabel, wenn Menschen nur „bei Gelegenheit" auf ihre Kirche zukommen oder sich von ihr ansprechen lassen, während sie die meiste Zeit auch ohne sie gut zurechtkommen – im sicheren Gefühl, dass Kirche eine Art „ewige Säule" in ihrem Leben darstellt und bei Bedarf zur Verfügung steht? Oder ist eine solche Entfernung auf Dauer bedrohlich für einen lebendigen Glauben und bildet ein Alltag mit wenigen Gelegenheiten zum Kontakt mit der Kirche nicht den Ausgangspunkt zu einem langfristigen Verlust dieser Bindung?

b) Kirchliche Bildungsarbeit hat dort eine besondere Chance, wo Menschen ihre jeweiligen Interessenlagen mit der kirchlichen Arbeit überein sehen: musische oder intellektuelle Interessen, Interessen in Bezug auf eine besondere Lebenssituation, Interessen in Bezug auf bestimmte (auch: nützliche) Fähigkeiten und so fort.

Wie lässt sich konkret damit umgehen (parochial oder nicht-parochial / kontinuierlich oder diskontinuierlich), dass Menschen unterschiedliche Interessen und Erwartungen an kirchliche Bildungsarbeit haben?

c) Diskutieren Sie das oben im Text angesprochene Thema der „Milieugerechtigkeit".

„Manche Milieus sind schon lange überpräsent in der Nutzung vieler Angebote, manche Interessen werden in der kirchlichen Bildungsarbeit bereits mehr als ausreichend bedient, während andere Interessen häufig übersehen werden, nicht zuletzt weil ihre tragenden Milieus als eher bildungsfern erscheinen und die benötigten Bildungsangebote nicht einfordern." (S. 247)

d) „In einer konkreten Gemeinde geht es dann eher darum, in welchen Verhältnissen sich die bekannten Typen finden, wie ihre Lebenssituation am Ort ist, wie sie zu kirchlicher Arbeit Zugang haben und wo Anziehungspunkte und Kommunikationschancen liegen können." (S. 249)

Erarbeiten Sie dies für Ihre eigene Ortsgemeinde bzw. für eine der Praxisgemeinden aus dem Studium.

Teil D: **Berufstheorie**

Nicole Piroth
Einleitung zum Teil D: Berufstheorie

Wie die vorangegangenen Kapitel zeigen, ist Gemeindepädagogik *mehr* als nur eine Berufstheorie, aber sie muss eben immer *auch* Berufstheorie sein. Auch wenn sich Gemeindepädagogik neben dem Beruf als Fachdisziplin entwickelt hat und gemeindepädagogische Ausbildungsinhalte und Tätigkeiten auch eine wichtige Rolle in anderen kirchlichen Berufen – etwa Pfarrer/innen und Erzieher/innen – spielen, so bedarf es dennoch einer bewussten Reflexion der Besonderheit einer spezifischen gemeindepädagogischen Beruflichkeit.

Gottfried Buttler betont daher die „Zusammengehörigkeit von Profession der Gemeindepädagogen und Gemeindepädagoginnen und der Sache der Gemeindepädagogik" und vertritt die Überzeugung,

> „daß wir bei recht verstandener Suche nach der Professionalität der Gemeindepädagog*in* auch bei der Sache der Gemeinde*pädagogik* sind. Denn gemeindepädagogische Professionalität meint hier die ‚Kompetenz' der Gemeindepädagogin, ohne die es den volkskirchlichen Institutionen nicht gelingen kann, das Interesse des Subjekts im doppelten Sinne ‚wahrzunehmen', als sein Interesse, an Mündigkeit und an einer Beteiligung, wie sie ihm entspricht, zu *entdecken* und im Sinne dieses Interesses zu *handeln*."[1]

In einer solchen berufstheoretischen Beschäftigung verbinden sich daher immer Fragen nach den beruflichen Aufgaben und Rollen der gemeindepädagogischen Berufsgruppe mit bestimmten inhaltlichen und ekklesiologischen Anfragen an die Strukturen kirchlicher Arbeit insgesamt, der Frage, wie der Kommunikation des Evangeliums zur besseren Geltung verholfen werden kann angesichts sich wandelnder gesellschaftlicher, kirchlicher und lebensweltlicher Bedingungen und der Frage nach dem dafür erforderlichen Zusammenspiel unterschiedlicher kirchlicher Berufe und dem spezifischen Beitrag des gemeindepädagogischen Berufes.

Gemeindepädagogische Berufstheorie beschäftigt sich dabei einerseits mit der Frage nach der Entwicklung und Veränderung einer eigenständigen Professionalität im Kontext gesellschaftlicher und kirchlicher Veränderungen und institutioneller Rahmenbedingungen und nach den Wechselwirkungen und Verschränkungen mit und Abgrenzungen zu anderen Institutionen, Professio-

---

1 Gottfried Buttler, Gemeindepädagogik als Handlungsfeld und als Professionswissen in einer Kirche des ‚Allgemeinen Priestertums', in: Roland Degen / Wolf-Eckart Failing / Karl Foitzik (Hg.), Mitten in der Lebenswelt. Lehrstücke und Lernprozesse zur zweiten Phase der Gemeindepädagogik, Münster 1992, 16–24, 24.

nen und beruflichen Aufgaben. Zum anderen geht es um die Frage, wie sich gemeindepädagogisches Handeln konkret in der Interaktion mit Menschen unterschiedlicher Milieus, Lebensstile und Frömmigkeitsmuster, mit Angehörigen anderer gesellschaftlicher und kirchlicher Berufe und Institutionen gestaltet, welche Strukturprinzipien und Handlungsmuster gemeindepädagogischen Handelns und welche Anforderungen des Berufsfeldes sich beschreiben lassen, und welche Kompetenzen zur Wahrnehmung und Ausübung der gemeindepädagogischen Berufsrolle erforderlich sind.

Die Entstehung und Ausdifferenzierung kirchlicher Berufe lässt sich auch als eine Geschichte der Arbeitsteilung begreifen, wie sie ein typisches Merkmal für moderne Gesellschaften ist. Der gemeindepädagogische Beruf steht dabei in einem engen Traditionszusammenhang mit anderen pädagogischen und sozialdiakonischen Berufen, wie sie sich seit dem 19. Jahrhundert bis heute herausgebildet haben. Typisch für die Entstehung der Erziehungs-, Sozial- und Pflegeberufe ist dabei, dass sie im Übergang von zuvor privat oder ehrenamtlich zu beruflich ausgeübten Tätigkeiten entstehen. Der Prozess der *Verberuflichung* von der ‚christlichen Liebestätigkeit' zum modernen Beruf wurde begleitet von der Entstehung geordneter Ausbildungswege und Berufsabschlüsse sowie der Einrichtung von Ausbildungsstätten und Stellenprofilen, die den beruflich Tätigen die Sicherung des eigenen Lebensunterhalts ermöglichen.

Ein nächster Schritt wird häufig mit dem Begriff der *Professionalisierung* beschrieben, der eine „zunehmende Verwissenschaftlichung und Akademisierung"[2] beinhaltet, also eine Höherqualifizierung der beruflichen Ausbildung in Verbindung mit einer wissenschaftlichen Begründungspflicht der beruflichen Tätigkeit. Professionalisierungsprozesse gehen einher mit der Entwicklung von Berufsverbänden, Herausbildung eines Berufsethos, „der Zunahme universeller Leistungsorientierung und beruflicher Autonomie sowie einer Steigerung von Berufsprestige und -einkommen."[3]

Dieser Schritt zur Professionalisierung des gemeindepädagogischen Berufes kam mit der Einrichtung religions- und gemeindepädagogischer Hochschulstudiengänge seit den 1970er Jahren in Gang. Programmatisch forderten damals Dieter Aschenbrenner und Gottfried Buttler „Die Kirche braucht andere Mitarbeiter", nämlich solche mit „unverwechselbarer Sachkompetenz" und Loslösung aus dem vormaligen, dem Pfarramt untergeordneten, Helfersta-

---

2 Karl-Heinz Hillmann, Art. „Professionalisierung", in: ders., Wörterbuch der Soziologie, Stuttgart [5]2007, 706.
3 Günter Büschges, Art. „Professionalisierung", in: Werner Fuchs-Heinritz u. a. (Hg.), Lexikon zur Soziologie, Wiesbaden [5]2011, 532–533, 532f.

tus.[4] Die Ausbildungsreform der gemeindebezogenen Berufe sollte die gemeindepädagogische Arbeit professionalisieren, besser auf die Wahrnehmung der
gewandelten gesellschaftlichen Bedürfnisse und Gestaltung neuer kirchlicher
Bildungsangebote vorbereiten und zu einer eigenständigen Funktionswahr-
nehmung der beruflich Tätigen in sozialen und pädagogischen kirchlichen
Arbeitsfeldern führen.

Die Fragen nach den spezifischen Funktionsschwerpunkten, beruflicher
Autonomie, Prestige und Einkommen stellen sich heute – gerade im Verhältnis
zum Pfarramt – nach wie vor, wenn auch in weniger drastischer Weise, als
noch vor gut vier Jahrzehnten. So betont etwa die EKD in der Berufsbildungsordnung aus dem Jahre 1996 den „kirchenreformerischen Akzent" der Gemeindepädagogik, mit ihr solle „der Verengung kirchlichen Handelns auf Kerngemeinde und Pfarramt entgegengewirkt und (...) eine neue Zugangsmöglichkeit
für die stärker distanzierte volkskirchliche Mitgliedschaft eröffnet werden".
Doch obwohl dabei gilt, dass nach „dem biblisch-reformatorischen Zeugnis
(...) das Predigtamt und die anderen Ämter und Dienste keine Hierarchie"
darstellen, wird hier auch konstatiert: „Neben dem Pfarramt bleibt oft wenig
Raum."[5] Der Professionalisierungsprozess des gemeindepädagogischen Berufes stellt daher eine bleibende Herausforderung dar. Welche Einsichten sich
aus der Geschichte der Verberuflichung und der Professionalisierung der gemeindebezogenen Berufe – auch für heutige Strukturprobleme und inhaltliche
Fragen – gewinnen lassen, dies zeichnet *Hildrun Keßler* in Kapitel 10 „*Gemeindepädagogische Berufstätigkeit zwischen Sozialarbeit und Pfarramt*" nach.

Die Berufs- und Ausbildungslandschaft wird sich weiter verändern: sei
es die Veränderung des beruflichen Tätigkeitsfeldes bspw. durch kirchliche
Strukturreformen, wie etwa Regionalisierungsprozesse, oder das gewandelte
Mitgliedschafts- und Teilnahmeverhalten der Menschen. Auch die Veränderung der Ausbildungs- und Hochschullandschaft durch Einführung der Bache-
lor- und Masterstudiengänge und die Tendenz zur Einführung von Doppelqualifikationen, die auch berufliche Tätigkeiten außerhalb eines engeren kirchlichen Arbeitsfeldes oder an den Schnittstellen zu anderen gesellschaftlichen
Institutionen und Einrichtungen ermöglichen, erfordern eine aktuelle Be-
standsaufnahme. Die heutigen Entwicklungen und künftigen Herausforderungen in ihren Auswirkungen auf das gemeindepädagogische Berufsprofil und
die dafür erforderlichen beruflichen Kompetenzen beschreiben *Nicole Piroth*

---

4 Dieter Aschenbrenner / Gottfried Buttler, Die Kirche braucht andere Mitarbeiter.
Vom Universaldilettanten zum Spezialisten. Analysen, Thesen und Materialien zum
Berufsbild und zur Ausbildung des kirchlichen Mitarbeiters im Gemeindedienst,
Stuttgart 1970, 51.
5 Vgl. a. a. O., 21–25 und 50.

und *Matthias Spenn* in Kapitel 11 *„Gemeindepädagogische Professionalität – berufliche Kompetenzen und Aufgaben"*.

Der Professionalisierungsprozess in Kirche und Diakonie weist eine Besonderheit auf im Vergleich mit anderen gesellschaftlichen Berufssparten: Die neu entstehenden gemeindepädagogischen und sozialdiakonischen Berufe lösten nicht einfach die ehrenamtlichen ‚christlichen Liebestätigkeiten' ab, sondern es kam zu einem Nebeneinander von ehrenamtlich und hauptberuflich ausgeübten Tätigkeiten. In der Kirche kommt es stärker als in anderen gesellschaftlichen Bereichen zu einem Nebeneinander von ehrenamtlichem und beruflichem Handeln. Diese Doppelstruktur von Ehrenamt und Beruflichkeit ist für den gemeindepädagogischen Beruf in besonderer Weise konstitutiv, denn in dem Bemühen um Befähigung von Gemeindemitgliedern und Ehrenamtlichen liegt ein Spezifikum des gemeindepädagogischen Berufsverständnisses. Auch wenn angesichts von Kostendruck und kirchlichen Stellenkürzungen manche befürchten, die gemeindepädagogische Arbeit der Kirche werde sich in Zukunft wieder verstärkt entprofessionalisieren und auf Ehrenamtlichkeit setzen, so ist eine unabweisbare Tatsache, dass gerade unter den heutigen gesellschaftlichen Bedingungen ein qualifiziert ausgeübtes Ehrenamt angewiesen bleibt auf hauptberufliche Begleitung, Befähigung und Unterstützung. Wie sich heute *„Gemeindepädagogische Arbeit zwischen Engagement und Profession"* gestaltet und welche Bedeutung der Mitarbeiterbildung als zentralem Aufgabenfeld beruflich tätiger Gemeindepädagogen und Gemeindepädagoginnen dabei zukommt, dem geht *Beate Hofmann* in Kapitel 12 nach.

Hildrun Keßler

10 Gemeindepädagogische Berufstätigkeit zwischen Sozialarbeit und Pfarramt

10.1 Ausbildung und Berufsbild als „Sammelbezeichnung"

Das Feld der bildungsbezogenen Berufe in der evangelischen Kirche ist in seiner Vielfalt kaum überschaubar. Unterschiedliche Traditionen in den Landeskirchen, je nach gemeindepädagogischer und diakonischer Berufspraxis und Anstellungsträger, tragen zu dieser verwirrenden Vielfalt der Berufsbezeichnungen, Berufsprofile und Ausbildungsabschlüsse bei. Auch hinter den beiden gängigsten innerkirchlichen Berufsbezeichnungen „Gemeindepädagogin" und „Diakon" können sich ganz unterschiedliche Ausbildungswege verbergen. Sie reichen von der Fachschulebene (Bibelschulen mit und ohne staatlich anerkanntem Abschluss, berufsbegleitenden Ausbildungen landeskirchlicher Institute, Diakone/-innen mit oder ohne staatlich anerkanntem Erzieher/-innenabschluss usw.) bis hin zum Hochschulstudium.

Die Berufsbildungsordnung der EKD[1] versuchte in den 1990er Jahren eine gemeinsame Basis für alle Mitarbeitenden in den „gemeindebezogenen Diensten" vorzunehmen: die gemeinde-/religionspädagogischen, kirchlich-diakonischen Berufsgruppen sollten eine Ausbildung auf (Fach-)Hochschulebene möglichst mit einer zweiten Qualifikation im sozialen Bereich als Qualitätsstandard mitbringen und im Gefüge kirchlicher Berufe „neben dem Pfarramt und außerhalb der diakonischen Werke"[2] stehen. Diese Standortbestimmung ist heute jedoch nicht mehr ausreichend.

Durch die Anforderung eines lebenslangen Lernens mit der Durchlässigkeit von Ausbildung und Studium, von Fachschulausbildung zu Hochschulstudium, in Verbindung von Fort- und Weiterbildung einerseits, durch die Modularisierung und die Umwandlung der Diplom- in Bachelor-/Master-Studiengänge andererseits eröffnen sich vielfältige Profilbildungen. So fragen Studierende sich: Welche Studienkombination bereitet auf die gestiegenen Anforderungen im gemeindepädagogischen Berufsalltag gut vor? Welcher Ausbildungsweg eröffnet flexible, offene und mobile Lösungen für die eigene Berufs-

---

1 Kirchenamt der EKD (Hg.), Grundsätze einer kirchlichen Berufsbildungsordnung für die gemeindebezogenen Dienste, Hannover 1996.
2 A.a.O., 8.

biographie? Angesichts dieser hochschulpolitischen Entwicklungen und der gestiegenen Unübersichtlichkeit der gemeinde-/religionspädagogischen, sozialpädagogischen oder kirchlich-diakonischen Ausbildungsgänge und Berufsabschlüsse an staatlichen, kirchlichen oder privaten Fachschulen, Hochschulen, Universitäten fragen auch Anstellungsträger nach einheitlichen oder mindestens vergleichbaren Standards, nach „Berufsprofilen und Ausbildungszertifikaten in Diakonie, Gemeinde- bzw. Religionspädagogik".[3]

Zusätzlich setzen aktuelle gesellschaftliche und kirchliche Entwicklungen hinsichtlich der Demografie, der Lebenslagen von Kindern, Jugendlichen und Erwachsenen und der Reformen in sämtlichen Bildungsbereichen auch die gemeindepädagogische Beruflichkeit unter erheblichen Druck. Die mit der Einrichtung von (Fach-)Hochschulen seit den 1970er Jahren begonnene Professionalisierung der Sozial- und Gemeindepädagogik kommt hinsichtlich ihrer Finanzierbarkeit als auch der inhaltlichen Profile an ihre Grenzen. Kirchengemeinden und Landeskirchen fragen nach Prioritäten künftiger beruflicher Ausstattung und verständigen sich auf so genannte Kernaufgaben, die oftmals dem Pfarramt zugeordnet werden. Bildungsaufgaben, die über die Weitergabe von Glaubenswissen im Generationenzusammenhang hinausgehen und in das Gemeinwesen und in die Schule hineinwirken, werden dagegen nachrangig bewertet. Hinzu kommt der teilweise große Umfang ehrenamtlicher Tätigkeit auch in gemeindepädagogischen Arbeitsfeldern [→ Kap. 12]. Dadurch verblasst zuweilen das Profil der Hauptamtlichen und deren Arbeit kommt unter besonderen Begründungszwang. Reicht es nicht aus, ein engagierter und moderner Christ zu sein, um in der Jugendarbeit tätig zu werden? Reicht ein offenes Ohr nicht aus, um niedrigschwellig helfen zu können? Ist gemeindediakonische Beratung nicht Aufgabe aller? Es wird „gut ausgebildeten Sozialarbeitern und Diakoninnen manchmal eher wenig Wertschätzung für einen Studienabschluss oder den Besuch von Weiterbildungen entgegengebracht."[4]

---

3 Thema eines Hearings der EKD, das die Standardisierung der Ausbildung und wechselseitige Anerkennung der Abschlüsse der diakonischen und gemeinde- bzw. religionspädagogischen Berufsprofile voranbringen wollte (Kasseler Erklärung März 2010); seit 2011 arbeitet eine ad-hoc-Kommission der EKD daran weiter: www.ci-muenster.de/themen/gemeindepaedagogik/gemeinde20.php
4 Claudia Schulz, Jedes Milieu hat sein Problem, in: dies. / Eberhard Hauschildt / Eike Kohler (Hg.), Milieus praktisch II. Konkretionen für helfendes Handeln in Kirche und Diakonie, Göttingen 2010, 33–64, 62.

„Die Berufsbezeichnung ‚Gemeindepädagogin/Gemeindepädagoge' ist also zunächst als eine *Sammelbezeichnung* anzusehen."[5] Diese Einschätzung stimmt nicht nur in Bezug auf die Berufsbezeichnung, sondern auch inhaltlich umfasst das Berufsprofil Gemeindepädagogin bzw. Gemeindepädagoge eine weite Spannbreite von traditionell unterrichtlichen Formen, über gruppenpädagogische, sozial-, kultur- und erlebnispädagogische Arbeitsweisen, Leitungs- und Anleitungstätigkeit bis hin zu lebensweltlichem Lernen in gemeinwesenorientierten Angeboten. Im gemeindepädagogischen Berufsprofil verbinden sich verschiedene Traditionslinien kirchlicher und sozialer Arbeit (von der frühen Wohlfahrtspflege, der Kinder-/Jugendhilfe und -fürsorge, der schulischen und gemeindlichen Religionspädagogik, wie der Diakonik [→ Kap. 4]), die sich im Laufe des 19./20. Jh.s in einzelne Berufe (der Diakonisse, Gemeindehelferin und Fürsorgerin, des Diakons, des Lehrers oder der Katechetin u. v. m.) ausdifferenziert hatten. Gegenwärtig kommt es darauf an, die Überschneidungen dieses relativ jungen Berufsbildes der Gemeindepädagogin bzw. des Gemeindepädagogen mit anderen sozialen, diakonischen, pastoralen, beratenden oder pädagogischen Berufsbildern zu verdeutlichen und dabei das unverwechselbare gemeindepädagogische Profil sichtbar zu machen [→ Kap. 11]. Ein Blick in die Geschichte zeigt die Komplexität der damit verbundenen Fragestellungen: von der Vielfalt neutestamentlicher Dienste über die Herausbildung klarer kirchlicher Hierarchien, den reformatorischen Impuls zur Neubestimmung des Priesteramtes bis hin zur professionellen Ausdifferenzierung verschiedener Dienste in der Neuzeit.

10.2 Geschichtliche Perspektiven zum Berufsbild der Gemeindepädagogin bzw. des Gemeindepädagogen

„Die Charismenliste I Kor 12,28–31 nennt zuerst drei Amtsbezeichnungen (‚Gott hat in der Kirche gesetzt erstens *Apostel*, zweitens *Propheten*, drittens *Lehrer*'), denen dann eine unpersönlich gehaltene Aufzählung von Funktionen folgt (‚... dann Wunder, dann Heilungsgaben, Hilfeleistungen, Leitungen, Arten von Zungenreden')."[6] Auch wenn das Apostelamt durch die Berufung und

---

5 Götz Doyé, Gemeindepädagogik – fachwissenschaftliche und berufspraktische Perspektiven, in: ders. / Hildrun Keßler (Hg.), Konfessionslos und religiös. Gemeindepädagogische Perspektiven, Leipzig 2002, 93–114, 109.
6 Jürgen Roloff, Art. „Amt/Ämter/Amtsverständnis IV", in: TRE[3] 2, Berlin/New York 1978, 509–533, 521.

Sendung durch den Auferstandenen (1 Kor 9,1) und die übergemeindliche Tätigkeit (Wanderapostolat) hervorgehoben scheint, so wollte Paulus die Aufgaben in die Verantwortung der Gesamtgemeinde legen. Jede und jeder war eingeladen, sich in der christlichen Gemeinde einzubringen. Mitarbeit war chris-
tusbezogen und geschwisterlich organisiert. Gegenseitiges Dienen im Sinne
Jesu (Mk 10,45) stand vor Herrschaft in amtsähnlichen Strukturen.

❗ Funktionsträger und Dienste in den urchristlichen Gemeinden (oft unscharf bestimmt
und sich in den Funktionen überschneidend):

1 Kor 15,5.7	**Apostel** (vgl. Röm 16,7 u. a. Junia)
1 Kor 12,28 f.	Apostel, **Propheten, Lehrer** als (traditionelle) Aufzählung (s. o.); dazu zählt Paulus hier weitere Charismen auf, darunter auch Versorgung und Leitung
Phil 1,1	Aufseher (**Episkopen** – noch nicht das spätere monarchische Bischofsamt) und **Diakone**, als Diener und Bischofsassistenten bei Mahlfeiern, zuständig auch für die karitative Armenfürsorge (vgl. Röm 16,1 die Diakonin Phoebe), Episkopen und Diakone noch in der Didache (15,1 f.) neben Propheten und Lehrern
1 Thess 5,12	allgemein „die (euch) Vorstehenden"
ab Apg 11,30	**Älteste** (Presbyter) als Kollegium, so auch (neben dem Bischof/Episkopus) in den Pastoralbriefen (1 Tim 5,17 ff., Titus 1,5)
1 Tim 5,3 ff.	**Witwen** in Funktionen für die Gemeinde

Im Übergang zum 2. Jh. n. Chr. (Pastoralbriefe, Didache, Ignatiusbriefe) werden in vielen Gemeinden Episkopen und Diakone zur Ordnung, Einheit und
für den öffentlichen Einfluss benannt und durch Handauflegung (Ordination)
bestätigt (1 Tim 4,14; 2 Tim 1,6). Damit setzt sich neben der kollegialen Leitung
der Gemeinde (Presbyterium) das Modell einer hierarchisch gestuften Leitung
mit der Trias Bischof, Presbyter und Diakon durch. Eine Folge dieser Entwicklung war die Unterscheidung zwischen Klerus und Laien, die Unter- und Über-
ordnung zwischen einzelnen Mitarbeitenden. In der sich herausbildenden
Staatskirche des 4. Jh.s steht dieses Verständnis eines besonderen Bischofs-
(Priester-)Amtes, das an alttestamentliche Bilder des (Hohen-)Priesters anknüpfen konnte, auch unter dem Einfluss römischer Vorstellungen des Opfer-
priesters (*hiereus*). Im Mittelalter formte sich immer mehr das Bild des Weihe-
priestertums, welchem ein eigener geistlicher Stand und ein besonderer, un-
zerstörbarer Wesenscharakter (*character indelebilis*) eigen waren. Die klare Unterscheidung von Klerus (in diesen ist auch das Amt des Diakons als Teil der
ordines maiores – meist als Durchgangsstation hin zum Priester – integriert)
und Laien spiegelt auch die streng ständisch geprägte spätantike und mittelal-
terliche Gesellschaft. Gleichwohl erfuhren die vielfältigen kirchlichen Dienste
(Predigt, Seelsorge, Armenfürsorge, Bildung etc.) eine erhebliche Ausdifferen-

zierung im Zusammenspiel von Welt- und Mönchsklerus sowie mittelalterlichen Bruder- und Schwesternschaften.

Die Reformatoren bestritten energisch die traditionelle Lehre vom besonders geweihten Priestertum. Luther knüpfte an die schon in der Alten Kirche vertretene Lehre des Priestertums aller Gläubigen an, die sich auf die Taufe bezieht („dan was ausz der tauff krochen ist, das mag sich rumen, das es schon priester, Bischoff oder Bapst geweyhet sey, ob wol nit einem yglichen zympt, solch ampt zu uben")[7] und am deutlichsten in 1 Petr 2,9 und Apk 5,10 neutestamentlich bezeugt ist.[8] Jeder getaufte Christ ist vor Gott gleich und prinzipiell auch zum Dienst am Wort und Sakrament befähigt.[9] Freilich geht diese grundsätzliche Gleichstellung aller Gläubigen mit der Forderung nach einer Ordnung einher, die die Verwaltung von Wort und Sakrament regelt, wie der Nachsatz „ob wol nit einem yglichen zympt, solch ampt zu uben" signalisiert. Die Notwendigkeit, das Predigtamt (Confessio Augustana [CA] V) geordnet auszuüben, erklärt sich zum einen aus dem auch bei den Reformatoren vorhandenen Verständnis des Predigtamtes als einer göttlichen Stiftung, zum anderen auch aus der Abgrenzung gegen das jegliche Ämter auflösende Schwärmertum. In CA XIV wird das öffentliche kirchliche Amt von Wort und Sakrament an eine ordnungsgemäße Berufung (*rite vocatus*) gebunden. Johannes Calvin leitete aus den neutestamentlichen bzw. altkirchlichen Vorbildern eine Ämterlehre von drei bzw. vier kirchlichen Ämtern ab: Hirten (und Lehrer), Älteste und Diakone widmen sich der Verkündigung, Leitung und Armenfürsorge.

Die bereits in der Reformationszeit angelegte Spannung zwischen allgemeinem Priestertum und ordnungsgemäßer Berufung in ein kirchliches Amt (welchem durch göttliche Stiftung Autorität zukommt) durchzieht alle späteren Diskussionen um kirchliche Berufsbilder, vor allem bei der Unterscheidung des Pfarramtes von anderen Diensten. Nikolaus Schneider und Volker A. Lehnert sprechen von dem „Zwei-Naturen-Charakter des Amtes, der immer wieder zur Verwirrung führt".[10] Ist einerseits das kirchliche Amt ein durch die Gemeinde (Allgemeines Priestertum) funktional auf eine Person übertragenes (delegiertes) Amt, finden sich andererseits auch Aspekte, vor allem das Predigt- bzw. Pfarramt als ein besonderes, von Gott gestiftetes Amt zu verstehen.

---

7 Martin Luther, Werke. Kritische Gesamtausgabe. Bd. 6, Weimar 1888 (Weimarer Ausgabe = WA), 408, 11–13.

8 Harald Goertz / Wilfried Härle, Art. „Priester / Priestertum, II / 1. Allgemeines Priestertum", in: TRE³ 27, Berlin/New York 1997, 402–410.

9 Luther (s. o. Anm. 7), 566, 27 f.

10 Nikolaus Schneider / Volker A. Lehnert, Berufen – wozu? Neukirchen-Vluyn 2009, 43.

Je nach konfessioneller Prägung (Unterschiede zwischen lutherisch und reformiert geprägten Kirchen) und kirchenpolitischer Haltung (lutherisch-orthodoxe und konservative gegenüber liberaler Prägung) werden die Akzente in der Diskussion bis heute unterschiedlich gesetzt (s. u. 2.4). Die lutherische Orthodoxie des 17. und 18. Jh.s verstärkte die autoritätsbezogenen Aspekte des Amtsgedankens und konnte sogar das eine kirchliche Amt in verschiedenen Stufungen (Bischöfe, Pfarrer, Diakone) begreifen. Demgegenüber zeigte der Pietismus deutlich amtskritische Tendenzen, vor allem durch die Betonung der Rolle des Glaubens eines jeden Einzelnen, unabhängig von einer amtlichen Autorität. Das 19. Jh. behielt durch Aufkommen der historisch-kritischen Bibelauslegung (z. B. Rückgriff auf neutestamentliche Modelle ohne Amtshierarchie) sowie den bewussten Bezug auf Luthers Positionen (Neuluthertum) zwar das Allgemeine Priestertum weiterhin im Blick. Es ist aber nicht zu übersehen, dass durch die Einbindung des Pfarramtes in die Strukturen des sich entwickelnden öffentlichen Dienstes (Beamtentum) zumindest faktisch eine deutliche Höherstellung desselben gegenüber den anderen, sich im Zeitalter der Industrialisierung profilierenden kirchlichen Berufen mit sich brachte. Bleibende Fragen sind, wie sich das eine kirchliche Amt in verschiedene Berufsbilder differenziert, wie das Verhältnis von theologischer Verkündigung und diakonischer Fürsorge gewichtet wird und wie Schrift- und Bekenntnisbindung in sich radikal wandelnden gesellschaftlichen Rahmenbedingungen gedeutet werden.

10.2.1 Kirchliche Berufe im 19. und 20. Jahrhundert

Die gegenwärtigen Formen der diakonischen und pädagogischen Berufe sind vor allem von Aufbrüchen im 19. und zu Beginn des 20. Jh.s geprägt. Die soziale und pädagogische Arbeit in Einrichtungen und Kirchengemeinden wurde bis dahin von Witwen, unverheirateten Frauen oder den Insassen selbst übernommen. Im Zuge der Industrialisierung entstanden besonders in den Städten tief greifende soziale Notlagen, die nach entsprechenden Konzepten der Erziehung und Wohlfahrtspflege und nach unterschiedlichen Formen von Mitarbeit verlangten. In Folge entstanden professionelle soziale und pädagogische Berufe.

1836 gründeten Friederike und Theodor Fliedner in Kaiserswerth das erste Mutterhaus für Diakonissen. Hier wurden die zumeist jungen Frauen in der Gemeindearmenpflege und Gemeindekrankenpflege, der Kleinkinderziehung oder im Asyl entlassener weiblicher Strafgefangener ausgebildet. „Sie bilden eine Glaubens-, Dienst- und Lebensgemeinschaft, deren Charakteristika einheitliche Tracht, Dienstbereitschaft nach erfolgter Sendung und genossenschaftliche Lebensform unter Ablehnung eines persönlichen Lohn- und Gehaltsempfangs sind."[11] Ähnliches lässt sich für den Beruf des Diakons beschreiben, der im Zusammenhang der 1833 von Johann Hinrich Wichern ins Leben gerufenen „Rettungsanstalt" des Rauhen Hauses Hamburg entstand. Der Diakon sollte ein flexibler, in vielfältigen Notlagen einsetzbarer, modern ausgebildeter Mitarbeiter sein. „Dazu sind schon beginnendes Tun, Unterricht und bruderschaftliches Leben miteinander verschränkt."[12] Die geistlichen Wurzeln für beide Berufe, der Diakonisse und des Diakons, liegen in der Erweckungsbewegung des 19. Jh.s. Menschen fühlten sich angesichts der wachsenden Not anderer aus dem persönlichen Glauben an Jesus Christus heraus zu einem Leben in der tätigen Nachfolge aufgefordert.

In der Folgezeit wuchs die Zahl der Mutter- und Bruderhäuser, die zugleich „Bildungsschulen" und geistliche Lebensgemeinschaften für die Schwestern und Brüder waren. Eine mit dem Evangelischen Diakonieverein 1894 gegründete offenere Form ermöglichte auch denjenigen Frauen eine Berufsausbildung als Diakonieschwester, die keinem Mutterhaus angehören wollten. Hier konnten sie Familie und Beruflichkeit miteinander verbinden. Unter dem Begriff „Gemeindepflege" arbeiteten Gemeindeschwestern in Kirchengemeinden und Gemeindeschwesternstationen. Ab 1900 kommen Diakone als „Gemeindehelfer" hinzu, die auch „höhere Küsterdienste" übernehmen. Damit knüpfte man an das alte gottesdienstbezogene Küsteramt (neben Kantor und Organist) an, das für die Unterhaltung der Kirchengebäude zuständig war, gottesdienstliche Handlungen vorbereitete, jedoch auch in ländlich-kleinstädtischen Regionen in Katechismus und Kirchenlied unterrichtete („Küsterkatecheten/Küsterschule"). „Damit war zwar das Küsteramt aufgewertet, Diakon aber zu einem Hilfsamt des Pfarrers"[13] geworden.

In seiner Praktischen Theologie fordert Friedrich Niebergall zu Beginn des 20. Jh.s besonders für die Städte qualifizierte kirchliche Berufe, denn „die gute Meinung allein tut es nicht, sondern es gehört eben auch viel Wissen und Technik dazu, einer großen Gemeinde auf diesem Wege zu dienen. [...] Wir sind nun einmal nicht mehr in der Zeit, da sich alles aus Charismen heraus erledigen ließ, sondern wir haben Kirche, wir haben Organisation und haben Berufe".[14] Die Pfarrer und ehrenamtlich Helfenden, „also die Gemeindepfleger

---

11 Martin Sauer, Ein kleines Stück der Vision Jesu, in: Michael Schibilsky (Hg.), Kursbuch Diakonie, Neukirchen-Vluyn 1991, 309–322, 311.
12 Gottfried Buttler, Art. „Kirchliche Berufe", in: TRE³ 19, Berlin/New York 1990, 191–213, 199.
13 A. a. O., 203.
14 Friedrich Niebergall, Praktische Theologie. Lehre von der kirchlichen Gemeindeerziehung auf religionswissenschaftlicher Grundlage. Bd. 1, Tübingen 1918, 489.

und Pflegerinnen, können es allein nicht schaffen. Wo man einmal mit solcher Arbeit beginnt, wächst sie gleich über sich hinaus. Darum hat man schon in vielen Gemeinden den freiwilligen Kräften angestellte hinzugesellt. Das sind die Gemeindehelfer, die Gemeindediakone oder wie sie sonst genannt werden. Sie haben dem Pfarrer mit Besuchen und andern Diensten untergeordneter Art an die Hand zu gehen, Auskünfte einzuziehen, leichtere Bibelstunden zu halten, Vereine zu leiten usw."[15]

Diese neue Beruflichkeit des Gemeindehelfers, der Gemeindeschwester, des Diakons oder der Pfarrgehilfin, die vielfach an ehrenamtliche Mitarbeit anknüpft, fasst Niebergall als „Stand von mittleren Kirchenbeamten" zusammen. „Gemeindepädagogie" hat hierbei die Aufgabe, „allerlei Menschen, die guten Willens sind, zur Arbeit an ihren Brüdern zu führen, um sie dann auch dadurch zu Christus und zu ihrer eigenen Vollendung zu bringen."[16]

Diese Linie der Qualifizierung und notwendigen Zusammenarbeit von Pfarrern und so genannten „gemeindebezogenen Mitarbeitenden" setzte Oskar Hammelsbeck fort. Im „missionarischen Unterricht" mit Kindern und Jugendlichen waren u. a. „Kindergärtnerinnen (Gemeindeschwester), Religionslehrer, Katecheten, Helfer im Kindergottesdienst, Jugendleiter, Diakone, Konfirmatoren" tätig und für den „gemeindlichen Unterricht der Erwachsenen" sind „Bibelkreisleiter und -leiterinnen und die Visitatoren" auszubilden.[17] [→ Kap. 4]

Durch den Nationalsozialismus und Kirchenkampf kam es zu stärkerer Integration und Rückzug der diakonischen und pädagogischen Berufe in die Kirche. Die durch die Kriegssituation verstärkte Aufeinanderbezogenheit verschiedener kirchlicher Berufe, unter Einbezug von theologisch gebildeten Frauen für pfarramtliche Tätigkeiten, sowie die wichtige Rolle von Kirchenältesten und einfachen Gemeindegliedern in den vakanten Gemeinden setzte sich im kirchlichen Wiederaufbau nach 1945 nicht einfach fort.

Bis weit in die Zeit der 1950/60er Jahre sprach man bei Gemeindehelferinnen, Gemeindediakonen und Katechetinnen von so genannten „Amtsträgern des inneren Dienstes". Zu ihren Aufgaben gehörten die katechetische Unterweisung der Jugendlichen, Seelsorge und Verkündigung, die das Pfarramt entlasten sollten. In den 1960er Jahren waren diese Berufe in eine Krise geraten. Die Zeit der unselbstständig arbeitenden, eng auf den Pfarrer bzw. das Pfarramt bezogenen und auf die Parochie beschränkten Gemeindemitarbeiterin (als „innere Dienste") schien endgültig vorüber. Ein Grund lag darin, dass „Jugendarbeit, Sozialarbeit, kirchlicher Unterricht, Verwaltung und Organisation

---

15 A. a. O., 488.
16 A. a. O., 487.
17 Oskar Hammelsbeck, Der kirchliche Unterricht. Aufgabe – Umfang – Einheit, München 1939, 314.

heute jeweils sehr spezielle Kenntnisse und Fähigkeiten verlangen"[18]. Wer wollte noch als „rechte Hand des Pastors" „Vorhofarbeit" erledigen? Wer wollte als Allrounder alles tun und nichts wirklich richtig, d. h. qualifiziert und qualitätvoll können?

10.2.2 „Die Kirche braucht andere Mitarbeiter" – Von der Ausbildungsreform der 1960er/ 70er Jahre bis zur Gründung von Fachhochschulen in Westdeutschland

„Die theologischen, pädagogischen, sozialen und anderen Berufe in der Kirche müssen ihren spezifischen Funktionsschwerpunkt besitzen."[19] Mit dieser Forderung war das Ende der so genannten Helfer-Berufe eingeläutet und der Ruf nach „anderen Mitarbeitern" in der Kirche wurde laut. Diese theologischen, sozial-diakonischen, aber besonders die pädagogischen Mitarbeitenden brauchten eine andere als die bis dahin übliche seminaristische Ausbildung in Bibelschulen oder Höheren Fachschulen. Im Verbund mit anderen kirchlichen Berufen sollte der religionspädagogische Mitarbeitende „Fachmann für die sich dauernd verändernden und wachsenden *pädagogischen* Aufgaben der Kirche"[20] sein. Dieter Aschenbrenner und Gottfried Buttler weisen ausdrücklich darauf hin, dass in den kirchlichen Stellungnahmen der 1960er und frühen 1970er Jahre der Begriff Religionspädagogik beides, schulische und außerschulische kirchliche Bildungsprozesse, umfasste. Das entstehende religions- und gemeindepädagogische Berufsbild sollte „die unauswechselbare Sachkompetenz in klarer Unterscheidung zum Theologen und zum Sozialarbeiter deutlich" machen.[21] Wenig später weisen Dieter Aschenbrenner, Wilhelm Fahlbusch und Karl Foitzik dem religionspädagogischen Mitarbeitenden eine *„theologisch-pädagogische Qualifikation"* in Unterscheidung zur „theologisch-hermeneutischen Qualifikation" der Pfarrer und der „theologisch-sozialdiakonischen Qualifikation" von Sozialarbeitern/Sozialpädagogen zu.[22] Damit war der Ort und die Aufgabe dieser neuen Mitarbeiter-

---

18 Dieter Aschenbrenner / Gottfried Buttler, Die Kirche braucht andere Mitarbeiter. Vom Universaldilettanten zum Spezialisten, Stuttgart 1970, 17.

19 A. a. O., 51.

20 Landeskirchlicher Ausschuss für Fragen der Ausbildung von Gemeindehelfern und Gemeindehelferinnen der Ev.-Luth. Landeskirche Hannovers, zitiert in: A. a. O., 82.

21 Ebd.

22 Vgl. Dieter Aschenbrenner / Wilhelm Fahlbusch / Karl Foitzik, Der Pfarrer allein tut's freilich nicht …, in: Dieter Aschenbrenner / Karl Foitzik (Hg.), Plädoyer für theologisch-pädagogische Mitarbeiter in der Kirche, München 1981, 17–66, 27.

gruppe gefunden: die Gemeindepädagogin/der Gemeindepädagoge wurde zwischen der Pfarrerin/dem Pfarrer und der Sozialpädagogin/dem Sozialpädagogen verortet. Sie sollten in der Kirche nicht nur in Kinder-, Jugend- oder Erwachsenengruppen unterrichten oder Bildungsprozesse in Gang bringen. „Theologisch-pädagogisch" qualifizierte Gemeindepädagoginnen und Gemeindepädagogen sollten vielmehr dafür Sorge tragen, dass „die Gemeindearbeit pädagogisch reflektiert und aktiviert wird. Weil es darum geht, pädagogisch zu verantworten, *wie* das *Evangelium* auch in der Konfrontation mit den Informationsgehalten der Gegenwart den Menschen erreicht".[23]

Für diese qualifizierte Tätigkeit, die die Alltagswelt Aufwachsender mit christlichem Glauben und kirchlicher Tradition verbindet, die sich auf kirchliche Bildungsarbeit und religiöse Bildungsprozesse auch außerhalb von Kirche richtet, brauchte es eine fundierte theologische, pädagogische und sozialwissenschaftliche Ausbildung. Neben den Hoffnungen auf eine neue, differenzierte Mitarbeitenden-Struktur verbanden sich mit der Professionalisierung der gemeindebezogenen Berufe auch Hoffnungen auf eine notwendige Kirchenreform. Die neue Ausbildungsqualität sollte fortan an kirchlichen Fachhochschulen geleistet werden. 1972 formulierte der Rat der EKD das Ziel der neuen gemeindepädagogischen Fachhochschulausbildung folgendermaßen:

> „Die Kirche bedarf für ihre differenzierten Aufgaben in der gegenwärtigen Gesellschaft einer differenzierten Ausbildung. Sie braucht daher neben dem stärker forschungsorientiert ausgebildeten Theologen von den theologischen Fakultäten den praxisorientiert ausgebildeten Fachhochschultheologen, der durch seine Ausbildung zur selbständigen Reflexion und Entscheidung wie zu verantwortlichem Handeln befähig wird."[24]

Neue Bildungsabschlüsse und eine Qualitätsoffensive in der staatlichen Bildungsplanung führten u. a. auch zur Gründung von staatlichen Fachhochschulen für Sozialarbeit und Sozialpädagogik. Ab Ende der 1960er Jahre diskutierten einzelne evangelische Landeskirchen und eine EKD-Fachhochschulkommission darum auch die Einrichtung von Fachhochschulen in kirchlicher Trägerschaft. Man sah darin die Chance, die kleinen Ausbildungsstätten für gemeindebezogene Berufe in größere Hochschulen einzubinden und dort die Vermittlung von sozialwissenschaftlichen, sozial- und religionspädagogischen Inhalten und Grundfragen in die Hochschulausbildung zu integrieren. Neben der Sozialarbeit und Sozialpädagogik sollten so genannte „dritte Fachbereiche" der „Gemeinde- und Religionspädagogik" eingerichtet werden. Im Umfeld dieser Ausbildungsreform der 1970er Jahre tauchte der Begriff „Gemeindepädagogik" bzw. „Gemeindepädagoge" erstmalig auf.

---

23 Landeskirchlicher Ausschuss (s. o. Anm. 20), 82.
24 Zitiert nach: Aschenbrenner / Fahlbusch / Foitzik (s. o. Anm. 22), 40.

Übersicht über Religions- und Gemeindepädagogische Ausbildungsstätten an Evangelischen (Fach-)Hochschulen in Geschichte und Gegenwart

Bezeichnung	Entwicklung der Studiengänge bis heute	

1. Grundständige religions- und gemeindepädagogische Studiengänge

E(F)H Freiburg

seit 1971/72 „Fachbereich für Gemeinde- und Religionspädagogik", später „Religionspädagogik und Gemeindediakonie"	**Fachbereich**	Theologische Bildungs- und Diakoniewissenschaft
	Studiengangs-name	Religionspädagogik/ Gemeindediakonie
	Studiendauer	7, zzgl. 3 Semester für zweiten BA-Abschluss in Sozialer Arbeit, 3 Semester für MA-Abschluss
	BA/MA	BA Religionspädagogik und Gemeindediakonie MA Religionspädagogik (mit dem Schwerpunkt Jugendarbeit und Religionsdidaktik an Beruflichen Schulen)
	Berufsbezeich-nung	Gemeindediakon/-in, bei zusätz-lichem BA-Abschluss Soziale Arbeit: staatliche Anerkennung als Sozialarbeiter/-in/ Sozialpädagoge/-in

E(F)H Ludwigshafen

seit 1971/72 „Religionspädagogik und Kirchliche (Theologische) Bildungsarbeit" Schließung bereits 1975		

EFH Rheinland-Westfalen-Lippe

seit 1971 Fachbereich „Theologie und Religionspädagogik" in Düsseldorf, ab 1981 nur noch mit viersemestrigem Diplom-Zusatzstudium zur Sozialpädagogik, ab 1986 in Bochum als „Fachbereich Religions- und Gemeindepädagogik", von WS 2003/2004 bis SS 2011 dann als „Fach-	**Fachbereich**	Soziale Arbeit, Bildung und Diakonie (seit WS 2011/12)
	Studiengangs-name	Gemeindepädagogik und Diakonie
	Studiendauer	6, zzgl. 2 Semester für zweiten BA-Abschluss in Sozialer Arbeit
	BA/MA	BA Gemeindepädagogik und Diakonie Zusatzqualifikation Gemeinde-pädagogischer Grundkurs MA Soziale Inklusion: Gesundheit und Bildung

Bezeichnung	Entwicklung der Studiengänge bis heute	
bereich Gemeindepädagogik und Diakonie"		MA Management von sozialen und diakonischen Einrichtungen
	Berufsbezeich- nung	Gemeindepädagoge/-in; zusammen mit BA-Abschluss Soziale Arbeit: staatliche Anerkennung als Sozialarbeiter/-in/ Sozialpädagoge/-in; Einsegnung als Diakon/Diakonin möglich

E(F)H Nürnberg

1972 Studiengang „Religionspädagogik und Kirchliche Bildungsarbeit" an der Augustana-Hoch- schule Neuendettelsau und München, die seitdem als Gesamthochschule geführt wird; bei ausreichendem Pfarrernachwuchs wird 1977 beschlossen, die Abteilung Neuendettelsau aufzu- geben, ab 1981 besteht nur noch die Abteilung München. Sie wird 1996 in die neue Evangelische Fachhochschule Nürnberg überführt und 1998 nach Nürnberg verlegt.	Fakultät (seit 2010) Studiengangs- name Studiendauer BA/MA Berufsbezeich- nung	Religionspädagogik, Bildungsarbeit und Diakonik Bachelor Religionspädagogik und Kirchliche Bildungsarbeit 8, zzgl. 2 Semester für MA-Abschluss/in max. 4 Jahren berufsbegleitend B.Ed. Religionspädagogik/kirchliche Bildungsarbeit M. of Adult Education M.Ed. Religionspädagoge/-in nach Studienabschluss folgt ein zweijähriger Vorbereitungsdienst und eine kirchliche Anstellungs- prüfung (Übernahme in das Beamtenverhältnis)

E(F)H Berlin

ab 1979 Gemeindepäda- gogische Ausbildung Potsdam, seit 1997 als Studiengang Evangelische Religionspädagogik (bis 2010 mit zwei getrennten Studienschwerpunkte Gemeindepädagogik und schulischer Religions- unterricht) an der Evangelischen (Fach)Hochschule Berlin	Studiengangs- name Studiendauer BA/MA Berufsbezeich- nung	Evangelische Religionspädagogik 7, zzgl. (4) Semester für zweiten BA-Abschluss in Sozialer Arbeit, 3 Semester für MA-Abschluss BA+MA Evangelische Religionspädagogik (Gemeindepädagogik und Religionsunterricht) Gemeindepädagoge/-in; mit konsekutivem MA-Abschluss Möglichkeit zum/zur ordinierten Gemeindepädagoge/-in (Vikariat) und/oder hauptberufliche Anstellung im RU (Sek I + II)

Bezeichnung	Entwicklung der Studiengänge bis heute	
		mit BA-Abschluss Soziale Arbeit: staatliche Anerkennung als Sozialarbeiter/-in/ Sozialpädagoge/-in

E(F)H Moritzburg

die bestehende Ausbildung für Diakone und Diakoninnen wurde 1992 als Diplom-Studiengang „Religionspädagogik und Gemeindediakonie" an der Fachhochschule für Religionspädagogik und Gemeindediakonie fortgeführt, ab WS 2011/2012 Umstellung auf B. ED. und 2014 auf M. ED. 2011 Umbenennung in EHM Evangelische Hochschule Moritzburg Fachhochschule in Trägerschaft des Ev.-Luth. Diakonenhaus Moritzburg e. V.	**Studiengangsname**	Evangelische Religionspädagogik (Religionsunterricht, Jugendarbeit, Gemeindepädagogik)
	Studiendauer	7, zzgl. 3 Semester für MA-Abschluss
	BA/MA	B. ED. Religionspädagogik und Soziale Arbeit, B. ED. Religionspädagogik mit musikalischem Profil, beide münden in ein 6-monatiges landeskirchliches Berufspraktikum vor der Erstanstellung, M. ED. Didaktik und Management religiöser Bildung in Schule und Kirche
	Berufsbezeichnung	Religionspädagoge/-in und Diakon/Diakonin (dafür Einsegnung Voraussetzung) Besonderheit im B. ED Religionspädagogik/Soziale Arbeit: Anerkennung als pädagogische Fachkraft in kirchlichen Kindergärten in Sachsen

E(F)H Ludwigsburg

die bestehende Diakonen-/Diakoninnenausbildung in den Fachbereichen „Gemeindediakonie", „Jugendarbeit" und „Religionspädagogik" wurde ab 1994 als FH-Studiengang „Religionspädagogik" fortgeführt und 2008 durch den Studiengang „Internationale Religionspädagogik" und „Master Religionspädagogik" (in Kooperation mit der PH Ludwigsburg) ergänzt	**Studiengangsname**	Religionspädagogik
	Studiendauer	7, zzgl. 2 Semester für zweiten BA-Abschluss in Sozialer Arbeit, 3 Semester für MA-Abschuss
	BA/MA	BA Religionspädagogik BA Internationale Religionspädagogik integriertes Studium Religionspädagogik und Soziale Arbeit BA Religionspädagogik: Qualifikation für 3 Arbeitsfelder: kirchliche Kinder- und Jugendarbeit, Gemeindepädagogik/Gemeindediakonie, schulischer RU MA Religionspädagogik mit 3 Studienschwerpunkten: RU an

Bezeichnung		Entwicklung der Studiengänge bis heute
	Berufsbezeich-nung	Beruflichen Schulen, Forschung oder Erwachsenenbildung Religionspädagoge/-in bzw. Diakon/Diakonin: Voraussetzung für die Einsegnung ins Diakonat ist die doppelte Qualifikation: BA Religionspädagogik bzw. Internationale Religionspädagogik und BA Soziale Arbeit; mit BA-Abschluss Soziale Arbeit: staatliche Anerkennung als Sozialarbeiter/-in/ Sozialpädagoge/-in

2. Integrierte Studiengänge Religions-/Gemeindepädagogik und Soziale Arbeit

(EF)H Hannover

seit 1975 Fachbereich „Religionspädagogik" an der Evangelischen Fachhochschule Hannover, seit 2007 „Abteilung Religionspädagogik und Diakonie" an der Fakultät V „Diakonie, Gesundheit und Soziales" der Hochschule Hannover	Fakultät	Diakonie, Gesundheit und Soziales
	Verantwortliche Abteilung	Religionspädagogik und Diakonie
	Studiengangs-name	Zwei-Fächer-Bachelor Religionspädagogik und Soziale Arbeit
	Studiendauer	8 (und 12-monatiges Berufspraktikum)
	BA/MA	BA Religionspädagogik und Soziale Arbeit MA Social Work
	Berufsbezeich-nung	Diakon/Diakonin und/oder staatliche Anerkennung als Sozialarbeiter/-in/ Sozialpädagoge/-in nach absolviertem Berufspraktikum

CVJM Hochschule Kassel

Institutionelle Akkredi-tierung 2008, Grün-dung 2009 drei Fach-bereiche: Religions- und Gemeindepädagogik, Soziale Arbeit, Sozial- und Diakoniemanagement	Fachbereich	Religions- und Gemeindepädagogik, Soziale Arbeit
	Studiengangs-name	Religions- und Gemeindepäda-gogik / Soziale Arbeit
	Studiendauer	8
	BA/MA	BA Religions- und Gemeindepäda-gogik / Soziale Arbeit BA Religions- und Gemeindepäda-gogik (Onlinebasierter Fernstudien-gang)

Bezeichnung	Entwicklung der Studiengänge bis heute	
	Berufsbezeich-nung	MA Ethisches Management für christliche Organisationen und Netzwerke Gemeindepädagoge/-in Sozialarbeiter/-in CVJM-Sekretär/-in

3. Studiengänge Soziale Arbeit mit gemeindepädagogischen bzw. diakonischen Anteilen

E(F)H Darmstadt

| seit 1971/72 „Fachbereich für kirchliche Gemeindepraxis", Schließung der grundständigen Ausbildung durch Synodenbeschluss 1997, danach Aufbau eines integrierten, doppelqualifizierenden sozialpädagogisch-gemeindepädagogischen Studiengangs, seit WS 2007/2008 BA Soziale Arbeit mit gemeindepädagogisch-diakonischer Zusatzqualifikation | Fachbereich
Studiengangs-name

Studiendauer

BA/MA

Berufsbezeich-nung | Gemeindepädagogik und Diakonie
Soziale Arbeit mit gemeindepädagogisch-diakonischer Qualifikation
für die gemeindepädagogisch-diakonische Qualifikation werden in den ersten sechs Semestern 30 ECTS gemeindepädagogisch-diakonische Studieninhalte zusätzlich studiert, ein weiteres eingeschobenes Zusatzsemester mit 30 ECTS und ein studienbegleitendes Mentorenprogramm führen zum BA. Die gemeindepädagogisch-diakonische Qualifikation wird mit einer Berufseinstiegsbegleitung im Umgang von 40 ECTS beendet
BA Soziale Arbeit mit gemeindepädagogisch-diakonischer Zusatzqualifikation
MA Religionspädagogik (Schwerpunkt Schule/RU) ab WS 2011/12
MA Diakoniewissenschaft (in Kooperation der EH Darmstadt, der EH Freiburg, der EH Reutlingen-Ludwigsburg und dem Diakoniewissenschaftlichen Institut der Universität Heidelberg)
staatliche Anerkennung als Sozialarbeiter/-in/ Sozialpädagoge/-in
Gemeindepädagoge/-in bzw. Diakon/Diakonin (nach Teilnahme an Veranstaltungen zur Berufseinstiegsbegleitung) |

Bezeichnung	Entwicklung der Studiengänge bis heute	
Fachhochschule der Diakonie, Bielefeld		
seit WS 2010/11 vorher berufsbegleitender Studiengang „Diakonik", Studiengang ersetzt die grundständige Ausbildung	**Fachbereich**	Gesellschaft und Gemeinwesen
	Studiengangs-name	Soziale Arbeit und Diakonik – Diakonie im Gemeinwesen
	Studiendauer	8
	BA/MA	BA
	Berufsbezeich-nung	staatliche Anerkennung als Sozialarbeiter/-in/ Sozialpädagoge/-in „Darüber hinaus ist gemäß Beschluss der Kirchenleitung der Ev. Kirche von Westfalen eine Einsegnung zur/zum Diakonin/ Diakon nach erfolgreichem Abschluss des Studiums auf Antrag möglich."
Evangelische Hochschule für Soziale Arbeit und Diakonie, Hamburg		
seit 1971 Ausbildung von Sozialpädagogen/-innen und Diakonen/ Diakoninnen, die Tradition reicht zurück bis zur 1833 von Johann Hinrich Wichern gegründeten „Brüderanstalt"	**Fachbereich**	Soziale Arbeit und Diakonie
	Studiengangs-name	Soziale Arbeit und Diakonie Soziale Arbeit und Diakonie – Frühkindliche Bildung (berufsintegrierend)
	Studiendauer	6, zzgl. 4 Semester für MA-Abschluss
	BA/MA	BA Soziale Arbeit und Diakonie BA Soziale Arbeit und Diakonie – Frühkindliche Bildung (berufsintegrierend) MA Soziale Arbeit – Planen und Leiten
	Berufsbezeich-nung	BA Soziale Arbeit und Diakonie (– Frühkindliche Bildung) und die staatliche Anerkennung als Sozial-pädagoge/-in sowie optional Diakon/Diakonin

„Die Wurzeln des Begriffs ‚Gemeindepädagogik' liegen im Umfeld der dritten Fachbereiche an Evangelischen Fachhochschulen. [...] Für die Praxistheorie dieser Mitar-
beitergruppe bot sich der Begriff ‚Gemeindepädagogik' an."[25]

Es war ein staatlich anerkanntes, fachübergreifendes, interdisziplinäres und
praxisorientiertes Studium entstanden, das theologische, pädagogische und
sozialwissenschaftliche Ausbildungsbausteine mit gemeinde- und religionspädagogischer Praxis verband und somit den Anforderungen an ein modernes
Berufsbild entsprach.

Obwohl diverse Berufsbezeichnungen, u. a. „Gemeindemitarbeiter", „pra-
xisorientierter Fachhochschultheologe", „Gemeindemissionar", „Pädagoge im
Kirchendienst" oder „Religionspädagoge mit pädagogisch-theologischem
Schwerpunkt" diskutiert wurden, empfahl die EKD-Fachhochschulkommission die einheitliche Berufsbezeichnung „Gemeindepädagogin bzw. Gemeindepädagoge", die sich bis heute nicht überall durchgesetzt hat. Bundesweit
einheitlich war allerdings der akademische Titel „Religionspädagoge/-in".

Eine in dieser Form qualifizierte Mitarbeiterschaft verlangte nach veränderten Strukturen der kirchlichen Berufe. Statt eines Allround-Integrationspfarr-
amtes mit einer untergeordneten, minder angesehenen Helferschaft wurde ein
gleichrangiges Miteinander qualifizierter Berufe als „Dienstgemeinschaft" gefordert.

„Alle am Dienst der Kirche beteiligten Mitarbeiter sind Angehörige des Pfarramtes.
[...] Die gesonderte Bewertung von Funktionen der Wortverkündigung, Sakramentsverwaltung und Kasualpraxis gegenüber den Funktionen der Lebenshilfe und Beratung, der Bildung und Erziehung usf. ist nicht mehr vertretbar. Voraussetzung für die
gleiche Bewertung ist die Bezogenheit aller Funktionen auf die gemeinsame Aufgabe."[26]

Es ist eine bis heute anhaltende Diskussion, inwiefern diese Vorstellung von
gleichrangigen Berufen eine tragfähige Vision von Kirche darstellt.

---

25 Karl Foitzik, Gemeindepädagogik. Problemgeschichte eines umstrittenen Begriffs,
Gütersloh 1992, 61.
26 Aschenbrenner / Buttler (s. o. Anm. 18), 50 f.

10.2.3 Die „großen Aufgaben einer kleiner werdenden Gemeinde" – Zur Entwicklung der gemeindepädagogischen Ausbildung in Ostdeutschland

Nahezu zeitgleich zur Ausbildungsreform in Westdeutschland wurde auch im „Bund der Evangelischen Kirchen" (BEK) in der DDR eine veränderte Ausbildung kirchlicher Mitarbeitender diskutiert. „Wir gehen davon aus, daß wir in 20 Jahren ungefähr so viele hauptamtliche Mitarbeiter für den mannigfaltigen Dienst am Wort haben werden, wie wir heute bezahlte Pfarrstellen haben."[27] Hintergrund dieser Prognose einer rapide reduzierten kirchlichen Mitarbeiterschaft war der Marginalisierungsprozess, dem die ostdeutschen Kirchen durch die aggressiv kirchenfeindliche Politik der SED seit den 1950er Jahren ausgesetzt waren. Sinkende Tauf- und Konfirmationszahlen und massive Kirchenaustritte ließen die Kirchenmitgliedschaft von 80 auf unter 30 Prozent sinken. „Die Mehrzahl der Christen war dem staatlich ausgeübten Druck nicht gewachsen und wollte den Benachteiligungen und Schikanen, denen sie als Christ ausgesetzt waren, entgehen. Nach zehn Jahren totalitärer Machtausübung war der Prozeß der Resignation und Zermürbung weit vorangeschritten".[28]

Auf diese Situation sollten neue theologisch-pädagogische Konzepte (u. a. die „Konzeption des konfirmierenden Handelns der Gemeinde" 1973/75, die „Kirche als Lerngemeinschaft" 1974) und besonders eine zeitgemäße Ausbildung kirchlicher Mitarbeitender reagieren.

> „Zur gleichen Zeit erscheint profilbildend der Begriff Gemeindepädagogik, der u. a. die bisherigen katechetischen Traditionen nicht eliminiert, aber entgrenzt und pädagogisch anschlußfähig zu machen versucht, [...] Die ‚Pünktlichkeit' dieses Paradigmenwandels in jenen Jahren hat die inzwischen erreichte Minderheitensituation christlicher Gemeinden mit ihren Marginalisierungs- und Auszehr-Erscheinungen zur Voraussetzung, die in jener zweiten DDR-Generation Fragen provozierte, für

---

27 Werner Krusche, Die große Aufgabe der kleiner werdenden Gemeinde – Konsequenzen für die Ausbildung kirchlicher Mitarbeiter, Referat auf der 3. Tagung der 2. Synode des BEK vom 26. bis 30. September 1975 in Eisenach, in: Kirche als Lerngemeinschaft. Dokumente aus der Arbeit des BEK in der DDR, Berlin 1981, 126–139, 128.
28 Detlef Pollack, Kirche in der Organisationsgesellschaft. Zum Wandel der gesellschaftlichen Lage der evangelischen Kirchen in der DDR, Stuttgart/Berlin/Köln 1994, 150.

welche die bisherigen Konzepte von Unterweisung als ‚Einübung in Gemeinde' nicht mehr ausreichten."[29]

Angesichts des beschriebenen Traditionsabbruchs und der Minimierung der volkskirchlichen Basis wurde 1970 der Ausbildungs- und Gemeindekommission im BEK der Auftrag erteilt, eine „Gesamtkonzeption der kirchlichen Ausbildung" vorzulegen. Auf dem Weg zu dieser neuen Ausbildungs- und Berufsstandsstruktur fand 1974 die Synode des BEK in Potsdam-Hermannswerder statt. Programmatisch hatte man sich das Thema „Kirche als Gemeinschaft der Lernenden" gestellt. Wollten die ostdeutschen Kirchenvertreter und -vertreterinnen Kirche nicht (mehr) als *Lehr*gemeinschaft (nach CA VII ist Kirche „... in qua evangelium pure *docetur* ..."), sondern nunmehr als Gemeinschaft von Lernenden im Glauben (gemeint ist damit das Lernen der Kirche als Lernen jedes Christen in der Nachfolge) verstehen? Dieses Selbstverständnis der „Kirche als Lerngemeinschaft" der so genannten „Lernsynode" war auch für die 1975 vorgelegte Ausbildungsreform leitend. Auch wenn vielerlei Gründe dazu führten, dass letztlich das „Ziel partizipativen Lernens in eine praktikable und umfassende Ausbildungsreform umzumünzen" verpasst wurde,[30] stand hinter der Ausbildungskonzeption doch die Idee einer Gemeinschaft geistlich gleichrangiger Mitarbeitender.

1975 in Eisenach, zur so genannten „Ausbildungssynode", schlug Bischof Werner Krusche die „Gemeinschaft von vier gleichrangigen Diensten" vor: der/die Gemeindetheologe/-in, der/die Gemeindepädagoge/-in, der/die Gemeindefürsorger/-in und der/die Gemeindemusiker/-in sollten als vier gleichwertige Berufe die traditionelle Dominanz des Pfarramtes relativieren. Jeder dieser vier Mitarbeitenden war zugleich Generalist/-in und Spezialist/-in. In der Ortsgemeinde hatte man eine „pastorale Elementarfunktion" zu begleiten.

> „Die ‚Bezugsperson' müßte also in der Lage sein, [...] die Schrift auszulegen und mit dieser Gruppe von Menschen die Botschaft eines biblischen Textes herauszuarbeiten und anzueignen; sie müßte Abendmahlsfeier leiten, Seelsorge üben und also auch taufen, trauen und Beerdigungen halten können"[31].

---

29 Roland Degen, Die Entdeckung der pädagogischen Dimension kirchlichen Handelns, in: Eckhart Schwerin / Hans-Hermann Wilke (Hg.), Aufbrüche und Umbrüche. Zur pädagogischen Arbeit der evangelischen Kirchen seit der Wende, Leipzig 1998, 17–31, 21.
30 Martin Steinhäuser, „Kirche als Lerngemeinschaft" – eine praktisch-ekklesiologische Leitformel der Gemeindepädagogik in kritischer Rekonstruktion, in: epd-Dokumentation 1/2000, Gemeindepädagogik – 20 Jahre reale Utopien?!, Frankfurt/M., 3–10, 7.
31 Krusche (s. o. Anm. 27), 134.

Daneben sollten diese vier Spezialistinnen und Spezialisten in einer größeren Region zusammen wirken: für Verkündigung (als Gemeindetheologe/-in und Gemeindepädagoge/-in), für die sozial-diakonische Arbeit als Gemeindefürsorger/-in und für die gesamte musisch-künstlerische Tätigkeit als Gemeindemusiker/-in. Selbständige Arbeit in der Ortsgemeinde einerseits und die regionale Zusammenarbeit andererseits bildeten das Grundgerüst dieser Doppelfunktion der Mitarbeitenden im Verkündigungsdienst. Für beide Aufgabenschwerpunkte brauchte es sowohl eine theologisch-wissenschaftliche Grundausbildung und eine je eigene praxisorientierte Spezialausbildung.[32] Freilich lag in dieser Doppelfunktion auch die Gefahr, dass „der Generalist den Spezialisten verschlingt", d. h., die Aufgaben in der Ortsgemeinde einen solch großen Raum einnehmen und mögliche Spezialaufgaben dahinter zurücktreten. Es stellt sich weiterhin die Frage, was das Berufsbild des/der Gemeindetheologen/in bzw. Gemeindepfarrers/in auszeichnet, wenn alle Mitarbeitenden im Gemeindedienst auch Verkündigungsaufgaben übernehmen.

Zur Umsetzung dieses Konzepts wurde das bereits bestehende Kirchliche Seminar Eisenach ab 1980 neu ausgerichtet[33] und eine eigenständige gemeindepädagogische Ausbildungsstätte 1979 in Potsdam gegründet und das Berufsbild der (ordinierten) Gemeindepädagogin bzw. des (ordinierten) Gemeindepädagogen geschaffen:

> „Wir brauchen [...] Mitarbeiter, die es methodisch gelernt haben, vom Evangelium her auf den Menschen zuzugehen – und mit ihm umzugehen; die die wichtigsten Ergebnisse der Humanwissenschaften – besonders der Psychologie, Soziologie, der Pädagogik – theologisch zu reflektieren wissen und davon in Seelsorge, Beratung und altersspezifischer Gruppenarbeit Gebrauch zu machen vermögen."[34]

Zu den „großen Aufgaben einer kleiner werdenden Gemeinde" und Kirchen in dieser Zeit gehörten veränderte Berufsbilder und eine „nicht allein auf das Pfarramt sehende Gemeindeentwicklung".[35] Aus dieser umfassenden Ausbildungs- und Berufsstandsreform dieser Jahre ist das Selbstverständnis der ostdeutschen Kirchen geblieben, eine „Kirche als Lerngemeinschaft" zu sein, auch wenn die Ausbildungs- und Berufsstrukturreform als Ganze nie verwirk-

---

32 Gesichtspunkte zur Ausbildung hauptberuflicher Mitarbeiter im Verkündigungsdienst, verabschiedet auf der 3. Tagung der 2. Synode des BEK in der DDR, Eisenach, 30. 9. 1975, zitiert nach: Aschenbrenner / Foitzik (s. o. Anm. 22), 216–218.
33 Es entstand eine vierjährige gemeindepädagogische Ausbildung, die bis 1994 Gemeindepädagogen/-innen ausbildete.
34 Krusche (s. o. Anm. 27), 132.
35 Henning Schröer, Gemeindepädagogik wohin? Bilanz einer realen Utopien, in: Jahrbuch der Religionspädagogik, Neukirchen-Vluyn Bd. 12/1995, 161–177, 175.

licht wurde. Ob als Kirchenmusikerinnen oder Jugendmitarbeiter, als Sozialdiakonin oder Erzieherin, als Gemeindepädagoge oder Gemeindepfarrerin – als Gemeindemitarbeitender war man auch Mitarbeitender im Verkündigungsdienst und bildete die Gemeinschaft der Dienste. Eine wissenschaftliche Ausbildung, die Kooperation und Vernetzung auf regionaler Ebene, die Beauftragung und Ordination[36] gehören zum Selbstverständnis dieser Lerngemeinschaft.

10.2.4 Amt und Ordination

Die Reformdebatte zum gemeindepädagogischen Berufsbild der 1970er Jahre nahm sich die funktionale Vielfalt neutestamentlicher Ämter zum Vorbild. Unterschiedlich ausgebildete Mitarbeitende im Gemeinde- und Verkündigungsdienst konnten nach klaren Regelungen gemeinsam ordiniert werden. Sie alle versehen das „Gemeinsame Pastorale Amt",[37] sind für ihren Dienst entsprechend vorbereitet und bringen die berufsspezifischen Kompetenzen im Team ein.

> „Der Herr gibt seiner Kirche die Freiheit und stellt es in ihre Verantwortung, zu überlegen und zu entscheiden, welche Funktionen der Evangeliumsmitteilung sie institutionell ordnen, wie sie sie bündeln und personal verteilen, welche Auftragsschwerpunkte sie setzen, für welche Auftragsfelder sie eigene kirchliche Berufe und damit besondere Ausbildungen vorsehen will, [...] Zu diesem Dienst müßte ordiniert werden – er schließt ja die Funktionen ein, die wir heute als öffentliche Wortverkündigung und Sakramentsverwaltung bezeichnen."[38]

Man entschied, dass die gemeindepädagogischen Arbeitsfelder auch zur öffentlichen Verkündigung und Sakramentsverwaltung gehören. Damit knüpfte man an das Augsburger Bekenntnis an. „Vom Kirchenregiment (kirchlichen Amt) wird gelehrt, dass niemand in der Kirche öffentlich lehren oder predigen oder die Sakramente reichen soll ohne ordnungsgemäße Berufung" (CA XIV).

---

36 Eine Ordination von Gemeindepädagoginnen und Gemeindepädagogen nach absolviertem Vikariat wurde durch Kirchengesetz eingeführt in der Ev. Kirche in Berlin-Brandenburg-schlesische Oberlausitz, der Ev.-Luth. Landeskirche Mecklenburgs (bis 2005) sowie in der Ev. Kirche der Kirchenprovinz Sachsen (seit 2009 mit Ev.-Luth. Landeskirche in Thüringen zur Ev. Kirche in Mitteldeutschland zusammengeschlossen).
37 Seit 2005 gibt es in der Ev. Kirche im Rheinland ein Kirchengesetz zum „Gemeinsamen Pastoralen Amt", Günter Ruddat, Das Gemeinsame Pastorale Amt im Rheinland, in: PrTh 44 (2009), 49–53.
38 Krusche (s. o. Anm. 27), 126, 134.

Der Öffnung der Ordination für bestimmte gemeindepädagogische Abschlüsse in einzelnen Landeskirchen bzw. der Ordination in das Predigtamt, für das nicht zwingend ein berufsförmiges Pfarramt vorausgesetzt wird (Evangelische Kirche im Rheinland) steht die Haltung vor allem lutherisch geprägter Kirchen entgegen. Die „Empfehlung der Bischofskonferenz der VELKD" von 2006 weist in eine andere Richtung, indem sie unterscheidet zwischen der *Ordination* in ein „Amt der öffentlichen Verkündigung zur Wahrnehmung eines die gesamten pfarramtlichen Aufgaben umfassenden Dienstes" einerseits und einer *Beauftragung* „weitere[r] Personen, denen das Amt der öffentlichen Verkündigung übertragen wird"[39] (damit sind vor allem die Prädikantinnen und Prädikanten gemeint, die für einen bestimmten Ort und eine bestimmte Zeit [„pro loco et pro tempore"] beauftragt werden). Darüber hinaus werden vom „Amt der öffentlichen Verkündigung" (ordiniert oder beauftragt) diejenigen Dienste unterschieden, die lediglich eine „*Mitwirkung*" an der öffentlichen Verkündigung" aufweisen („z. B. das Kantoren- und das Küsteramt"). Völlig unterbestimmt bleibt die Rolle von Diakonen/-innen und Gemeindepädagogen/-innen:

> „Die Ämter der Diakone und Diakoninnen sowie der Gemeindepädagogen und Gemeindepädagoginnen haben nicht teil am Amt der öffentlichen Verkündigung, da sie anders gefüllt sind [...] sofern [sie] nicht eine eigene Beauftragung als Prädikantinnen bzw. Prädikanten haben"[40].

Waren vielfältige parochiale und außerparochiale „kirchliche Orte" in den 1970er Jahren Orte, an denen das Evangelium öffentlich kommuniziert und verkündigt wird, so ist das in der Empfehlung der lutherischen Bischofskonferenz 2006 nunmehr einzig und allein dem Gottesdienst als öffentlich allen Menschen zugänglicher Raum vorbehalten. Aus Sicht der theologisch wie pädagogisch ausgebildeten modernen Berufsbilder in der Gemeindepädagogik und Diakonie kann dies als eine Engführung und Rückfall verstanden werden, der Gefahr läuft, die Einheit des einen Amtes nach CA V aufzugeben zugunsten einer Differenzierung in das höher zu bewertende Pfarramt und „mitwirkende" Dienste.

Dem gegenüber steht eine Argumentation, in der das eine Amt der Kirche (Verkündigung) von unterschiedlich qualifizierten Berufen (Ämtern) wahrgenommen wird. Im Anschluss an die Barmer Theologische Erklärung [→ siehe

---

39 Ordnungsgemäß berufen. Eine Empfehlung der Bischofskonferenz der VELKD zur Berufung zu Wortverkündigung und Sakramentsverwaltung nach evangelischem Verständnis, VELKD Texte 136/2006, Hannover, 18.
40 A. a. O., 20.

zu These III, Kap. 1, 2.7] schreibt Henning Schröer von dem einen der Gemeinde übertragenen Dienst, der zu verschiedenen Ämtern (Berufen) führt:

„Prinzipiell ist Barmen III und IV mit seiner Pointierung der ‚Geschwisterlichkeit‘ und der ‚herrschaftskritischen Tendenz‘: nicht viele Dienste und ein Amt, etwa das Pfarramt, sondern ein ‚der ganzen Gemeinde anvertrauter und befohlener Dienst‘ und viele Ämter, eine tragfähige theologische Basis der Gemeindepädagogik."[41]

Die IV. These der Barmer Theologischen Erklärung von 1934 lautet mit Bezug auf Mt 20,25.26: „Die verschiedenen Ämter in der Kirche begründen keine Herrschaft der einen über die anderen, sondern die Ausübung des der ganzen Gemeinde anvertrauten und befohlenen Dienstes. Wir verwerfen die falsche Lehre, als könne und dürfe sich die Kirche abseits von diesem Dienst besondere, mit Herrschaftsbefugnissen ausgestattete Führer geben und geben lassen."
Diese These besagt, dass die Leitung der Kirche durch „verschiedene Ämter" ausgeübt wird. Kirche ist nicht Kirche weniger Amtsträger (Führer), die für alle handeln, leiten oder sprechen. Die Ausbildungsreform der 1970er Jahre unternahm den Versuch, diese jahrhundertealte Tradition zu überwinden, das eine Amt der Kirche mit dem Pfarramt zu identifizieren und alle anderen Ämter und kirchlichen Berufe als „Entfaltung" aus diesem einen Amt anzusehen. Diese zukunftsweisende Lesart der Barmer Erklärung ist für Gemeindepädagogik wichtig, weil sich die vielfältigen und wandelbaren kirchlichen Berufe in den einen Dienst der Kirche einbringen – funktional, dienst- und arbeitsrechtlich wie finanziell einander angeglichen. Durch die gemeindepädagogische Arbeit werden Menschen eingeladen und befähigt, sich auch ehrenamtlich in den einen kirchlichen Dienst einzubringen.

10.2.5 Gemeindepädagoginnen und Gemeindepädagogen werden „mündig" – ein Fazit

„Wollen wir die Kommunikation des Evangeliums [...] zur vollen Entfaltung bringen, dann brauchen wir die Mitarbeiter, die es studiert und geübt haben, wie eine Gruppe zu eigener Initiative angeregt werden kann, wie Gemeindeglieder ermutigt und befähigt werden, mitzureden – vor der aufgeschlagenen Bibel ebenso wie bei der Organisation des Gemeindefestes und ebenso in der politischen Diskussion. So wie die traditionelle Gemeindeebene durch den Pfarrer repräsentiert wird, so braucht ebenso die Alternativebene die personale Repräsentation durch einen hauptberuflichen und speziell dafür ausgebildeten Mitarbeiter, den Gemeindepädagogen. Die Berufsrolle des Gemeindepädagogen definiert sich nicht in erster Linie aus bestimmten Arbeitsfeldern, sondern durch einen bestimmten, auf Integration ausgerichteten Stil der Kommunikation des Evangeliums."[42]

---

41 Schröer (s. o. Anm. 35), 171 f.
42 Ferdinand Barth, Die Theorie der Gemeindepädagogik und die Berufsrolle des Gemeindepädagogen, in: ders. (Hg.), Gemeindepädagogik im Widerstreit der Meinungen, Schritte Nr. 2, Darmstadt 1989, 9–23, 22.

Ferdinand Barth schreibt hier Gemeindepädagoginnen und Gemeindepädagogen u. a. eine kommunikative Fähigkeit zu, zwischen den theologischen Fragen (im Gottesdienst) und der konkreten Alltagswelt der Gemeindmitglieder zu vermitteln. Das erinnert an die ostdeutsche Diskussion, wie sie von Jürgen Henkys eingebracht wurde, der die Schwerpunkte des Gemeindetheologen im „kerygmatisch-hermeneutischen Dienst" mit seinen „auf das Verstehen bezogenen Aufgaben" dem „kerygmatisch-pädagogischen Dienst" des Gemeindepädagogen mit „den auf das Verständlichmachen bezogenen Aufgaben" gegenüber stellte. „Interpretation des Glaubens unter den geistigen [Bedingungen], Interaktion des Glaubens unter den sozialen Bedingungen der Gegenwart"[43] brauchten einen je eigens dafür ausgebildeten Beruf, die Gemeindetheologin und den Gemeindepädagogen. Barth und Henkys bescheinigen bereits in den 1980er Jahren Gemeindepädagoginnen und Gemeindepädagogen eine religiöse Deutekompetenz, die im Verstehen sozialer und soziologischer Prozesse in einer sich wandelnden Gesellschaft besteht. Beide Autoren fordern ein gemeindepädagogisches Berufsbild, das sich nicht in erster Linie an Arbeitsfeldern (im kirchlichen Unterricht, der sektoralen Gruppen- und Freizeitarbeit) orientiert, sondern das kompetenzorientiert in „Integration" und „Interaktion", also in der Begegnung zwischen Kirche und Welt tätig ist.

Nicole Piroth hat Nutzerinnen und Nutzer kirchlicher Angebote befragt, was gemeindepädagogische Professionalität in Abgrenzung zum Pfarrer und zur Sozialpädagogin auszeichnet. Gemeindepädagogische Mitarbeitende können Menschen miteinander ins Gespräch bringen, Konflikte moderieren, indem sie partizipatorisch leiten (Kommunikations- und Sozialkompetenz). Durch gemeindepädagogische Arbeit können Menschen aller Generationen sich einbringen – sie erhalten Raum, Zeit, Know-How und Unterstützung, Beratung und Feedback (Handlungskompetenz). Besonders Ehrenamtliche schätzen den Rückhalt, ein „Ressourcenmanagement und die Vernetzung" für ihr Engagement. Gemeindepädagogische Praxis ist durch ein pädagogisches Konzept, die Fähigkeit zur Arbeit im Team und ein theologisches Können (Sachkompetenz) qualifiziert. Formen „gelebter Religion" knüpfen an Alltagserfahrungen an und bieten von hier aus und „auch außerhalb fest definierter Rituale Gelegenheiten zu biographischer Selbstreflexion, Umorientierung und Begleitung".[44] Diese Form der „biographisch-reflexiven Funktion der Religion"

---

43 Jürgen Henkys, Gemeindepädagogik in der DDR, in: Gottfried Adam / Rainer Lachmann (Hg.), Gemeindepädagogisches Kompendium, Göttingen 1987, 55–86, 65.
44 Nicole Piroth, Gemeindepädagogische Möglichkeitsräume biographischen Lernens. Eine empirische Studie zur Rolle der Gemeindepädagogik im Lebenslauf, Münster 2004, 287.

als „lebensbegleitende, ermöglichende und unterstützende pädagogische Arbeit [...] bildet damit auch das Hauptprofil gemeindepädagogischer Tätigkeiten und Kompetenzzuschreibung".[45]

10.3 Gemeinwesenarbeit und Gemeinwesendiakonie

Betonten bereits 1970 Aschenbrenner und Buttler, dass eine ausschließlich auf die Parochie bezogene Berufsfunktion der gemeindebezogenen Mitarbeitenden diese in ihren Berufsvollzügen zu stark begrenze und damit „nicht selten auf eine religiös und sozial verengte *Kerngemeinde*"[46] beziehe, so findet man jedoch auch im aktuellen gemeindepädagogischen Stellenmarkt Ausschreibungen mit einem auf das Gemeinwesen bezogenen Arbeitsschwerpunkt noch eher selten.

> Da wird eine Sozialpädagogin oder ein Diakon gesucht, die/der gemeinsam mit Stadtteilinitiativen ein Familienzentrum im Gemeindehaus aufbaut. Hierdurch sollen sämtliche Aktivitäten für von Armut betroffene Kinder und Familien gebündelt werden. Die Sozialberatung, die Mitarbeit in einem multiprofessionellen Team, die Koordinierung von stadtteilbezogenen Aktivitäten (Freiwilligenagentur, Café, Kleiderkammer, Wäscherei, Suppenküche und Tauschbörse etc.) und der Kontakt zu den Schulen gehören zum Aufgabenspektrum. Hierfür braucht es eine selbständige und eigeninitiative Mitarbeitende.
>
> Eine Kirchengemeinde möchte sich am Städtebauförderprogramm „Stadtteile mit besonderem Entwicklungsbedarf – Soziale Stadt" beteiligen und sucht eine Gemeinwesenarbeiterin oder einen Quartiersmanager. Gewünscht sind die Moderation von Stadtteilkonferenzen, die Begleitung und Vernetzung bestehender und die Entwicklung neuer nachbarschaftlicher Initiativen und Projekte zur Stadt(teil)gestaltung. In Zusammenarbeit mit den Bürgervereinen, Verwaltung und Politik sollen dafür Finanzen eingeworben werden. Für diese Aufgaben ist eine Person mit kommunikativen und (sozial-/gemeinde-)pädagogischen Kompetenzen bestens geeignet.

Diese Beispiele zeigen, bei welchen Themen sich Kirchengemeinden im Gemeinwesen und Quartier einmischen. Die klassischen Felder der Gemeinwesenarbeit (GWA) sind bis heute die Bekämpfung der wachsenden Armut und des Prekariats, die Integration von Langzeitarbeitslosen in den Arbeitsmarkt, der „Widerstand gegen die Kahlschlagsanierung" (Gerhard Wegner) in den Großstädten oder die Verbesserung von Bildungschancen. Daneben sind Kirchengemeinden heute von Überalterung betroffen und engagieren sich für al-

---

45 A. a. O., 230.
46 Aschenbrenner / Buttler (s. o. Anm. 18), 50.

tersgerechte Stadtteile und eine quartiersnahe Altenhilfe. Vielfältige Aktions-
programme von Bund und Ländern, von Kirche und Diakonie (u. a. „Soziale
Stadt", „Mehrgenerationenhäuser", „Kiez, Viertel, Quartier – Kirche mittendrin") wollen die verschiedenen Akteure bei Themen wie Gewalt, rechtsext-
reme und fremdenfeindliche Einstellungen, Integration/Inklusion, Isolation,
Ausgrenzung und Stigmatisierung im Sozialraum zusammen bringen. In Rückgriff auf Thomas Rauschenbach unterstützt Theodor Strohm

> „‚eine neue, sekundäre lebensweltliche Aneignung des Sozialen und der Solidarität
> unter den Bedingungen der Moderne, *außerhalb* und *unterhalb* der Expertenkultu-
> ren.' Die Bemühung, soziale Verantwortung zu reintegrieren in lebensweltliche Kon-
> texte, soziale Kompetenz als Bildungsaufgabe zu begreifen, bedeutet weder einen
> Rückfall in deregulierte private Zuständigkeiten, noch einen Abbau sozialstaatlicher
> Hilfeleistungen. Es bedeutet aber, dass die Systemwelt die Lebenswelt nicht weiter
> kolonialisiert, sondern dass beide Wirklichkeiten sich lebendig aufeinander bezie-
> hen und so ihre Gemeinwohlverpflichtung erfüllen."[47]

Dieses Zitat plädiert für einen Perspektivwechsel: Statt einer maßnahmenbe-
zogenen Sozialen Arbeit möchte Strohm Gelegenheiten zur Beteiligung und
für ein Handeln vieler Menschen im Stadtteil schaffen. Hier soll der Abstand
von organisiertem Handeln und lebensweltlichem Engagement im Interesse
der Betroffenen überwunden werden. Gerade in gemeinwesenbezogenen Initiativen und Aktivitäten setzen sich Menschen für sich selbst und für andere
im sozialen Nahraum ein [→ Kap. 12]. Konkrete Hilfe verlagert sich in die
Nähe der Betroffenen. Kirche und Diakonie betrachten die Entwicklung des
Quartiers, die Unterstützung einer „neuen Sozialkultur" (Theodor Strohm) als
ureigene kirchliche Aufgabe. Seit wann diese stadt- und gemeinwesenbezogenen Arbeitsfelder durch Kirche und Diakonie (wieder)entdeckt wurden, kann
ein Blick in die Geschichte zeigen.

10.3.1 Historische Vorläufer der Gemeinwesenarbeit

Die Settlement-Bewegung des 19. Jh.s in England und den USA wird als historischer Vorläufer für die GWA bezeichnet.[48] Junge Akademiker (Pfarrer, Lehrer,
Juristen und Studierende) zogen in klassische Arbeiterquartiere um und woll-

---

47 Theodor Strohm, „Wichern drei" – auf dem Weg zu einer neuen Kultur des Sozialen,
in: Volker Herrmann / Martin Horstmann (Hg.), Wichern drei – gemeindediakonische
Impulse, Neukirchen-Vluyn 2010, 17–22, 20.
48 J. Jaak Boulet / E. Jürgen Krauss / Dieter Oelschlägel, Gemeinwesenarbeit. Eine
Grundlegung, Bielefeld 1980, 6–56.

ten durch nachbarschaftliche Kontakte, aber besonders durch vielfältige Bildungsangebote (gemeinsame Wanderungen, Theaterbesuche, Vorträge und Diskussionsabende etc.) die soziale Spaltung in den Städten (London, Glasgow, Manchester und Liverpool; New York; in Deutschland folgten das „Hamburger Volksheim" und die „Soziale Arbeitsgemeinschaft Berlin Ost"/SAG) und „den Bedeutungsverlust der Kirche für die Arbeiterschaft überwinden helfen".[49] In den 1920er und 1930er Jahren entwickelt sich die Volksheimbewegung weiter und Formen der Jugendarbeit und Erwachsenenbildung entstehen. Nach dem Zweiten Weltkrieg entstehen parallel das „Community-Organization"-Progamm in den USA und das „Opbouwwerk" in den Niederlande, die „auf die Verbesserung der sozio-kulturellen Umgebung gerichtet sind und dies in methodischer Weise unter fachkundiger Begleitung tun, während zugleich die Bevölkerung an diesem Prozess aktiv teilnimmt."[50] Von der amerikanischen und niederländischen Arbeit inspiriert, tritt in Deutschland in den ausgehenden 1960er Jahren und frühen 1970er Jahren das „Arbeitsprinzip GWA"[51] als „dritte Methode" der Sozialarbeit neben die Einzelfallhilfe und die soziale Gruppenarbeit. Auch wenn schon nach kurzer Zeit neben die GWA andere Konzepte wie Sozialraumorientierung, stadtteilbezogene Sozialarbeit oder Quartiersmanagement treten, so fließen wesentliche Prinzipien der GWA in diese neuen Ansätze ein.

Gemeinwesenarbeit ist „eine sozialräumliche Strategie, die sich ganzheitlich auf den Stadtteil und nicht pädagogisch auf einzelne Individuen richtet. Sie arbeitet mit den Ressourcen des Stadtteils und seiner Bewohner, um seine Defizite aufzuheben. Damit verändert sie dann allerdings auch die Lebensverhältnisse seiner Bewohner/innen".[52]
„In der **Sozialraumorientierung** geht es darum, [...] Lebenswelten zu gestalten und Arrangements zu kreieren, die dazu beitragen, dass Menschen auch in prekären Lebenssituationen zurechtkommen."[53]
„**Gemeinwesendiakonie** beschreibt somit eine Gestalt kirchlich-diakonischer Arbeit, die von Kirchengemeinden und Kirchenkreisen, von diakonischen Diensten und Einrich-

---

49 Arnd Götzelmann, Kirchliche Gemeinwesenarbeit, in: Herrmann / Horstmann (s. o. Anm. 47), 31–45, 35.
50 Jo Boer / Kurt Utermann, Gemeinwesenarbeit. Community Organization – Opbouwwerk. Einführung und Theorie, Stuttgart 1970, 15.
51 Boulet / Krauss / Oelschlägel (s. o. Anm. 48).
52 Dieter Oelschlägel, Aktuelle Entwicklungen in der Gemeinwesenarbeit unter besonderer Berücksichtigung der neuen Bundesländer, in: Wolfgang Hinte / Maria Lüttinghaus / ders. (Hg.), Grundlagen und Standards der Gemeinwesenarbeit. Ein Reader zu Entwicklungslinien und Perspektiven, Weinheim/München 2007, 99–128, 111.
53 Wolfgang Hinte, Von der Gemeinwesenarbeit zur Sozialraumorientierung, in: Herrmann / Horstmann (s. o. Anm. 47), 25–30, 27 (Hervorhebung HK).

tungen gemeinsam getragen wird und in der mit weiteren Akteuren kooperiert wird. Sie nimmt den Stadtteil in den Blick, orientiert sich an den Lebenslagen der Stadtteilbewohner und öffnet sich so zum Gemeinwesen hin. Gemeinsames Handeln von verfasster Kirche und organisierter Diakonie setzt eine strategische Zusammenarbeit voraus, um Klienten-, Mitglieder- und Gemeinwesenorientierung in Balance zu bringen."[54]
„Die **diakonische Gemeinde** will dafür Sorge tragen, dass jede und jeder Einzelne, seine diakonische Gabe und Aufgabe erkennt und wahrnimmt. [...] Sie macht Hilfsbedürftige nicht zu Objekten, sondern sieht sie als Subjekte und strebt eine Beziehung in Freiheit an."[55]

Was will die GWA leisten? GWA ist gekennzeichnet durch eine Lobby für das Gemeinwesen, die Mitbestimmung und Aktivierung aller Bevölkerungsgruppen und Nachbarschaften bei Entscheidungen im Quartier, selbst tragende Strukturen als „Hilfe zur Selbsthilfe" oder das solidarische Eintreten von Sozialarbeitern, Pfarrerinnen und anderer für die Eigeninitiative und das Empowerment von benachteiligten Personengruppen im Gemeinwesen. Für solch eine zielgruppenübergreifende und vernetzte Arbeit braucht es Gemeinwesenarbeiter als „Lernhelfer". „Das kann so aussehen, daß [...] [der Gemeinwesenarbeiter] Lernsituationen schafft, schrittweise Kompetenzen an die Betroffenen vermittelt, Lernprozesse organisiert."[56]

10.3.2 Kirchliche Gemeinwesenarbeit und Gemeinwesendiakonie

Seit den späten 1960er Jahren wird GWA an Universitäten und auch an kirchlichen Fachhochschulen gelehrt. Das Burckhardthaus Gelnhausen bot Langzeitfortbildungskurse an. In sozialen Brennpunkten der großen Städte, aber besonders in Neubauvierteln gründen sich in Kirchengemeinden Projekte der kirchlichen GWA. Theologisch wird sie durch die Formel von Dietrich Bonhoeffer „Kirche für andere" und „Kirche für die Welt" im Ökumenischen Rat der Kirchen und durch die lateinamerikanische Befreiungstheologie befruchtet.[57]

---

54 Martin Horstmann / Elke Neuhausen, Mutig mittendrin. Gemeinwesendiakonie in Deutschland. Eine Studie des Sozialwissenschaftlichen Instituts der EKD, Münster 2010, 5 (Hervorhebung HK).
55 Renate Zitt, Auf der Suche nach einer diakonischen Gemeinde, in: Volker Herrmann / Martin Horstmann (Hg.), Studienbuch Diakonik, Bd. 2: diakonisches Handeln, diakonisches Profil, diakonische Kirche, Neukirchen-Vluyn 2006, 207–226, 221 (Hervorhebung HK).
56 Boulet / Krauss / Oelschlägel (s. o. Anm. 48), 202.
57 Vgl. Günter Ruddat / Gerhard K. Schäfer, Diakonie in der Gemeinde, in: dies. (Hg.), Diakonisches Kompendium, Göttingen 2005, 203–227.

„Institutionelle Basis für diese diakonische Gemeindeentwicklung wurde der Verein
für Gemeindediakonie. Räumlich wurde die Arbeit in einer Baracke begründet, die
zentral lag und als öffentliches Café Verwendung fand. Es [...] wurde mit Unterstützung von Ehrenamtlichen betrieben, die durch die beiden Hauptamtlichen geschult
wurden. [...] Der Gemeinwesenarbeiter begründete die gemeindliche Kinder- und
Jugendarbeit, den Club der Älteren, er baute die Gemeindekrankenpflege und eine
Informationsarbeit auf, bot Einzelfallhilfen an und wirkte an Themengottesdiensten
zu Armut und Minderheitenfragen mit. Er bildete sich berufsbegleitend in GWA im
Burckhardthaus in Gelnhausen fort und wirkte in einem Arbeitskreis seiner Landeskirche für GWA mit. Mit den Monaten veränderte sich sein Selbstverständnis. Er
verstand seine Arbeit nicht mehr nur als Entwicklung gemeindlicher Diakonie, sondern als gesamtgesellschaftlichen Auftrag am ganzen Gemeinwesen. Die Kirchengemeinde sollte sich seiner Ansicht nach als gesellschaftliche Kraft politischer Veränderung hin zu mehr sozialer Gerechtigkeit verstehen. [...] Dienstlich wollte der Gemeinwesenarbeiter nicht Hilfskraft des Pfarrers, sondern eigenständiger kirchlicher
Mitarbeiter und gleichberechtigter hauptamtlicher Partner sein."[58]

Arnd Götzelmann beschreibt das Potenzial, jedoch auch die Konflikte, die es
vielerorts um die kirchliche GWA gab und gibt. Christian Möller ordnet GWA,
neben Gemeindeberatung und Gemeindepädagogik, dem „volkskirchlichen
Gemeindeaufbau" im Gegenüber zum „missionarischen Gemeindeaufbau" zu.
Durch gemeinwesenbezogene Aktivitäten konnte es nach Möller zu Spaltun-
gen innerhalb der Kirchengemeinden kommen und zwar in „zwei Teilgemein-
den, die in Spannung zueinander standen: die eine war eher sakraler, die
andere eher sozialer Natur."[59]

Im Konzept der Gemeinwesendiakonie soll sich die ortsgemeindliche Bin-
nenperspektive mit dem sozialen Raum im Gemeinwesen, in der Region und
Zivilgesellschaft verbinden. Angeregt durch das Bund-Länder-Programm „Soziale Stadt" entwickelt sich seit 2002 (Kongress „Diakonie und soziale Stadt")
und in zahlreichen Veröffentlichungen[60] die Gemeinwesendiakonie als neue
Form kirchlicher GWA in ihrer Verknüpfung der Traditionslinien sozialer Gemeinwesenarbeit und des diakonischen Handelns der Kirche. Diakonische Gemeinden und gemeinwesenorientierte Diakonie wollen mit weiteren Akteuren
„gemeinsam Verantwortung vor Ort und für den Ort wahrnehmen"[61] und Notlagen verhindern helfen. Dafür braucht es eine fachliche Qualifikation.

---

58 Götzelmann (s. o. Anm. 49), 40 f.
59 Christian Möller, Lehre vom Gemeindeaufbau. Bd. 1: Konzepte – Programm – Wege,
Göttingen 1987, 39.
60 Handlungsoption Gemeinwesendiakonie. Diakonie Texte, hg. vom Diakonischen
Werk der EKD e.V., Stuttgart 2007. Herrmann / Horstmann (s. o. Anm. 47),
Horstmann / Neuhausen (s. o. Anm. 54).
61 Horstmann / Neuhausen (s. o. Anm. 54), 5.

10.3.3 Folgerungen für die gemeindepädagogische und diakonische Qualifikation

„Auch in die Aus- und Weiterbildung von Pfarrern, Diakonen und Gemeindepädagogen ist Gemeinwesendiakonie notwendigerweise zu integrieren."[62] Laut der Studie „Mutig mittendrin" haben gemeinwesendiakonische Mitarbeitende drei wesentliche Kompetenzen einzubringen: „Aktivierungs-, Projekt- und Entrepreneurlogik".[63]

Wie in der klassischen GWA so soll gemeinwesendiakonische Arbeit Menschen zu selbst bestimmtem Handeln motivieren (Aktivierungslogik). Das geschieht vielerorts durch dafür personell, finanziell und räumlich ausgestattete Projekte (Projektlogik, [→ vgl. hierzu auch Kap. 6, 2.4]). Gelingende gemeinwesendiakonische Arbeit braucht jedoch Gemeindepädagogen und Diakoninnen, die als Unternehmerinnen und Unternehmer (Entrepreneurlogik) „erfindungsreich", „bissig" und auch in Schwierigkeiten „kreativ" sind.

> „Unternehmerisches Handeln bedeutet im Kern, gestaltend tätig zu sein, Neues zu ermöglichen, die Initiative zu ergreifen. [...] Dabei möchte er etwas Langfristiges, Nachhaltiges kreieren. Der Unternehmer oder Entrepreneur ist in der Lage, an die von ihm erkannten Chancen und seine Kreativität unternehmerisches und planerisches Handeln anzukoppeln. [...] Dies bedeutet dann, vor allem die (hauptamtlichen) Kräfte zu fördern und zu unterstützen, die bereits in diesem Geiste tätig sind. Sie – und nicht so sehr strategische Konzepte, finanzielle Förderprogramme oder zivilgesellschaftliche Programmatiken – sind das Potenzial einer Gemeinwesendiakonie."[64]

Gemeinwesendiakonische und gemeindepädagogische Unternehmerinnen und Unternehmer in diesem Sinne verbinden professionelles Können mit

> „persönlichem Engagement bis hin zur Empathie und zu parteilichen Haltungen [...] Ohne entsprechende Vorstellungen, dass es sich lohnt, sich sozial zu engagieren, um ein besseres Leben für viele Menschen herzustellen, wird es in der Gemeinwesenarbeit trotz allem sicherlich nicht gehen. [...] Insofern ist der Wert von Überzeugungen und Gesinnungen ganz vorne anzusetzen und sie wachsen nirgendwo besser als in ‚Gemeinschaften'."[65]

---

62 Handlungsoption Gemeinwesendiakonie (s. o. Anm. 60), 31.

63 Horstmann / Neuhausen (s. o. Anm. 54), 13 ff.

64 A. a. O., 13 f.

65 Gerhard Wegner, Sozialraumunternehmerinnen und -unternehmer – Neues Denken in der Gemeinwesenarbeit, in: Helga Hackenberg / Stephan Empter (Hg.), Social Entrepreneurship – Social Business: Für die Gesellschaft unternehmen, Wiesbaden 2011, 189–202, 195.

Für eine solche lokal engagierte, an Werten orientierte, selbständige und mit anderen Akteuren vernetzte Tätigkeit sind Gemeindepädagoginnen und Gemeindepädagogen bestens ausgebildet, weil neben der Bildungsarbeit mit Zielgruppen ein Ausbildungsschwerpunkt auf der Projektarbeit liegt. Seit längerem haben sich gemeindepädagogische Aufgaben in die Region und in Projekte auf der Ebene des Dekanats/Kirchenkreises oder der Landeskirche verlagert. Mit der BA-/MA-Reform der Hochschulen ergab sich die Chance, ein kompetenzorientiertes Studium der Gemeinde-/Religions- und Sozialpädagogik zu etablieren [→ Kap. 11], das sich an eben solchen Erfordernissen der religiösen Bildung in Netzwerken, in der Vernetzung mit anderen (Bildungs-)Akteuren auf regionaler und landeskirchlicher Struktur orientiert.

Diese Kompetenz von Diakonen und Gemeindepädagoginnen als „Schnittstellen-Management" meint nach Ralf Hoburg eine selbständige unternehmerische Tätigkeit, die Menschen zusammenbringt, Akteure und Interessen verknüpft. Gemeindepädagogen und Diakoninnen sind professionelle Mitarbeitende, die zwischen Institutionen und Generationen, zwischen Menschen unterschiedlicher Prägungen und Milieus Kontakt herstellen und auf der „Grenze von Kirche und Welt"[66] vermitteln und pädagogisch tätig sind. Die heute doppelt qualifizierten Mitarbeitenden (siehe ob. Ausbildungsübersicht 2.2) sind dafür in besonderer Weise geeignet zu vernetzen, weil sie bei einer Doppelqualifikation Gemeinde-/Religionspädagogik und Soziale Arbeit neben dem theologisch-pädagogischen Wissen, grundlegende Kenntnisse von staatlichen und freien Trägern in die Arbeit einbringen. Die anspruchsvolle Doppelqualifikation von Religions- und Gemeindepädagogen im schulischen Religionsunterricht und in der außerschulisch-kirchlichen Bildungsarbeit eröffnet die Möglichkeit zu vernetzten Bildungsprojekten auch am Schul(stand)ort. Gemeinwesenarbeit ist eine theologisch und pädagogisch gut begründbare Option, kirchliche Arbeit unter den sich radikal wandelnden Bedingungen einer immer stärker säkularisierten Gesellschaft erfolgreich zu gestalten.

---

66 Ralf Hoburg, Vermittlung – Verkündigung – Veränderung, Manuskript eines Vortrages bei der Jahreskonferenz der Diakone und Diakoninnen in der Ev.-Luth. Landeskirche Hannovers 2011. Online verfügbar unter: http://www.kirchliche-dienste.de/upload/15/Vermittlung_-_Verkuendigung_-_Veraenderung.pdf (Abruf: 4.9.2011).

Literatur zur Vertiefung

Aschenbrenner, Dieter / Foitzik, Karl (Hg.), Plädoyer für theologisch-pädagogische Mitarbeiter der Kirche, München 1981.

Buttler, Gottfried, Art. „Kirchliche Berufe", in: TRE[3] 19, Berlin/New York 1990, 191–213.

Foitzik, Karl, Gemeindepädagogik. Problemgeschichte eines umstrittenen Begriffs, Gütersloh 1992.

Henkys, Jürgen, Gemeindepädagogik in der DDR, in: Gottfried Adam / Rainer Lachmann (Hg.), Gemeindepädagogisches Kompendium, Göttingen 1987, 55–86.

Herrmann, Volker / Horstmann, Martin (Hg.), Wichern drei – gemeinwesendiakonische Impulse, Neukirchen-Vluyn 2010.

Kirche als Lerngemeinschaft. Dokumente aus der Arbeit des Bundes der Evangelischen Kirchen in der DDR, Berlin 1981, 99–112, 125–152.

Piroth, Nicole, Gemeindepädagogische Möglichkeitsräume biographischen Lernens. Eine empirische Studie zur Rolle der Gemeindepädagogik im Lebenslauf, Münster 2004.

Steinhäuser, Martin, „Kirche als Lerngemeinschaft" – eine praktisch-ekklesiologische Leitformel der Gemeindepädagogik in kritischer Rekonstruktion, in: epd-Dokumentation 1/2000, Gemeindepädagogik – 20 Jahre reale Utopien?!, Frankfurt/M., 3–10.

Impulse zur Weiterarbeit

a) „Weiterhin ist das Verhältnis von Pfarramt und hauptamtlichen päd. Mitarbeitern in der Gemeinde ein Härtetest jeweiliger Qualifikation und finanzieller Kapazität."[67]

   Beschreiben Sie Aufgaben der Gemeindepädagogin und des Gemeindepädagogen im Zusammenspiel der kirchlichen Berufe und beziehen Sie dabei auch Argumente zur Ordination ein.

b) Finden Sie Argumente, weshalb Kirchengemeinden besonders geeignet sind, in Netzwerken der Zivilgesellschaft mitzuwirken. Welche Ängste und Vorbehalte könnten gegen eine gemeinwesen- und quartiersbezogene regionale Mitarbeit von Gemeindepädagogen und -pädagoginnen vorgebracht werden (aus der besorgten Kerngemeinde, im Team anderer Kollegen und Kolleginnen, im Kirchenkreis – von der Dekanin oder dem Superintendenten etc.)?

---

[67] Henning Schröer, Art. „Gemeindepädagogik", in: RGG[4] 3, Tübingen 2000, 628–630, 629.

Nicole Piroth/Matthias Spenn

11 Gemeindepädagogische Professionalität: berufliche Kompetenzen und Aufgaben

11.1 Gemeindepädagogik als Beruf der Kirche

11.1.1 Gemeindepädagogik als Beruf

> „Gemeindepädagogische Fragestellungen betreffen Gemeindeglieder und Ehren- und Hauptamtliche in Kirche und Gemeinde. Erst in zweiter Linie ist Gemeindepädagogik auch eine Berufstheorie für Gemeindepädagoginnen und -pädagogen. Diese Berufsgruppe bleibt aber nötig, damit Gemeindepädagogik als Dimension immer wieder neu ins Bewusstsein gerückt wird."[1]

Man kann sicher sagen, dass der Ursprung des Begriffs Gemeindepädagogik in den Anstrengungen um eine Professionalisierung der gemeindebezogenen Berufe in den 1960ern und 70ern liegt, und der Begriff in beiden Teilen Deutschlands „von Anfang an mit der Ausbildung von ‚GemeindepädagogInnen' verbunden"[2] war, so Karl Foitzik. Zwar hat sich die Berufsbezeichnung Gemeindepädagoge bzw. Gemeindepädagogin in Deutschland nicht überall durchsetzen können [→ Kap. 10], doch auch in jenen Landeskirchen, in denen stattdessen die Bezeichnung (Gemeinde-)Diakon/in gebräuchlich ist, wird deren Tätigkeit auch als religions- und gemeindepädagogische bestimmt. So ist etwa in einer Broschüre der Ev.-luth. Landeskirche Hannovers zum „Beruf Diakon/Diakonin" zu lesen: „Vor allem der Bereich der Gemeindepädagogik nimmt einen großen Raum ein".[3]

Die Aufgabe der Gemeindepädagogik ist dabei eine doppelte: „Als akzentuiertes Arbeitsfeld und fachlich abgrenzbares Handeln gestaltgebend tätig zu sein und zugleich pädagogische Momente als Dimension nahezu allen kirchlichen Handelns im Auge zu behalten und beratend pädagogische Professiona-

---

1 Karl Foitzik, Gemeindepädagogik, in: Gottfried Bitter u. a. (Hg.), Neues Handbuch religionspädagogischer Grundbegriffe, München 2002, 323–327, 327.
2 Karl Foitzik, Gemeindepädagogik – Praxistheorie einer Berufsgruppe und Dimension kirchlicher Ausbildung, in: Der Evangelische Erzieher, 5/1992, 435–445, 436.
3 Haus kirchlicher Dienste der Evangelisch-lutherischen Landeskirche Hannovers (Hg.), Beruf Diakon/Diakonin, Hannover ²2000, 5.

lität miteinzubringen".[4] Gemeindepädagogik als Leitbegriff will also in einer solchen *dimensionalen Betrachtungsweise* (also nicht nur als begrenzter Sektor kirchlicher Arbeit) Fragen an das stellen, was sich insgesamt in Kirche und Gesellschaft religions- und gemeindepädagogisch Relevantes ereignet.

Gemeindepädagogik wäre damit als eine der zentralen Grunddimensionen kirchlicher Arbeit zu bestimmen. Diese werden häufig mit den griechischen Begriffen Leiturgia (Gottesdienst und Feier), Martyria (Verkündigung und Zeugnisdienst), Diakonia (Unterstützung und Lebenshilfe) und Koinonia (Gemeinschaftsbildung der an der Kommunikation des Evangeliums Interessierten) beschrieben, die Paideia (Bildungsaspekt) wird dabei häufig dem verkündigenden Handeln zu- und untergeordnet, oder aber gänzlich vergessen.[5] Es bleibt jedoch festzuhalten, dass die Bildungsarbeit der Kirche eine gleichermaßen wichtige Aufgabe kirchlichen Handelns ist, so dass „von fünf gleichrangigen Dimensionen des kirchlichen Auftrags auszugehen"[6] ist. Und so bestimmt auch die EKD Bildung als ein Wesensmerkmal der Kirche, und betont, dass „die Zukunftsfähigkeit der evangelischen Kirche zu einem wesentlichen Teil davon ab[hängt], ob es ihr gelingt, (...) die Bildungsherausforderungen der Gegenwart zu meistern."[7]

Bildung als unverzichtbares Wesensmerkmal und Dimension kirchlichen Handelns benötigt – wie die anderen Grunddimensionen von Kirche – auch eine institutionelle Absicherung durch eine eigenständige, darauf bezogene Professionalität. Diese bringen die religions- und gemeindepädagogisch ausgebildeten Mitarbeitenden der Kirche mit. Wenn es zutrifft, wie es Karl Foitzik im Eingangszitat formuliert, dass das Wachhalten von Gemeindepädagogik

---

4 Wolf-Eckart Failing, Gemeindepädagogik am Anfang ihrer Selbstklärung, in: Ferdinand Barth (Hg.), Gemeindepädagogik im Widerstreit der Meinungen, Darmstadt 1989, 200–257, 209.

5 Die Vorstellung, dass sich der „eine Dienst" der Kirche in diese vier bzw. fünf wichtigen Dimensionen ausdifferenzieren lässt, hat eine längere Tradition, u. a. in der Berneuchner Reformbewegung der 20er Jahre des 20. Jh.s. Während zuerst die Trias der neutestamentlichen Vokabeln „martyria, leiturgia, diakonia" auftauchte, kam durch die Arbeit des ÖRK nach 1945 die „koinonia" noch mit hinzu. Wolfgang Huber u. a. fügen dann noch die „paideia" hinzu. Vgl. Wolfgang Huber, Kirche in der Zeitenwende. Gesellschaftlicher Wandel und Erneuerung der Kirche. Gütersloh 1998, 152–162.

6 Peter Bubmann, Gemeindepädagogik als Anstiftung zur Lebenskunst, in: PTh 93 (2004), 99–114. Online verfügbar unter: http://www.ak-gemeindepaedagogik.de/ Download/Bubmann-Anstiftung.pdf (Stand: Juli 2011).

7 Kirchenamt der EKD (Hg.), Kirche und Bildung. Herausforderungen, Grundsätze und Perspektiven evangelischer Bildungsverantwortung und kirchlichen Bildungshandelns, Gütersloh, 2009, 75.

als Dimension kirchlichen Handelns auch auf einen darauf bezogenen Beruf angewiesen bleibt, dann stellt sich die Frage nach dem Kern gemeindepädagogischer Professionalität, den notwendigen Kompetenzen der beruflich Mitarbeitenden und den heutigen und zukünftigen beruflichen Aufgaben.

11.1.2 Gemeindepädagogik als Pädagogik

Gemeindepädagogen und -pädagoginnen sind Bildungsfachleute der Kirche, deren Spezifikum die „Erschließung der Gemeinde unter pädagogischem Gesichtspunkt"[8] ist. Zunächst einmal bleibt festzuhalten, dass gemeindepädagogisch Qualifizierte *Pädagogen* und *Pädagoginnen* sind. Das verbindet sie mit allen anderen pädagogischen Berufen, wie etwa Erziehern, Lehrerinnen oder Sozialpädagogen. Trotz bzw. gerade wegen der starken Ausdifferenzierungen pädagogischer Theorie und beruflicher Praxis stellt sich dabei die *Frage nach einer allgemeinen Grundstruktur für berufliches pädagogisches Handeln.*
Bereits in den 1980er Jahren betont Hermann Giesecke:

> „Dem ursprünglichen Wortsinne nach hat Pädagogik etwas mit Kindern zu tun. Ziel pädagogischen Handelns wäre dann ganz allgemein, Kinder bzw. Minderjährige in ihrer Entwicklung positiv zu fördern und schädliche Einflüsse von ihnen fernzuhalten, (...) Erwachsene hatten demnach die für ihr weiteres Leben nötige ‚Reife‘ erreicht und mußten z. B. nicht weiter lernen. (...) von einer solch klaren Abgrenzung [kann] nicht mehr die Rede sein. Erwachsene, inzwischen bis ins hohe Alter hinein, müssen nicht nur weiter lernen, sie wollen es vielfach auch."[9]

Für Giesecke wird daher zu einer zentralen Aufgabe des pädagogischen Handelns die Ermöglichung des Lernens für Menschen *aller* Lebensalter. Dafür sind Pädagogen und Pädagoginnen professionelle „‚Lernhelfer‘, die *planmäßig* und *zielorientiert* vorgehen, und die dies an bestimmten, öffentlich bekannten Orten tun (Institutionen)".[10] Für ihn zeichnet sich die pädagogische Professionalität also durch geplantes und gezieltes Handeln aus, das örtlich, zeitlich und institutionell eingrenzbar ist.
Innerhalb seines konzeptionellen Rahmens hat er fünf Grundformen pädagogischen Handelns beschrieben: Unterrichten, Informieren, Beraten, Arrangieren und Animieren. In Anbetracht arbeitsteiliger professioneller Spezialisie-

---

8 Wolf-Eckart Failing, Gemeindepädagogik – lehrbuchreif? In: Ferdinand Barth (Hg.), Unvollendete Reformation. Wege zur Gemeindepädagogik, Darmstadt 1995, 215–235, 217.
9 Hermann Giesecke, Pädagogik als Beruf. Grundformen pädagogischen Handelns, Weinheim/München [7]2000, 22.
10 A. a. O., 76.

rungen etwa in Sozialpädagogik, Schulpädagogik, Erwachsenenbildung usw. sind diese auf alle pädagogischen Handlungskontexte anwendbar. Je nach pädagogischem Beruf und Einsatzfeld kommen diese Grundformen dabei allerdings in unterschiedlicher Mischung bzw. Ausprägung zum Tragen.

❗ Grundformen pädagogischen Handelns (nach Hermann Giesecke) [11]

Unterrichten

Nicht nur in Schulen wird unterrichtet, sondern auch in vielen anderen Bildungseinrichtungen wie Familien- oder Erwachsenenbildungsstätten. Eine unterrichtende Form hat aber auch ein Vortragsabend oder ein Pädagoge unterrichtet einen ehrenamtlichen Vereinsvorstand über die Planungen des kommenden Jahres.

Informieren

„Bei allen Lernprozessen ergibt sich die Notwendigkeit zu Informationen. (...) Beispiele sind: Der Lehrer informiert über die geplante Klassenfahrt, der Leiter eines Zeltlagers über Gefahren der Umgebung, der Erwachsenenbildner über das Programm des nächsten Tages usw. Je weniger ein pädagogisches Feld vorstrukturiert ist, um so mehr Informationen werden gebraucht." [12]

Beraten

Ziel von Beratung ist die auf ein aktuelles Lebensproblem bezogene Präzisierung von Handlungs- und Verhaltensmöglichkeiten. Beratung kann in formellen Kontexten (Beratungsstelle) stattfinden, oder eher informell („zwischen Tür und Angel").

Arrangieren

Das Arrangieren zielt allgemein darauf, die sozialen Bedingungen zu etablieren, damit ein pädagogisches Feld und Lernsituationen entstehen können; das kann ein methodisches Arrangement sein, aber auch das komplexe Arrangieren von offeneren Lernkontexten und bisweilen eher geselligen Situationen, in denen die Lernziele nicht von vornherein feststehen müssen, wenngleich sie aufgrund der arrangierten Gesamtsituation vermutet werden können.

Animieren

„Richtet sich Arrangieren auf die *Herstellung* von Lernsituationen, so ist Animieren der Versuch, andere dazu zu bewegen, in einer *gegebenen* Situation mögliche Lernchancen auch zu nutzen." [13] Ziele der Animation als pädagogische Handlungsform (im Unterschied bspw. zum Tourismus) sind: 1) das, was „Menschen sowieso tun, aufgreifen, erweitern und differenzieren"; 2) Menschen das, was sie nicht tun, aber evtl. einmal ausprobieren wollen, nahe bringen und 3) „Eigenaktivität fördern, um passives Konsumieren zu überwinden oder überhaupt bisher unterentwickelte Fähigkeiten (...) zu entfalten." [14]

---

11 Vgl. hierzu a. a. O., 76–111.
12 A. a. O., 85.
13 A. a. O., 102.
14 A. a. O., 106.

Auch Gemeindepädagoginnen und -pädagogen bedienen sich jener fünf Grundformen: Während in der Konfirmandenarbeit unterrichtet wird, kann im Bereich der Elternarbeit beratendes Handeln eine Rolle spielen. Im offenen Jugendtreff kann eher das Arrangieren und Animieren im Mittelpunkt stehen. In ganz besonderem Maße erfordert es das gemeindepädagogische Handlungsfeld, sich nicht nur auf verschiedene Ziel- und Altersgruppen einzustellen, sondern sich je nach pädagogischer Situation sowie den darin enthaltenen Lernformen über die eigene Rolle im Lernprozess und die erforderliche didaktische Gestaltung Rechenschaft abzulegen.

LERNSITUATION	PÄD. GRUNDFORM	PÄD. ROLLE	DIDAKTIK	AUFGABE	LERNFORM
Geschlossen	Unterrichten	Lehrende/r Unterrichtende/r	Unterrichtsdidaktik Vermittlungsdidaktik Erzeugungsdidaktik	Vermittlung von Wissen, Kenntnissen und Fertigkeiten Erzeugung von Zertifikaten/Abschlüssen	Formelles, curriculares Lernen
	Beraten	Berater/in	Beratungsdidaktik	Aufzeigen von Problemlösungen, Handlungs- und Verhaltensmöglichkeiten	
	Informieren	Informant/in Vermittler/in	Informationsdidaktik	Vermittlung von Informationen und Kontakten Hilfe beim Umgang mit Informationsflut, Orientierungs- und Entscheidungshilfe	
	Arrangieren	Arrangeur/in Ermöglicher/in	Arrangementdidaktik Ermöglichungsdidaktik	Ressourcenpädagogik Schaffung von Selbstorganisationsumwelten und Anregungsmilieus	
Offen	Animieren	Animateur/in Anreger/in	Animationsdidaktik	Schaffung von Situationen mit Anregungsgehalt und Anregung von Lernprozessen	Non-formales, informelles, beiläufiges Lernen

Übersicht: Pädagogische Grundformen und Handlungsmuster

Deutlich wird, dass bereits Giesecke Lernen nicht nur auf unterrichtliches Handeln in eher geschlossenen, häufig curricular geregelten Kontexten bezieht. Er nimmt damit die aktuelle Diskussion um die Frage vorweg, in welcher Weise auch in informellen Kontexten und beiläufig in eher freizeitbezogenen, geselligen Situationen gelernt wird.

Wie alle Pädagogen und Pädagoginnen sind Gemeindepädagogen und -pädagoginnen professionelle Mitarbeitende, die sich durch ihre spezifische kommunikative Kompetenz auszeichnen. Sie sind, so Giesecke, in der Lage, gemeinsam mit anderen „produktive Lerngemeinschaften" einzugehen. Doch die kommunikativen Fähigkeiten sind nur die eine Hälfte der pädagogischen Professionalität. Daneben muss es „immer eine Sache geben, eine im weitesten Sinne kulturelle Kompetenz, die der Pädagoge als Lernhelfer beherrscht – ein

Handwerk, eine Kunst, eine Wissenschaft –, sonst ist von ihm als Profi nichts zu lernen. (...) Der Pädagoge benötigt also zwei Kompetenzen: eine *kulturelle* (,Sache') und eine *kommunikative* (,pädagogischer Bezug'), zu der auch gehört, Lernende fördern, ermutigen und unterstützen zu können.“[15]

Alle pädagogischen Berufe benötigen also eine spezifische *sachbezogene* Kompetenz: Bei Lehrkräften sind dies in erster Linie die Schulfächer, die sie unterrichten, bei sozialpädagogisch und sozialarbeiterisch Tätigen[16] ist dies u. a. eine sensible Kenntnis individueller und sozialer Problemlagen sowie der darauf bezogenen (sozial-) rechtlichen Regelungen. Im gemeindepädagogischen Beruf besteht diese kulturelle Kompetenz in einer theologischen und religionspädagogischen Sprach-, Auskunfts- und Urteilsfähigkeit. Gemeindepädagogische Mitarbeitende sind besonderem Maße zur Wahrnehmung und Gestaltung *religiöser* Lern- und Bildungsprozesse befähigt.

11.1.3 Veränderungen im Verständnis pädagogischer Professionalität

Gieseckes Beschreibungen pädagogischer Beruflichkeit besitzen heute grundsätzlich nach wie vor Gültigkeit. Doch im Blick auf die Entwicklungen und Veränderungen seither sind sie auf ihre Sachgemäßheit zu überprüfen und ggf. zu präzisieren. Ist nicht der Begriff Lern*helfer* mittlerweile ideengeschichtlich überholt? Angemessener könnten aus aktueller Perspektive eher Begriffe wie Lern*begleiterin* oder Lern*berater* sein. Ebenso klärungsbedürftig erscheint auf dem Hintergrund der Renaissance des Bildungsbegriffs im aktuellen Bildungsdiskurs die Kategorie *Lern*helfer. Welches Lernverständnis wird hier zugrundegelegt? Vorgeschlagen werden stattdessen bisweilen auch Begriffe wie Bildungsorganisator oder Bildungsmanagerin. Bildung meint dabei ein eigenverantwortliches, selbsttätiges individuelles und organisationelles Geschehen in unterschiedlichen Lebensbezügen [→ Kap. 5]. Der Begriff ,Organisator' oder ,Managerin' steht dann für das Organisieren, Managen und Arrangieren von Bildungs- und Lerngelegenheiten zur Selbstaneignung und Selbsttätigkeit im

---

15 Hermann Giesecke, Das ‚Ende der Erziehung'. Ende oder Anfang pädagogischer Professionalisierung, in: Arno Combe / Werner Helsper (Hg.), Pädagogische Professionalität. Untersuchungen zum Typus pädagogischen Handelns, Frankfurt am Main ²1997, 391–403, 395 f.

16 Zur zweifachen Traditionslinie der Sozialen Arbeit – aus Sozial*arbeit* und Sozial*pädagogik* – und zu den heutigen Aufgaben und Begriffsverständnissen vgl. Johannes Schilling / Susanne Zeller, Soziale Arbeit. Geschichte – Theorie – Profession, München/Basel, ⁴2010.

Lebenslauf und in der Alltagspraxis. Auch wenn die Begriffe ,Organisator' und ,Managerin' für die Beschreibung gemeindepädagogischen Handelns und der Lern- und Lebensbegleitung am Lernort Gemeinde tendenziell ungeeignet erscheinen, so ist festzuhalten: Organisation und Management sind mittlerweile zu einer zentralen pädagogischen Aufgabe geworden. In pädagogischen Lehrbüchern werden heute „Organisation, Management, Planung" ganz selbstverständlich unter den pädagogischen Grundbegriffen behandelt.[17]

Weitere Veränderungen des pädagogischen Feldes werden in neueren Veröffentlichungen unter dem Stichwort ,Entgrenzung des Pädagogischen' diskutiert.[18] Entgrenzung meint allgemein, dass sich bestimmte gesellschaftlich wirksame Prinzipien von den dafür vorgesehenen Institutionen – vormals überwiegend religiöse, politische oder pädagogische – lösen, deren Grenzen überschreiten und auch in anderen Lebensbereichen wirksam werden. In den vergangenen zwei Jahrhunderten hatten wir uns daran gewöhnt, dass Lernen in eigens dafür eingerichteten Institutionen stattfindet. Doch pädagogische Denk- und Handlungsformen finden sich heute zunehmend auch in anderen gesellschaftlichen Lebensbereichen, in Freizeit, Konsum, Wirtschaft oder Medien, wenn etwa eine Krankenkasse eine Rückenschule anbietet oder ein großes Einzelhandelsunternehmen Jugendcamps durchführt, um für die eigenen Ausbildungsberufe zu werben. Zugleich werden pädagogische Wissensbestände auch jenen immer zugänglicher, die nicht durch entsprechende fachliche Qualifikationen ausgewiesene Experten und Expertinnen sind. Durch Volkshochschulkurse, Elternratgeber, Fernsehsendungen u. a. dringt pädagogisches Wissen zunehmend auch in private Lebensbereiche ein, was auch zu einem selbstbewussteren und anspruchsvolleren Auswahl- und Nutzungsverhalten gegenüber pädagogischen Angeboten und Anbietern führt.

Die Aufmerksamkeit professioneller Gemeindepädagogen und -pädagoginnen muss daher angesichts der Pluralisierung von Lernangeboten und Bildungsanbietern im gesellschaftlichen Raum ganz grundsätzlich der Erkennbarkeit, Attraktivität und Zugänglichkeit gemeindlicher Lernorte und Bildungsräume gelten: „,Gemeindungen' entstehen in den gesellschaftlichen Realitäten durch spezifische *Interessen und Motivationen der Individuen, durch inhaltliche Impulse und sozialisierende Kommunikation*. (…) Zu fragen ist: Was veranlasst die Kommenden zum Kommen, die Weggehenden zum Weggehen?

---

17 Vgl. Dieter Timmermann / Frank Strikker, Organisation, Management, Planung, in: Heinz-Hermann Krüger / Werner Helsper (Hg.), Einführung in Grundfragen und Grundbegriffe der Erziehungswissenschaft, Opladen/Farmington Hills ⁹2010, 151–170.
18 Vgl. hierzu Christian Lüders / Jochen Kade / Walter Hornstein, Entgrenzung des Pädagogischen, in: Krüger / Helsper (s. o. Anm. 17), 223–232.

(...) Wie und wo gerät Gemeinde (-gruppe) in Beziehungszusammenhänge oder Konkurrenzen zu anderen (Sinn-) Anbietern"?[19] Gemeindepädagogik tritt damit für einen Perspektivenwechsel ein, der Kirche und Gemeinde aus der Perspektive der Menschen betrachtet und vorhandene Zugangssperren und Sichtbehinderungen zu thematisieren und beseitigen sucht. Insbesondere in pädagogischen Feldern, die auf Freiwilligkeit der Teilnahme beruhen, wie es auch bei Gemeinden und anderen kirchlichen Bildungsorten der Fall ist, benötigen die hauptberuflichen Mitarbeitenden heute vermehrt die Fähigkeit, immer wieder neu Zugänge zu den von Kirche und Gemeinden bereit gehaltenen Möglichkeiten zu schaffen. Dies bedeutet dann auch danach zu fragen, welche institutionellen Strukturen möglicherweise solche Zugänge erschweren oder gar verhindern.

Ganz grundsätzlich wird pädagogische Praxis heute „immer stärker situativ ausgehandelt und inszeniert" und pädagogische Einrichtungen können sich immer weniger als „eigene Binnenwelten" verstehen, sondern „stärker als Akteure unter anderen in komplexen sozialen Welten und Biographien".[20] Institutionalisierung verschiebt sich daher von fixierten Konstellationen „zur Institutionalisierung von Verfahren und Prozessen, welche das Spiel von Wandel und Verstetigung der Einrichtungen in Interaktion mit ihren Umwelten reflektiert in Gang halten können."[21] Dadurch werden Vernetzung und Kooperation mit anderen Anbietern und Akteuren zu einer steigenden Anforderung einer modernen pädagogischen Professionalität, dies betrifft auch den gemeindepädagogischen Beruf.

11.2 Analyse gegenwärtiger gemeindepädagogischer Berufswirklichkeit

11.2.1 Gemeindepädagogische Tätigkeitsfelder

Die gemeindepädagogische Arbeit hat sich in den vergangenen Jahrzehnten zunehmend diversifiziert: das betrifft ihre Zielgruppen, ihre Einsatzorte, Aufgaben und Handlungsfelder. Gemeindepädagoginnen und -pädagogen arbei-

---

19 Roland Degen, Gemeindepädagogik als Frageperspektive. Thesen und Kommentare zu gegenwärtigen Entwicklungen, in: Karl Foitzik (Hg.), Gemeindepädagogik. Prämissen und Perspektiven, Darmstadt 2002, 123–153, 137.
20 Werner Schefold, Vor- und außerschulische sozialpädagogische Einrichtungen, in: Krüger / Helsper (s. o. Anm. 17), 191–202, 201.
21 A. a. O., 202.

ten heute in sehr unterschiedlichen Anforderungsstrukturen und auf unterschiedlichen Ebenen: Sie arbeiten mit Menschen aller Altersstufen und in vielfältigen Lebenssituationen. In sozialstruktureller Hinsicht arbeiten sie sowohl mit einzelnen Menschen, mit Gruppen und in Netzwerken. Die Aufgaben werden heute auf unterschiedlichen funktionalen Ebenen wahrgenommen: auf der örtlichen Ebene in Kirchengemeinden, bei Verbänden und Einrichtungen, auf der mittleren Ebene als Multiplikatorinnen und Multiplikatoren, in Bildungseinrichtungen oder Arbeitsstellen von Dekanaten und Kirchenkreisen sowie in themen- bzw. aufgabenspezifischen Arbeitsstellen und Bildungseinrichtungen auf Landeskirchen- oder Bundesland-Ebene oder landeskirchen- und bundeslandübergreifenden Geschäftsstellen.

Angesichts stattfindender kirchlicher Regionalisierungsprozesse arbeiten Gemeindepädagoginnen und -pädagogen heute zunehmend weniger ausschließlich in einer einzelnen Ortsgemeinde, sondern häufig auf mehrere Gemeinden, auf eine Region bezogen. Zudem kommt den vielfältigen weiteren, nicht-parochialen Gemeindeformen wie etwa Zielgruppengemeinden [→ Kap. 1] oder auch Gemeinde auf Zeit [→ Kap. 3] eine zunehmende Bedeutung zu.

Die EKD bestimmt aktuell die Aufgaben von Gemeindepädagoginnen und -pädagogen bzw. Diakoninnen und Diakonen wie folgt:

„– pädagogische Prozesse in Kirche und Gemeinde, Verbänden, Werken und Bildungseinrichtungen, Projekten und Initiativen initiieren, konzipieren, anleiten und durchführen,
– elementare Grunderfahrungen des Glaubens in pädagogischer und diakonischer Perspektive zielgruppenspezifisch und situationsbezogen ermöglichen, gestalten und unterstützen,
– mit Gruppen und Einzelnen in situationsangemessener Form arbeiten,
– Menschen mit systematischer Benachteiligung und besonderem Förderbedarf in inklusiver Perspektive unterstützen,
– seelsorgliche, gottesdienstliche und andere spirituelle Erfahrungen im sinnstiftenden Horizont des christlichen Glaubens für alle Generationen ermöglichen und gestalten,
– an kirchlichen Orten und zu lebenslaufbezogenen Anlässen das Evangelium kommunizieren,
– zur kulturellen und religiösen Pluralitätsfähigkeit beitragen,
– formale, informelle und non-formale Bildungsprozesse bei Kindern, Jugendlichen und Erwachsenen fördern,
– evangelisches Bildungshandeln von Kirche und Diakonie mit anderen Partnern und Einrichtungen in öffentlicher und freier Trägerschaft im Gemeinwesen, insbesondere mit der Schule, vernetzen und kooperieren,
– Ehrenamtliche motivieren, begleiten und fördern sowie zum Aufbau selbsttragender Strukturen beitragen,
– in Teams mit anderen beruflichen und ehrenamtlichen Mitarbeitenden arbeiten,

– zur Konzeptionsentwicklung gemeindepädagogischer Praxis beitragen,
– die gemeindepädagogische Praxis in Kirche und Gesellschaft vertreten."[22]

Diese Akzentuierungen zeigt bereits in einigen Aspekten deutlich andere Profilierungen, als noch in der EKD-Berufsbildungsordnung aus dem Jahre 1996.[23] Dies betrifft bspw. die neu aufgenommenen Aspekte Vernetzung und Kooperation mit anderen Akteuren im Gemeinwesen, den Aufbau selbsttragender Strukturen im Bereich Ehrenamt oder die Konzeptionsentwicklung.

Daneben gilt ganz grundsätzlich, dass neben den neuen Aufgabenbereichen gemeindepädagogisch Mitarbeitende auch heute mit den traditionellen Handlungsmustern des Christlichen als Grundlage religiöser Bildung und christlicher Lebenskunst[24] vertraut sein müssen: Neben didaktischer Planung, Unterricht und Lehre, Informieren und Publizieren, Beraten und Seelsorge, Arrangieren und Animieren sind insbesondere zu nennen: die Bedeutung von Dialog und Erzählung, Spiel und Gestaltung, Singen und Musizieren, Projekten und Aktionen, Reisen, Wandern und Pilgern, Fest und Feier. Es geht immer um Vertrautmachen und Befremden, Zeigen und Deuten, Betrachten und Meditieren, Staunen und Neugierig sein oder auch um das Dasein für andere.

Die beschriebenen Aufgaben und Bedingungsgefüge zeigen: Den Beruf des Gemeindepädagogen/der Gemeindepädagogin zeichnet aus, dass es sich um einen generalistischen Beruf handelt. Die hauptberuflich Mitarbeitenden arbeiten oft in wenig standardisierten und komplexen Systemen. Sie müssen mit komplexen Situationen pädagogisch-theologisch reflektiert und planvoll umgehen, verschiedenartige, häufig wechselnde Handlungsanforderungen erfüllen und adäquat auf Situationen reagieren, sie aber auch herstellen und auf sie einwirken können. Gemeindepädagoginnen und -pädagogen sind immer zugleich Akteure von Veränderungen bei den an gemeindepädagogischen Prozessen Beteiligten, sowie auf Veränderungen in Kirche und Gesellschaft Re-Agierende.

11.2.2 Gemeindepädagogische Ausbildungsinhalte

Die Vielschichtigkeit der beruflichen Bedingungsgefüge weist auf ein breites und komplexes Spektrum beruflicher Fähigkeiten hin, über die Gemeindepä-

---

22 http://www.ekd.de/gemeindepaedagogik/aufgaben.html (Stand Juli 2011).
23 Vgl. Kirchenamt der EKD (Hg.), Grundsätze einer kirchlichen Berufsbildungsordnung für die gemeindebezogenen Dienste, Hannover 1996.
24 Vgl. hierzu auch die „Grundmuster des Christlichen", in: Gottfried Bitter / Gabriele Miller (Hg.), Handbuch religionspädagogischer Grundbegriffe, Band 1, München 1986, 329–422, sowie Peter Bubmann / Bernhard Sill (Hg.), Christliche Lebenskunst, Regensburg 2008.

dagoginnen und Gemeindepädagogen verfügen müssen. Das für den Beruf erforderliche (Fach-) Wissen sowie die berufspraktischen Fertigkeiten lassen sich zu folgenden inhaltlichen Schwerpunktbereichen zusammenfassen:

– *Erziehungs- und Sozialwissenschaft*: Erziehungswissenschaftliches und sozialwissenschaftliches Wissen und praktische Fertigkeiten zu den Lebenslagen und Lebenswelten, Bildungsorten und Lernwelten der Adressatinnen und Adressaten gemeindepädagogischer Arbeit.

– *Religionspädagogik und Theologie*: Religionspädagogisches und theologisches Wissen und praktische Fertigkeiten zu den Themen Religion und Religionen, christlicher Glaube, biblische Überlieferungen, Kirche und Diakonie, Konfirmandenarbeit, Religionsunterricht und Seelsorge, Spiritualität und Gottesdienst.

– *Bildungs- und Organisationstheorie*: Bildungstheoretisches und organisationstheoretisches Wissen und praktische Fertigkeiten zu den gesellschaftlichen und institutionellen Bedingungen für Bildungshandeln.

– *Soziale Arbeit und Sozialdiakonie*: Sozialpädagogisches und diakoniewissenschaftliches Wissen und praktische Fertigkeiten zu Konzeptionsentwicklung, Gemeinwesenarbeit, Leitung und Management in Kirche und Diakonie, Rechts- und Lebensberatung.

– *Professionelles Handeln*: Professionstheoretisches Wissen und praktische Fertigkeiten zum beruflichen Selbst- und Rollenverständnis und Handeln.

Der Wandel der Aufgaben hat im Laufe der letzten Jahre verschiedenartige neue Qualifikationsprofile hervorgebracht. Eine Reihe von Hochschulen vermitteln und einige Anstellungsträger verlangen heute Doppelqualifikationen, etwa Gemeindepädagogik und Soziale Arbeit oder Gemeindepädagogik und schulische Religionspädagogik. Eine Kombination von Gemeindepädagogik und schulischer Religionspädagogik akzentuiert dabei eher das *bildende* Handeln in unterschiedlichen kirchlichen und gesellschaftlichen Institutionen mit der Aufgabe der pädagogischen Gestaltung von Bildungsarrangements und Lernsituationen. Explizit sozialdiakonische Fragestellungen stehen dann meist nicht im Mittelpunkt der Ausbildung. Hingegen führt eine Kombination von Gemeindepädagogik und Sozialer Arbeit neben pädagogischen Ausbildungsschwerpunkten auch zu einer deutlichen inhaltlichen Akzentuierung auf sozialdiakonische Fragestellungen und Perspektiven und einer Ausrichtung auch auf das berufliche *unterstützende und helfende* Handeln, die Gestaltung von sozialen Unterstützungssystemen in Kirche, Diakonie und (wohlfahrts-) staatlichen Organisationen.

Die unterschiedlichen Ausbildungskonzeptionen akzentuieren die verschiedenen Perspektiven in jeweils anderen Gewichtungen und inhaltlichen

Kombinationen [→ vgl. Kap. 10]. Eine EKD-weite gemeinsame Verständigung über einen gemeinsamen *Kernbestand* notwendiger Ausbildungsinhalte ist nach wie vor ein Desiderat.

11.2.3 Gemeindepädagogische Kompetenzprofile

Der Kompetenzbegriff wird seit langem in der Pädagogik verwendet, auch die eingangs beschriebene Unterscheidung von Hermann Giesecke in „kommunikative" und „kulturelle" Kompetenzen verwendet diese Begrifflichkeit. Doch seit einigen Jahren kommt in der Professionstheorie wie in der Bildungswissenschaft dem Kompetenzbegriff eine neue, zentrale Bedeutung zu.

! **Kompetenz**: aus dem Lateinischen *competentia* = Eignung
   Unterschieden werden können ganz allgemein zwei Begriffsaspekte: a) den der Fähigkeiten, über die ein Mensch verfügt, um etwas Bestimmtes zu tun und an ihn gestellte Anforderungen zu bewältigen und b) den der Befugnis, im Sinne von Zuständigkeit für bestimmte Aufgaben.

In der Pädagogik und Bildungswissenschaft werden heute unter Kompetenz häufig ganz allgemein die *Fähigkeiten und Fertigkeiten* verstanden, über die berufliche Mitarbeitende verfügen müssen, um die an sie gestellten Anforderungen im Beruf bewältigen zu können. Dahinter steht ein grundsätzlicher Paradigmenwechsel. Wurden frühere Bildungs-, insbesondere Unterrichts-, aber auch Ausbildungskonzepte primär danach entwickelt, welche *Inhalte* für einen bestimmten Themenbereich oder Beruf vermittelt werden müssen (Input), wird in der aktuellen Diskussion eher danach gefragt, was erforderlich ist, um der erworbenen bzw. zu erwerbenden Qualifikation und den damit verbundenen (beruflichen) *Aufgaben* gerecht werden zu können (Output bzw. Outcome).

Weniger im Blick ist im aktuellen pädagogischen Diskurs der zweite Aspekt des Kompetenzbegriffes: die Frage nach der Zuständigkeit und Befugnis als „klar umrissene Übertragung bestimmter Aufgaben mit den zur Aufgabenerfüllung notwendigen Handlungs-, Verhaltens- und Entscheidungsvollmachten an eine bestimmte Instanz oder Position in einer Organisation."[25] Gerade für die gemeindepädagogische Beruflichkeit ist diese Frage von bleibender Aktualität im Zusammenhang mit der Frage nach der Notwendigkeit und Be-

---

25 Karl-Heinz Hillmann, Art. „Kompetenz", in: ders., Wörterbuch der Soziologie, Stuttgart [5]2007, 441.

deutung *differenzierter* kirchlicher Ämter und Berufe mit je eigener Kernzuständigkeit für unterschiedliche Grunddimensionen kirchlicher Arbeit (für die gemeindepädagogisch und diakonisch Qualifizierten die Diakonia und Paideia) sowie der Frage nach der Amts-Befugnis durch die Ordination der gemeindepädagogischen Mitarbeitendengruppe [→ vgl. Kap. 10].

Insgesamt ist festzustellen, dass aktuelle Konzepte über das Kompetenzverständnis sich teilweise erheblich unterscheiden: „Eine allgemeingültige, nach wissenschaftlichen Kriterien zufrieden stellende Definition von Kompetenz oder Kompetenzen ist kein realistisches Ziel – der Begriff hat eine zu starke alltagssprachliche Bedeutungsvielfalt und ist bereits in zu vielen wissenschaftlichen Kontexten unterschiedlich belegt."[26] Grob unterscheiden lassen sich jedoch *domänenspezifische* von *funktional-strukturellen Kompetenzmodellen.*

a) Domänenspezifische Kompetenzmodelle

Viele Kompetenzkonzeptionen sind in ihrer Systematik unmittelbar an den spezifischen Inhalten einer konkreten Beruflichkeit (Domäne) ausgerichtet und nur für sie anwendbar. Häufig werden dabei umfassendere Rahmenkompetenzen definiert, die dann in mehrere Teilkompetenzen untergliedert werden und für die dann häufig auch bereits Vorschläge zur operationellen Umsetzung in Module gemacht werden.

Ein solches Beispiel stellt der Diskussionsentwurf für ein „Kompetenzprofil für zukünftiges professionelles Handeln von Fachkräften in der evangelischen Kinder- und Jugendarbeit und zukünftige Anforderungen an die Aus- und Fortbildung" der Arbeitsgemeinschaft der Evangelischen Jugend in Deutschland e. V. aus dem Jahre 2010 dar. Hier werden vier große Kompetenzbereiche benannt:

> „**Verkündigung und Seelsorge:** Kompetenz in Theologie, Verkündigung, Seelsorge und Beratung ist die Fähigkeit, junge Menschen zum Glauben einzuladen, sie bei der Entwicklung einer glaubensbezogenen Lebenspraxis zu begleiten und eine kinder- und jugendbezogene Spiritualität zu fördern. (...)

> **Rezeption und Anwendung von wissenschaftlichen Erkenntnissen:** Die Kompetenz zur Rezeption und Anwendung von wissenschaftlichen Erkenntnissen beinhaltet fachliches Wissen aus den Human- und Sozialwissenschaften insbesondere bezogen auf den aktuellen Stand der Kinder- und Jugendforschung, der Kinder- und Jugendarbeit, der Pädagogik, der Sozialen Arbeit und der Theologie. Dieses Wissen

---

26 Johannes Hartig, Kompetenzen als Ergebnis von Bildungsprozessen, in: Nina Jude / Johannes Hartig / Eckhard Klieme (Hg.), Kompetenzerfassung in pädagogischen Handlungsfeldern, Bonn/Berlin 2008, 13–24, 23.

wird um aktuelle wissenschaftliche Erkenntnisse erweitert und in die Praxis des Handlungsfeldes mit (religions-)pädagogischer Kompetenz und angemessenen Methoden integriert. (...)

Persönlichkeit als Teil der Profession: Personale Kompetenz beinhaltet die Fähigkeit zur Kommunikation mit unterschiedlichen Alters- und Zielgruppen. Dies verlangt Selbstbewusstsein und Selbstreflexivität, um mit unterschiedlichen, auch widersprüchlichen Rollenanforderungen und Konfliktkonstellationen umgehen und diese kontinuierlich und konstruktiv bearbeiten zu können. (...)

Steuerung von Organisations- und Kommunikationsprozessen: Managementkompetenz erfordert das Wissen über Steuerungsmechanismen und Strukturen in Organisationen. Sie erfordert die Organisation von Prozessen und Rahmenbedingungen, die gleichzeitig und korrelierend verlaufen. Weiter umfasst sie die Analyse, Organisation und Bearbeitung von komplexen Zusammenhängen und Anforderungen."[27]

Ein anderes Beispiel ist die vorgelegte Kompetenzmatrix zur Ausbildung von Diakoninnen und Diakonen des VEDD.[28] Hier werden ebenfalls vier umfassende Kompetenzfelder beschrieben: 1) Die Kompetenz, das Evangelium und die christliche Religion zu kommunizieren, 2) in Organisationen von Kirche und Diakonie zu handeln, 3) Menschen in existentiellen Lebensfragen zu unterstützen, 4) das Soziale zu gestalten.

In beiden Fällen werden jeweils für ein konkretes Berufsfeld programmatisch-normative Inhalte für das berufliche Handeln benannt und als Kompetenzen formuliert. Das ist ein für sich genommen plausibles Vorgehen. Doch diese und andere Beispiele[29] zeigen, dass ein Problem dieser domänespezifischen Kompetenzbeschreibungen darin besteht, dass sie schwer vergleichbar sind. Auf dem Hintergrund der wechselseitigen inhaltlichen und konzeptionellen Verschränkungen, von Schnittmengen und Spezialisierungen pädagogischer Berufe im Bildungskontext, in Kirche, Diakonie und Sozialer Arbeit wäre

---

27 http://www.evangelische-jugend.de/fileadmin/user_upload/aej/Mitarbeit/Downloads/100420_Kompetenzprofil.pdf (Stand Juli 2011).

28 Vgl. Verband Evangelischer Diakonen-, Diakoninnen- und Diakonatsgemeinschaften in Deutschland e. V. – VEDD (Hg.), Tätigkeitsprofile von Diakoninnen und Diakonen, Berlin 2008. Online verfügbar unter: http://www.vedd.de/obj/Bilder_und_Dokumente/pdf-Daten/Impulse/Impuls200801.pdf (Stand Juli 2011).

29 Vgl. Friedrich Maus / Wilfried Nodes / Dieter Röth, Schlüsselkompetenzen der Sozialen Arbeit für die Tätigkeitsfelder der Sozialarbeit und Sozialpädagogik, Schwalbach/Ts., ²2010; Kirchenamt der EKD (Hg.), Theologisch-Religionspädagogische Kompetenz. Professionelle Kompetenzen und Standards für die Religionslehrerausbildung, Hannover 2009. Online verfügbar unter: http://www.ekd.de/download/ekd_texte_96.pdf (September 2011).

jedoch nach einer übergreifenden kompetenztheoretischen Systematik zu fragen.

b) Funktionale Kompetenzmodelle

Eine Alternative zu den domänenspezifischen Kompetenzmodellen stellen *funktional-strukturelle Kompetenzmodelle* dar. Dabei werden funktionale bzw. strukturelle Kompetenzkategorien zunächst ohne inhaltlichen Bezug zu einer bestimmte fachlichen Domäne formuliert.

Ein solches Kompetenzverständnis liegt dem Deutschen Qualifikationsrahmen für lebenslanges Lernen (DQR) zugrunde. „Kompetenzen" meint hier „die Fähigkeit und Bereitschaft des Einzelnen, Kenntnisse und Fertigkeiten sowie persönliche, soziale und methodische Fähigkeiten zu nutzen und sich durchdacht sowie individuell und sozial verantwortlich zu verhalten. Kompetenz wird in diesem Sinne als umfassende Handlungskompetenz verstanden."[30] Der DQR unterscheidet zwei Kompetenzkategorien: „Fachkompetenz", unterteilt in „Wissen" und „Fertigkeiten" und „Personale Kompetenz", unterteilt in „Sozialkompetenz" und „Selbständigkeit".

Anforderungsstruktur

Fachkompetenz		Personale Kompetenz	
Wissen	**Fertigkeiten**	**Sozialkompetenz**	**Selbständigkeit**
Tiefe und Breite	Instrumentelle und systemische Fertigkeiten, Beurteilungsfähigkeit	Team-/ Führungsfähigkeit, Mitgestaltung und Kommunikation	Eigenständigkeit/ Verantwortung, Reflexivität und Lernkompetenz

Übersicht: DQR-Kompetenzkategorien[31]

Den DQR-Indikatoren kann man gemeinde-, religionspädagogische sowie sozialpädagogische und sozialdiakonische Ausbildungsinhalte zuordnen, unterschieden nach verschiedenen inhaltlichen Kompetenzfeldern, bspw. unterschieden in „Gesellschaftliche und institutionelle Bedingungen", „Zielgruppen und Lebensweisen", „Religions- und gemeindepädagogisch Denken und

---

30 Deutscher Qualifikationsrahmen für lebenslanges Lernen verabschiedet vom Arbeitskreis Deutscher Qualifikationsrahmen (AK DQR) am 22. März 2011, 4. URL: www.deutscherqualifikationsrahmen.de (September 2011).
31 A. a. O., 5. Der DQR weicht mit dieser vierteiligen Unterscheidung vom EQR – dem Europäischen Qualifikationsrahmen – ab, der eine Dreiteilung nach ‚knowledge' (Wissen), ‚skills' (Fertigkeiten) und ‚competence' ([Personale] Kompetenz) vorsieht.

Handeln" sowie „Sozialarbeiterisch und diakonisch Denken und Handeln" und „Professionelle Haltung und Rollenverständnis".

Beispielsweise benötigen gemeindepädagogische Mitarbeitende im Themenfeld „Professionalität und Rollenverständnis" *Wissen* über die Geschichte und Funktion sozialer, diakonischer, religions- und gemeindepädagogischer Berufe, den Wandel des Professionsverständnisses und der beruflichen Rolle(n) und Aufgaben, auch im Unterschied zu und Zusammenspiel mit anderen Berufen, die *Fertigkeit*, unterschiedliche Berufsrollen, Handlungsanforderungen und Organisationslogiken in verschiedenen Handlungsfeldern wahrzunehmen, zu analysieren und kritisch zu beurteilen und im Bereich der *personalen Kompetenzen* etwa die Verantwortung und ausgeprägtes Bewusstsein für die Risiken des eigenen Handelns für sich und andere oder die Reflexion eigener Lebens- und Glaubensauffassungen in ihrem biografischen und sozialen Gewordensein.

Fragt man beispielsweise danach, über welche Kompetenzen gemeindepädagogische Mitarbeitende in den Themenfeldern „Religions- und gemeindepä-

---

Religions- und gemeindepädagogisch sowie sozialarbeiterisch und diakonisch Denken und Handeln

- Fähigkeit zur fachlichen Recherche unter Verwendung klassischer und moderner Rechercheverfahren; kompetenter Umgang mit Informationen und Medien.
- Fähigkeit zur Konzeptentwicklung unter Berücksichtigung der Folgen für Gesellschaft, das jeweilige institutionelle Setting und Individuum.

Religions- und gemeindepädagogische Akzentuierung	**Sozialarbeiterische und diakonische Akzentuierung**
- Begleitung und Unterstützung von (religiösen) Lern- und Bildungsprozessen; Fähigkeit, formelle und informelle pädagogische Lernarrangements und Infrastrukturen zu konzipieren und zu gestalten.	- Wahrnehmung von Bedarf und Notwendigkeit zum helfenden und unterstützenden Handelns; Fähigkeit, Hilfe- und Unterstützungssysteme zu konzipieren und zu gestalten.
- Kenntnis unterschiedlicher Handlungskonzepte und Methoden (Unterrichtsgestaltung, Kulturpädagogik, Seelsorge etc.) und die Fähigkeit, diese situationsangemessen anzuwenden.	- Kenntnis unterschiedlicher Handlungskonzepte und Methoden (Sozialmanagement, Sozialadministration, Soziale Beratung etc.) und die Fähigkeit, diese situationsangemessen anzuwenden.
- Fähigkeit zur fachlichen Begründung eigener Handlungskonzepte und Vorgehensweisen; theologische und (religions-, gemeinde-) pädagogische Diskussions- und Argumentationsfähigkeit unter Verwendung von Fachterminologie.	- Fähigkeit zur fachlichen Begründung eigener Handlungskonzepte und Vorgehensweisen; theologische und sozialarbeits- und diakoniewissenschaftliche Diskussions- und Argumentationsfähigkeit unter Verwendung von Fachterminologie.

Übersicht: Erforderliche Fertigkeiten im Themenfeld „Religions- und gemeindepädagogisch sowie sozialarbeiterisch und diakonisch Denken und Handeln"

dagogisch Denken und Handeln" und „Sozialarbeiterisch und diakonisch Denken und Handeln" verfügen sollen, so ergeben sich einerseits trotz unterschiedlicher Ausbildungsprofile gemeinsam zu beschreibende notwendige Kompetenzen, zum anderen können sich auch unterschiedliche Gewichtungen ergeben, was in der voran stehenden Übersicht exemplarisch an den erforderlichen *Fertigkeiten* aufgezeigt wird.[32]

c) Qualifikationsniveaus

Die den Kompetenzkategorien zugeordneten Inhalte sagen noch wenig über das Niveau der Ausbildung und die Anforderungen eines bestimmten beruflichen Tätigkeitsfeldes bzw. Arbeitsbereiches aus. Im DQR sind in Anlehnung an den EQR acht Niveaustufen beschrieben. Sie sind entsprechenden beruflichen Tätigkeitsfeldern und Verantwortungsebenen zugeordnet, was wiederum auf das Tarif- und Besoldungsrecht bezogen werden kann. Gemeindepädagogische und diakonische Beruflichkeit im kirchlich-gemeindlichen Bildungshandeln betrifft im Wesentlichen die Niveaustufen 5 (Fachschule), 6 (Bachelor) und 7 (Master).

Kriterien zur Unterscheidung der Niveaustufen ergeben sich nach dem DQR aus den Anforderungsstrukturen. „Die Anforderungsstruktur eines Lern- oder Arbeitsbereichs beinhaltet die entscheidenden Hinweise auf die Niveauzuordnung einer Qualifikation. Sie wird durch die Merkmale Komplexität, Dynamik, erforderliche Selbständigkeit und Innovationsfähigkeit beschrieben."[33] Für die gemeindepädagogische Beruflichkeit bedeutet das: Ausschlaggebend für die jeweiligen Niveaustufen ist die Komplexität des Aufgabenfeldes, der Grad der Selbstständigkeit, der von den Mitarbeitenden gefordert, ihnen aber auch zugestanden wird, wie stark das Aufgabenfeld vorhersehbaren und unvorhersehbaren Veränderungen unterworfen ist und wie hoch die Erwartungen an Innovation sind (→ vgl. nachfolgende Übersicht).

In Bezug auf die gemeindepädagogische Beruflichkeit lässt sich historisch feststellen, dass die Vorgänger-Ausbildungen der heutigen Hochschulausbildungen (Gemeindehelferinnen, Katecheten etc. → vgl. Kap. 10) auf Niveau 4 oder 5 angesiedelt waren. Durch die Akademisierung mit der Anhebung auf Fachhochschul-Niveau seit den 1970er Jahren wurde vermehrt der dem Niveau 6 entsprechende Fachhochschulabschluss zur erwünschten Qualifikation.

Angesichts der erhöhten Komplexität beruflicher Tätigkeitsfelder und den erhöhten Anforderungen an eine darauf bezogene Professionalität äußert bspw. der VEDD in seinem vorgelegten Text zur Ausbildung von Diakonen und

---

32 Eine vollständige gemeindepädagogische Kompetenzmatrix ist verfügbar unter: http://www.ak-gemeindepaedagogik.de/.
33 Deutscher Qualifikationsrahmen (s. o. Anm. 30), 15.

Kompetenzniveau 5 Fachschule	Kompetenzniveau 6 BA	Kompetenzniveau 7 MA
Kompetenzindikatoren (nach DQR)		
Über Kompetenzen zur selbstständigen Planung und Bearbeitung umfassender fachlicher Aufgabenstellungen in einem komplexen, spezialisierten, sich verändernden Lernbereich oder beruflichen Tätigkeitsfeld verfügen.	*Über Kompetenzen zur Planung, Bearbeitung und Auswertung von umfassenden fachlichen Aufgaben- und Problemstellungen sowie zur eigenverantwortlichen Steuerung von Prozessen in Teilbereichen eines wissenschaftlichen Faches oder in einem beruflichen Tätigkeitsfeld verfügen. Die Anforderungsstruktur ist durch Komplexität und häufige Veränderungen gekennzeichnet.*	*Über Kompetenzen zur Bearbeitung von neuen komplexen Aufgaben- und Problemstellungen sowie zur eigenverantwortlichen Steuerung von Prozessen in einem wissenschaftlichen Fach oder in einem strategieorientierten beruflichen Tätigkeitsfeld verfügen. Die Anforderungsstruktur ist durch häufige und unvorhersehbare Veränderungen gekennzeichnet.*
Gemeindepädagogische/diakonische Verantwortungsebenen		
Lokal, innerhalb der Institution/Organisation	Lokal und regional, auch außerhalb der Institution/Organisation	Überregional, auch repräsentativ
Kirchengemeinden, kleine Einrichtungen, örtlich agierende Träger, Verbände und Vereine	Kirchenkreise/Dekanate, Kooperationen mehrerer Träger, überörtlich agierende Verbände, Werke und Geschäftsstellen	Landeskirche/Land, große Einrichtungen, zentral agierende Einrichtungen, Verbände, Werke und Geschäftsstellen
Gemeindepädagogische/diakonische Tätigkeitsschwerpunkte		
Arbeit mit Einzelnen und Gruppen (Kinder, Jugendliche, KonfirmandInnen, Erwachsene, SeniorInnen), Ausbildung und Begleitung Ehrenamtlicher im jeweiligen Arbeitsfeld	Arbeit mit Zielgruppen, konzeptionelle, vernetzende Aufgaben, Projektarbeit, regionale Fort- und Weiterbildung, Freiwilligenmanagement, Öffentlichkeitsarbeit, Evaluation und Weiterentwicklung von Maßnahmen, Methoden und Ressourcen	Leitungs- und Geschäftsführungsaufgaben, Konzeptions- und Organisationsentwicklung, Projektmanagement, Fort- und Weiterbildung auf übergeordneter Ebene, Wahrnehmung von Forschungs- und Entwicklungsaufgaben

Übersicht: Niveaustufen gemeindepädagogischer Beruflichkeit

Diakoninnen die Vermutung, dass aktuell „die im Tätigkeitsprofil dokumentierten Tätigkeiten in ihrer Gesamtheit Qualifikationen und Kompetenzen das Niveau einer akademischen Ausbildung erfordern." Da auch heute noch zahlreiche Fachschulausbildungen angeboten werden, wird sich in Zukunft verstärkt die Frage nach den „Durchstiegsmöglichkeiten von der Fachschule bis zur Hochschule"[34] stellen.

Für den Verständigungsprozess über Kompetenzprofile ist jedoch nicht allein danach zu fragen, ob eine Ausbildung auf Fachschul- oder Hochschulniveau absolviert wurde. Vielmehr muss auch in den Blick genommen werden, ob bspw. eine gemeinde- und religionspädagogische Hochschulausbildung umfänglich berufsqualifizierend erfolgt, oder bspw. in Form einer gemeindepädagogischen oder diakonischen – in das Studium der Sozialen Arbeit eingebetteten – Basisqualifikationen erworben wird.[35] Umgekehrt vermitteln zwar viele religionspädagogische Studiengänge auch Basisqualifikationen in Sozialer Arbeit, jedoch werden zentrale, für eine selbständige Berufsausübung in sozialen Arbeitsfeldern – mit staatlicher Anerkennung als Sozialarbeiter/Sozialpädagogin – erforderliche Inhalte, bspw. vertiefte und spezialisierte Rechtskenntnisse, nicht erworben. Auch die an einigen Studienstandorten vorhandenen Ausbildungsangebote im Bereich der schulischen Religionspädagogik führen in vielen Fällen nicht zu einer vollumfänglichen Berufsqualifikation als Lehrkraft an Schulen, sondern sind ebenfalls nur Basisqualifikationen zur Erteilung von (nebenberuflichem) Religionsunterricht in geringem Stundenumfang.

Insbesondere in einigen ostdeutschen Kirchen kennt man auch heute noch die Abstufung gemeindepädagogischer Qualifikationen in die Stufen A, B und C, vergleichbar der in der Kirchenmusik gebräuchlichen Nomenklatur. Die Stufe A entspricht dabei dem Hochschulabschluss, die Stufe B dem Fachschulabschluss und Stufe C einer Grundqualifikation, wie sie bspw. in einer umfassenderen Weiterbildung erworben werden kann. In der Regel sind in den meisten Landeskirchen C-Abschlüsse nicht hauptberuflich anstellungsfähig. Eine Handreichung der Mecklenburgischen Landeskirche zur Stellenbesetzung sieht bspw. als allgemeine Regel vor: „Für Stellen, zu deren Aufgaben (...) auch die Strukturierung der regionalen Zusammenarbeit, Konzeptentwicklung, die Qualifizierung von ehrenamtlich Mitarbeitenden, Leitung von Gottesdiensten und insgesamt ein hohes Maß an eigenverantwortlicher Tätigkeit gehören,

---

34 VEDD (Hg.) (s. o. Anm. 28), 13.

35 Gleichermaßen gilt dies auch für andere kirchliche Berufsgruppen wie etwa Erzieher/innen und Pfarrer/innen, die idealerweise für die von ihnen wahrzunehmenden Tätigkeiten ebenfalls durch Aus- oder Weiterbildung über gemeindepädagogische Grundkenntnisse und Basisqualifikationen verfügen sollten, ohne in vollem Umfang berufsqualifizierend zu sein.

sollten *nach Möglichkeit Absolventen mit gemeindepädagogischem* Fachhochschul*abschluss (FH)* vorgesehen werden." Und weiter: „Stellen, deren alleiniger Schwerpunkt innerhalb der Gemeinde liegt und die der katechetischen bzw. gemeindepädagogischen Begleitung von Kindern, Jugendlichen und Familien (...) dienen, eignen sich vorzugsweise für *Bewerber/Bewerberinnen mit gemeindepädagogischem* Fachschul*abschluss (FS,* vergleichbar den B-Katecheten)."[36] In der Ev. Kirche in Berlin-Brandenburg-schlesische Oberlausitz, bis 2005 in der Ev.-Luth. Landeskirche Mecklenburgs sowie in der Ev. Kirche in Mitteldeutschland können Gemeindepädagoginnen und -pädagogen (FH) nach absolviertem Vikariat auch ordiniert und auf Pfarrstellen eingesetzt werden. (→ vgl. Kap. 10) Das dortige Berufsbild des ordinierten Gemeindepädagogen bzw. der Gemeindepädagogin ist an einen Masterabschluss (Niveaustufe 7) – bzw. den früheren Diplomabschluss – gebunden.

Grundsätzlich ist zu erwarten, dass sich gemeindepädagogische Beruflichkeit noch weiter ausdifferenzieren wird. Das führt auf Ebene von Kirchengemeinden und Regionen vermutlich verstärkt zu kombinierten Arbeitsverhältnissen und refinanzierten Stellenanteilen (etwa als kirchliche Lehrkraft für schulischen Religionsunterricht oder Mitarbeiter/in in einem kommunal mitfinanzierten gemeindlichen Jugendtreff), in Kooperationsprojekten mit Schule, Kindertageseinrichtung, Sozialarbeit oder mit anderen Bildungsakteuren im Gemeinwesen. Auf der Ebene von Dekanaten bzw. Kirchenkreisen und in übergeordneten funktionalen Diensten der Landeskirchen wird Gemeindepädagogik verstärkt mit Bildungsmanagement, Konzeptionsentwicklung, Vernetzung, Kooperation und Koordination verschiedener (kirchlicher und nichtkirchlicher) Bildungsorte und Lernwelten zu tun haben.[37]

Die Zunahme der beruflichen Komplexität bedeutet die Notwendigkeit der Entwicklung verschiedener Modelle sowie einen höheren Qualifikationsbedarf mit Doppel- oder Mehrfachqualifikationen, um qualitativ gleichwertig in unterschiedlichen Praxisfeldern arbeiten zu können. Solchermaßen Qualifizierte mit zweifacher Berufsqualifikation und bzw. oder weiterführendem Masterabschluss sind dabei auch besonders qualifiziert für strukturelle oder inhaltliche Leitungstätigkeiten.

---

36 Vgl. „Verfahrensschritte bei der Besetzung gemeindepädagogischer Mitarbeiterstellen in der Kirchengemeinde und der Region", URL: http://pix.kirche-mv.de/fileadmin/ELLM-Gesetze/Kirchgemeindliches/GemPaedStellenVerfahren3.pdf (Juli 2011).

37 Vgl. Matthias Spenn u. a., Lernwelten und Bildungsorte der Gemeindepädagogik, Münster 2008.

11.3 Das Beispiel Arbeit mit Kindern und Jugendlichen

11.3.1 Wandel des Arbeitsfeldes

Im Feld der Arbeit mit Kindern und Jugendlichen kam es in den zurückliegenden Jahren zu teilweise drastischen Veränderungen, die nicht ohne Auswirkungen auf die gemeindepädagogische Beruflichkeit bleiben.

So schritt etwa der Ausbau von Ganztagsschulen in Deutschland rasch voran. Allein zwischen 2002 und 2006 verdoppelte sich die Zahl der Ganztagseinrichtungen auf rund 10.000 und seitdem kommen jedes Jahr neue hinzu. „Mit einem Gesamtanteil von 42 % aller schulischen Verwaltungseinheiten arbeitet inzwischen fast jede zweite Schule des Primar- und Sekundarbereichs I im Ganztagsbetrieb".[38] Etwa ein Viertel aller Schülerinnen und Schüler nahmen im Jahr 2008 bereits am Ganztagsbetrieb teil.[39]

Ganztagsschulen sind nach einer Definition der Kultusministerkonferenz: „Schulen, bei denen im Primar- und Sekundarbereich I:
- An mindestens drei Tagen in der Woche ein ganztägiges Angebot für die Schülerinnen und Schüler bereitgestellt wird, das täglich mindestens sieben Zeitstunden umfasst.
- An allen Tagen des Ganztagsschulbetriebs den teilnehmenden Schülerinnen und Schülern ein Mittagessen bereit gestellt wird.
- Die Ganztagsangebote unter der Aufsicht und Verantwortung der Schulleitung organisiert und in enger Kooperation mit der Schulleitung durchgeführt werden sowie in einem konzeptionellen Zusammenhang mit dem Unterricht stehen."[40]

!

Um Heranwachsende auch künftig erreichen zu können und um aus evangelischer Verantwortung zur Lebensbewältigung Heranwachsender unter heutigen gesellschaftlichen Bedingungen beizutragen, muss die evangelische Arbeit mit

---

38 Autorengruppe Bildungsberichterstattung (Hg.), 2010, Bildung in Deutschland 2010, Ein indikatorengestützter Bericht mit einer Analyse zu Perspektiven des Bildungswesens im demografischen Wandel, Bielefeld, 7.
39 A. a. O., 74.
40 Sekretariat der Ständigen Konferenz der Kultusminister der Länder in der Bundesrepublik Deutschland (Hg.), Allgemein bildende Schulen in Ganztagsform in den Ländern in der Bundesrepublik Deutschland – Statistik 2005 bis 2009 –, Berlin 2011, 4 f. URL: http://www.kmk.org/fileadmin/pdf/Statistik/GTS_2009_Bericht_Text.pdf (Juli 2011).

Kindern und Jugendlichen zumindest punktuell mit den Schulen verknüpft werden. Zwar gibt es mittlerweile in vielen Landeskirchen Modellprojekte und Schwerpunktsetzungen im Bereich der schulbezogenen und schulnahen Arbeit mit Kindern und Jugendlichen, doch insgesamt zeigt sich die kirchliche sowie verbandliche Jugendarbeit deutschlandweit noch zurückhaltend bezüglich dauerhafter Kooperationen mit Schulen. Wie die Ergebnisse der ‚Studie zur Entwicklung von Ganztagsschulen' zeigen, ist die Kirche in der Hälfte aller Ganztagsgrundschulen vertreten, in der Sekundarstufe I tauchen sie jedoch nicht mehr als relevanter Kooperationspartner auf.[41] Trotz mancher durchaus berechtigter Skepsis gegenüber einer zu starken Vereinnahmung durch die Schule wird sich das traditionelle Gegenüber von Schule und *außer*schulischer Jugendbildung jedoch nicht auf Dauer halten lassen.

Auch das Thema ehrenamtliche Mitarbeit [→ vgl. Kap. 12] in der Arbeit mit Kindern und Jugendlichen verändert sich durch die Umgestaltung des Schulsystems bereits spürbar. Ein überwiegender Teil der freiwillig Enagagierten sind traditionell ältere Jugendliche aus dem Gymnasialbereich. Angesichts der Ganztagsschulentwicklung und der G8-Einführung (die Verkürzung der Zeit bis zum Abitur auf nur noch insg. 12 Schuljahre) mit einer deutlichen Ausweitung der Unterrichtszeit in die Nachmittage wird es schwieriger, sich außerschulisch zu engagieren. So lag im Jahr 2009 die Engagementquote der 14–19-Jährigen bei einem Besuch des achtjährigen Gymnasiums mit 42,9 % fast zehn Prozentpunkte niedriger, als bei jenen Jugendlichem, die noch ein neunjähriges Gymnasium besuchen (52,4 %). Durchschnittlich 39,4 % aller Jugendlichen an Haupt-, Realschulen und Gymnasien, die eine Halbtagsschule besuchen, engagieren sich ehrenamtlich. Diese Quote sinkt bei Besuch einer Ganztagsschule ebenfalls um rund zehn Prozentpunkte auf 29 %.[42]

Die klassischen Engagementpotenziale in der Arbeit mit Kindern und Jugendlichen werden somit geringer. Evangelische Arbeit mit Kindern und Jugendlichen für die Zukunft neu zu denken kann daher einerseits bedeuten, die Arbeit konzeptionell mehr mit den Schulen zu verknüpfen. Grundsätzlich gilt dabei, dass gerade beim Thema Ehrenamt Gemeindepädagogen und -pädagoginnen für Schulen interessante Kooperationspartner und -partnerinnen sein können, da diese eine Kompetenz in der Ausbildung und Begleitung Ehrenamtlicher mitbringen, die auch in Ganztagsschulen zunehmend wichtiger wird. [→ Kap. 12] Zum anderen kann darüber nachgedacht werden, in gemeindlichen Kontexten

---

41 Vgl. Bettina Arnold, Vielfalt der Partner: Konsequenzen für die Kooperation – Ergebnisse aus StEG, Vortrag, 2009, URL: http://www.uni-marburg.de/fb21/ifsm/ dgfe-2009/vortraege/arnoldt.pdf (Juli 2011). Vgl. allgemein zu den Ergebnissen der Studie zur Entwicklung von Ganztagsschulen (StEG), URL: www.dji.de/steg
42 Autorengruppe Bildungsberichterstattung (Hg.), (s. o. Anm. 38), 81.

nicht mehr so stark auf die Mitarbeit *jugendlicher* Ehrenamtlicher zu setzen, sondern gemeindepädagogische Arbeit auch als Vermittlungsaufgabe zwischen Alt und Jung zu verstehen: die Vermittlung von Wunsch-Großeltern und Enkelkindern, Ausbildungs- und Lernpatenschaften etc., die Förderung intergenerativer Begegnungen und intergenerationellen Lernens.

11.3.2 Gemeindepädagogische Stellenprofile

Ein Blick in den gemeindepädagogischen Stellenmarkt zeigt bereits die sich abzeichnenden Veränderungen des Arbeitsfeldes. Nach wie vor finden sich eher ‚traditionelle' Stellenbeschreibungen, wie in folgendem Beispiel: Gesucht wird etwa ein/e Gemeindepädagoge/in für eine 50%-Stelle, der/die bestehende Jugendgruppen und Kindergruppen fortführt, neue Jugendgruppen und Projekte gestaltet, das Kindergottesdienstteam unterstützt und Jugendgottesdienste anbietet und zusammen mit dem Pfarrer die Konfirmandenarbeit gestaltet.

Daneben trifft man zunehmend auf solche Stellenanzeigen, in denen sich bereits die skizzierten Veränderungen des gemeindepädagogischen Arbeitens mit Kindern und Jugendlichen widerspiegeln. Ein Beispiel: Drei miteinander kooperierende Kirchengemeinden suchen eine/n hauptberuflichen Mitarbeiter/in. Die eine Hälfte der Stelle ist in der gemeindlichen Arbeit mit Kindern und Jugendlichen angesiedelt, wozu auch die Beteiligung an Familiengottesdiensten und Konfirmandenarbeit gehört. Ausdrücklich wird daher auch eine Kompetenz in den Bereichen Konfirmandenunterricht, Familiengottesdienst und Arbeit mit Kindern in einer Kirchengemeinde erwartet. Der andere Teil der Stelle soll stadtteilbezogen an der Schnittstelle zwischen Kirchengemeinden und Schulen arbeiten. Hier sollen vor allem Jugendliche in sozial schwierigen und von Armut betroffenen Verhältnissen angesprochen werden, für die Hilfestellungen und Beratungsangebote, Gruppenangebote oder Projekte selbst entwickelt und angeboten bzw. durch Kooperationen vermittelt werden sollen.

Ein solcher Stellenzuschnitt weist deutlich mehrere der zuvor behandelten Aspekte auf:

– Die Arbeit mit Kindern und Jugendlichen wird an der Schnittstelle zwischen verschiedenen kirchlichen und nicht-kirchlichen Institutionen angesiedelt.
– Die Tätigkeitsschwerpunkte erfordern sowohl eine grundlegende religions- und gemeindepädagogische Ausbildung (Konfirmandenunterricht, Gottesdienstgestaltung), als auch idealerweise eine sozialarbeiterische Kompe-

tenz (Kenntnis von und Umgang mit sozial schwierigen Verhältnissen, Soziale Beratung) – ein/e Mitarbeitende/r mit einer doppelten Qualifikation in Gemeindepädagogik und Sozialer Arbeit wäre hier eine ideale Besetzung.

– Das Stellenprofil entspricht deutlich dem Level 6 des DQR als Mindestanforderung, also dem hochschulischen Diplom- oder Bachelorabschluss.

Interessant ist eine solche Stellenkonstellation auch im Hinblick auf den Beitrag von Gemeindepädagogik für die Entwicklung einer religionssensiblen Schulkultur, d. h. neben evangelischer außerschulischer Jugendarbeit und schulischem Religionsunterricht eine Aufmerksamkeit ganz allgemein für die religiöse – nicht konfessionell geprägte – Dimension von Schulleben insgesamt. Religionssensibilität bedeutet, Religion am Lern- und Lebensort Schule in ihrer Vielfalt wahrzunehmen, sie als Bestandteil einer allgemeinen Bildung – auch für jene, die nicht religiös sind – zu thematisieren und zu einem toleranten und respektvollen Umgang anzuleiten.[43]

11.3.3 Ausblick

Angesichts der gesellschaftlichen und kirchlichen Entwicklung wird die Bedeutung doppelter Berufsqualifikationen weiter zunehmen. Das künftige Handlungsfeld der Gemeindepädagogen und -pädagoginnen wird neben qualifizierter Zielgruppenarbeit wesentlich auch durch Brückenbau und Grenzgänge gekennzeichnet sein. Die Berufstätigkeit wird sich dadurch auszeichnen müssen, dass die Hauptberuflichen mit der Logik unterschiedlicher Institutionen vertraut sind und sich zwischen ihnen bewegen können. Traditionell war dieser Grenzgang in der religions- und gemeindepädagogischen Hochschul-Ausbildung neben dem Lernort Gemeinde auch durch die Kenntnis des Lernorts Schule gegeben: wenn Studierende im integrierten religionspädagogischen Schulpraktikum die Erfahrung als Lehrkraft für Evangelische Religion gemacht haben, ist dies eine wichtige Voraussetzung für das Verständnis beider Institutionen und für gelingende Kooperationen. Unter den Bedingungen einer Doppelqualifikation in Religions-/Gemeindepädagogik und Sozialer Arbeit hingegen tritt eine Kenntnis staatlicher und freier Träger hinzu, sozialrechtlicher und sozialadministrativer Aspekte, die für die Übernahme von Aufgaben an den Schnittstellen unterschiedlicher kirchlicher, diakonischer und

---

43 Vgl. Gudrun Guttenberger / Harald Schroeter-Wittke (Hg.), Religionssensible Schulkultur, Jena 2011.

sozialer Institutionen ganz entscheidend ist. Dies ist insbesondere auch entscheidend, weil ein nicht unerheblicher Anteil der kirchlichen Bildungsarbeit mit Heranwachsenden und Erwachsenen öffentlich gefördert bzw. re-finanziert wird und sich somit in einem doppelten Referenzsystem als kirchliches Arbeitsfeld und subsidiär geförderter Arbeit in freier Trägerschaft legitimieren muss.

Dieses ‚Schnittstellen-Management' [→ Kap. 10, 3.2] wäre dann gleichsam eine der wesentlichen Aufgaben für Gemeindepädagogen und Gemeindepädagoginnen. Sie wären jene, die Menschen zusammenbringen, Interessen verknüpfen, Begegnungen ermöglichen, die Grenzgänge zwischen den Generationen, zwischen Institutionen, Kirche und Schule, Gemeinde und Gemeinwesen ermöglichen und gestalten helfen. Dabei hat die gemeindepädagogische Arbeit eine doppelte Aufgabe: zum einen die Öffnung zum Gemeinwesen, die Kooperation und Vernetzung mit anderen Trägern sozialer und pädagogischer Arbeit, zugleich gilt es dabei umso mehr, das unverwechselbar Christliche, die Besonderheit evangelisch verantworteter gemeindepädagogischer Bildungsarbeit in diesen sich ausdifferenzierenden Bezügen deutlich herauszuarbeiten.

Der gemeindepädagogische Beruf erfüllt damit eine wesentliche soziale, vernetzende und kommunikationsstiftende Funktion innerhalb der Kirche wie auch durch gestaltete Teilhabe am öffentlichen Raum. Gemeindepädagogik hat Anteil an der zweifachen Bildungsverantwortung der Kirche, „als mit anderen geteilte pädagogische Mitverantwortung im öffentlichen Bildungssystem und als ungeteilte Verantwortung bei der Erschließung der Glaubensüberlieferung im Generationenzusammenhang."[44]

Dabei bleibt zu betonen, dass Bildung als Wesensmerkmal und Dimension kirchlichen Handelns ebenso wie die anderen Grunddimensionen von Kirche auch eine institutionelle Absicherung durch eine eigenständige, darauf bezogene Professionalität benötigt. Auch wenn andere haupt- und ehrenamtliche kirchliche Mitarbeitende ebenfalls über gemeindepädagogische Kompetenzen verfügen, so garantiert doch nur eine spezifische Ausbildung die *Erwartbarkeit*, im kirchlichen Umfeld auch gemeindepädagogische Kompetenz antreffen zu können. Allerdings ist es derzeit aufgrund der eher kleinen Zahl Hauptberuflicher oft von Zufällen abhängig, ob Interessierte vor Ort auf gemeindepädagogisch Qualifizierte treffen können – wohingegen man bspw. in nahezu jeder Gemeinde auf eine/n zuständige/n Pfarrer/in treffen kann – und vielfach sind die gemeindepädagogischen Mitarbeitenden in einer breiteren Öffentlichkeit zu wenig sichtbar. Sinnvoll wäre hier bspw. die Einrichtung deutlich er-

---

44 Karl Ernst Nipkow, Bildung als Lebensbegleitung und Erneuerung. Kirchliche Bildungsverantwortung in Gemeinde, Schule und Gesellschaft, Gütersloh, [2]1992, 59.

kennbarer gemeindepädagogischer Fachstellen, von Häusern kirchlicher Bildung o. ä. in erreichbaren Regionen.

Die Kirche verfügt mit den Gemeindepädagoginnen und -pädagogen über eine Berufsgruppe, die aufgrund ihrer Ausbildung jene Kompetenzen mitbringt, die für die zukunftsfähige Gestaltung kirchlicher Bildungsangebote erforderlich ist. Daher gilt heute mehr denn je, „daß die perspektivische Frage gegliederter dimensionaler Aufgaben von Kirche nicht abgelöst werden kann von der Frage des gegliederten Dienstes, eines gegliederten Amtes und einer differenzierten Professionalität".[45]

Literatur zur Vertiefung

Coelen, Thomas / Hans-Uwe Otto (Hg.), Grundbegriffe Ganztagsbildung. Das Handbuch, Wiesbaden 2008.

Combe, Arno / Werner Helsper (Hg.), Pädagogische Professionalität. Untersuchungen zum Typus pädagogischen Handelns, Frankfurt am Main [2]1997.

Giesecke, Hermann, Pädagogik als Beruf. Grundformen pädagogischen Handelns, Weinheim/München [7]2000.

Kirchenamt der EKD (Hg.), Grundsätze einer kirchlichen Berufsbildungsordnung für die gemeindebezogenen Dienste, Hannover 1996. Online verfügbar unter: http://www.gemeindepaedagogik-westfalen.de/fileadmin/sites/gemeindepaedagogik/dokumente/Berufsbildungsordnung.pdf.

Maag Merki, Katharina, Kompetenz, in: Sabine Andresen u. a. (Hg.), Handwörterbuch Erziehungswissenschaft, Weinheim und Basel 2009, 492–506.

Piroth, Nicole, Gemeindepädagogische Möglichkeitsräume biographischen Lernens. Eine empirische Untersuchung zur Rolle der Gemeindepädagogik im Lebenslauf, Münster 2004.

Spenn, Matthias / Michael Haspel / Hildrun Keßler / Dorothee Land, Lernwelten und Bildungsorte der Gemeindepädagogik. Bedingungen, Bezüge und Perspektiven, Münster 2008. Online verfügbar unter: http://ci-muenster.de/biblioinfothek/open_access_pdfs/gemeinde25_lernwelten.pdf.

Zentrum Bildung der EKHN (Hg.), Evangelische schulbezogene Kinder- und Jugendarbeit in der EKHN, Darmstadt 2008.

Impulse zur Weiterarbeit

a) Eine Idee zur besseren Vereinbarkeit von Konfirmandenunterricht mit der Ganztagsschule stammt von der „Arbeitsgemeinschaft der Leiter der Pädagogischen Institute und Katechetischen Ämter" im Bereich der EKD. Ein von einer Arbeitsgruppe konzipierter „Schnupperkurs KU in der Schule" –

---

45 Wolf-Eckart Failing, Gemeindepädagogik am Anfang (s. o. Anm. 4), 238.

so ein Arbeitstitel für das Projekt – soll bspw. im Rahmen einer Arbeitsgemeinschaft an Nachmittagen an einer Ganztagsschule stattfinden und dann in Kirchengemeinden als ein Teil der Konfirmationsvorbereitung angerechnet werden können. Das verfolgte Ziel ist eine bessere zeitliche Vereinbarkeit von Schule und Konfirmandenunterricht und Jugendliche die der Kirche fern stehen, für den Konfirmandenunterricht und die spätere Konfirmation zu motivieren.

Zur Frage, wie Jugendliche selbst zu einem solchen „KU-Schnupperkurs" stehen, liegen Ergebnisse einer Schülerbefragung vor. Zuerst einmal zeigte sich, dass ein solches Angebot eher dort auf Resonanz der Jugendlichen stößt, wo die Ganztagsschule schon fest installiert ist. Und ebenso interessant ist, dass konfessionslose und muslimische Schüler/innen ein solches Angebot eher annehmen würden als katholische und evangelische Jugendliche. Für einen solchen Schnupperkurs im Rahmen der Schule votierten 32 % aller befragten Konfessionslosen, 30 % der Muslime, 19 % der katholischen und nur 14 % der evangelischen Schüler/innen.[46]

Dass Jugendliche durchaus ein Interesse an religiösen Fragen haben, zeigt die Untersuchung ebenfalls. Auf die Frage, welche Themen in einem solchen Schnupperkurs vorkommen müssten, damit die Jugendlichen interessiert sind, findet man auf den vier erstplatzierten Rängen: Tod und was danach kommt, Zukunftsvorstellungen, Gott und Was ist der Sinn des Lebens? (Danach folgen: Freundschaft und Liebe, Gewalt, Umwelt/Natur und Partnerschaft und Sexualität sowie weitere).

Diskutieren Sie Pro und Contra eines Schnupperkurses „KU in der Ganztagsschule".

Überlegen Sie, welche Unterschiede sich beim Konfirmandenunterricht in der Kirchengemeinde und bei einem KU-Schnupperkurs im schulischen Kontext hinsichtlich der Aufgabe und Rolle professioneller Gemeindepädagogen und -pädagoginnen ergeben.

b) *Sichten* Sie aktuelle Stellenanzeigen Ihrer Landeskirche. Wählen Sie daraus zwei möglichst unterschiedliche aus und *überlegen* Sie, welche Kompetenzen – Wissensbestände, Fertigkeiten und personale Kompetenzen – für beide beschriebenen Stellenprofile gleichermaßen erfüllt sein müssen und ob für die Wahrnehmung der jeweiligen Aufgaben auch verschiedenartige Kompetenzen erforderlich sind.

---

46 Susanne Michaelsen, 2007, „… damit ich mich nach der Schule nicht hetzen muss" Eine Schülerbefragung zu Konfirmandenunterricht und Ganztagsschule, in: Loccumer Pelikan, Heft 1/2007, 34–36, 36.

- Rollenspiel?
- kurzer Gesamtüberblick
- Vorstellung Autor

Beate Hofmann

12 Gemeindepädagogische Arbeit zwischen Engagement und Profession

12.1 Ehrenamt als Thema der Gemeindepädagogik

Warum beschäftigt sich Gemeinde*pädagogik* mit dem Thema Ehrenamt?

- Ein großer Teil ehrenamtlichen Engagements in der Kirche findet in gemeindepädagogischen Arbeitsfeldern wie Arbeit mit Kindern, Jugendlichen, Konfirmandinnen und Konfirmanden, in Eltern-Kind-Gruppen oder in der Arbeit mit älteren Menschen statt. Daher arbeiten gemeindepädagogisch tätige Hauptamtliche häufig in Teams mit Ehrenamtlichen und haben dort die Aufgabe der Gewinnung, Begleitung, Förderung und Fortbildung der Ehrenamtlichen.
- Strukturveränderungen in der Kirche führen dazu, dass sich die Rolle der Hauptamtlichen verändert. [→ Kap. 11] Durch Regionalisierung und Ressourcenrückgang werden Hauptamtliche in Zukunft weniger als die Durchführenden gemeindepädagogischer Arbeit in der Kirchengemeinde und verstärkt als Ermöglicher dieser Arbeit fungieren. Dies fordert neben konzeptioneller Kompetenz ein neues Rollenverständnis als Dienstleister Ehrenamtlicher.[1] Diese Rollenveränderung ist häufig mit Verlusterfahrungen verbunden und mit der Sorge, überflüssig zu werden.
- Die Gemeindepädagogik ist von Anfang an mit Reformbestrebungen in der Kirche verbunden, die ein pfarrerzentriertes, hierarchisches Kirchenbild durch ein Pluralität und Diversität der Charismen betonendes Leitbild ersetzen wollen. Die damit verbundene Teamarbeit und das Zusammenspiel unterschiedlicher Gaben und Professionen können sich nicht nur auf hauptamtliche Rollen beziehen, sondern müssen auch das Miteinander von Haupt- und Ehrenamtlichen in den Blick nehmen.
- Ehrenamtliches Engagement ist ein typisches Beispiel für nonformales und häufig auch informelles Lernen im Raum der Kirche. Es geschieht an unterschiedlichen Lernorten, häufig selbstgesteuert und wird selten als „Bildungsveranstaltung" wahrgenommen. Es ist auch ein besonders gutes Beispiel für Bildung in und durch Gemeinde, weil es im Raum der Gemeinde (in unterschiedlicher Gestalt) stattfindet, Lernprozesse für die Gemeinde mit sich bringt und der Gemeinde zugute kommt.

---

1 Vgl. Bernhard Petry, Von verfehlten Knopflöchern und ergriffenen Händen, in: PGP 62 (2009) H. 2, 18–22, hier 20.

– In der Begleitung Ehrenamtlicher durch Hauptamtliche spiegeln sich zentrale Bildungsaufgaben der Kirche:[2] Ehrenamtliches Engagement ist häufig Ausdruck sozialer Verantwortung in Kirche und Gesellschaft. Zugleich ist es mit der Identitätskonstruktion der Engagierten verknüpft, denn ihr Engagement gibt ihnen das Gefühl, etwas Sinnvolles zu tun; sie erfahren Selbstwirksamkeit, Anerkennung und entwickeln soziale Kompetenz. In diesem Zusammenhang gilt es auch, Raum für die Förderung der Religiosität der Engagierten zu schaffen, z. B. durch spirituelle Begleitung für Menschen, die andere in Krisen begleiten (Besuchsdienst, Telefonseelsorge, Hospiz, Pflege) oder durch die subjektorientierte theologische Erarbeitung von Themen für die gemeindepädagogische Arbeit (Kinderbibelwochen, Kindergottesdienst und andere Zielgruppengottesdienste). Zudem fördert ehrenamtliches Engagement Teamfähigkeit, Pluralitätsfähigkeit und Ambiguitätstoleranz [→ Kap. 6], da es meist in Gruppen und Teams stattfindet, in denen unterschiedliche Interessen und Positionen austariert und Konflikte konstruktiv bearbeitet werden müssen, damit das Engagement gelingt.

– Ehrenamt ist ein praktisch-theologisches Querschnittsthema. Ehrenamtliche partizipieren an allen Feldern kirchlicher Arbeit. Insofern muss auch ihre Aus- und Fortbildung alle Felder betreffen: Kompetenzen in Seelsorge für Besuchsdienste und Telefonseelsorge, in Homiletik und Liturgik für Prädikantinnen und Prädikanten und Gottesdienstteams, im Bereich der Bildung für gemeindepädagogische Teams, in Gemeindeleitung und Organisation für KirchenvorsteherInnen bzw. PresbyterInnen, diakonische Kompetenzen für alle Bereiche sozialen Engagements. Entsprechend ist die Begleitung Ehrenamtlicher einerseits Bildungsaufgabe, andererseits eng verbunden mit Fragen der Gemeindeentwicklung. Ehrenamtsförderung ist eine kybernetische Aufgabe, in der es um „Personalentwicklung"[3] von freiwillig Mitarbeitenden geht, für deren Begleitung es eine besondere Form der „machtlosen Führung"[4] zu entwickeln gilt. Zudem ist das Ehrenamt ein Bereich, in dem eine enge Kooperation zwischen Kirche und Diakonie und damit zwischen unterschiedlichen Organisationsformen kirchlicher Arbeit und zwischen unterschiedlichen Berufsgruppen erforderlich ist.

---

2 Nach Karl Ernst Nipkow, Grundfragen der Religionspädagogik, Bd. 2, Gütersloh, 4. Aufl. 1990, 101–128.
3 Vgl. Armin Felten / Bernhard Petry, Gut geführt. Personalentwicklung und Personalführung in der Kirche, Hannover 2002, 125.
4 Vgl. Christoph Härter, Führen ohne Macht, in: Zürich freiwillig, Newsletter 13, 2006, 2–3, URL: www.zuerichfreiwillig.ch (September 2011).

12.1.1 Zu Begriff und Definition von „Ehrenamt"

Für das Phänomen ehrenamtlicher Tätigkeit werden derzeit in Deutschland verschiedene Begriffe verwendet, die unterschiedliche Aspekte des Engagements betonen:[5]
- Ehrenamt (moralischer Anspruch und funktionaler Aspekt)
- Freiwilligenarbeit oder freiwilliges Engagement (motivationsorientiert)
- Bürgerarbeit oder Bürgerschaftliches Engagement (als Kernbegriff der Zivilgesellschaft)
- Gemeinwohltätigkeit (zielorientiert)
- Selbsthilfe oder Initiativarbeit (arbeitsformorientiert)
- Volunteering (als international gebräuchlicher Begriff).

Auch im Raum der Kirche beschreiben Ehrenamtliche ihre Tätigkeit mit diesen verschiedenen Begrifflichkeiten. 49 % der im Bereich von Kirche und Religion Engagierten bezeichnen ihre Tätigkeit als Ehrenamt, während 40 % diese als Freiwilligenarbeit sehen und 11 % andere Begriffe wie Bürgerengagement, Initiativen- und Projektarbeit oder Selbsthilfe dafür verwenden.[6] Entsprechend komplex ist eine grundlegende Definition. In den zahlreichen Gesetzen und Richtlinien, die die einzelnen Landeskirchen in den letzten Jahren verabschiedet haben, werden als zentrale Kennzeichen ehrenamtlichen Engagements in der Kirche solche Tätigkeiten benannt, die
- in Kirche und Diakonie (*Engagementort*)
- freiwillig (*Motivation*)[7]
- unentgeltlich (*Gratifikation*)
- außerhalb von Familie und Nachbarschaft (*Organisation*)

durchgeführt werden. Unscharf ist dabei die Grenzziehung zwischen Teilnahme und Mitarbeit. Ralph Fischer hat eine umfassende Definition vorgelegt, die die Differenzen zur Erwerbsarbeit und Implikationen für die Ehrenamtsbegleitung beschreibt:

---

5 Paul-Stefan Roß, Warum freiwilliges Engagement (wieder) ein Thema ist, in: Barbara Hanusa / Gerhard Hess / Paul-Stefan Roß (Hg.), Engagiert in der Kirche. Ehrenamtsförderung durch Freiwilligenmanagement, Stuttgart 2010, 11–46, hier 11.
6 Zahlen aus einem unveröffentlichten Vortrag von Thomas Gensicke von TNS Infratest zum Freiwilligensurvey 2009, Veröffentlichung in der kirchlichen Sonderauswertung des 3. FWS (s. u. Anm. 9).
7 Allerdings gibt es im staatlichen Bereich auch unfreiwillige Ehrenämter wie die Wahlhelfer- oder die Schöffenfunktion.

> **!** Freiwilliges Engagement ist
> - „die freiwillige Übernahme einer **Verantwortungsrolle** in einer besonderen Aufgabe, Arbeit oder Funktion, die mehr ist als nur bloßes Mittun und die außerhalb beruflicher Tätigkeit sowie des rein privaten, familiären Bereichs liegt.
> - Freiwilliges Engagement ist **frei vereinbarte Tätigkeit** (Verbindlichkeit und rechtliche Regelungen bzw. Bestimmungen greifen erst im Vollzug und im Kontext des Engagements),
> - es beinhaltet ein hohes Maß an **Selbstbestimmung** (hinsichtlich des zeitlichen Umfangs, zusätzlicher Aufgabenübernahmen oder Ausweitungen des ursprünglich getroffenen Kontrakts, der ggf. vorab schriftlich fixiert wurde),
> - ist **nicht an Tarife und Ausbildungsgänge gebunden** (Interessen, Charismen, Begabungen, Gelegenheiten und Kenntnisse sind die maßgeblichen Zugangswege),
> - kurz- und mittelfristig **veränderbar** (die wechselseitigen Verpflichtungen sind eher niedrig und ohne hohen juristischen Aufwand zu beenden)
> - und **ohne Bezahlung** (soweit es nicht Kostenerstattungen o. ä. betrifft)."[8]

Aktuelle Studien[9] beobachten nach Jahren der Konzentration auf das Selbstverständnis als „Freiwilligenarbeit" eine zunehmende Identifikation mit dem Begriff „Ehrenamt", der vor allem die Abgrenzung von den Hauptamtlichen beschreibt, aber auch die Unentgeltlichkeit und den besonderen „moralischen Anspruch" der Tätigkeit betont. Im Raum der Kirche wird bisher aus theologischen Gründen am Begriff „Ehrenamt" festgehalten, denn er bringt zum Ausdruck, dass das Engagement ein Amt im Sinne des Priestertums aller Getauften ist, das durch die Taufe „verliehen" wird. Der Aspekt der „Ehre" spielt heute weniger auf Status und Anerkennung an, sondern auf die Freiheit eines Christenmenschen, dem es „eine Ehre sein kann", für den Nächsten da zu sein, weil er sich seine Gnade nicht verdienen oder durch Werke erkaufen muss. (s. u. 2.4.)

Auch der Begriff „Hauptamt" ist schwer zu fassen und wohl nur im Gegenüber zu „Ehrenamt" entstanden und genutzt. Alternative Begriffe wie „beruflich Mitarbeitende" haben sich bisher nicht durchgesetzt. Der Unterschied zwischen „Ehrenamtlichen" und „Hauptamtlichen" lässt sich in der evangelischen Kirche weder amtstheologisch (Laien versus Ordinierte) begründen,

---

8 Ralph Fischer, Ehrenamtliche Arbeit, Zivilgesellschaft und Kirche, Stuttgart 2004, 33 f.; vgl. auch die International Declaration of Volunteering, die allerdings die Verantwortungsübernahme nicht als Kriterium benennt, vgl. Katharine Gaskin, Justin, Davis Smith, Irmtraut Paulwitz u. a., Ein neues bürgerschaftliches Europa. Eine Untersuchung zur Verbreitung und Rolle von Volunteering in zehn Ländern, Freiburg 1996, 13.

9 Vgl. Thomas Gensicke / Sabine Geiss, Hauptbericht des Freiwilligensurveys 2009, vorgelegt von TNS Infratest, München 2010, 111 f. (im Folgenden abgekürzt als 3. FWS).

weil beide am Priesteramt aller Getauften partizipieren, noch über unterschiedliche Professionalität begründen, denn viele Ehrenamtliche arbeiten „professionell" und bringen ihre beruflichen Kompetenzen ehrenamtlich in die Kirche ein. Auch die theologische Dimension der Berufung ist kein entscheidendes Differenzkriterium, weil sich kirchliches Ehrenamt aus der paulinischen Charismenlehre begründet, die Berufung und Begabung nicht auf die „Hauptamts"-Träger beschränkt. So bleiben als entscheidende Differenz die Frage der Bezahlung und die Struktur der Einbindung in kirchliche Ordnungen und Sanktionssysteme. Damit kann, muss aber nicht eine höhere konzeptionelle Verantwortung für kirchliche Arbeitsfelder und eine andere Funktion im Gefüge der Kirche verbunden sein. Im Bezug zu Ehrenamtlichen werden Hauptamtliche verstärkt als Ermöglicher und Begleiter von ehrenamtlichem Engagement verstanden.

Dazwischen steht der Begriff des Nebenamtes, der meist eine Beschäftigung neben den zum Hauptamt gehörenden Aufgaben beschreibt und mit einer monetären Vergütung verbunden ist.[10]

12.1.2 Geschichte und Entwicklung des Ehrenamtes

Zur **heutigen Relevanz** von ehrenamtlichem Engagement haben verschiedene Entwicklungen beigetragen:[11]
- die **Emanzipation des Bürgertums**, das Verantwortung für die Gesellschaft übernehmen und soziale Verantwortung nicht mehr der patriarchal strukturierten Fürsorge und Herrschaft der Obrigkeit überlassen wollte. So entstanden im 19. Jahrhundert Initiativen und Vereine, die auf die wachsende soziale Not in Folge der Industrialisierung und auf die Unfähigkeit von Staat und Kirche, diese erfolgreich zu bekämpfen, reagierten. In ihnen agierten engagierte Bürger, häufig am Rande der Kirche oder gegen den Wunsch der Kirchenleitung. Durch dieses Engagement entstanden nicht nur neue Professionen [→ Kap. 10], sondern auch vielfältige ehrenamtliche Engagementfelder;
- die gleichberechtigte **Beteiligung Ehrenamtlicher an Kirchenleitung** (Presbyterien, Synoden), die sich seit der Reformation – in Aufnahme der

---

10 So heißt es in § 2 Abs. 2 und 3 Bayerische Nebentätigkeitsverordnung, die analog auf den kirchlichen Dienst angewendet wird: „Abs. 2: Nebenamt ist ein nicht zu einem Hauptamt gehörender Kreis von Aufgaben, der auf Grund eines öffentlich-rechtlichen Dienst- oder Amtsverhältnisses wahrgenommen wird. Abs. 3: Nebenbeschäftigung ist jede sonstige, nicht zu einem Hauptamt gehörende Tätigkeit innerhalb oder außerhalb des öffentlichen Dienstes."
11 Vgl. Fischer (s. o. Anm. 8), 23–31; Roß (s. o. Anm. 5), 33.

neutestamentlichen Tradition (s. u. 2.4) – vor allem in calvinistisch geprägten Kirchen entwickelt hatte und die sich erst im 19. Jahrhundert auch in unierten und lutherischen Kirchen etabliert hat. Flächendeckend und umfassend wurde sie erst durch die Trennung von Staat und Kirche 1918 möglich;

– die **Entstehung politischer Ehrenämter** durch die Stein-Hardenbergschen Reformen, die mit der preußischen Städteordnung von 1808 die kommunale Selbstverwaltung verankerten und den materiell abgesicherten Bürgern vorbehaltene, oft nicht freiwillig wahrgenommene „Ehrenämter" schufen;[12]

– die **Entstehung sozialer, pädagogischer und kultureller Vereine** auch im kirchlichen Raum, die zur Entwicklung von Gemeindearbeit in der heutigen Form mit unterschiedlichen Zielgruppen und Engagementfeldern geführt hat. Erste Impulse hat schon der Pietismus durch die Entwicklung von Gruppen und Kreisen und durch die Betonung individueller Frömmigkeit und missionarischer Aktivitäten gesetzt. Durch die Gleichschaltung und das Verbot kirchlicher und sozialer Aktivitäten im Nationalsozialismus schlüpften viele vorher eigenständige Vereine unter das Dach der Kirche. Dies führte zu einer Ein- und häufig auch Unterordnung bisher unabhängiger, oft ehrenamtlich geführter Vereine in kirchliche Strukturen;

– die **Entwicklung von Gemeindehäusern** [→ Kap. 1, 1.1], die pädagogischen und sozialen Formen kirchlichen Engagements ein „Zuhause" gegeben haben und die Wahrnehmung des Gemeindelebens stark verändert haben (nicht nur Gottesdienste, Kasualien und Seelsorge, sondern gruppenbezogene Aktivitäten);

– die **Individualisierung**, die Menschen nach den eigenen Gaben und Interessen, aber auch nach der eigenen Religiosität und Sinnkonstruktion suchen lässt, weil ihnen Rolle, Status und Lebensaufgabe nicht mehr durch Stand, Tradition oder Beruf „automatisch" zugewiesen werden;

– die **Verlängerung des Jugendalters** und die **Steigerung der Lebenserwartung** im „dritten" und „vierten" Lebensalter, die neue biografische Spielräume für ehrenamtliches Engagement geschaffen haben;

– **die Entwicklung der Zivilgesellschaft** bei gleichzeitigem Rückgang von finanziellen Ressourcen im sozialen Bereich, die eine stärkere Beteiligung nichtbezahlter Mitarbeitender befördert und als Ausdruck von „Bürgerwille" bejaht und politisch fördert. Zu dieser Förderung gehören regelmäßige Untersuchungen zur Engagementsituation (die Freiwilligensurveys) und finanzielle Unterstützungsmaßnahmen (Projektförderung, Etablierung von Freiwilligenagenturen, Ehrenamtspreise).

---

12 Vgl. Anm. 7.

12.2 Ehrenamt zwischen Projektion und Wirklichkeit – Empirische Wahrnehmungen

12.2.1 Was unterscheidet die in der Kirche ehrenamtlich Engagierten von anderen?

– In Deutschland engagierten sich im Jahr 2009 36 % der Bevölkerung ehrenamtlich.[13] Die Kirche ist nach Sport und Schule/Kindertagesstätte der drittgrößte Engagementbereich: 6,9 % der Bevölkerung sind im Raum der Kirche aktiv, wobei hier nicht alle bei kirchlichen Organisationen und Einrichtungen Engagierten berücksichtigt sind.[14]

– Ehrenamtliche im Raum der Kirche sind zu 2/3 weiblich, während gesamtgesellschaftlich mehr Männer ehrenamtlich engagiert sind (40 % aller Männer

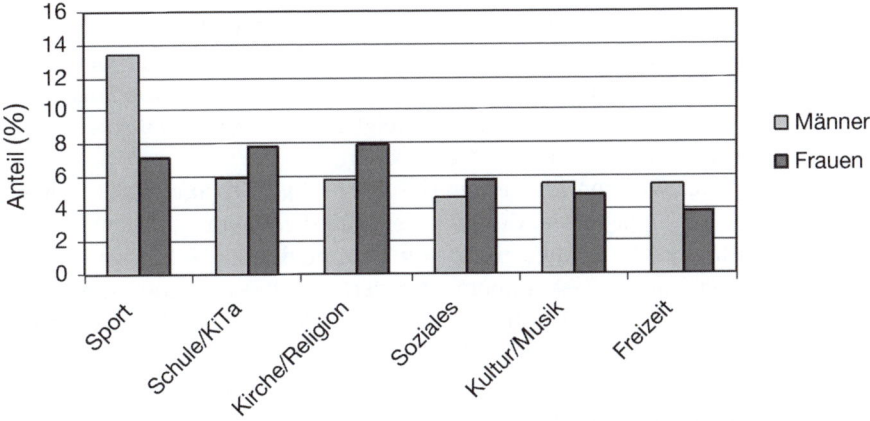

Abb. 5: Bereiche freiwilligen Engagements von Frauen und Männern, Quelle: Monitor, Engagement, 40, eigene grafische Umsetzung.

---

13 Monitor Engagement. Nr. 2, Freiwilliges Engagement in Deutschland 1999 – 2004 – 2009, URL: http://www.bmfsfj.de/redaktionbmfsfj/broschuerenstelle/pdf-anlagen/ monitor-engagement-nr-2,16.

14 Der vom Bundesministerium für Familien, Senioren, Frauen und Jugend alle fünf Jahre in Auftrag gegebene Freiwilligensurvey erfasst als explizit kirchlich Engagierte nur die, die in Gemeinden engagiert sind, aber nicht die, die sich bei diakonischen Einrichtungen, in Krankenhäusern oder kirchlichen Kindertagesstätten und Bildungseinrichtungen ehrenamtlich engagieren. Die EKD beziffert die Gesamtzahl der Ehrenamtlichen im Raum der verfassten Kirche derzeit auf gut 1,1 Millionen. Vgl. Kirchenamt der EKD (Hg.), Zahlen und Fakten zum kirchlichen Leben 2011, Hannover 2011, 21.

über 18 Jahre in Deutschland sind engagiert, gegenüber 32 % aller Frauen über 18 Jahre).[15] Das hängt mit dem Tätigkeitsbereich zusammen: Während Männer vor allem im Bereich Sport, Rettungsdienste sowie Politik und Kultur aktiv sind, sind die Frauen eher im sozialen und pädagogischen Bereich aktiv.

– Hier spiegelt sich die Beharrungskraft geschlechtsspezifischer Arbeitsteilung in unserer Gesellschaft.

– Ehrenamtliche im Raum der Kirche (wie auch in der Gesamtgesellschaft) leben meist in Familien und nicht als Singles. Kinder sind eine wichtige Brücke ins Engagement, weil sie Anlass zu Engagement geben (Elternbeirat, Eltern-Kind-Gruppen) oder in Kontakt mit Engagementmöglichkeiten bringen (Kontakt zu Kirchengemeinde, zu sozialen, kulturellen oder Sport-Vereinen).

– Ehrenamtliche haben häufig höhere Bildung und überwiegend einen sozialen Status, in dem sie sich ehrenamtliches Engagement „leisten" können. Damit wird ein Problem berührt, dass sich auch in anderen gesellschaftlichen Engagementfeldern zeigt: Sozial schwache Milieus haben weniger Zugangsmöglichkeit zu gesellschaftlicher Teilhabe und vereinsförmig organisiertem ehrenamtlichem Engagement. Der Anteil der Arbeitslosen unter den Engagierten lag 2009 bei 22 %, wobei die Kirche hier der zweithäufigste Engagementort war.[16] Auch der Engagementanteil von Migrantinnen und Migranten ist niedriger; er steigt mit der Aufenthaltsdauer und der Integration in die deutsche Gesellschaft.[17]

– Unterschiede zwischen Kirche und Gesellschaft gibt es auch in der Altersverteilung der Engagierten. Gesamtgesellschaftlich ist die am stärksten ehrenamtlich engagierte Altersgruppe die Gruppe der 35–54 Jährigen, wobei das Engagement in diesem Segment zwischen 1999 und 2009 um bis zu 4 % gewachsen ist. Das bedeutet, dass vorrangig nicht Menschen nach der Berufsphase, sondern in der Mitte des Lebens engagiert sind. Deutlich gewachsen ist der Anteil der älteren Engagierten.[18] Relativ niedrig ist die Engagementquote bei den 20–30-Jährigen, die in der „Rushhour des Lebens" (Berufsfindung, Partnerwahl, Familiengründung) wenig Raum für Engagement haben. Beunruhigend ist der deutliche Rückgang jugendlichen Engagements bedingt durch neue Schulformen, vor allem durch das verkürzte Gymnasium, Ganztagsschulen und Hochschulreform.[19]

---

15 Monitor Engagement (s. o. Anm. 13), 39. Der 2/3 Anteil von Frauen ist in kirchlichen Untersuchungen belegt, vgl. Grosse (s. Anm. 20), 10.
16 3. FWS (s. o. Anm. 9), 22, 103 und 181.
17 A. a. O., 23.
18 Bei den 65–69-Jährigen ist die Engagementquote von 29 % im Jahr 1999 auf 37 % im Jahr 2009 gestiegen, a. a. O., 17.
19 Monitor Engagement (s. o. Anm. 13), 28, zeigt für 2009 einen Rückgang um 10 % zwischen neun- und achtstufigem Gymnasium.

Im kirchlichen Raum ist die Altersverteilung leicht nach oben verschoben. Die höchste Engagementquote ist bei den 46–65-Jährigen zu finden, allerdings mit regionalen Differenzen.[20]

12.2.2 Altruismus vs. Individualismus? – Motive und Erwartungen im Engagement

Warum engagieren sich Menschen ehrenamtlich? Gesamtgesellschaftlich steht das Motiv im Vordergrund, die Gesellschaft im Kleinen mitzugestalten; daneben zeigen sich persönliche Interessen.[21]

Dabei wächst in den letzten Jahren die Gemeinwohlorientierung vor allem bei jüngeren Menschen, während bei den Älteren die Interessenorientierung zugenommen hat.[22]

Alle Engagierten ab 14 Jahren (Angaben in %)

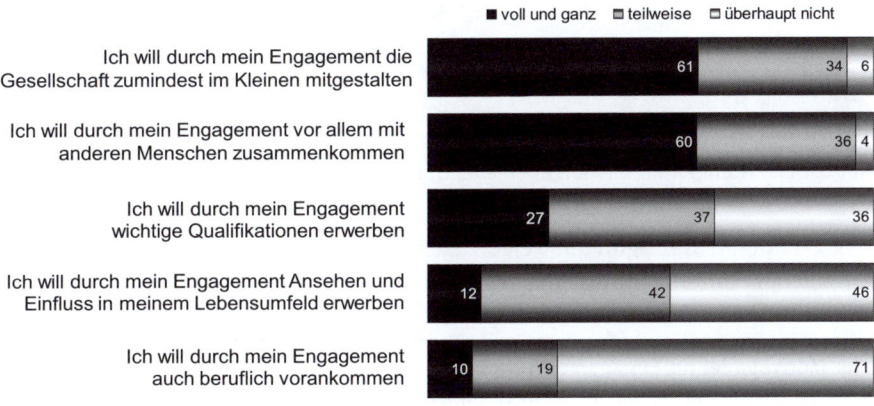

Abb. 6: Motive für Engagement, Quelle: TNS Infratest, Freiwilligensurveys 1999, 2004, 2009.

20 Vgl. Heinrich W. Grosse, Freiwilliges Engagement in der Evangelischen Kirche hat Zukunft. Ergebnisse einer neuen empirischen Studie, 2. verb. Aufl., Hannover 2006, 34; Beate Hofmann / Hans-Joachim Puch / Markus Maiwald, Evaluation des Kirchengesetzes über den Dienst, die Begleitung und die Fortbildung von Ehrenamtlichen in der ELKB, Nürnberg 2006, 26.
21 Grafik entnommen aus: 3. FWS (s. o. Anm. 9), 12.
22 Vgl. a. a. O., 16: Bei den 14–30-Jährigen stieg die Gemeinwohlorientierung von 18 % im Jahr 1999 auf 30 % im Jahr 2009, bei den über 66-Jährigen stieg die Interessenorientierung im selben Zeitraum von 24 % auf 35 %.

Bei den Erwartungen an das Engagement ist am wichtigsten, dass die Tätigkeit Spaß, aber auch Sinn macht:[23]

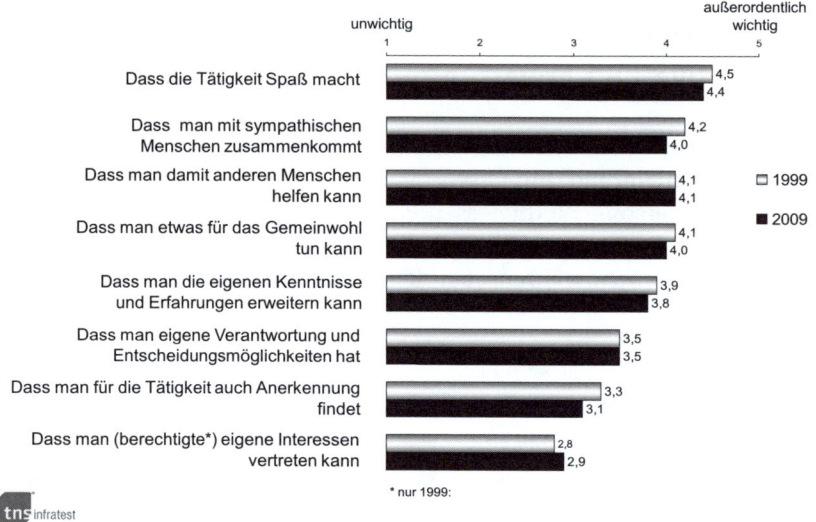

Zeitaufwändigste freiwillige Tätigkeiten (Mittelwerte)

	unwichtig			außerordentlich wichtig
	1	2	3	4	5

Dass die Tätigkeit Spaß macht — 4,5 / 4,4
Dass man mit sympathischen Menschen zusammenkommt — 4,2 / 4,0
Dass man damit anderen Menschen helfen kann — 4,1 / 4,1
Dass man etwas für das Gemeinwohl tun kann — 4,1 / 4,0
Dass man die eigenen Kenntnisse und Erfahrungen erweitern kann — 3,9 / 3,8
Dass man eigene Verantwortung und Entscheidungsmöglichkeiten hat — 3,5 / 3,5
Dass man für die Tätigkeit auch Anerkennung findet — 3,3 / 3,1
Dass man (berechtigte*) eigene Interessen vertreten kann — 2,8 / 2,9

□ 1999
■ 2009

* nur 1999:

tns infratest

Abb. 7: Erwartungen an das Engagement, Quelle: TNS Infratest, Freiwilligensurveys.

Bei genaueren Befragungen zeigen sich vier Motivbündel, die sich auch in kirchlichen Untersuchungen spiegeln:[24]

[!] **Vier Motivbündel für Engagement**
- *christliche (= altruistische) Motive*: „in der Kirche gebraucht werden" oder „sich als Christin berufen fühlen";[25]
- *kirchlich-gesellschaftliche (= gestalterische) Motive*: „in der Kirche etwas verändern" oder „an der Lösung gesellschaftlicher Probleme mitarbeiten";
- *traditionsorientierte (= moralisch obligatorische) Motive*: „von anderen angesprochen worden sein", „sich verpflichtet fühlen, anderen zu helfen", „ist in der Familie üblich";
- und *(= instrumentelle) Motive, die eigene Interessen* spiegeln.

---

23 Grafik entnommen: a. a. O., 120.
24 Vgl. Bericht der Enquete-Kommission „Zukunft des Bürgerschaftlichen Engagements", Drucksache 14/8900 vom 3. 6. 2002, 51 f.
25 In der Untersuchung in der ELKB waren diese beiden Motive am häufigsten vertreten, vgl. Hofmann / Puch / Maiwald, (s. o. Anm. 20), 33.

Diese interessenorientierten Motive werden in der Kirche christlich akzentuiert: Nicht der vordergründige individuelle Nutzen wird im Rahmen des Ehrenamtes gesucht, sondern vor allem Sinnerfahrungen und Begegnung mit anderen werden als Motive genannt. Hanusa spricht daher vom „altruistischen Individualismus".[26] Dabei zeigen Untersuchungen, dass bei jüngeren Menschen die traditionsorientierten Motive abnehmen und die Motive, die Sinn und Gemeinschaft akzentuieren, stark dominieren.[27]

Die unterschiedlichen Einstellungen zum Engagement lassen sich auch ver-schiedenen Milieus zuordnen. Daran wird deutlich, dass sich Ehrenamtliche aus verschiedenen Gründen und für verschiedene Engagementorte gewinnen lassen, dass ihr Rollenverständnis, ihre Wahrnehmung der Aufgaben und ent-sprechend auch die Erwartungen an die Unterstützung durch Hauptamtliche deutlich differieren und eine milieu- und motivationssensible Begleitung so-wie „Diversity Management" erfordern.[28]

12.2.3 Vom traditionellen zum neuen Ehrenamt? – Erkenntnisse aus den Sozialwissenschaften

Diese unterschiedlichen Motive für das Engagement spiegeln einen gesell-schaftlichen Wandel, der mit den Schlagworten Individualisierung und Plura-lisierung von Lebensstilen beschrieben wird. Dieser Wandel hat die Rahmen-bedingungen des ehrenamtlichen Engagements seit den 70/80er Jahren des 20. Jahrhunderts verändert und sich auch in neuen Formen und Motiven des Ehrenamtes niedergeschlagen. In den Sozialwissenschaften wird diese Verän-derung als Paradigmenwechsel vom *traditionellen* zum *neuen* Ehrenamt disku-tiert.[29]

26 Barbara Hanusa, Warum Freiwilligenmanagement für kirchliche Organisationen ein Thema sein sollte, oder: kein Priestertum aller Getauften ohne Freiwilligenmangement, in: Hanusa / Hess / Roß (s. o. Anm. 5), 47–65, 63.
27 In einer von Beate Hofmann / Catinca Lupu / Markus Maiwald erarbeiteten Evaluation des Ehrenamtsgesetzes der ELKB in den Evangelischen Diensten im Dekanatsbezirk München, Nürnberg 2008, bei der fast 50 % der Befragten aus der Evangelischen Jugend kamen, nannten über 60 % als Motiv sinnvolle Zeitgestaltung und über 50 %, dass sie mit anderen etwas tun wollten (S. 25).
28 Vgl. Claudia Schulz / Eberhard Hauschildt / Eike Kohler, Milieus praktisch Bd. 1, Göttingen 2008, 286; Claudia Schulz, Ehrenamt und Lebensstil, in: PTh 95 (2006), 369–379.
29 Als einer der ersten Thomas Olk, Vom „alten" zum „neuen" Ehrenamt, in: Blätter der Wohlfahrtspflege 136 (1989), 7–10.

> **!** **Elemente des Wandels im Engagement:** [30]
> - von der Orientierung an Organisationen, die der eigenen Weltanschauung entsprechen, hin zum Interesse an den Inhalten der Arbeit;
> - von der familiär weitergegebenen Tradition („ist bei uns so üblich") zu bewusster Entscheidung nach eigenen Interessen;
> - von der Organisation als Sinnstifter hin zu Inhalten und Zielgruppen, d. h. nicht mehr die Kirche als Träger der ehrenamtlichen Tätigkeiten stiftet Sinn, sondern die einzelne Tätigkeit für Gerechtigkeit oder für benachteiligte Kinder oder hilfebedürftige Ältere;
> - von altruistischen Orientierungen hin zu eigenen Interessen und Ansprüchen: man will selber Sinn, Freude, Kontakt, auch Qualifikation gewinnen und erhofft sich Hilfe bei der Bewältigung von Lebensfragen und Brüchen im Leben; [31]
> - von der Bereitschaft in die Einordnung in hierarchische Strukturen zur Mitgestaltung des Engagementfeldes;
> - vom langfristigen, verbindlichen Engagement in Organisationen zu in Umfang und Dauer begrenztem Engagement in Initiativen, Projekten, Aktionen.

Dabei zeigt sich inzwischen, dass dieser Paradigmenwechsel sich nicht umfassend und überall vollzieht, sondern dass sich – vor allem im Raum der Kirche – eine Gleichzeitigkeit unterschiedlicher Formen und damit eine große Vielfalt von Motiven und Engagementformen entwickelt hat. In vielen Kirchengemeinden existieren Motivstrukturen von traditionellem und neuem Ehrenamt nebeneinander.[32] Dies kann zu Konflikten unter Ehrenamtlichen führen, die sich in ihren unterschiedlichen Motiven und der unterschiedlichen Form von Engagement (z. B. unbegrenzt oder auf Zeit, „wo es gebraucht wird" oder mit klaren Aufgabenbeschreibungen, alle Ausgaben spendend oder mit geklärter Auslagenerstattung) nicht verstehen und entsprechend nicht akzeptieren. Manchmal werden Motive des neuen Ehrenamts von traditionellen Ehrenamtlichen als „unchristlich" eingestuft, weil sie (auch) die eigene Person im Blick haben und nicht (nur) den Nächsten. In der Folge solcher Diskussionen suchen sich viele Menschen, die sich im Sinne des neuen Ehrenamtes engagieren wollen, andere Orte für ihr Engagement.

Nicht nur die Motive, auch die Zeiträume des Engagements differenzieren sich aus. Es gibt weiterhin Menschen, die sich auf längere Zeit engagieren und

---

30 Vgl. Carola Reifenhäuser / Sarah G. Hoffmann / Thomas Kegel, Freiwilligen-Management, Augsburg 2009, 31 f. und Roß (s. o. Anm. 5), 19.
31 Vgl. dazu Hanusa (s. o. Anm. 26), 49: Sinnhaftigkeit muss unmittelbar einleuchten und mit Aspekten der Kontingenzbewältigung in Verbindung stehen.
32 Vgl. dazu Beate Hofmann / Hans-Joachim Puch: Noch großes Entwicklungspotenzial. Evaluation des Ehrenamtsgesetzes der bayerischen Landeskirche, in: nachrichten der ELKB 7/2006, 217–221, hier 218. Der Motivmix zeigt sich auch in nationalen Ehrenamtsstudien, vgl. dazu Grosse (s. o. Anm. 20), 11; Roß (s. o. Anm. 5), 24.

zu kontinuierlicher Mitarbeit bereit sind, während andere auf überschaubare Aktionen angewiesen sind, um sich engagieren zu können.[33] Durch die wachsende berufliche Mobilität nimmt die Fluktuation unter den Engagierten zu. Das bedeutet, dass Ehrenamtliche häufiger verabschiedet und neue gewonnen oder Möglichkeiten zum Wiedereinstieg geschaffen werden müssen.

Damit ehrenamtliches Engagement auch in Zukunft im Raum der Kirche möglich wird, müssen die Bedürfnisse und Ziele derer, die mitarbeiten wollen, und die Möglichkeiten, sich zu engagieren, zusammenpassen. Dieses „Zusammenpassen" oder „Passungsverhältnis", wie es Heiner Keupp[34] ausdrückt, gelingt häufig nicht mehr. Kirchliche Engagementfelder sind noch nicht ausreichend auf die Interessen und Anliegen Ehrenamtlicher eingestellt und denken stärker von dem Bedarf ihrer Arbeit und weniger von den gewandelten Bedürfnissen oder den kreativen Ideen der Ehrenamtlichen her. Entsprechend braucht das neue Ehrenamt eine andere Form der Begleitung, die einen geklärten Rahmen für selbständiges, den eigenen Gaben, Motiven und Ideen entsprechendes ehrenamtliches Engagement schafft.

Ein guter Indikator für die kirchlichen Schwierigkeiten in der Anpassung an diesen Wandel ist die Wahrnehmung von Rollen im Verhältnis von Haupt- und Ehrenamtlichen. Ehrenamtliche sehen sich bisher vor allem als Helfer wahrgenommen, während Hauptamtliche aus ihrer Sicht die Partnerrolle im Vordergrund sehen; die Expertenrolle steht eher im Hintergrund.[35]

12.2.4 Engagement zwischen Priestertum aller Getauften und kirchlichem Amt, zwischen Gabe und Aufgabe – zur theologischen Fundierung des Ehrenamts

Ehrenamt ist für das Selbstverständnis der evangelischen Kirche fundamental. In der Beteiligung von „Ehrenamtlichen" an der Leitung der Kirche liegt ein entscheidendes Merkmal reformatorischen Kirchenverständnisses und eine deutliche Differenz zur katholischen Kirchenverfassung: Die maßgebliche Mitbestimmung der „Laien" durch Zusammenwirken mit den Geistlichen in Gemeindeleitung und Kirchenleitung (Synoden) ist den verschiedenen evangelischen Konfessionen in Deutschland gemeinsam, wenn auch unterschiedlich

---

33 Im 3. FWS zeigt sich, dass die Bereitschaft zu langfristigem Engagement wieder steigt: 3. FWS (s. o. Anm. 9), 33.

34 Vgl. Heiner Keupp, Mehr Amt als Ehre? Über den Sinn von freiwilliger Arbeit, in: Lernort Gemeinde 20 (2002) H. 2, 3–8.

35 Vgl. Hofmann / Puch / Maiwald (s. o. Anm. 20), 39 f.

ausgeprägt, was sich an Pfarrstellenbesetzungsordnungen am deutlichsten zeigt.

In der Theologie wurde das Thema Ehrenamt bis in die 90er Jahre des 20. Jahrhunderts nicht wahrgenommen.[36] In der Sache, nicht im Begriff, ist ehrenamtliches Engagement für Notleidende als praktischer Ausdruck des Glaubens sowie gelebte Gemeinschaft der Gläubigen, in der unterschiedliche Aufgaben wahrgenommen werden, so alt wie die Kirche; das zeigt die Apostelgeschichte. Die Jünger Jesu waren „ehrenamtlich" sozial engagiert (Apg 2) und Paulus betont, dass er nicht von seinen Gemeinden, sondern von seiner Hände Arbeit lebt (Apg 18,3; 1Kor 4,12).

Entsprechend wurde gelebte Nachfolge im Kontext von Berufung und Heiligung in der Soteriologie und der Ethik diskutiert, aber Ehrenamt als von mehreren Menschen in einer organisatorischen Gestalt strukturiertes Engagement (Verein, Projekt, Kirchengemeinde) jenseits individueller und zufälliger Akte der Barmherzigkeit (für den kranken Nachbarn sorgen oder einem Bettler Geld geben) ist – wie der Blick in die Geschichte zeigt – ein neuzeitliches Phänomen, das theologisch noch wenig bearbeitet ist. In der theologischen Fundierung des Ehrenamtes werden verschiedene Argumentationslinien genutzt:
- Das Priestertum aller Getauften,
- Die Lehre von den Charismen und Talenten,
- Nächstenliebe als Ausdruck christlicher Freiheit und Nachfolge.

a) Priestertum aller Getauften und kirchliches Amt

Martin Luther entwickelte in Anknüpfung an 1Petr 2,9 und Offb 1,6 die These vom allgemeinen Priestertum.[37] Die zentralen priesterlichen Funktionen[38] schreibt er darin allen Getauften zu und widerspricht damit der katholischen Amtsvorstellung, die einen deutlichen Unterschied zwischen den Vollmachten der geweihten Priester und dem Volk sieht.

---

36 In theologischen Lexika wird das Thema Ehrenamt erst seit den 1990er Jahren aufgegriffen; so findet sich kein Artikel in der TRE, erst die RGG 4. Auflage (diverse Autoren, RGG⁴ 2, Tübingen 1999, 1105–1113) und das Evangelische Soziallexikon (Jörg Hübner, Ehrenamt, ESL Neuausgabe, Stuttgart, Berlin, Köln 2001, 305–308) enthalten einen Artikel „Ehrenamt".

37 Ausführlich formuliert Luther diese Gedanken in seiner Schrift „Daß eine christliche Versammlung oder Gemeine Recht und Macht habe, alle Lehre zu urteilen und Lehrer zu berufen, ein- und abzusetzen, Grund und Ursach aus der Schrift" von 1523 (WA 11, 408–416), vgl. Reiner Preul, Kirchentheorie, Berlin/New York 1997, 103.

38 Als solche benennt er an anderer Stelle (Brief an die Brüder in Prag WA 12,180): „zu verkündigen, zu taufen, Eucharistie zu feiern, zu binden und zu lösen, für andere zu beten, zu opfern und Lehre zu beurteilen", vgl. Hans-Martin Barth, Einander Priester sein, Göttingen 1990, 45.

Allgemeines Priestertum !

Während Martin Luther vom allgemeinen Priestertum oder vom Priestertum aller spricht, hat sich im 20. Jahrhundert angesichts der weltanschaulichen Pluralität der Begriff vom Priestertum aller Gläubigen oder Glaubenden entwickelt. Um jedoch nicht Grenzen zwischen „Gläubigen" und „Weniger-Gläubigen" oder „Anders-Gläubigen" zu ziehen, hat sich seit einigen Jahren angesichts der volkskirchlichen Vielfalt von Glaubensvorstellungen der Begriff „Priestertum aller Getauften" als theologisch präzisere Beschreibung in der kirchlichen Terminologie eingebürgert.

Grundlage der von Martin Luther entwickelten Lehre vom allgemeinen Priestertum ist die Rechtfertigung, durch die alle Christen die gleiche geistliche Würde und die gleiche Vollmacht von Gott haben. Das ordinierte Amt basiert daher nicht mehr auf einer besonderen sakramentalen Weihe, sondern auf einer funktionalen Delegation, mit der einzelne von allen zur öffentlichen Verkündigung beauftragt werden.

Trotz der Stärkung der geistlichen Kompetenz aller Getauften hält Luther an einem ordinierten kirchlichen Amt fest, das die öffentliche Wortverkündigung und Sakramentsverwaltung wahrnimmt. Entscheidender Ausgangspunkt seines Amtsverständnisses ist die Zuordnung der beiden: das öffentliche kirchliche Amt leitet sich aus dem Priestertum aller Getauften ab. Kirche konstituiert sich nicht durch das Amt, sondern als Gemeinschaft der Heiligen um Wort und Sakrament (CA VII). Doch dieser reformatorische Ansatz hat sich in der evangelischen Ekklesiologie und Kirchenordnung jahrhundertelang nicht konsequent ausgebildet. Erst im Zuge der Aufwertung des Ehrenamtes wurde das Priestertum aller Getauften als Kirchenstrukturprinzip wieder entdeckt; es konkurriert aber in der Praxis bis heute häufig mit dem Leitbild einer pastoralen Betreuungskirche, die allein dem Pfarramt eine Schlüsselrolle in der Gestaltung der Kirche zuweist. So steht die evangelische Kirche bis heute vor der Aufgabe, das Verhältnis von Priestertum aller Getauften und ordiniertem Amt als Ellipse mit zwei Brennpunkten zu gestalten, die aufeinander angewiesen sind, und die in der Praxis zu einer ausgewogenen Balance finden müssen.[39]

In der Kundgebung der EKD-Synode zum Ehrenamt 2009 in Ulm heißt es zum Verhältnis von Hauptamt und Ehrenamt:[40]

> „Nach evangelischem Verständnis gestaltet sich die Gemeinde von Schwestern und Brüdern so, dass Menschen mit unterschiedlichen Fähigkeiten, Möglichkeiten und Erfahrungen sich gegenseitig unterstützen und ergänzen. Auch Leitungsaufgaben werden kollegial von haupt- und ehrenamtlich Mitarbeitenden wahrgenommen.

---

39 Vgl. Bernhard Petry, Leiten in der Ortsgemeinde. Allgemeines Priestertum und kirchliches Amt – Bausteine einer Theologie der Zusammenarbeit, Gütersloh 2001, 35 f.

40 Kundgebung zum Schwerpunktthema „Ehrenamt Evangelisch. Engagiert", epd-Dokumentation 51/2009, 5.

Pfarrerinnen und Pfarrer sind Teil eines Teams, das von Gott mit vielen unterschiedlichen Talenten beschenkt wurde. Ohne die vielfältigen Gaben und oftmals herausragenden Qualifikationen aus der Berufs- und Lebenserfahrung von Ehrenamtlichen kann die Kirche ihren Auftrag nicht erfüllen."

b) Talent oder geistgewirkte Begabungen – die paulinische Charismenlehre

In der EKD-Kundgebung klingt eine weitere theologische Basis für das Ehrenamt an, die biblische Charismenlehre, die in 1Kor 12, Röm 12 und Eph 4 entfaltet und im 1. Petrusbrief zugespitzt formuliert wird: „Dient einander, ein jeder mit der Gabe, die er empfangen hat, als die guten Haushalter der mancherlei Gnade Gottes" (1Petr 4,10).

Charismen sind Gnadengaben und als solche von Gott geschenkt (trinitarisch verankert, nicht nur pneumatologisch). Sie werden Menschen in unterschiedlichen Gestalten gegeben und dienen der Erbauung der Gemeinde und der Verherrlichung Gottes, nicht dem eigenen Nutzen. Maßstab der Gaben ist die Liebe; was nicht im Geist der Liebe eingesetzt wird, ist wertlos. Die Vielfalt der Gaben widerspricht nicht der Einheit des Leibes, sondern fördert die Entwicklung des Leibes. Die neutestamentlichen Beschreibungen von Gaben (in 1Kor 12, Röm 12 und 1Petr 4) sind exemplarisch zu verstehen und nicht exklusiv und abgeschlossen.[41]

Die Charismenlehre wurde bisher vor allem im evangelikalen Raum rezipiert, z. B. in den „gabenorientierten" Programmen zur Mitarbeiterentwicklung von Willow-Creek[42] oder bei Christian Schwarz;[43] inzwischen gibt es auch landeskirchliche Adaptionen.[44]

c) Engagement als Frucht des Glaubens oder aus Eigennutz?

Evangelische Theologie betont, dass gute Werke eine Folge des Glaubens und keine Heilsbedingung sind.[45] Weil der Mensch durch Gottes Gnade davon be-

---

41 Zusammenfassung der Ergebnisse von Silke Obenauer, Vielfältig begabt. Grundzüge einer Theorie gabenorientierter Mitarbeit in der evangelischen Kirche, Berlin 2009, 137.
42 Vgl. Beate Hofmann / Doris Denzler, (K)ein Programm für die Volkskirche. 30 Jahre Willow Creek, in: nachrichten der ELKiB 10 (2005), 319–322.
43 Vgl. Christian A. Schwarz, Die 3 Farben deiner Gaben, Emmelsbüll, o. J.
44 Z. B. in der badischen Kirche: Mitarbeiten am richtigen Platz, jetzt neu als „Abenteuer Engagement" entwickelt von Silke und Andreas Obenauer, erhältlich über amd@ekiba.de.
45 Vgl. exemplarisch Martin Luther in „Von der Freiheit eines Christenmenschen" WA 7, 20–38.

freit ist, sich durch gute Werke selbst beweisen oder das Heil verdienen zu müssen, wird er frei für den Dienst am Nächsten. Doch diese Ausrichtung auf den Nächsten erschwert bisher in der theologischen Diskussion die Wahrnehmung des dritten Aspektes im Doppelgebot der Liebe (Mk 12, 31 f.): du solltst Gott lieben und deinen Nächsten *wie dich selbst*. Der Blick auf die eigene Person, auch auf den eigenen Nutzen ist bisher theologisch verpönt.

Diese Spannung spiegelt sich auch in der kirchlichen Anerkennungskultur. Wertschätzung und persönliche Würdigung sind in einer Kirche, in der „mein Lohn ist, dass ich darf"[46] und man sich „um der Sache willen" engagiert, nicht gut entwickelt bzw. schnell im Verdacht einer falschen Werkgerechtigkeit. Wertschätzung geschieht vorrangig in der Rechtfertigung durch Gott.[47] Entsprechend hat die evangelische Kirche bisher Mühe, die Motive des neuen Ehrenamtes theologisch positiv zu qualifizieren und eine personorientierte Wertschätzungskultur zu entwickeln, die nicht als Spannung zur eigenen Lehre empfunden wird.[48]

Die EKD-Synode 2009 forderte daher:[49]

„Ein theologischer Verständigungsprozess über das Verhältnis von Selbstverwirklichung und Auftrag in der Kirche ist notwendig."

12.2.5 Mitarbeiterbegleitung als „evangelische Grundkompetenz und Zukunftsaufgabe"[50]

Für die Gewinnung von Ehrenamtlichen gibt es grundsätzlich drei Ansätze, die heute oft in ein spannungsvolles Verhältnis zueinander treten. Karl Foitzik beschreibt sie so:[51]

---

46 Erstmals veröffentlicht in: „Aus Gedenkbüchern der Schwestern von sel. Herrn Pfarrer Löhe" in: Correspondenzblatt der Diaconissen von Neuendettelsau, Nr. 5 Mai 1873, 20. Der Sinnspruch wurde zum Leitwort vieler Diakonissenmutterhäuser.
47 Vgl. Ralph Charbonnier, Freiwillig engagiert in der Kirche. Systematisch-theologische Anmerkungen zum Freiwilligenmanagement, in Hanusa / Hess / Roß (s. o. Anm. 5), 66–78, 68.
48 In der Diskussion wird oft übersehen, dass die Motive des neuen Ehrenamts in der Kirche sich von denen des neuen Ehrenamtes in anderen Bereichen der Gesellschaft durch eine christliche Akzentuierung unterscheiden: Nicht der vordergründige individuelle Nutzen wird im Rahmen des Ehrenamtes gesucht, sondern vor allem Sinnerfahrungen und Begegnung werden als Motive genannt, vgl. Hofmann / Puch (s. o. Anm. 32), 218.
49 Kundgebung (s. o. Anm. 40), 5.
50 Das Impulspapier „Kirche der Freiheit. Perspektiven für die evangelische Kirche im 21. Jahrhundert", hg. vom Kirchenamt der EKD, Hannover 2006, 69, benennt Gewinnung, Begleitung und Qualifizierung von Ehrenamtlichen als eine der wichtigsten Zukunftsaufgaben der evangelischen Kirche.
51 Vgl. Karl Foitzik, Mitarbeit in Kirche und Gemeinde, Stuttgart/Berlin/Köln 1998, 60–63.

– Der *problemorientierte* Ansatz: Ausgehend von einem Problemfeld wird ein Aktionsplan entwickelt, für den Mitwirkende gesucht werden;
– Der *ressourcenorientierte* Ansatz, der bei den Gaben und Fähigkeiten möglicher Engagierter ansetzt und daraus Projekte entwickelt;
– Der *auftragsorientierte* Ansatz, bei dem aus innerer Verpflichtung oder Tradition heraus Menschen für die Weiterführung von (meist schon vorhandenen) Aufgaben gesucht werden, die als Auftrag der Kirche definiert wurden.

Die zentralen Elemente der Begleitung Ehrenamtlicher in der Kirche von der Gewinnung über die Förderung im Engagement bis zur Verabschiedung wurden in 5 B's zusammengefasst:[52]

! **Die 5 B's der Mitarbeiterbegleitung**
1. Beginnen: Dazu gehört ein Gespräch, das Interessen, Motive und Begabungen, Kenntnisse der Ehrenamtlichen und den Bedarf der Gemeinde eruiert, mögliche Aufgaben vorstellt und, wenn die Aufgabe gefunden ist, einen Rahmen für die Arbeit festlegt. In diesen Rahmen gehören: Aufgaben, Zeitdauer, Ausstattung (Räume, Finanzen, Hilfsmittel), Ansprechpartner, Team, Kontaktpunkte, ggf. Unterzeichnung einer Erklärung zu Schweigepflicht und Seelsorgegeheimnis. Diese Vereinbarung kann auch schriftlich erfolgen und mit einer offiziellen Beauftragung im Rahmen eines Gottesdienstes verbunden sein.
2. Begleiten: Zur Begleitung gehören neben einer Einarbeitung und geistlichen Einführung in die Aufgabe regelmäßige Gespräche, Unterstützung in Konflikten, Informationen über die Ziele und Entwicklungen der Arbeit und das Angebot von Fortbildung für die Arbeit. Auch Formen der Anerkennung und Wertschätzung der geleisteten Arbeit und geistliche Impulse sind Teil der Begleitung.
3. Beteiligen: Ehrenamtliche sollen an Entscheidungen über ihr Arbeitsfeld angemessen beteiligt werden. Zur Absicherung werden in den Landeskirchen unterschiedliche Formen von Gemeindeversammlung über regelmäßige Berichte in kirchlichen Gremien bis zu Ombudsmenschen für Ehrenamtliche eingeführt.
4. Bezahlen: Ehrenamtliche Arbeit ist unentgeltlich, aber Auslagen sollen erstattet und der Erstattungsweg klar geregelt werden, damit Ehrenamtliche sich nicht als Bittsteller fühlen müssen. Außerdem sollen im Budget der Gemeinde Haushaltsmittel für Arbeitsmaterial etc. zur Verfügung gestellt werden. Bei Bedarf sollte auch für Kinderbetreuung oder Ersatz in der Pflege betreuungsbedürftiger Angehöriger gesorgt werden. Ehrenamtliche genießen für ihre Tätigkeit Versicherungs- und Rechtsschutz.
5. Beenden: Zeitlich begrenztes Ehrenamt muss mit gutem Gewissen beendet werden können. Dazu braucht es klare Regelungen, einen Nachweis über geleistetes Engagement und eine angemessene Verabschiedung und Bedankung.

---

52 Vgl. Eckhard Roßberg / Beate Hofmann, Die fünf B's der ehrenamtlichen Mitarbeit, in: Themenhefte Gemeindearbeit Nr. 72 Ehrenamt, gewinnen, begleiten, gestalten, 5. Ausgabe 2005, 30 f. (basierend auf Vorarbeiten von Herbert Lindner und Bernhard Petry).

Aus gemeindepädagogischer Sicht ist die Begleitung Ehrenamtlicher nicht nur eine Organisations-, sondern vor allem eine Bildungsaufgabe, angefangen von Veranstaltungen zur Gewinnung über Fortbildung, Begleitung von Teams, Gestaltung von Festen und anderen Gelegenheiten informellen Lernens bis hin zur spirituellen Begleitung.

In der Zivilgesellschaft hat sich für diese Aufgaben der Begriff „Freiwilligenmanagement" entwickelt, der oft als ungeeignet empfunden wird, weil vermeintlich Ehrenamtliche zu Objekten gemacht werden. Gemeint ist „ein Methoden- und Haltungsrepertoire, mit denen Ehrenamtliche professionell begleitet werden".[53] Als Aufgaben definiert Hanusa:[54]

– Freiwilligenarbeit so organisieren, dass die richtigen Menschen an den für sie richtigen Platz kommen,
– für kommende, bleibende und scheidende Freiwillige sorgen,
– stimmige Zusammenarbeit in den Gruppen fördern,
– als Ansprechperson bei Konflikten und Problemen zur Verfügung stehen,
– ermöglichen, dass Menschen mit Lust und effektiv arbeiten können.

Genau diese Aufgaben weisen viele Ehrenamtsgesetze den Hauptamtlichen zu; allerdings fehlt oft die Verankerung entsprechender Qualifikationen und Kompetenzen in den Ausbildungscurricula kirchlicher Berufe.

12.3 Herausforderungen und offene Fragen

Die in Abschnitt 2 beschriebenen Spannungsfelder fordern gemeindepädagogische Arbeit zwischen Haupt- und Ehrenamt konzeptionell und strukturell heraus.

12.3.1 Kirchliche Planung zwischen Bedarf und Bedürfnis

Ehrenamtliches Engagement in der Kirche bewegt sich bleibend in der Spannung zwischen dem kirchlichem Auftrag, also der Kommunikation des Evangeliums, und den vielfältigen Interessen von Ehrenamtlichen. Dieses Dilemma muss bewältigt werden, wenn Kirche zukunftsfähig und offen für Engagierte im Sinn des neuen Ehrenamtes bleiben will. Der ressourcen- und der auftragsorientierte Ansatz in der Gewinnung Ehrenamtlicher müssen ausbalanciert werden.

---

53 Hanusa (s. o. Anm. 26), 47.
54 Vgl. a. a. O., 50.

Damit das gelingt, müssen sich kirchliche Planungsprozesse verändern, weg vom Fokus auf den kirchlichen Bedarf hin zu den Bedürfnissen und Ideen der Ehrenamtlichen. Es braucht mehr Aufmerksamkeit für die Ideen und den „Eigensinn" der Menschen, die sich engagieren möchten. Daraus werden dann Projekte und Angebote entwickelt. Dafür müssen manchmal bisherige Arbeitsformen und -felder beendet werden. Außerdem muss in diesem Zusammenhang über angemessene Zeitformate nachgedacht werden. Projektarbeit als zeitlich überschaubare, klar strukturierte, „kasualisierte" Arbeit [→ Kap. 3 und 6] entspricht häufig den Bedürfnissen neuer Ehrenamtlicher, kann aber mit dem Bedürfnis nach kontinuierlicher Lebensbegleitung und regelmäßigem Kontakt bei jungen oder älteren Menschen kollidieren. Entsprechend sorgfältig muss überlegt werden, *was wo für wen von und mit wem* angeboten werden kann.

Doch die Veränderungen im Ehrenamt sind nicht nur eine Anforderung an pädagogisches Arbeiten, sie haben grundlegende theologische und professionstheoretische Konsequenzen.

12.3.2 Veränderungen der Rollenbilder von Haupt- und Ehrenamtlichen

Damit Ehrenamt in der Kirche zukunftsfähig bleibt, braucht es eine Metamorphose der Rollenbilder von Haupt- und Ehrenamtlichen. Diese Metamorphose ist ein theologischer und kybernetischer Diskussions- und Reflexionsprozess, der auf allen Ebenen kirchlichen Handelns geführt werden muss. Prägende Bilder von Betreuungs- und Versorgungskirche müssen verabschiedet, die Amts-, Beauftragungs- und Dienstfrage geklärt und dem Priestertum aller Getauften wie der Rolle der hauptamtlichen theologisch und pädagogisch Mitarbeitenden die nötige Klarheit und Freiheit gegeben werden.

Karl Foitzik weist in diesem Zusammenhang auf eine wichtige Veränderung in der Zuordnung von Haupt- und Ehrenamt hin:

> „Wurden ursprünglich Hauptberufliche benötigt, wenn Gemeindeglieder und ehrenamtlich Tätige die anfallenden Arbeiten nicht mehr ausführen konnten, weil sie dafür zu wenig Zeit oder keine hinreichende Ausbildung hatten, so ist es heute meistens umgekehrt: Ehrenamtliche werden benötigt, wenn Hauptberufliche überfordert sind. ‚Mitarbeit' heißt heute oft: Die einen arbeiten, und die anderen arbeiten mit".[55]

---

55 Foitzik (s. o. Anm. 51), 18.

Diesen Prozess gilt es umzukehren. Bernhard Petry[56] beschreibt das so: Kernfrage ist nicht mehr: „Welche Ehrenamtliche brauche ich zur Unterstützung meiner Arbeit?", sondern „was brauchen die Ehrenamtlichen zur Unterstützung ihrer Arbeit von mir?".

Entsprechend sind hauptamtliche Rollenbilder nicht mehr der Kapitän, der Frontmann oder die Chefin, sondern der Ermöglicher, der Backstage Manager oder die Hebamme.

Aber auch die Bilder von Ehrenamtlichen in den Köpfen der Hauptamtlichen müssen sich ändern, wie der Blick auf die Empirie zeigt. Ehrenamtlich Engagierte sind heute nicht (mehr) die unbegrenzt zur Verfügung stehenden Jugendlichen, Hausfrauen oder Rentner, sondern eine große Vielfalt von Menschen mit unterschiedlichen Erwartungen, Gaben, Professionen und Motiven.

Im kirchlichen Raum ist mit einer bleibenden Gleichzeitigkeit unterschiedlicher Motivationen und Engagementformen zu rechnen. Das stellt an Hauptamtliche die Anforderung, unterschiedliche Beteiligungsformen gleichzeitig zu ermöglichen, Konflikte um Partizipation am kirchlichen Leben, um Umgang mit Kostenerstattung oder Aufgaben und Rollen im Team zu klären und die unterschiedlichen Erwartungen an die Begleitung Ehrenamtlicher zu jonglieren. Entscheidend ist dabei die Kommunikation über diese unterschiedlichen, aber gleichwertigen Engagementformen.[57] Hilfreich für Hauptamtliche sind hier Instrumente aus dem Qualitätsmanagement und Fähigkeiten in der Moderation von Konflikten.[58]

Auch das Miteinander von Haupt- und Ehrenamtlichen in Leitungsgremien braucht einen Bilderwandel. Manche Kirchenvorstände verstehen sich als Aufsichtsrat, der die Arbeit der Hauptamtlichen kontrolliert, aber nicht Teil dieser Arbeit ist. Hier muss die Machtfrage im Miteinander von Haupt- und Ehrenamtlichen und das Selbstverständnis der Gemeinde/Organisation geklärt werden.

12.3.3 Regionalisierung kirchlicher Arbeit

Eine wichtige Veränderung kirchlichen Agierens im Blick auf Ehrenamt ist der Umgang mit parochialen Grenzen. [→ Kap. 1] Das neue Ehrenamt fordert

---

56 Petry (s. o. Anm. 39), 279.
57 Vgl. dazu Hanusa (s. o. Anm. 26), 57, die mit dem Vergleich von Spatzen und Schwalben arbeitet.
58 Vgl. Heinz-Werner Frantzmann / Karen Sommer-Loeffen / Ursula Wolter, Ehrenamt. Das Qualitätshandbuch Freiwilligenmanagement am Beispiel von Diakonie und Kirche, Diakonie in Düsseldorf 2007; Erika Regnet, Alles paletti? Volunteers und Konfliktmanagement, in: Doris Rosenkranz / Angelika Weber (Hg.), Freiwilligenarbeit.

regionales Denken. Wenn jemand sich für Menschen in einer besonderen Notlage engagieren will oder soziale Probleme in einem Stadtviertel angehen möchte, dann interessieren ihn parochiale Zuständigkeiten nicht. Damit Ehrenamtliche den für sie passenden Ort des Engagements finden, müssen Gemeinden und Verantwortliche Konkurrenzdenken überwinden und im Sinne des größeren Ganzen denken. Weiterhin wird es aber auch Menschen geben, die sich aus lokaler Bindung nur für ihre Kirchengemeinde engagieren werden, die von ihrem Pfarrer persönlich um Mithilfe gebeten werden möchten und die – auch aus Altersgründen, wenn die Bedeutung des sozialen Nahraums steigt – nicht 5 km weiter ins Nachbardorf fahren werden.

12.3.4 Kirche als Teil der Zivilgesellschaft

Kirchliches Engagement geschieht heute im Kontext der Zivilgesellschaft, in der auch andere Akteure Engagementmöglichkeiten bieten. Der Staat fördert diese Vielfalt gezielt durch die nationale Engagementstrategie, zu der neben begleitender Forschung vielfältige Kampagnen und Projekte gehören, aber auch die Förderung von Initiativen. Bisher hat sich Kirche an diesen Aktivitäten kaum beteiligt und die wachsende Zahl von Anbietern von Engagement vor allem als Bedrohung wahrgenommen.[59] Die wachsende Konkurrenz zwingt die Kirche, ihre Engagementangebote besser zu kommunizieren und zu profilieren. Eine besondere Aufgabe ist die Gestaltung geistlicher Begleitung als eines Alleinstellungsmerkmals kirchlichen Ehrenamts. Dabei gilt es, tragfähige, orientierende Formen christlicher Spiritualität zu gestalten sowie die christliche Ethik und Spiritualität als Sinnpotential und Hilfe zur Kontingenzbewältigung sichtbar und erfahrbar zu machen.

In der neuen Situation liegen aber auch besondere Chancen: so suchen Wirtschaftsunternehmen im Rahmen von Corporate Social Responsibility bzw. Corporate Volunteering[60] Partner für soziales Engagement in ihrem Umfeld. Das bietet für Kirche und Diakonie viele neue Möglichkeiten, die bisher kaum angenommen werden.

Auch Kooperationen mit Diakonie und Verbänden, mit Kommunen und Fundraisern werden neue Chancen in der gemeinsamen Entwicklung von In-

---

Einführung in das Management von Ehrenamtlichen in der Sozialen Arbeit, Weinheim/ München 2002, 103–117.
59 Vgl. Roß (s. o. Anm. 5), 29; 31; 37.
60 Vgl. zur Definition von Corporate Volunteering Holger Backhaus-Maul, Corporate Citizenship im deutschen Sozialstaat, APuZ 14, 2004, 23–30. Für konkrete Beispiele vgl. www.upj.de.

strumenten von Freiwilligenmanagement bieten, bei Fortbildungsangeboten, bei Standards für den Nachweis und die Anerkennung von ehrenamtlichem Engagement für berufliche Entwicklung, aber auch im gemeinsamen Ringen für eine gerechtere Welt und eine solidarische Gesellschaft.

Sozialräumliche Ansätze in der Jugendarbeit, in der Seniorenarbeit, bei diakonischen Maßnahmen oder in der Familienbildung erfordern und ermöglichen Kooperationen zwischen verschiedenen Akteuren in einer Region. Eine Gefahr dabei ist der Verlust an Beteiligungs- und Mitbestimmungsmöglichkeiten für Ehrenamtliche, weil häufig solche Kooperationen nur unter Hauptamtlichen entwickelt und gestaltet werden.[61]

Über Kooperationen bieten sich auch Möglichkeiten, die Milieuverengung im Engagement aufzubrechen und Geringverdienenden, Arbeitslosen oder Migranten und Migrantinnen einen Zugang zum Ehrenamt zu eröffnen. Bildungsangebote und geregelte Kostenerstattung, aber auch Aufwandsentschädigungen für Geringverdienende spielen hier eine größere Rolle als für andere Engagierte und erfordert von den Verantwortlichen einen sensiblen Umgang. Besondere Bedeutung kommt hier Ehrenamtlichen aus diesen Milieus zu, die über ihre privaten Netzwerke Brücken zu bisher nicht Engagierten bauen können.

Schließlich sollte sich die Kirche auch ihrer Rolle und Aufgabe als „Sozialisationsfeld" von Engagement bewusst werden. Eine Studie[62] über den Kompetenzerwerb im freiwilligen Engagement zeigt, dass die Bereitschaft zu ehrenamtlichem Engagement oft im Jugendalter geweckt wird. Wer als Jugendlicher ehrenamtlich engagiert war, wird sich viel wahrscheinlicher auch als Erwachsener engagieren. Insofern hat kirchliche Jugendarbeit hier eine wichtige Sozialisationsfunktion und muss die enger werdenden Spielräume für jugendliches Engagement politisch verteidigen und angemessen gestalten.

Literatur zur Vertiefung

Fischer, Ralph, Ehrenamtliche Arbeit, Zivilgesellschaft und Kirche, Stuttgart 2004.
Foitzik, Karl, Mitarbeit in Kirche und Gemeinde. Grundlagen, Didaktik, Arbeitsfelder, Stuttgart/Berlin/Köln 1998.

---

61 Vgl. 3. FWS (s. o. Anm. 9), 190 f. Dort wird auf sinkende Mitsprache- und Beteiligungsmöglichkeiten von Freiwilligen in Feldern mit einer starken Dominanz von Hauptamtlichen hingewiesen.
62 Wiebken Düx / Gerald Prein / Erich Sass / Claus J. Tully, Kompetenzerwerb im freiwilligen Engagement. Eine empirische Studie zum informellen Lernen im Jugendalter, Wiesbaden 2. Aufl. 2009; vgl. auch Wiebken Düx / Erich Sass, Lernen in informellen Kontexten. Lernpotentiale in Settings des freiwilligen Engagements, in: Zeitschrift für Erziehungswissenschaften 3 (2005), 394–411.

Gensicke, Thomas / Geiss, Sabine, Hauptbericht des Freiwilligensurveys 2009, vorgelegt von TNS Infratest, München 2010, URL: http://www.bmfsfj.de/BMFSFJ/Service/Publikationen.

Hanusa, Barbara / Hess, Gerhard / Roß, Paul-Stefan (Hg.), Engagiert in der Kirche. Ehrenamtsförderung durch Freiwilligenmanagement, Stuttgart 2010.

Kirchenamt der EKD (Hg.), Ehrenamt Evangelisch. Engagiert, Dokumentation der 2. Tagung der 11. Synode der EKD, epd-Dokumentation 51, 2009.

Obenauer, Silke, Vielfältig begabt. Grundzüge einer Theorie gabenorientierter Mitarbeit in der evangelischen Kirche (Heidelberger Studien zur Praktischen Theologie Bd. 14), Berlin 2009.

Petry, Bernhard, Leiten in der Ortsgemeinde. Allgemeines Priestertum und kirchliches Amt – Bausteine einer Theologie der Zusammenarbeit, Gütersloh 2001.

Reifenhäuser, Carola / Hoffmann, Sarah G. / Kegel, Thomas, Freiwilligen-Management, Augsburg 2009.

Links:
www.bmfsfj.de (für Freiwilligensurveys)
http://www.ekd.de/si (für kirchliche Sonderauswertungen)
www.b-b-e.de (Bundesnetzwerk Bürgerschaftliches Engagement)
www.bagfa.de (Freiwilligenagenturen)
www.ehrenamtlich-in-der-kirche.de (Hannover)
www.ehrenamt-evangelisch-engagiert.de (Bayern)
www.ehrenamtsakademie-sachsen.de
www.ehrenamtsakademie-ekhn.de

Impulse zur Weiterarbeit

a) In einer Kirchengemeinde sollen alle Ehrenamtlichen als Ausdruck des Dankes und der Wertschätzung zu einem Neujahrsempfang eingeladen werden. Doch die gute Idee löst intensive Diskussionen im Kirchenvorstand und unter den Hauptamtlichen aus: Gehören Chorsänger und Posaunenspieler zu den Ehrenamtlichen oder nur die Chorleitungen? Wie steht es mit Jugendlichen, die auf die Konfirmandenfreizeit mitgefahren sind, sich aber sonst kaum engagieren? Sollen die Damen eingeladen werden, die den Kaffee für den Seniorenclub kochen, sich aber an der inhaltlichen Programmgestaltung kaum noch beteiligen können, weil die Kräfte dafür nicht mehr reichen? Und was ist mit den „Grünen Damen" des örtlichen Krankenhauses oder dem Schatzmeister des regional tätigen Diakonievereins, der in der Gemeinde wohnt? Darf die Mutter-Kind-Gruppenleiterin kommen, die für die wöchentliche Gestaltung von zwei Mutter-Kind-Gruppen von dem regionalen Erwachsenenbildungswerk ein kleines Honorar erhält? Wer soll eingeladen werden und wer nicht? Und wer lädt ein? Die Hauptamtlichen oder der Kirchenvorstand als gemeindeleitendes Gremium? Wer ist verantwortlicher „Träger" und Begleiter ehrenamtlichen Engagements der Gemeinde?

Diskutieren Sie das Beispiel: Wen würden Sie einladen? Und wer sollte einladen? Wo sehen Sie die Grenze zwischen „beteiligten bzw. mithelfenden Gruppenmitgliedern" und Ehrenamtlichen?

b) Recherchieren Sie das Ehrenamtsgesetz Ihrer Landeskirche und Begleitmaterial wie Praxishilfen oder Standards. Welches Bild vom Ehrenamt taucht darin auf? Wie wird das Verhältnis von Haupt- und Ehrenamtlichen beschrieben?

Autorenangaben

Peter Bubmann, Prof. Dr. (geb. 1962), lehrt Praktische Theologie mit
Schwerpunkt Religions- und Gemeindepädagogik an der Friedrich-Alexander-
Universität Erlangen-Nürnberg.

Michael Domsgen, Prof. Dr. (geb. 1967), lehrt Religionspädagogik an der
Martin-Luther-Universität Halle-Wittenberg.

Götz Doyé, Prof. em. Dr. (geb. 1944), lehrte Gemeindepädagogik an der
Evangelischen Hochschule Berlin.

Beate Hofmann, Prof. Dr. (geb. 1963), lehrt Gemeindepädagogik und Kirchliche
Bildungsarbeit an der Evangelischen Hochschule Nürnberg.

Hildrun Keßler, Prof. Dr. (geb. 1963), lehrt Religions- und Gemeindepädagogik
an der Evangelischen Hochschule Berlin.

Dirk Oesselmann, Prof. Dr. (geb. 1961), lehrt Gemeindepädagogik an der
Evangelischen Hochschule Freiburg.

Nicole Piroth, Prof. Dr. (geb. 1964), lehrt Religionspädagogik,
Gemeindepädagogik und Kirchliche Bildungsarbeit an der
Hochschule Hannover.

Uta Pohl-Patalong, Prof. Dr. (geb. 1965), lehrt Praktische Theologie mit
Schwerpunkt Kirchentheorie und Homiletik an der Christian-Albrechts-
Universität zu Kiel.

Claudia Schulz, Prof. Dr. (geb. 1968), lehrt Soziale Arbeit und
Diakoniewissenschaft an der Evangelischen Hochschule Ludwigsburg.

Friedrich Schweitzer, Prof. Dr. (geb. 1954), lehrt Praktische Theologie/
Religionspädagogik an der Universität Tübingen.

Matthias Spenn (geb. 1958), Wissenschaftlicher Mitarbeiter am Comenius-
Institut, Evangelische Arbeitsstätte für Erziehungswissenschaft e. V. Münster.

Martin Steinhäuser, Prof. Dr. (geb. 1961), lehrt Gemeindepädagogik und
Kirchliche Arbeit mit Kindern an der Evangelischen Hochschule Moritzburg/Sa.

Register

[**Fett** markierte Registereinträge und Seitenzahlen verweisen auf die Kästen mit Begriffsdefinitionen und Hintergrundinformationen in den einzelnen Kapiteln.]